Erfindung und Nachahmung

Beiträge zu deren Tatbestandsanalyse als Grundlage des Rechtsschutzes

von

Richard Wirth

Berlin
Verlag von Julius Springer
1914

ISBN-13:978-3-642-94132-0 e-ISBN-13:978-3-642-94532-8
DOI: 10.1007/978-3-642-94532-8

Softcover reprint of the hardcover 1st edition 1914

Inhaltsverzeichnis.

Einleitung.

Die einzelne Erfindung ist ein durch die Entwicklung der Technik ständig neu gegebener Tatbestand. An ihm kann kein Gesetz etwas ändern. Der Gesetzgeber kann nur eine Auswahl treffen und gewisse Erfindungsarten, oder sonstige technische Neuerungen unter Schutz stellen, andere ausschließen, und er kann den Schutz an Bedingungen knüpfen.

In dieselbe Entwicklungsreihe wie die Erfindung gehört auch die Nachahmung und die besondere Art der Nachahmung, die selbst wieder Erfindung, Verbesserungserfindung ist.

Eugen Huber stellt in seiner Abhandlung über ,,Die Realien der Gesetzgebung" in dem ersten Heft der Zeitschrift für Rechtsphilosophie in Lehre und Praxis die Realien als die tatsächlichen Verhältnisse den Ideen als den treibenden Mächten gegenüber. Er teilt die Realien wieder ein in ,,Mensch, Naturalien und Überlieferung". Hiernach würden Erfindung und Nachahmung zu den Naturalien des Patentgesetzes gehören, während als Menschen nicht nur der Erfinder und Nachahmer, sondern auch der Patentamtsbeamte, der Patentrichter, der gerichtliche Sachverständige, der Unternehmer und der Angestellte, der Vorbenutzer figurieren würden.

Die volle Kenntnis jener technischen Entwicklungsreihen würde die Entwickelungsgesetze der Technik und damit die wissenschaftliche Grundlage einer Kunst ableiten lassen, um durch geschickte Verwendung dieser Gesetze die technische Entwicklung zu leiten. Diese geschickte Verwendung wäre die Aufgabe des Patentgesetzgebers, wobei er geschickt sein müßte hinsichtlich der erfindenden und nachahmenden Menschen und der beamteten Menschen zur Verwaltung und Schlichtung der Patentrechte.

Der Gesetzgeber kann mit einem zweiten Willen an den technischen Stoff herantreten. Er kann aus allgemeinen Rechtsgrundsätzen dem Erfinder den Lohn seiner Arbeit zuweisen wollen, nach einem ethischen Grundsatze, dessen Anwendung dann freilich auch dem allgemeinen Wohl dienen muß. In keinem der Fälle aber darf er sich in Widerspruch mit den Gesetzen der technischen Tatsachenwelt und ihrer Entwicklung setzen und sollte auch keine dieser Realien, z. B. auch nicht den Erfinder, ignoieren.

Wenn das Gesetz eine ratio scripta sein will, so muß man die Tatbestände analysieren, die rechtlich geordnet werden sollen, um ihre ratio zu erkennen.

Aus den Vordersätzen „Naturgesetze der Erfindungen", „Eigenart der mit Erfindungen befaßten Menschen" und „Gesellschaftliche Zwecksetzung" sind die Mittel, nämlich die patentgesetzlichen Bestimmungen abzuleiten, die zur Verwirklichung des Gesetzeswillens dienen. Der Hauptzweck ist ein Maximum von guten Erfindungen. Als einziges wirksames Mittel hierzu muß der Gesetzgeber den Schutz gegen Nachahmung während bestimmter Frist wollen. Der Kreis der Nachahmungen und Verbesserungserfindungen geht von der sklavischen bis zu der als solche kaum erkennbaren Nachahmung, welche nur ein Minimum der Ersterfindung verwendet, und geht weiter jenseits des Minimums bis zu der Grenze, wo nur eine Anregung, aber kein kleinstes Stück aus der Ersterfindung selbst von dem Nachahmer entnommen worden ist. Auf diesen Tatbestand hat der Gesetzgeber wiederum keinen Einfluß. Der Gesetzgeber kann aber wieder Regeln darüber wählen und festsetzen, wie weit außer der sklavischen Nachahmung noch die teilweise Nachahmung unerlaubt sein soll, er kann es ausdrücklich im Gesetz tun, oder er kann es der patenterteilenden Behörde oder dem patentauslegenden Richter überlassen, hier die Grenzen zu ziehen. Er kann jedem seine Zuständigkeit genau begrenzen oder die Grenzziehung der Praxis überlassen. Er kann auch zur Anleitung hierbei Wertmaßstäbe festsetzen, ja konkurrierende, in Einzelfällen nicht immer gleichzeitig zu verwirklichende Werte, wie es materielle und formelle Werte regelmäßig sind.

Er kann die Unzulässigkeit solcher vollständigen oder teilweisen Nachahmungen aber auch an andere Bedingungen knüpfen, so im deutschen Gesetz an einen ausdrücklich bekundeten Patentierungswillen des Patentamtes. Keine dieser Bedingungen aber, keines der Mittel des Gesetzgebers zur Verwirklichung seines Willens darf sich in Gegensatz bringen zu der Natur der Erfindung und der Natur der Nachahmung. Vielmehr soll die volle Erkenntnis dieser beiden technischen Tatbestände der Ausgangspunkt der rechtlichen Regelung sein, wenn diese wirklich sachgemäß zu sein beansprucht.

Entsteht irgendwo ein Konflikt der Natur der Sache und ihrer notwendigen Konsequenzen mit einer Gesetzesbestimmung, welche auf ungenügender Erkenntnis des Tatbestandes fußt, so zeigt die Erfahrung, daß in der Regel die Natur der Sache sich durchsetzt.

Deshalb ist es für das Patentwesen von erster Bedeutung, den Erfindungstatbestand zu analysieren, und zwar nach den Gesichtspunkten, welche für seine rechtliche Behandlung von Bedeutung sind.

Dieser Aufgabe dienen die Arbeiten, welche hier vereinigt sind. Sie alle zielen darauf ab, das der Erfindung gemäße Recht aus der Tatsachenerkenntnis zu entwickeln und teilweise es gegen eine zur Zeit der ersten Niederschrift bestehende abweichende Praxis zu verteidigen. Sie gehören insofern auch in dieselbe allgemeine Reihe wie meine Aufsätze „Hartigs Studien in der Praxis des Kaiserlichen Patentamts", „Die begriffliche Auffassung der Maschine" und „Der Patentanspruch in der Praxis des Patentamts", die zusammen mit den Arbeiten Hermann Isays „Wesen und Auslegung des Patentanspruchs", „Der Patentanspruch in der jüngsten Rechtsprechung des Reichsgerichts" und „Die Bedeutung der Gründe des Nichtigkeitsurteils für den Verletzungsstreit" kürzlich unter dem Titel „Der Patentanspruch"[1]) zusammengefaßt wurden.

Sie benutzen alle dieselbe Methode, induktiv-statistisch die Tatsachen festzustellen und dann an symptomatischen Fällen zu analysieren.

Auf ein Tatsachengebiet dieser Art möchte ich noch hinweisen, welches noch nicht allseitig bearbeitet ist, obwohl seine Darstellung die Grundlage für das Recht an der Angestelltenerfindung wäre, die die härteste Nuß im neuen Patentgesetzentwurf ist. Wir haben keinen Versuch einer Materialiensammlung darüber, wie das Zusammenwirken von Unternehmern mit einem oder mehreren Angestellten in den verschiedenen Zweigen und Betriebsarten der Technik tatsächlich und rechtlich vor sich geht. Wir haben solche Darstellungen nur aus der Großindustrie zu einem deutlichen Bild ausgearbeitet, im besonderen die von W. v. Siemens[2]). Hier finden wir an erster Stelle die verwunderliche Feststellung: „So verdanken viele Patente ihren Ursprung einer derartigen systematischen Patenttätigkeit. Erfinder sind dabei oft gar nicht mehr nötig." Das ist zweifellos richtig, paßt aber nicht in die Grundvorstellung des Patentgesetzes vom Erfinden als einer zur Erfindung, vorbehaltlich der Zufallserfindung gehörigen Tätigkeit. Einen besonderen Lohn aber kann nur der angestellte Erfinder fordern, während dem unerfinderischen Gehilfen einer Erfindungsschöpfung niemand einen Anspruch geben will.

Ist nun weiter die Erfindung ohne Erfinder der Normalfall der Angestellten-Erfindung? Über diese Realie wissen wir nichts. Und wenn, läßt sich nicht auch für andere Fälle gesetzliche Vorsorge treffen? Diese Fälle sollten wir aber kennen, technisch und wirtschaftlich. v. Siemens fragt schließlich, ob es krankhaft sei, „wenn eine Firma ihre Patente als Hilfsmittel auffaßt, um die technische Entwicklung ihres Gebietes konkurrierenden Bestrebungen gegenüber durchführen zu können". Die Aktionäre werden das gewiß verneinen. Das ist aber

---

[1]) Bei Carl Heymann, Berlin 1912.

[2]) G. R. u. U. 1907, S. 203.

wieder nur die eine Seite der Sache, die wirtschaftliche Stellung des angestellten Erfinders hierzu, seine Beteiligung am Monopolgewinn bleibt unerörtert. Sie wird beleuchtet an einem andern Punkt, dem Schaden unnützer Erfindungen, für welchen klar ist, daß eine einseitige Beteiligung der angestellten Erfinder nur an nützlichen Erfindungen unbillig und oft unmöglich wäre.

Das zielt auf die noch nicht untersuchte Frage des Risikos erfinderischen Beginnens. Hierzu habe ich einmal formuliert, daß patentfähig alles heißen müsse, was ohne Patenthoffnung nicht unternommen werden würde. Da würde auch der Risikoträger zu den Patentberechtigten mitzählen, und der einzige Berechtigte sein können, wo es an der Berechtigung aus individueller, unvertretbarer Arbeit ganz fehlt.

Der erste Aufsatz über die psychologische Synthese der Erfindung versucht eine skizzenhafte Darstellung der Elementarvorgänge, durch welche neue technische Vorstellungen in einem Gehirn entstehen können, und leitet daraus zwei verschiedene Arten von Neuheiten ab: die, welche auf neuer Naturerkenntnis und die, welche auf neuer Kombination alter Bewußtseinselemente beruht.

Auf die methodische Schlußbemerkung sei hingewiesen. Eine psychologische Darlegung des Erfinders läßt vollständig offen, welche Bedeutung die Eigenart dieses geistigen Entstehens für das Patentrecht hat. Sie beansprucht nur, zu den Materialien eines Patentgesetzes zu gehören, insofern das Patentgesetz den politischen Gedanken verfolgt, dieses geistige Geschehen zu begünstigen. Daß das Gesetz unmittelbar nur auf Beginn und Intensität dieser Arbeit hinwirken kann, und nicht auf den Erfolg, der von dem Hinzutreten ganz anderer, vom Gesetz ganz unbeeinflußbaren Faktoren abhängt, scheint heute meist übersehen zu werden.

Als Ergänzung hierzu wäre eine Beschreibung möglichst vieler praktischer Beispiele und Typen des Erfindens von heutzutage sehr zu wünschen. Da würde man sehen, wie Phantasie, Scharfblick, Kritik, Grübeln und Experiment, Individualität und Kapital, Augenblick und Zeitdauer, Zufall und Zweckbewußtheit, Einzel- und Kollektivtätigkeit auftreten. Das wäre wichtiger für das Patentrecht als die feinsten begrifflichen Distinktionen, als die mera subtilitas, die man heute öfters findet.

In der polemisch gegen die damalige Auffassung des deutschen Patentamtes über die Einheitlichkeit von Erfindungen gerichteten Untersuchung über den „Schutz zusammengesetzter Erfindungen" suche ich die Vielgestaltigkeit des Erfindungstatbestandes durch Aufdeckung der einzelnen Elemente nachzuweisen und namentlich auch den unselb ständigen Charakter vieler einzelner neuer Elemente gegenüber einer selbständigen Vollerfindung ins Klare zu stellen und die Notwendigkeit des Schutzes solcher Elemente anschaulich zu machen.

Der heutige Umschwung der patentamtlichen Praxis geht in Richtung der dort vertretenen Grundsätze.

Das zeigt die allerneuste, hier abgedruckte Entscheidung des Patentamtes vom 24. September 1913, welche die frühere Praxis mit ausführlichen, grundsätzlichen Erwägungen verläßt.

Zwei Anmerkungen sind nur zu machen, welche auch diese Entscheidung nur als einen Schritt, wenn auch einen großen, zu einem weiteren Ziele charakterisieren. Zwar wird im Beginn der Entscheidung die Frage der Einheitlichkeit als eine reine Ordnungsfrage behandelt, und späterhin die Hartigsche Anschauungsweise ausdrücklich abgelehnt. In der Methode aber ist schließlich doch keine Änderung eingetreten, insofern hier auch wieder aus dem technologischen Begriff der Erfindung ein Begriff der Einheitlichkeit abgeleitet werden soll. Die Einheitlichkeit des Problems ist es, die für die Einheitlichkeit der Erfindung genügte, die Vielheit der Mittel sei damit verträglich.

Das ist annehmbar als ein beispielsweiser Fall der Einheitlichkeit.

Dagegen aber ist zu bemerken, daß die Mannigfaltigkeit des Problems als eine grundsätzliche Eigenschaft der Erfindung auch schon längst nachgewiesen ist.

Das ist also auch kein fester Grundstein für eine allgemeine Lehre. Man wird auch noch dazu kommen müssen, für vielgestaltige Probleme die Einheitlichkeit anzuerkennen, und überhaupt nicht irgendeine vorbestimmte Art von Einheitlichkeit zum Angelpunkt zu nehmen, sondern die verschiedenen Arten der Zusammenhänge von Mannigfaltigkeiten untersuchen und dabei auch die wirtschaftliche Einheitlichkeit mit beachten müssen.

Für das seinerzeit von mir gegebene, in der Entscheidung behandelte Beispiel der Taschenuhr ist die Einheitlichkeit des Problems eine rein wirtschaftliche, die in mehrere technische Probleme aufgelöst ist, die natürlich auch nicht unabhängig von einander gelöst werden können. Nur künstlich wird hier die zuerst stipulierte technologische Einheit auch konstruiert.

Für die kommende Gesetzgebung hat die Aufweisung der verschiedenen Erfindungsbestandteile eine andere Bedeutung. Will man das Maß der von dem Richter durch Auslegung zu füllenden Lücken des Patents verkleinern, so muß man die Kompetenz des Patentamts und seine Prüfungslast vergrößern; d. h. im besonderen, man muß Sonderansprüche für Erfindungsteile oder Erfindungselemente zulassen, die nicht selbst Vollerfindungen mit eigener Fortschrittsfolge sind. Dem steht heute die reichsgerichtliche Praxis entgegen, die solche Ansprüche für nichtig erklärt (Zündpillenentscheidung). Dann muß man sich dem amerikanischen System nähern und etwa bestimmen: Auf Antrag sind neben dem Patentanspruch für die Erfindung auch Ansprüche für Erfindungselemente (Erfindungsteile, Erfindungsideen) zuzulassen, soweit sie neu und schutzwürdig sind.

Ich begnüge mich hier damit, dies Mittel zur Verminderung der Patentlücken zu formulieren, ohne das Für und Wider zu diskutieren, namentlich ob die Fünfjahrsfrist und die Trennung des Nichtigkeits- und Verletzungsprozesses sich dann aufrecht erhalten lassen. Die Formulierung ist aber vielleicht ein sicherer Anhalt gerade zur Diskussion auch der Gegengründe, die ich vorläufig für gewichtiger schätze.

Nur möge auf den Vorschlag Mittelstädts[1]) hingewiesen werden, den Umfang der Patentauslegung zu beschränken durch einen Satz: „Durch das Patent wird niemand gehindert, den freien Stand der Technik gewerbsmäßig zu benutzen.“ Das ist ein Gegenstück zu dem obigen Satz, welches die vergrößerten Gefahren patentamtlicher Irrtümer zu einem wichtigen Teil wieder abwenden würde.

Während die beiden ersten Arbeiten auf dem Gebiete der rein gedanklichen Analyse der Erfindung liegen, beschäftigt sich der Aufsatz über „Technische Wahrheit und Dichtung“ im Patentwesen mit dem Gegensatz der sogenannten papiernen Technik, wie sie im besonderen in der Patentschriftenliteratur enthalten ist, und der wirklichen Technik und sucht nach Wegen, die bloß auf dem Papier gebliebene Technik zugunsten der wirklichen Technik von dem Patentrecht ausschalten oder ihren Einfluß zu schwächen, soweit es patentrechtliche Grundsätze gestatten. Auch in dieser Richtung scheint sich neuerdings nach langer Ruhe ein Umschwung in der Auffassung des Patentamtes vorzubereiten, wie die hier abgedruckte Entscheidung vom 26. Juni 1913 im besonderen beweist.

Auch für die reichsgerichtliche Praxis halte ich eine noch erhöhte Nichtachtung papierner Technik für recht erwünscht.

Die Annahme der aufgestellten Leitsätze würde einen großen Teil der Gründe beseitigen, die seinerzeit zur Einführung der fünfjährigen Nichtigkeitsfrist drängten.

Dabei wird versucht, Anhaltspunkte dafür zu geben, die Last des exakten Beweises der Patentunfähigkeit, über die theoretisch kaum Zweifel herrscht, dem Patentamt auch praktisch aufzubürden. Es wird nämlich gezeigt, wie Neues in nachweisbarer Weise entsteht, ohne erfinderisch zu sein. Diese Arbeit ist deshalb im besonderen auch unter

---

[1]) *G. R. u. U. 1913, S. 233.*

dem Gesichtswinkel zu betrachten, daß sie zu der Frage der Möglichkeit, das Prüfungssystem auch in Zukunft aufrechtzuerhalten, etwas beiträgt.

Die Bewegung im modernen Recht sucht dem Richter eine freiere Stellung gegenüber dem Gesetz einzuräumen, als man ihm früher vielfach geben wollte, und zugleich seinen Urteilen eine klarere und wahrere Unterlage zu geben, indem sie ihm eine selbständigere Berücksichtigung der tatsächlichen Verhältnisse gestattet, soweit das Gesetz diese nicht ausschließt. Er füllt aus eigner Macht und Wissenschaft die Lücken des Gesetzes. Diese Behandlung von Rechtsfragen verlangt eine erhöhte Beachtung aller Tatbestandseigentümlichkeiten und demzufolge in vielen Fällen eine eindringende Analyse desselben. Der Versuch „Erteilung und Auslegung von Patenten im Lichte moderner Rechtsideen" unternimmt, diese Lehre auf das Patentrecht anzuwenden, und die drei vorhergehenden Untersuchungen sind insoweit Vorarbeiten, als sie gerade in den Erfindungstatbestand tiefer eindringen und seine begriffliche Auffassung allen Mannigfaltigkeiten des Lebens anpassen wollen.

Hier wird nicht nur eine Konstruktion der herrschenden gerichtlichen Praxis versucht, sondern der Blick ist zugleich auf Gewinnung von Prinzipien zur künftigen harmonischen Gestaltung von Patenterteilungs- und Auslegungsgrundsätzen, auf eine richtige Verteilung des Prüfungsgeschäfts der Erfindungen auf das Patentamt und die Gerichte gelenkt.

Auch hier wird versucht, aus einer Analyse des Rechtsstoffes, der Erfindung und der Nachahmung, eine Grundlage zu gewinnen, die für die künftige Gestaltung des Patentwesens benutzt werden kann. Für diese ist natürlich noch eine Mannigfaltigkeit weiterer Gesichtspunkte, in letzter Linie die Möglichkeit der Gewinnung juristisch und technisch geeigneter Personen für die entscheidenden Behörden von ebenso großer Bedeutung.

Die Methode der Behandlung patentrechtlicher Fragen in Deutschland war bisher vorwiegend auf die Untersuchung von Begriffen gerichtet und hat vielfach zu einer höchst unerfreulichen Vervielfältigung und Zersplitterung derselben geführt, so daß man heute kaum von einer einheitlichen Auffassung und noch weniger einem einheitlichen Sprachgebrauch im Patentrecht reden kann, da keines dieser Begriffssysteme den Vorrang vor anderen gewonnen hat. Mit dieser Behandlungsweise steht die Lenkung meiner Untersuchungen auf die Tatbestände, deren Analyse und Klärung in einem Zusammenhang. Sie ist die Voraussetzung für die Bildung eines richtigen und zugleich nützlichen Begriffssystems. Ich halte es für notwendig, daß man sich hierauf besinnt und mehr davon durchdrungen wird, daß eine reinliche und einfache Begriffsordnung zwar ein sehr schönes Werkzeug für die Behandlung der Tatsachenwelt, daß die begriffliche Auffassung vielfach die unvermeidliche Auffassung im Rechtswesen ist, daß aber die möglichste Übereinstimmung der Begriffe mit den Tatsachen doch die Hauptbedingung bleibt, wenn dadurch auch notgedrungen die Einfachheit der begrifflichen Ordnung leiden muß oder nur in gewissem Grade mit ihr vereinbar ist.

Auch der Umstand, daß Begriffe nicht nur richtig, d. h. möglich und mit den Tatsachen in Übereinstimmung, sondern daß sie auch nützlich sein müssen, scheint vielfach ganz unbeachtet zu bleiben.

Begriffe, gebildet aus vorhandenen, aber minderwertigen Gesichtspunkten, und allzu zersplitterte, verfeinerte, vermannigfaltigte Begriffe sind keine denkökonomischen Mittel mehr gegenüber der reinen begriffslosen Anschauung der Tatsachenbestände.

Vor dem Vortrag im Verband Deutscher Patentanwälte, der die Grundgedanken der letzten Arbeit, „Erteilung und Auslegung von Patenten im Lichte moderner Rechtsideen", enthält, waren schon in dem Patentamt zwei Entscheidungen der Beschwerdeabteilung II gefallen, welche den völligen Umschwung der Praxis des Patentamts zeigen, der wohl als eine Annäherung an die in den drei ersten Arbeiten ausgedrückten Ideen betrachtet werden darf. Namentlich sind diese Entscheidungen von dem ernsten Willen durchdrungen, die Grundsätze der reichsgerichtlichen Praxis auch bei der Patenterteilung zu beachten, und so den Zwiespalt zwischen Patentamt und Reichsgericht, der über 20 Jahre geklafft hatte, auf den früher vergeblich und in den letzten Jahren sehr nachdrücklich hingewiesen worden war, verschwinden zu lassen.

Auch für diese Praxis des Patentamts würde also die Arbeit über die Patenterteilung und Patentauslegung eine theoretische Grundlage geben.

Die beiden Entscheidungen sind dann in der letzten Arbeit über „Neue Fragen der Patentprüfung" einer Besprechung unterzogen, die sich auch auf einige andere, durch die Entscheidungen angeregte Punkte ausdehnt.

Ich hatte gehofft, mit dem Vortrag über den „Patentanspruch in der Praxis des Patentamtes" meinen zwanzigjährigen Kampf gegen die Einseitigkeit und die methodischen Mängel des Hartigschen Systems der Patentprüfung und Patentabfassung, insbesondere die ihm in dem Patentamt gegebene Umbildung, abschließen zu können.

Zu dem Abschluß ist heute noch mehr Veranlassung, nachdem das Patentamt offenbar grundsätzlich die Auffassung aufgegeben hat, daß das System der Hartigschen Anspruchformulierung für alle Fälle passe.

Gegen nichts anderes als diese Ausschließlichkeit richtete sich meine Kritik.

Natürlich habe ich nun nicht erwartet, daß sofort überall eine zur zweiten Natur gewordene langjährige Denkweise aufgegeben werde, zumal eben die systematische Strenge Hartigs auch etwas faszinierendes für dogmenfreudige und unkritische Geister hat.

Nur zwei Worte möchte ich zu der nunmehr angebrochenen Erörterung sagen:

Ich habe nichts zu bestreiten, was meiner Methode so fern liegt, daß eine Erörterung fruchtlos bleiben müßte. Wer nicht mit mir die Erfindungstatsachen und die Nachahmungstatsachen untersuchen und prüfen will, inwieweit irgendein System der Formulierung von Patentansprüchen und der Auslegung von Patentansprüchen mit den Tatsachen übereinstimmt, der mag loben und tadeln, wie er will; ich habe dagegen nichts zu sagen, denn er bekämpft meine Ergebnisse und nicht meine Gründe.

Diese Gründe finden sich zu dem Thema Rechtsunsicherheit in der Arbeit „Patentamt und Reichsgericht" zusammengestellt.

Sie sind nochmals, nunmehr für andere Leser, abgedruckt für diejenigen, die heute rückwärts rufen und die Harmonisierung der patentamtlichen und reichsgerichtlichen Rechtsprechung durch Anpassung des Reichsgerichts an das heute vom Patentamt selbst verlassene System wünschen. Auch für diejenigen, welche von einer neuen Praxis des Reichsgerichts zu sprechen nicht aufhören.

Zweitens aber möchte ich anheimgeben, vor der Polemik gegen mich das zu lesen, was ich geschrieben habe, und mir nicht unterzuschieben, daß ich die Hartigsche Formulierungsweise als für keine Erfindungsart geeignet erklärt habe, daß ich dem Patentamt alle Kompetenz zur Feststellung des Schutzgebietes nehmen und dem Richter geben wolle, daß ich die Rechtssicherheit nicht würdige und was dergleichen mehr ist.

Ich habe 1891 die kritische und die induktive Methode auch für das Patentrecht proklamiert und habe mich stets gehütet, in den Fehler meiner Gegner zu verfallen, dogmatisch ein Gegensystem gegen das System Hartig aufzustellen.

Ich kann natürlich auch mit niemand darüber rechten, wie schwer er materielles Unrecht gegen den Erfinder in seiner Erfahrung empfunden hat, wo das Patentamt so irrte, daß das Reichsgericht nicht mehr helfen konnte, und noch weniger mit solchen, die auch heute noch nicht solches Unrecht als Folge der Anwendung des Hartigschen Systems auf ungeeignete Fälle erkennen.

Am weitesten bin ich grundsätzlich deshalb auch von denen entfernt, die innerlich einem Abbau des Erfindungsrechtes überhaupt zuneigen und schon die Möglichkeit der Aufhebung des Patentgesetzes vorhalten.

Dazu ist es meines Erachtens im Zeitalter der Truste, Syndikate und Interessengemeinschaften zu früh. Das Recht des einzelnen sollte gestärkt werden; und dem sollte auch jeder volkswirtschaftlich Denkende zustimmen, der nicht Eintagspolitik treibt. Ich habe versucht, Wege zu zeigen und deren Anfang zu betreten, um auf Grund der Erfahrung zu neuen Systemen der Prüfung und Formulierung von Patenten zu kommen, und mir scheint, wir nähern uns dem Ziele rasch genug. Ich hoffe, daß die Zahl derer immer wachsen wird, die sehen, daß es gilt, etwas Neues zu schaffen, und nicht eine erstarrte Vergangenheit einem werdenden Patenterteilungsrecht und Patentauslegungsrecht entgegenzuhalten.

Den Anhängern der Lückenlosigkeit des Gesetzes und des Patentes möchte ich ein deutliches Wort in Erinnerung rufen wie ich es eben zitiert finde [1]: „Der Gesetzgeber" ist sich der Grenzen seiner Macht bewußt. Er verfällt nicht mehr in den „bodenlosen Hochmut" (Savigny), in jenen „Größenwahn der Legislative" wie sie dem Gesetzgeber vor hundert Jahren eigen gewesen. Das Gesetzeswerk kann, es muß Lücken haben." Dasselbe glaube ich für Patente bewiesen zu haben.

Und wer eigentlich hat w i r k l i c h lückenlose Patente vertreten, die es nie und nirgends gegeben hat?

Von den drei älteren Arbeiten habe ich einzelne veraltete Stücke weggelassen und gelegentlich durch Fußnoten in Kursivschrift auf die neuere Entwicklung der Fragen hingewiesen.

---

[1]) *Egger: Schweizerische Rechtsprechung und Rechtswissenschaft 1913 bei Julius Springer, Berlin,*

Zur psychologischen Synthese der Erfindung[1]).

Eine Skizze.

Wie entstehen die Vorstellungen neuer Erfindungen in einem menschlichen Hirn?

Wie entstehen neue technische Vorstellungen?

Wie — noch allgemeiner gefragt — neue gegenständliche Vorstellungen?

Das ist die Abstufung der Fragen, welche von einer besonderen Art technischer Vorstellungen, den Erfindungen, zu neuen Vorstellungen überhaupt überleitet, und zwar noch in der Beschränkung von Vorstellungen gegenständlicher Art, d. h. Vorstellungen von Dingen und ihren Veränderungen. Im Gegensatz hierzu stehen die allgemeinen Vorstellungen von Farbe, Wärme, Größe, Druck, wie sie das unmittelbare Ergebnis der einzelnen Sinneswahrnehmungen sind und welche auch als Vorstellungen von den Eigenschaften oder Zuständen der Dinge gelten können. Damit ist die Zurückführung der Erfindungspsychologie auf das Gebiet der Elementarpsychologie gegeben.

Die Frage „wie" löst sich auf in die Fragen, aus welchem Rohstoff oder aus welchen letzten Elementen entstehen die neuen Vorstellungen, und auf welche Weise und unter welchen Bedingungen fügen sich solche Elemente zu neuen Vorstellungen von Gegenständen zusammen?

Die erste Frage wird ohne weiteres durch die heutige Psychologie beantwortet, welche außerdem noch Auskunft über die Gewinnung dieser letzten Bewußtseinselemente gibt; sie stammen alle aus Wahrnehmungen der Außenwelt und ihrer Verknüpfung durch Raum, Zeit und Kausalität.

Ideenassoziation ist ein Begriff der älteren Psychologie. Er wird angewendet auf die Verknüpfung verschiedener, in dem Gedächtnis auf-

---

1) *Abgedruckt aus: Mitt. d. V. d. P. 1907, S. 78.* Vgl. *Bergell und Gottscho, Über die psychologische Prüfung der Erfindungsgenese. Gew. R. u U. 1908, S. 346.*

gespeicherter Vorstellungen von Gegenständen oder Vorgängen, von Empfindungen, von Erfahrungen aller Art. Das aus der Erinnerung auftauchende Bild eines Ortes z. B. ruft das Bild einer einst an dem Ort wahrgenommenen Person oder Begebenheit hervor. Man hat umfangreich die Bedingungen erörtert, unter welchen solche Vorstellungen gleichzeitig bzw. unmittelbar nacheinander vor dem geistigen Auge erscheinen, d. h. unter welchen Bedingungen eine Vorstellung von der anderen hervorgerufen wird.

Von einer Assoziation oder einer Synthese spricht man neuerdings in zwei Fällen, zunächst bei dem Vorgang der Aufnahme von Vorstellungen durch die äußeren Sinne.

Das Auge z. B. unterscheidet unmittelbar verschiedene Farben und verschiedene Helligkeiten; durch seine Bewegung umfährt es die Kontur des gesehenen Farbfleckes und bemißt so oder durch Hilfe des Tastsinnes die Gestalt des Farbfleckes; im Hirn werden dann die beiden so gewonnenen Empfindungen zu dem Gegenstand bzw. der gegenständlichen Vorstellung, z. B. eines „Eichenblattes" zusammengesetzt. So entstehen du^r^ch die Synthese der Elementarwahrnehmungen und den Raumsinn die Bilder von Gegenständen. Dies ist eine unbewußte und ungewollte Synthese. Durch sie wird das unverbundene Nebeneinander der einzelnen wahrgenommenen Punkte der Außenwelt zu individualisierten Gegenständen zusammengefaßt, deren jeder eine Anzahl Wahrnehmungen desselben oder verschiedener Sinne auf sich vereinigt. So entstehen also neue Vorstellungen durch neue Wahrnehmungen.

In der Zeit sich folgende verschiedene Wahrnehmungen an demselben Gegenstand ergeben als das Produkt des Zeitsinnes und der Wahrnehmungsreihe die Vorstellung der Veränderung des Gegenstandes.

Die so durch unwillkürliche Synthese oder Assoziation entstehenden Vorstellungen von der Außenwelt erleiden nach ihrer Aufnahme in dem menschlichen Hirn eine willkürliche oder unwillkürliche Analyse oder Dissoziation.

Die Vorstellung des Blattes einer Eiche verwischt sich zu der eines Blattes, zu der von etwas Grünem überhaupt, und damit geht die Vorstellung eines Gegenstandes in die einer seiner Eigenschaften oder einer allgemeinen Empfindung oder Wahrnehmung über. Das Bild löst sich wieder in die ursprünglichen Elemntarwahrnehmungen oder ähnliche Elemente auf.

Der Zerfall der bildlichen Vorstellung durch Verlorengehen oder Verschwimmen einzelner Eigenschaften und Merkmale ist ein allmählicher und unwillkürlicher, wenn es sich um allmähliches Vergessen handelt Es ist ein willkürlicher und scharf bestimmter unter Erhaltung auch der ausgeschiedenen Teile, wenn die geistige Tätigkeit der Abstraktion geübt wird.

So wird unser Gedächtnis ein Speicher von dreierlei Vorstellungsarten; von bildklaren Vorstellungen vollständiger Gegenstände, von undeutlichen Teilvorstellungen von Gegenständen, welchen einige der wahrgenommenen Eigenschaften fehlen, und von Vorstellungen der letzten Elemente der Vorstellungen, der einfachsten, nicht weiter zerlegbaren Sinneswahrnehmungen.

Die teilweise zerfallenen Vorstellungen werden unter Umständen auch „Begriffe" im Sinne der formalen Logik genannt.

Diese Zerfällung der Wahrnehmungsgruppen in kleinere Gruppen und in die letzten Elemente ist die Vorbedingung der Synthese von neuen Vorstellungen, welche nicht aus der Außenwelt und also nicht aus der Erfahrung stammen.

Ohne diese Dissoziation würde es freilich schon möglich sein, neue Vorstellungen durch Zusammenfügen von vollständigen alten Vorstellungen von Gegenständen zu bilden. Aus der Vorstellung eines kahlen Kopfes und eines Schlangenbündels kann die Vorstellung eines Medusenhauptes entstehen.

Wenn aber die Erfahrung mir nur die Vorstellung einer eisernen Kugel einerseits und die eines hölzernen Kegels andererseits gegeben hat, so kann aus diesen beiden gegenständlichen Vorstellungen die Vorstellung einer hölzernen Kugel oder eines eisernen Kegels nur auf dem Wege der Auflösung, der aus der Erfahrung gewonnenen beiden Vorstellungen in ihre Elemente, Gestalt und Stoff einerseits und die durch eine synthetische Fähigkeit des menschlichen Geistes erfolgende Neugruppierung dieser Elemente andererseits, erfolgen. So entstehen die neuen gegenständlichen Vorstellungen einer hölzernen Kugel oder eines eisernen Kegels, deren Gegenstände nicht erfahrungsgemäß wahrgenommen worden sind. Nur ihre Eigenschaften sind an anderen Gegenständen wahrgenommen und durch Dissoziation als Sondervorstellungen konstituiert worden.

Das sind alles Elementarlehren der Psychologie, die den Satz ergeben, daß n e u e gegenständliche Vorstellungen in uns nur entstehen können einerseits durch Wahrnehmung neuer Gegenstände, neuer Eigenschaften an alten Gegenständen oder neuer Veränderungen derselben, allgemein durch neue Erfahrungen, und andererseits durch eine neue Synthese der in unserem schon erworbenen alten Vorstellungsgebiet vorhandenen vollständigen gegenständlichen, teilweise gegenständlichen oder elementar-sinnlichen Vorstellungen. Durch Zusammensetzung der Teile von verschiedenen aufgenommenen Vorstellungen entsteht die vollständige Vorstellung eines neuen Ganzen.

D. h. für das hier interessierende Gebiet gesprochen: Neue Vorstellungen in Naturwissenschaft und Technik stammen entweder vom Experiment im Laboratorium, aus neuen Wahrnehmungen oder aus der

Studierstube, dem Konstruktionssaal und der dort geübten neuen Synthese der bekannten Elemente: sie stammen aus Induktion oder aus Deduktion. Das gilt also auch für die eine Art der neuen Vorstellungen, die Erfindungen. Ich habe früher schon auf die chemische und auf die kinematische Erfindung als Beispiele für beide Klassen hingewiesen.

Die Worte „neu" und „bekannt" beziehen sich hier selbstverständlich auf die Person dessen, der die neue Vorstellung gewinnt und auf den Zeitpunkt des Auftretens derselben, gleichgültig, was in anderen Köpfen vor sich geht.

Die Vorstellungen von Gegenständen, welche unsere Erinnerung erfüllen, sind teilweise solche von Naturdingen, teilweise solche von Kunstdingen, von Schöpfungen des Menschen. Von den Naturdingen und den Gesetzen ihrer Veränderung wissen wir nicht, wie sie ursprünglich zustande gekommen sind; von den Kunstdingen wissen wir dies, soweit mit Bewußtsein geschaffen worden ist, und neben der Schöpfung die Geschichte die Erinnerung an den Schöpfungsweg erhalten hat. Während also unsere naturwissenschaftlichen Erinnerungsspeicher nur die fertigen Dinge und ihre Veränderungen enthalten, enthält der technische Erinnerungsspeicher auch die Wege, Methoden, Kunstgriffe, Hilfsmittel, mittels deren die neuen Dinge oder neuen Verbindungen alter Dinge geschaffen worden sind, und nicht nur diese, sondern auch die Mittel, durch welche die geschaffenen Dinge zu ihrer Leistung gezwungen werden, und die Erfahrungen über den Verschleiß und die Wiederzerstörung dieser geschaffenen Dinge.

Und nun sehen wir, daß auch die naturwissenschaftliche Erinnerung noch etwas enthält außer der Wissenschaft um die Naturdinge. Sie enthält auch die Methoden, durch welche diese Wissenschaft gewonnen worden ist, und durch welche sie weiter vermehrt werden kann. Den Schöpfungs-, Erhaltungs- und Betriebsmethoden der Technik stehen die Wahrnehmungs- oder Forschungsmethoden der Naturwissenschaft parallel gegenüber.

D. h. mit anderen Worten, Naturwissenschaft und Technik umfassen nicht nur die Masse der vorhandenen Tatsachen, der von der Technik geschaffenen und von der Naturwissenschaft wahrgenommenen und geordneten Tatsachen, sondern auch die Mittel zur Vermehrung dieses Schatzes, die Mittel zu seinem organischen Wachstum.

So können auf beiden Gebieten sich stellende Aufgaben gelöst und neue Dinge und neue Erkenntnisse gewonnen werden. Methoden, neue Aufgaben aufzufinden, sind dagegen in beiden Gebieten nicht vorhanden, noch reichen die vorhandenen Lösungsmittel zur Bewältigung der vorhandenen Aufgaben aus, noch auch gibt es allgemeine Regeln, um gestellte Aufgaben mit vorhandenen geeigneten Lösungsmitteln zusammenzubringen.

Hiernach kann man eine Klassifizierung der neuen technischen Vorstellungen nach einem zweiten Gesichtspunkt, nämlich nach der Art der Synthesen aufstellen, nach der Art, in welcher die Zusammenfügung der Elemente erfolgt. Sie kann auf bekanntem und auf unbekanntem Weg erfolgen, und die Einschlagung des Weges oder die Anwendung des Mittels zur Lösung einer Aufgabe kann sich von selbst ergeben oder nicht.

In allen Fällen, in welchen man eine Herleitung der Synthese nicht zu geben vermag, spricht man von der Phantasie. Sie soll in freiem Spiel, in ungebundener Weise die isoliert gewesenen Elemente zusammenbringen im Gegensatze zu der gebundenen, zwangsweise und schrittweise vorgehenden Synthese, bei welcher der Zwang logischer Schlußfolgerung ein hervorstechender Faktor ist, aber ihr Wesen nicht erschöpft. Diese zwingende Form tritt namentlich hervor, wenn man die Art von Synthesen betrachtet, welche mit einer mathematischen Gleichung gleichartig sind. Eine Gleichung gibt das mehrere Größen verbindende Gesetz. Wird eine oder werden mehrere der Größen mit einem bestimmten Wert eingesetzt, so ergeben sich bestimmte Werte für alle anderen. So ist es auch, wenn eine Aufgabe und ihre Lösungsmittel nicht durch ein mathematisches Gesetz verbunden sind, aber durch den gleichartigen Zwang einer technischen Regel.

Ich habe z. B. die Vorstellung einer hölzernen Kugel als eines leichten, rollenden Gegenstandes, ich habe die Vorstellung des Eisens als eines schweren Gegenstandes, die Vorstellung von Methoden, durch welche eiserne Gegenstände in beliebigen Formen gebildet werden können, und die Vorstellung der Nützlichkeit eines schweren rollenden Gegenstandes, d. h. der Aufgabe, einen schweren rollenden Gegenstand zu schaffen. Die Vorstellung einer eisernen Kugel muß sich bilden, und zwar als die Vorstellung eines, wenn auch noch nicht erfahrungsmäßig bekannten, so doch technisch möglichen Gegenstandes. Es handelt sich hier um die Synthese eines Gegenstandes, von welchem einige Eigenschaften, nämlich die gewünschten, gegeben sind. Diesen sind solche andere Eigenschaften zuzufügen, daß das Ergebnis erstens die Vorstellung eines Gegenstandes ist, und zweitens auch die eines möglichen, im besonderen eines herstellbaren Gegenstandes.

Um Synthesen aus der Kraft der Phantasie wird es sich handeln, wenn entweder die Gruppe der verlangten Eigenschaften oder deren Ergänzung zu einem Gegenstand jenseits der bekannten synthetischen Methoden liegt und deshalb eben einer freien, geheimnisvollen Kraft, der Phantasie, zugeschrieben wird. Die Synthese selbst aber ist immer nur eine neue Art der Gruppierung vorhandener Elemente.

Die Phantasie als principium divisionis hat für die Zwecke der Rechtspflege den Nachteil, daß ihre Tätigkeit der unmittelbaren Feststellung entzogen ist. Eine ähnliche, wenn auch nicht ganz übereinstim mende, aber brauchbarere Einteilung bekommt man nun, wenn die synthetischen Wege in gewöhnliche und ungewöhnliche, in übliche und außerordentliche eingeteilt werden. Die Grenzlinie wird dabei so verschoben, daß die Klasse der Phantasietätigkeit durch andere ungewöhnliche Tätigkeiten vermehrt wird. Auch die besonders energische, andauernde, sorgfältige Anwendung einer bekannten synthetischen Methode, auch die Wirkung des Zufalls kommt auf eine Seite mit der Phantasie. Dieser Gesichtspunkt rückt nahe an einen heran, der für die rechtsphilosophische Begründung des Patentrechts verwendet worden ist: die Verdienstlichkeit der ungewöhnlichen Tätigkeit, insofern sie einer besonderen Belohnung wert ist, und die wirtschaftliche Erwünschtheit dieser ungewöhnlichen Tätigkeit, welche durch besondere Belohnung angestachelt werden soll.

Eine besondere Gruppe der Synthesen auf gegebenem Wege sind solche, welche sich an neue Wahrnehmungen anschließen.

Wird an einem bekannten Körper eine neue Eigenschaft entdeckt, so ist die neue Wahrnehmung zunächst nur die Bereicherung des vorhandenen Bildes jenes Körpers. Die neue Eigenschaft ist eben dadurch, daß sie Eigenschaft desselben bekannten Gegenstandes ist, ohne weiteres mit allen anderen Eigenschaften des Körpers in Zusammenhang gebracht, assoziiert. Diese neue Eigenschaft, diese neue Wahrnehmung, diese neue Erfahrung kann aber außer in die Synthese des bekannten Körpers nun in andere Synthesen eintreten; zunächst ohne weiteres in alle, welche für den bekannten Körper oder seine Dissoziationsprodukte schon bekannt sind. Dann aber wird die neue Eigenschaft neue Synthesen ermöglichen, die sich gerade an diese neu entdeckte Eigenschaft anknüpfen.

Wenn an dem Eisen die magnetische Eigenschaft entdeckt wird, so wird diese auch alsbald zu der Vorstellung der eisernen Kugel, zu dem Bild eines schweren und runden Gegenstandes, hinzutreten. Sie wird aber zu neuen Synthesen Veranlassung geben, in welchen allein diese neue Eigenschaft als Bindeglied der Vorstellung Eisen mit anderen Vorstellungen dient. So entsteht durch eine neue Wahrnehmung nicht nur eine, sondern eine ganze Reihe neuer Vorstellungen.

Bei der neuartigen Synthese alter Elemente gab es zwei Arten von Neuheiten, die auf bekanntem oder gewöhnlichem und die auf unbekanntem oder phantasiemäßigem Wege erfolgende Synthese. Eine ähnliche Zweiteilung gilt für die Wahrnehmung neuer Elemente. Diese Wahrnehmung kann nach bekannten Methoden erfolgen. So wird die Untersuchung eines Körpers mit bekannten physikalischen und chemischen Methoden alle seine Eigenschaften nach Art und Maß offenbaren, die im

Bereich dieser Methoden liegen. Man könnte deshalb diese Eigenschaften vorher schon als indirekt oder implizite oder potentiell bekannt bezeichnen. Sie sind Vorstellungen, welche zwar nicht als solche sich im Bewußtsein finden, sie können aber mit Sicherheit auf einem mehr oder weniger langen Weg gefunden werden, gerade so wie etwa vergessene Vorstellungen langsam wieder in die Erinnerung zurückkehren können, wenn man mnemotechnische Hilfen nimmt, oder wie die Lösung einer Rechenaufgabe, die dem Gedächtnis ganz entschwunden ist, auf dem bekannten Wege wiedergewonnen werden kann.

Der andere Weg der Erlangung neuer Erfahrung ist der Weg der eigentlichen Forscher und Entdecker, die nach unbekannten Regeln mit neuen Kunstgriffen oder aber auch durch ungewöhnlich ausdauernde, konsequente Anwendung alter Regeln der Natur die Erkenntnis neuer Seiten abgewinnen. Auch diese Methoden wird man meist, aber auch nur meist als phantasiemäßige bezeichnen dürfen; so hat man sowohl für die Gewinnung neuer Vorstellungen durch neue Erfahrung, wie für die Gewinnung durch neue Synthese aus alter Erfahrung die Möglichkeit der Klassifizierung nach denselben Gesichtspunkten.

Eine mittlere Stellung zwischen der Gewinnung neuer Vorstellungen durch neuartige Synthese alter Elemente und der Synthese neu wahrgenommener Elemente ist die Gewinnung der Vorstellung neuer Elemente durch Synthese. Ein Teil der Naturwissenschaft ist so weit vorgeschritten, daß noch unbeobachtete Eigenschaften von Körpern, ja, daß unbeobachtete Körper vorausgesagt werden können. Solche Voraussagen hat es in der Chemie als nachher bewahrheitete Vermutungen gegeben, und eine solche Voraussagung auf Grund mathematischer Synthese war die Errechnung des Planeten Neptun.

Das letztere Beispiel zeigt, wie dieselbe neue Vorstellung auf zwei Wegen, mit dem Rechenstift und dem Fernrohr, durch Deduktion und Induktion erreichbar ist.

Aus den obigen Darlegungen ergeben sich Antworten auf eine Reihe von Fragen der Erfindungstheorie, natürlich nur Antworten, so weit der gewählte psychologische Gesichtspunkt reicht.

Jede Erfindung ist zunächst eine subjektiv neue Vorstellung. Der Umfang der Neuheit an der Vorstellung und die Art ihres Entstehens ergibt sich aus dem Angeführten.

Der Fall absoluter Neuheit ist kaum denkbar, d. h. der Fall, daß die Vorstellung lediglich mit neuen Körpern erfüllt wäre. Jede Vorstellung also wird immer Neues und Altes enthalten. Sie wird entweder bestehen aus alten Elementen in neuer Gruppierung, aus alten und neuen Elementen mit wesentlich bekannter Gruppierung oder aus alten und neuen Elementen in neuer Gruppierung, wobei unter Elementen die letzten Bruchstücke der vorhandenen einzelnen Vorstellungen verstanden sind.

Die subjektiv neue Erfindung ist auch objektiv, d. h. für alle neu, wenn der Erfahrungskreis der Menschen überhaupt, also die Summe der alten Elemente, sich mit dem subjektiven Kreis der vorstellenden Person deckt. Findet diese Deckung nicht statt, ist zunächst eines der von dem Vorstellenden oder dem Erfinder neu wahrgenommenen Elemente schon früher von anderen wahrgenommen worden, so mindert sich der Umfang der Neuheit insoweit. Bestand z. B. die Vorstellung, wie sie subjektiv zustande gekommen war, aus m alten und n neuen Elementen in der neuen Gruppierung F, so war der Umfang der Neuheit durch die Größe von n und durch F gegeben. Dieser Neuheitsumfang mindert sich auf n — 1 + F, wenn von den n Elementen sich nachträglich eines als objektiv bekannt erweist.

Eine Entdeckung — natürlich nur im Sinne einer naturwissenschaftlichen Entdeckung — ist die Gewinnung einer neuen Vorstellung aus der Außenwelt, und wollen wir die Entdeckung im eigentlichen Sinne unterscheiden von den einfacheren und sich mit Notwendigkeit ergebenden neuen Wahrnehmungen und Beobachtungen nach den bekannten Arbeitsregeln der Naturwissenschaft, so ist sie eine neue Wahrnehmung auf phantasiemäßigem oder auf ungewöhnlichem Wege. —

Die Entdeckung bildet also als Rohstoff einer Synthese das Element einer Erfindung. In der Wirklichkeit kann diese Synthese selbst gleichzeitig mit der neuen Wahrnehmung entstehen, ja ihr vorausgehen, wie z. B. bei der Erfindung neuer chemischer Körper.

Hier findet zuerst in der Vorstellung eine Synthese statt; die Ausführung der Synthese in der Wirklichkeit ergibt den neuen Körper. An ihm wird eine neue Wahrnehmung gemacht, die in der Vorstellung vorher nicht vorhanden war.

Als die drei Erfindungsklassen wird man aufstellen können: Erfindungen, welche durch eine ungewöhnliche Synthese aus alten Elementen, Erfindungen, welche durch eine gewöhnliche Synthese aus neuen auf ungewöhnlichem Wege wahrgenommenen Elementen, und Erfindungen, welche durch eine ungewöhnliche Synthese von neuen auf gewöhnlichem oder ungewöhnlichem Wege wahrgenommenen Elementen entstehen.

Eine Konstruktion nennt man in patentrechtlichem Sinne eine neue Vorstellung, welche durch die Synthese bekannter Elemente auf bekanntem Wege erfolgt. Ob man nicht zu derselben Klasse patentunfähiger Erfindungen auch die zählen sollte, bei welchen die Gewinnung eines neuen Vorstellungselementes auf bekanntem Wege erfolgt und sie allein der sonst gewöhnlichen Synthese ihre Neuheit gibt, mag dahingestellt bleiben.

Eine **Kombination** heißt die Synthese, insofern nicht die letzten Dissoziationselemente von gegenständlichen Vorstellungen, sondern solche gegenständlichen Vorstellungen selbst miteinander verbunden werden. Diese Synthese entspricht also mehr dem älteren Begriff der Ideenassoziation.

Wenn z. B. die Raumform eines Paraboloids mit der Vorstellung eines Spiegels zusammengebracht wird, so entsteht die Vorstellung eines parabolischen Spiegels. Sie heißt nicht Kombination im eigentlichen Sinne, weil das Paraboloid nicht die Vorstellung eines Gegenstandes ist. Wird aber dieser Spiegel mit einer Lichtquelle verbunden, so sind zwei Gegenstände zu einem geworden, und eine Kombination ist entstanden.

Die Kombination von Gegenständen fällt gerade wie die Synthese von Bewußtseinselementen erstens unter die Gesichtspunkte der neuartigen Zusammenfügung alter Gegenstände oder der Zusammenfügung neuer Gegenstände und zweitens unter die Gesichtspunkte der phantasievollen und phantasielosen Zusammenfügung der Elemente oder der Gewinnung des neuen Gegenstandes nach Schulregeln oder ohne solche.

Von praktischer Bedeutung halte ich den Nachweis, daß die sogenannte Kombination hinsichtlich der Qualität der Synthese sich gar nicht von allen anderen Erfindungen unterscheidet, sondern nur hinsichtlich der Qualität der zusammengesetzten Elemente, insofern diese selbst gegenständlicher Natur sind. Nur der Irrtum, daß es allgemein leichter sei, gegenständliche Vorstellungen zusammenzufügen als allgemeine Vorstellungen, oder daß es leichter sei, Gegenstände zusammenzufügen als Gedanken, konnte zu einer Ausnahmebehandlung der Kombinationserfindungen führen.

Ich soll vielleicht vorsorglich noch eines bemerken. Ob die psychologische Betrachtung der Erfindung maßgeblich für das Patentrecht sein soll, ist hier noch gar nicht untersucht worden. Die psychologische Untersuchung der Erfindung gehört aber ohne Zweifel in das Patentrecht, und zwar in die Einleitung, in die Feststellung des Tatbestandes, an welchen sich das Recht anknüpft. Ob als Tatbestandmerkmale psychologische, nur psychologische oder auch andere zu wählen sind, das zu entscheiden ist Sache der Rechtswissenschaft.

Sie wird vielleicht zögern, das Moment der Phantasie als einzigen Unterschied zwischen der schutzfähigen Erfindung und nicht schutzfähigen Konstruktion anzuerkennen, solange das Beweisverfahren mit den heutigen Mitteln der Rechtspflege und der Psychologie für die praktischen Zwecke des Rechtes eine genügende Feststellbarkeit dieses Momentes vermissen läßt.

Aus solchen Gründen des Beweisrechtes sowie aus Gründen des Gesetzeszweckes mag die Prüfung der fertigen Erfindung im Vergleich mit anderen technischen Dingen ohne Rücksicht auf ihre Entstehungsweise und die dabei tätig gewesenen geistigen Kräfte vorgezogen oder in einzelnen Fällen vorgezogen werden. Und wegen des wirtschaftlichen Zweckes des Gesetzes mag auch die wirtschaftliche Bedeutung einer Erfindung Beachtung finden.

Um hier zu dauernden sicheren Normen zu kommen, müßte der Erfindungstatbestand eben aus allen verschiedenen möglichen Gesichtspunkten erforscht werden.

Der Schutz zusammengesetzter Erfindungen und die Patentzerstückelung[1]).

> Das mit Hilfe anschaulicher Vorstellungen operierende Denken ist der eigentliche Kern aller Erkenntnis, indem es zurückgeht auf die Urquelle, auf die Grundlage aller Begriffe. Daher ist es der Erzeuger aller wahrhaft originellen Gedanken, aller ursprünglichen Grundansichten und aller Erfindungen, sofern bei diesen nicht der Zufall das Beste getan hat.
>
> Schopenhauer.

Aufgaben.

Ich habe drei Gründe, mich mit der Frage des Schutzes von solchen Erfindungen zu befassen, welche sich in mehrere Teile auflösen lassen, die selbst wieder neu und originell sind oder neue und originelle Gedanken enthalten und unter Umständen selbst wieder Erfindungen, Teilerfindungen sind. Der erste Grund ist die Wendung der Praxis im deutschen Patentamt.

Trotzdem der Präsident des Patentamtes auf dem Gewerbeschutzkongreß in Frankfurt a. M. im Mai 1900 unter den Erklärungen, welche als das Ergebnis von maßgebenden Verhandlungen im Patentamt ausgesprochen wurden, auch die abgab:

> „Enthält eine Anmeldung mehrere voneinander unabhängige Erfindungen, so ist die Zerstückelung der Anmeldung nicht über das absolut notwendige Maß auszudehnen",

---

[1]) *Im wesentlichen nach einem Vortrag, gehalten im deutschen Verein für gewerblichen Rechtsschutz am 28. Oktober 1901, Gew. R. u. U. 1901, S. 315. — Vgl. v. Böhmer, Die Erfindungseinheit, Gew. R. u. U. 1902, Seite 125. — Wirth, Das deutsche Patentamt und die Einheit der Erfindung, Gew. R. u. U. 1902, S. 154. — Wirth, Einheitlichkeit der Erfindung, Mit d. V. d. P. 1907, S. 45, 53, 86. — Stort, Die Einheitlichkeit der Anmeldung, der Erfindung und der Patentansprüche, Mitt. 1902, S. 19 und 32 und 1905, S. 13, — Schanze, Mitt. 1907, S. 83. — Gleichen, G. u. U. 1908, S. 136. — Forsch, G. R. u. U. 1908, S. 292.*

Verhandlungen des Hamburger Congresses fürgewerblichen Rechtsschutz § 60 ff.

Die heutige Praxis ist durch die hiernach abgedruckte Entscheidung vom 24. Sept. 1913 begründet. Tanta moles erat!

Den Abdruck dieser Arbeit halte ich heute wesentlich noch deshalb für nützlich, weil die Mannigfaltigkeiten in der Erfindung auch heute noch ganz ungenügend gewürdigt sind.

Auf Seite 31ff. ist das Problem des Patentanspruchs entwickelt, welches heute vielfach als wichtigster Punkt der Patentgesetzreform infolge der „letzten Wendung der Rechtsprechung" bezeichnet wird.

und trotzdem gerade die Einführung des Wortes „Zerstückelung“ auf das Mechanische, das Organisch-Verbundenes Zerteilende, ja schmerzhaft Zerreißende dieser Behandlungsweise hinzudeuten schien, hat die Praxis des Kaiserlichen Patentamtes sich seitdem noch stärker als zuvor nach der entgegengesetzten Richtung gewendet.

Seit etwa 1½ Jahren verfügt das deutsche Patentamt in einer noch weit größeren Anzahl von Fällen als früher die Unvereinbarkeit von mehreren in einer Anmeldung beanspruchten Punkten. Man kann jedoch kaum sagen, daß die Grundlage der Prüfung sich dabei wesentlich gegen früher verändert habe. Es scheint aber fast, als ob gleichzeitig mit stellenweise abnehmender Strenge in der Beurteilung der Fragen der Originalität und des Erfolges von Erfindungen in dieser Zeit sich die Strenge in der Anwendung der Grundsätze für die Einheitlichkeit der Erfindung erheblich gesteigert hätte, oder der Blick für die Anwendbarkeit dieser Grundsätze geschärft worden wäre.

Es wäre außerordentlich wünschenswert, wenn die nächste Statistik des Patentamtes auch darüber Aufschluß gäbe, in wieviel Fällen eine Teilung verlangt worden ist, und eine Teilung stattgefunden hat, und in wieviel Fällen an Stelle der einen ursprünglichen Anmeldung mehrere getreten sind[1]).

Diese Statistik wäre auch aus dem Grunde sehr erwünscht, daß man erkennen könnte, inwieweit die Zahl der Anmeldungen und Patente durch diese Praxis beeinflußt wird, und inwieweit ausgeschiedene Teile des Schutzes ganz verlustig gehen, weil keine getrennten Anmeldungen für sie eingereicht werden.

Die Fragen gehen meist nicht in die Beschwerdeabteilung. Einerseits ist der entstehende Zeitverlust ein Hindernis, dann besteht aber vielfach ein auch durch den Anwalt nicht zu beseitigendes Vorurteil, daß die Durchfechtung derartiger Fragen vielleicht die Erteilung eines Patentes überhaupt gefährden könne.

Dieses ist auch ein Grund dafür, daß eine Einheitlichkeit der Praxis in dieser Richtung vielfach, namentlich bei mechanischen und chemischen Erfindungen, kaum besteht.

Einer der Gründe dieser zunehmenden Schärfe der Einheitlichkeitsprüfung ist ohne Zweifel in der zunehmenden Stärke des Bewußtseins über den wichtigsten Gegensatz in der Auffassung von Patenten für zusammengesetzte Erfindungen zwischen Patentamt und Reichsgericht gegeben[2]).

Das Patentamt nennt in einem Patentanspruch eine große Reihe einzelner Punkte oder Teile, welche nach seiner Auffassung nur zusam-

---

[1]) *Ist auch bisher nicht geschehen.*

[2]) Vgl. Zeitschr. f. g. R. 1892, S. 324.

men eine Erfindung bilden, also meist eine Kombinationserfindung; das Reichsgericht aber schützt auch gegen Nachahmung einzelner Teile eines solchen Anspruchsinhalts, sofern die von dem Patentamt nicht vorgenommene, im Patentprozeß nachgeholte Prüfung dieser einzelnen Teile deren Neuheit bzw. Erfindungscharakter feststellen läßt.

Der soeben erschienene Kommentar des Patentgesetzes von Robolski läßt sich hierzu so aus:

> „Zu weit geht das Reichsgericht, wenn es allgemein den Satz ausspricht, daß im Kombinationspatent auch die einzelnen Bestandteile geschützt werden, falls sie selbst neu sind und sich in ihnen ein eigner, nicht bereits durch ein anderes Patent geschützter Erfindungsgedanke kundgibt" (91,3; 92,346; 94,124; 99,33; 99,109). Denn über diese Voraussetzungen hat ausschließlich das Patentamt im Erteilungsverfahren zu befinden."[1])

Es wird sich erweisen, daß das Zerstückelungsverfahren für eine Reihe von Fällen keine Lösung des in der Tat äußerst schädlichen Zwiespaltes bringt. In anderen Fällen wird der Zwiespalt aus der Welt geschafft, aber oft eben nur durch Vernichtung des Streitobjektes, d. h. hier durch die Verhinderung der Entstehung desselben, nämlich des Patentrechtes. Der so begründete Kirchhofsfrieden wird aber auch kaum wünschenswert und rationell erscheinen.

Mein zweiter Grund ist der Zusammenhang der Frage des Schutzes zusammengesetzter Erfindungen mit der Frage nach dem Wesen der Erfindung überhaupt, und danach, inwiefern die Eigenart der Erfindung auch bestimmend für gewisse Eigentümlichkeiten des an sie zu knüpfenden Schutzrechtes sein muß.

Gerade in dieser Hinsicht habe ich das Motto gewählt, weil meines Erachtens in Deutschland die begriffliche Betrachtungsweise sich vielfach außer Zusammenhang mit ihrem Urquell, den anschaulichen Vorstellungen, entwickelt hat und deshalb auch in den Fehler verfallen mußte, dort durch rein begriffliche Deduktionen etwas beweisen zu wollen, wo nur die sorgfältigste Induktion, die Sammlung und Vergleichung der anschaulichen Vorstellungen, zu dem Ziele einer weiteren und tieferen Erkenntnis führen kann.

Dieselbe Vorliebe für das Abstrakte, die nicht seltene Verwechselung der Abstraktheit mit der Tiefe und Gründlichkeit, und ein Glaube, daß das in den einfachsten Ordnungsreihen sich darbietende System auch das richtigste sei, hat auch vielfach zu einer Bevorzugung der rein naturwissenschaftlichen Betrachtung der Erfindung zum Nachteil der Untersuchung der wirtschaftlichen Momente in ihr geführt.

---

[1]) *Vgl. hierzu Patentamt und Reichsgericht S. 91.*

Ich habe also als dritten Grund noch den Wunsch einer Verbesserung der Methoden unseres patentrechtlichen Denkens überhaupt.

Die Abstraktion hoch über der Erde und ihrem vielgestaltigen Leben schwebend, hat zu einem Dogmatismus geführt, dessen enge Kategorien zwar ein reinliches und höchst ordnungsvolles Bild ergeben; die zwangsweise Anwendung derselben aber, welche nur auf einen geringen Teil unseres technischen Inventars passen, auf alle reichhaltigen und feinen Gebilde der Technik, also eine falsche Generalisierung, führt zu qualvoller Verzwängung der Wirklichkeit.

Um aber den Dogmatismus abzulegen, müssen wir zunächst einen gesunden Kritizismus pflegen und uns der Grenzen unserer Erkenntnis bewußt werden, der psychologischen, der naturwissenschaftlichen, der wirtschaftlichen und noch mehr der heutigen Unkenntnis der Beziehungen der drei zueinander und ihrer rechtlichen Bedeutung.

Wir müssen uns damit abfinden, daß Mängel und Unrichtigkeiten der Erkenntnis bei der Feststellung der Erfindung zur Patenterteilung unvermeidlich sind, und kein Patenterteilungsverfahren verfolgen, welches a priori in allen Fällen eine volle Erkenntnis zur unerläßlichen Vorbedingung der Schutzgewährung macht[1]); unbeschadet natürlich des praktischen Prinzipes, daß in jedem Einzelfall auch dem unerreichbaren Ideal so nahe wie möglich gekommen werden soll.

Also praktisch gesprochen, wir sollen meines Erachtens weniger begriffsstolz sein und nicht Begriffe als Rechensteine benutzen, um durch ein Rechenspiel mit ihnen zu Scheinresultaten zu kommen, von denen wir behaupten, sie entsprächen der Wirklichkeit, sondern wir sollen die Wirklichkeit studieren, die Einzelerfindungen in konkreten Betrachtungen analysieren und daraus von unten aufbauend die Ordnungen finden, deren wir zur wissenschaftlichen Behandlung bedürfen, und die schwieriger und umständlicher sein werden als die bestehenden, aber richtig. Und diese Analyse der konkreten Erfindung sollen wir namentlich durchführen an Hand des großartigen Materials inländischer und ausländischer richterlicher Entscheidungen.

Auf diesem Wege kann man auch niemals zu dem Irrtum gelangen, zu irgend einer Zeit einen idealen, nunmehr unveränderlichen Zustand der Verfahrensgrundsätze für die Patenterteilung gewonnen zu haben, sondern wird jeden Tag gewärtig sein, an einem neuen in das Leben getretenen Fall eine neue Feinheit zu entdecken, welche eine bis dahin bestandene Regel als einen sprachlich oder gedanklich zu groben, zu allgemeinen Ausdruck erkennen läßt, welcher durch Zufügung der Ausnahme erst der vorgeschrittenen Erkenntnis angepaßt wird.

Gerade die Frage zusammengesetzter Erfindungen aber muß in dieser Richtung den besten Prüfstein ergeben.

---

[1]) *Dieser Standpunkt ist heute wohl von dem Patentamt verlassen.*

Wirtschaftliche Einheit.

Die Technik in Wissenschaft und Praxis ist naturgesetzliches Geschehen und wirtschaftliches Wollen zu einer eigentümlichen Einheit verschweißt, und gerade die Beziehung der beiden zueinander gehört auch zu einem der Geheimnisse des Erfindungsbegriffes[1]).

Bei den einzelnen patentrechtlichen Fragen kommt bald das eine bald das andere Moment mehr in den Vordergrund oder ist auch allein ausschlaggebend.

Das wirtschaftliche Moment ist aber bei Fragen wie den hier vorliegenden, und gerade wegen seiner größeren Störrigkeit gegenüber der Fassung in geordneten Begriffsreihen, auch immer im Hintergrund geblieben, ohne daß hierfür eine sachliche Veranlassung vorhanden wäre.

Das Wirtschaftliche spricht bei der gegenwärtigen Praxis der Zerstückelung in Deutschland gar nicht mit. Und dennoch ist für das Patent eine jährliche Steuer zu entrichten, welche die Patentkosten in Deutschland auf das Jahr verteilt, z. B. 41 mal so hoch macht als in Nordamerika und mehr als doppelt so hoch wie z. B. in England.

Diese Steuer ist wohl nur für wirtschaftliche Einheiten berechnet, und hiernach sollte alles, was zur Erlangung eines wirtschaftlichen Ziels beiträgt, in einem Patent geschützt werden können.

Des Steuercharakters der Taxen halber liegt diese Frage bei uns anders als in Staaten, welche prinzipiell von dem Erfinder nur eine Gebühr erheben, welche die Kosten der Verwaltung deckt; da kann man auch von dem Erfinder verlangen, daß er seine Patente so einrichtet, wie es Verwaltungsgrundsätze verlangen, wie es die Erleichterung der Prüfung, die vorhandene Klasseneinteilung des Patentamtes und dergleichen bedingen.

Die Beachtlichkeit des wirtschaftlichen Standpunktes wird auch durch die Einrichtung des Zusatzpatentes bewiesen. Wenn ich eine geschützte Erfindung später verbessere oder weiter ausbilde, das ist der Sinn des § 7 PG., dann soll diese Patentsteuer nicht für jede solche Verbesserung oder weitere Ausbildung bezahlt werden, sondern nur einmal.

Wenn ich aber die Erfindung mit allen Verbesserungen gleich schaffe, dann soll sie nicht in ein Patent gelangen können? Oder soll ich sofort ein Hauptpatent und viele Zusatzpatente mit demselben Datum anmelden?

Dieser Zusatzpatentparagraph, der im engsten Zusammenhang mit der Frage der Einheitlichkeit der Erfindung steht, zeigt im übrigen auch recht deutlich, was das Gesetz unter Erfindung versteht. Die Erfindung ist nicht der Gedanke allein, sondern der Gedanke mit seiner

---

[1]) *Vgl. in Wirth-Isay, Der Patentanspruch „Die begriffliche Auffassung der Maschine" S. 63 ff.*

Ausführung, nicht nur Geist, sondern Geist und Blut und Körper, denn einen Gedanken kann man nicht verbessern, zu dem kann man nur einen anderen Gedanken hinzubringen, den Zusatzgedanken; und einen Gedanken ausbilden, könnte weiter nichts heißen, als einen neuen Gedanken zufügen, der mit dem alten einen neuen Gesamtgedanken bildet.

Wie steht es bei der Zufallserfindung überhaupt mit dem Schöpfungsgedanken?

Allerdings wird dieser § 7 aus derselben Grundstimmung heraus, welche zur Zerstückelung der Patente führt, meist so ausgelegt, als ob er noch seinen alten Wortlaut hätte, und als ob nicht das Gesetz von 1891 eben wegen früher zu enger Auslegung den Begriff des Zusatzpatentes durch Einfügung der Worte „oder sonstige weitere Ausbildung" hätte ausdehnen wollen.

Es sollte gerade den Begriffsspekulationen vorgebeugt werden, welche ohne jede Rücksicht auf die praktische Ausführung einer Erfindung und den rein wirtschaftlichen Charakter der ganzen Institution des Zusatzpatentes nur gewisse begriffliche Abhängigkeitsarten für die Anerkennung des Zusatzverhältnisses gelten ließen.

Trotzdem wird meist nicht eine Verbesserung der Erfindung oder eine weitere Ausbildung der Erfindung als Ganzes in Betracht gezogen, sondern nur eine gewisse Beziehung zwischen den allgemeinen Ideen der Erfindung des Hauptpatentes und der des Zusatzpatentes, und selbst hier ist eine Berufung auf die wirtschaftliche Absicht dieses Gesetzesparagraphen immer erfolglos. An Stelle dessen treten aber mitunter geradezu willkürliche Einengungen des von dem Gesetz gegebenen Begriffes. So kann man nicht selten lesen, daß ein Zusatzverhältnis nicht bestände, weil keiner der Teile des Hauptpatentes ersetzt wäre, als ob nur eine Verbesserung oder Ausbildung, die in einem Ersatz eines Teils bestände, von dem Gesetz gemeint sei[1]).

Die Anerkennung der wirtschaftlichen Einheitlichkeit der Erfindung als der maßgeblichen würde praktisch wohl allen spitzfindigen Erörterungen über Wesen und Abhängigkeit von Erfindungen für diese Frage ein Ende machen[2]).

Mehrheit der Ideen. Falsche Methoden.

Die Erkenntnis, daß zu einer einzigen Erfindung eine große Anzahl verschiedener Ideen oder Teile gehören könne, welche zusammen erst die Erfindung ausmachen, ist alt.

Diese Erkenntnis ist aber verhältnismäßig unfruchtbar geblieben, weil man nicht an die allgemeine Aufgabe ging, nun alle Beziehungen

---

1) *Das ist heute auch besser.*

2) *Über die heutige Praxis des Patentamts vgl. Seite 56.*

festzustellen, welche sich aus der technischen Erfahrung ergaben, sondern weil man an die Betrachtung dieser Beziehungen nur unter ganz bestimmten, voreingenommenen Gesichtspunkten heranging.

Es ist ein voreingenommener Gesichtspunkt, wenn man die Erfindung gleich zergliedert in „Mittel und Zweck" und annimmt, ein Punkt in einer Erfindung könne nur das eine oder andere, nicht aber beides sein Zwischenmittel und Teilzweck.

Noch schlimmer natürlich ist es, wenn man von der Voraussetzung ausgeht es könne immer nur ein einziger Zweck in Frage kommen oder ein Mittel nur einem Zweck dienen und anderes[1]).

Einseitig ist aber auch die Betrachtung der Erfindung unter Vorstellung einer fiktiven Entstehungsgeschichte. Die Begriffsreihe: Erfindungsaufgabe, spekulative Idee, Lösungsidee, Durchführungsidee, individuelle körperliche Ausgestaltung, deutet eine solche Ordnung an, bei welcher versucht ist, von der Allgemeinheit und Unbestimmtheit der ersten Vorstellungen einen Weg zu der letzten Ausgestaltung der Erfindung zu konstruieren. Nur schade, daß dieser psychologische Vorgang verhältnismäßig selten vorkommt, und daß der umgekehrte Weg, daß zuerst ein sich später als Durchführungsidee erweisendes Etwas erfunden wird, gerade so wirklich ist. So lange man ein solches Schema und seine mathematischen Permutationen nur als eine Erfindungsklasse bezeichnet, mag es gelten und seinen Nutzen haben, wenn es aber mit dem Anspruch der allgemeinen Gültigkeit auftritt, ist es vom Übel.

Zu unfruchtbaren und methodisch verfehlten Spekulationen muß ich es auch rechnen, wenn der in der Praxis nicht zu vielen Schwierigkeiten Veranlassung gebende Unterschied zwischen Entdeckung und Erfindung mit rein sprachlichen und begrifflichen Überlegungen gewonnen werden soll.

Wenn man die in Frage kommenden Entdeckungen, d. h. nur die naturwissenschaftlichen, und die in Frage kommenden Erfindungen, d. h. nur die, bei welchen eine neue naturwissenschaftliche Erkenntnis bedeutungsvoll ist, betrachtet, dann wird man von vornherein nicht die Frage falsch nach dem Unterschied der beiden Begriffe stellen, sondern nach ihren Beziehungen. Derselbe konkrete, eventuell mehrteilige Tatbestand, der bei der Abstraktion nach einer Richtung unter dem Gesichtspunkt der Vermehrung unseres naturwissenschaftlichen Wissens in die Rubrik „Entdeckung" einläuft, kommt bei der Abstraktion unter dem Gesichtspunkt der Vermehrung unseres technischen

[1]) *Die Mannigfaltigkeit der Gesichtspunkte für Betrachtung und Erkenntnis der Erfindung und die aus der Mannigfaltigkeit entspringende Unmöglichkeit, in einem Begriff, geschweige einem schematisierten Begriff die Erfindung zu erschöpfen, ist ausführlich an dem Beispiel der Maschine dargelegt in „Die Begriffliche Auffassung der Maschine", Kohler-Festgabe und Wirth-Isay, Patentanspruch.*

Könnens unter den Begriff „Erfindung", schließt also Entdeckung und Erfindung in sich bzw. ordnet sich beiden Begriffen unter. Und wenn man die naturwissenschaftlichen Entdeckungen anschaut, kann man nicht umhin, zu sehen, daß fast keine dieser Entdeckungen ohne ein bestimmtes Verfahren vor sich ging, daß keine Eigenschaft eines Körpers entdeckt werden kann ohne ein Verfahren, in welchem diese Eigenschaft eine Wirkung ausübt, daß im allgemeinen kein neuer Körper entdeckt wird, ohne ein Verfahren ihn herzustellen.

Das nachträglich als Entdeckung Bezeichnete ist also meist verbunden mit einem ihm vorausgehenden Handeln, einem neuen, erfundenen Verfahren. Das was Schönbein hinsichtlich des Ozons tat, bleibt dasselbe, ob ich es Entdeckung des Ozons oder Verfahren zur Herstellung von Ozon nenne. Im ersten Falle denke ich an die eine Seite der Sache, daß Ozon auch anderweit vorkommt, und daß die Erkenntnis seiner Individualität neu war, im anderen Falle denke ich historisch daran, daß Schönbein diesen Körper selbst herstellte, ehe er ihn erkannte.

Wenn man außerdem beachtet, daß eine Entdeckung unter Umständen rein naturwissenschaftlichen Charakter haben kann, daß eine Erfindung aber auch wirtschaftlichen Charakter haben muß, so sind damit die einfachen Grundlagen gegeben. Was aber dabei herauskommen soll, wenn die Entdeckung als etwas „Rezeptives" und die Erfindung als etwas „Produktives" definiert wird[1]), ist nicht recht ersichtlich, selbst wenn diese Definition nicht mit Begriffen definierte, die selbst vielleicht unklarer sind als die Begriffe der Entdeckung und Erfindung selbst.

Manchmal geben diese Untersuchungen sich eine Art mathematisches Gewand, und es wird eine Art Algebra mit Buchstabensymbolen und eine Geometrie mit Begriffskreisen vorgeführt. Das sind alles Methoden, um gewonnene Erkenntnis an Beispielen zu einem didaktisch vielleicht brauchbaren Ausdruck zu bringen, aber keine Beweise oder Denkformen, die eine neue Erkenntnis bringen. Bei ihnen ist die Gefahr der falschen Generalisierung am größten.

Noch schlimmer aber ist es mit der Herrschaft der Abstraktionen, welche von der fertigen Erfindung ausgehen. Hier ist man ganz allgemein mit der vorgefaßten Idee herangetreten, daß unter den verschiedenen Ideen oder Teilen in einer Erfindung eine gewisse Rangordnung bestehen müsse, daß eine Hauptidee, eine sogenannte herrschende Idee wichtig sei, in deren Dienst sozusagen alles andere steht.

Ihre Machtstellung erhält diese Idee aus ihrer technischen Wichtigkeit, also einem Urteil, welches bei der Patentanmeldung die technische

---

[1]) Polemik Bauke gegen Schanze, Gew. R. u. U. Bd. IV. (1899), S. 153ff.; Bd. V (1900), S. 73ff. u. S. 158ff.

Bedeutung der verschiedenen Ideen gegeneinander abschätzt. Meist tritt diese Idee auch mit dem Anspruch auf, die allgemeinste, die umfassendste Idee in dem Erfindungsganzen zu sein, so daß damit einem gewissen formal-logischen Bedürfnis gedient scheint. Wenn hierbei aus denselben Anschauungen auch noch das Verhältnis eines Gattungsbegriffs zu seinen untergeordneten Spezies geltend gemacht wird, wird regelmäßig übersehen, was auch die formale Logik zugeben muß, daß eine Sache mehrere Gattungsbegriffe haben kann. Es ist Wahlentscheidung, welcher in den Vordergrund gestellt wird. Und wenn endlich auch noch wahrscheinlich ist, daß eine solche allgemeinste Idee die zeitlich zuerst entstandene ist, so ist nicht zu verwundern, daß man eben ganz ernsthaft sie als Führerin an die Spitze der anderen sich gänsemarschartig anschließenden stellt, die weit weniger geschätzt, und wenn in zu großer Anzahl vorhanden, als lästig empfunden und nur geduldet werden. Das Studium der technischen Beziehungen der Ideen entfiel, weil mit dieser dürren formal-logischen Beziehung die Sache erschöpft schien; ja der Raum für Weiteres verschlossen wurde.

Schema des Patentanspruchs.

So kommt es denn, daß für deutsche Patente mit mehreren Patentansprüchen praktisch nur das folgende Schema existiert[1]). Hauptanspruch auf eine Erfindung a und alle folgenden Ansprüche nach der Formel a x, wobei x ein wenigstens formell unter den Gedanken a tretender weiterer neuer Gedanke ist. Diese weiteren neuen Gedanken können dann wieder unter sich kombiniert werden, so daß die Ansprüche 3, 4, 5 usw. auch die Formel $a\ x_1\ x_2$, $a\ x_1\ x_3$, $a\ x_1\ x_2\ x_3$ usw. haben können. Das a muß immer dabei sein.

Die Folgeansprüche sollen aber je einer weiteren Erfindung entsprechen, jeder soll eine „Erfindung" kennzeichnen. Es kann wohl ruhig ausgesprochen werden, daß die Frage, ob a x gegenüber a noch eine „gewerblich verwertbare Erfindung" enthält, in sehr vielen Fällen deshalb unprüfbar ist, weil eine Prüfung grundsätzlich nur auf Grund des der Technik schon einverleibten Inventars und ihrer geläufigen Methoden und Kenntnisse ausgeführt werden kann; ob aber jemand, der mit einer Erfindung a ein ganz neues wissenschaftliches Gebiet erschlossen hat, nur alltäglicher Sachkunde bedurfte oder weiterer Erfindungstätigkeit, um zu a x zu gelangen, kann wohl kaum von jemand geprüft werden, der noch verwundert über die soeben vielleicht mit recht vieler Mühe erkannte Erfindung a dasteht.

---

[1]) *Heute herrscht Freiheit der Formulierung. Vgl. S. 48 ff.*

Auch aus anderen Gründen kann nur der Erfindungscharakter des Ganzen geprüft werden; das Ganze z. B. hat allein einen wirtschaftlichen Erfolg.

Die Absicht des Patentamtes bei der Formulierung solcher Patentansprüche ist die, nur Schutz für a und seine Kombinationen zu gewähren, nicht aber für x, x_1, x_2, jedes allein oder auch in anderen Verbindungen, weshalb auch eine Prüfung der x, x_1, x_2 auf Neuheit in der Regel nicht stattfindet.

Der Erfolg ist aber der, daß bei Behandlung des Patentes in der Rechtsprechung auch x_1, x_2, x_3 einzeln Schutz finden, wenn die Rechtsprechung die Prüfung nachholt und an x_1, x_1, x_2 die genügende, zum Schutz berechtigenden Eigenschaften findet.

Das ist der erwähnte Widerspruch zwischen Patentamt und Reichsgericht, der dann am stärksten zum Ausdruck kommt, wenn der erste Anspruch nicht eine Idee a, sondern gleich eine Kombination a b c...... enthält, sei es, daß der Anmelder die geschilderte Abteilung nicht beliebt hat, sei es, daß er von dem Patentamt auf einen solchen Anspruch gedrängt worden ist. Ergehen doch auch heute noch öfters Verfügungen, die, ohne sich auf die Kritik der einzelnen aufgestellten Ansprüche einzulassen, kurzweg die Kennzeichnung der ganzen Erfindung in einem einzigen Anspruch verlangen.

Es mag erwähnt werden, daß das Schweizer Patentamt in Weltabgeschiedenheit und Selbstvertrauen so weit gegangen ist, nur eine einzige Anspruchsformel zuzulassen: a, ab, abc, abcd, abcde, jeder folgende Anspruch alle vorhergehenden in sich einschließend, und offenbar ohne sich je die Frage vorzulegen, ob denn in dem Leben der Technik wirklich eine so starre Eintönigkeit herrscht, daß man in ihm mit einer einzigen starren Formel etwas ausrichten oder gar etwa ein der Wirklichkeit entsprechendes Bild der Erfindung auch nur in einer minimalen Anzahl von Fällen geben könne. Wie weit hier und z. B. in Schweden rein fiskalische Einflüsse sachwidrig eingreifen, entzieht sich der Beurteilung[1]).

Bedeutung des Patentanspruchs.

Was kann denn nun eine solche Darstellung, Beschreibung, Kennzeichnung einer Erfindung überhaupt bedeuten wollen? Entweder es soll die Einheitlichkeit der Erfindung „zum Ausdruck" gebracht werden. Die Einheitlichkeit, wie jede andere Voraussetzung der Patentierung, ist aber schon eben durch die Existenz des e i n e n Patents zum Ausdruck

---

[1]) *Neuere Kritiken machen es wünschenswert nochmals ausdrücklich darauf hinzuweisen, daß ich die Richtigkeit dieses Schemas für e i n z e l n e Erfindungen selbstverständlich nicht bestreite, sondern nur seine Allgemeingültigkeit. Vgl. S. 123ff.*

gebracht. In den Anspruch gar gehört dieser Ausdruck so wenig wie die Gründe eines Urteils in dessen Tenor. Oder es soll, aus irgendwelcher rechtlichen Auffassung der Einheitlichkeit, eine Beschränkung des Schutzes in dem Sinne stattfinden, daß ein Element immer vorhanden sein muß, wenn irgend eine Rechtsfolge aus dem Patent gezogen werden soll, während die übrigen wegbleiben können. Eine solche Auffassung des Patentanspruches würde aber darauf ausgehen, durch eine bestimmte Setzung von Beziehungen zwischen den Ideen einer Erfindung die Art des Schutzes im voraus zu beeinflussen, der der Erfindung zuteil werden soll. Mehrere gleich wichtige neue Punkte in der Erfindung könnten nicht in gleicher Weise Schutz gewinnen. Eine Seite der Erfindung wird immer im Vorzug vor anderen geschützt sein; und diese anderen neuen Punkte der Erfindung würden nie für sich, sondern immer nur in gewissen Kombinationen mit dem Hauptpunkt und miteinander auftreten. Die so ausgedrückte Beziehung der verschiedenen Punkte zueinander wird einseitig sein müssen und selten erschöpfend sein. Sie würde, wenn diese Beziehungen der Wirklichkeit nicht entsprechen, doch zugleich auch ein falsches Bild der Erfindung geben, und dessen Falschheit wäre maßgebend für den Schutz.

Ist denn aber von vornherein die geringste Wahrscheinlichkeit vorhanden, daß nur in einer erheblichen Anzahl von Fällen, geschweige denn überall, die Ideen nach einer so einfachen, kettenartigen Hintereinanderreihung in Wirklichkeit zusammengesetzt sind? Muß nicht an Stelle der Kette ein Gewebe, eine Verstrickung und künstlichste Verschlingung der Beziehungen der einzelnen Teile zueinander vorkommen, so daß die Beziehungen der Teile symbolisch nicht in einer Linie, ja nicht auf einer Ebene, selbst nicht durch ein dreidimensionables Modell darstellbar sind? Man denke nur an die Veranschaulichungsversuche der Körperstruktur in der Chemie.

Die Erfindung ist zunächst ein konkreter Tatbestand, sie ist kein Urteil, sie ist kein Anspruch; das Erste und Wichtigste am Patent sollte deshalb die richtige und vollständige Beschreibung dieses Tatbestandes sein[1]).

Vergleicht man den Erfindungstatbestand mit dem vorhandenen Inventar der Technik, so muß er hauptsächlich die Eigenschaft der Neuheit oder Andersartigkeit gegenüber allem Vorhandenen haben, und zwar die Neuheit im ganzen oder nur in einzelnen Punkten.

Diese Feststellung der Neuheit ist ein Urteil. Es kann aber ebensowenig wie die Beschreibung des Altbekannten entbehrt werden, um den Erfindungstatbestand abzugrenzen.

[1]) *R. G. 9. Feb. 1910 „Der Patentanspruch hat in erster Linie den Zweck den Gegenstand der Erfindung für den Techniker möglichst genau zu bezeichnen."*

An den Tatbestand schließen sich in der Praxis oft noch Vermutungen, Schlußfolgerungen und Urteile anderer Art an, welche andere Tatbestände, Erweiterungen und Ausdehnungen der Erfindung als möglich hinstellen, oder welche die Erkenntnis der Erfindung durch Aufweisung ihrer wissenschaftlichen Grundlagen fördern sollen. Durch das Patent soll ein Schutz für die Erfindung nach allen durch das Gesetz bestimmten Seiten erworben werden können.

Hier kann man nun für die Patenterteilung mit Prüfungsverfahren zwei Systeme unterscheiden. Das eine beschreibt den Erfindungstatbestand möglichst genau und richtig und macht in den Patentansprüchen alle Angaben darüber, wie die Erfindung im ganzen und einzelnen gestaltet ist, und welche einzelnen Punkte und Beziehungen einzelner Punkte neu sind. Diese Beschreibung im Patentanspruch wäre eine Beschreibung in dem Sinne, in welchem Kirchhoff als Aufgabe der Naturwissenschaft die kürzeste und beste Beschreibung des Naturgeschehens bezeichnet. Der Patentanspruch hätte danach zwei Aufgaben: die vollständige technische Darstellung der Erfindung und die Analyse nach der Neuheit aller einzelnen Punkte, auch in anderer Verwendung oder in der Benutzung zu einem anderen Zweck. Die Entwicklung der Rechtsfolgen aus dieser tatsächlichen Feststellung wäre dem Gesetz, bzw. dessen Anwendung auf die beschriebene Erfindung überlassen, wie das deutsche Gesetz z. B. in gewissem Umfange die Erzeugnisse eines Verfahrens schützt, ohne daß dies Erzeugnis selbst beansprucht zu sein braucht.

Ich glaube, dieses System der knappen, aber vollständigen Beschreibung der Erfindung ist das des deutschen Patentgesetzes, und es ist durchgeführt, so weit es sich um die technische Darstellung im ganzen handelt, aber nur teilweise, so weit es sich um Prüfung der technischen Darstellung im einzelnen und die vollständige Kenntlichmachung alles neuen handelt.

Dieses System kann es namentlich auch der Rechtsprechung überlassen, Abstraktionen aus dem tatsächlich Erfundenen, sowohl im ganzen als auch von Teilen, zu machen und den durch diese Abstraktionen gewonnenen Begriffen ihre Wirkung für den Umfang des Schutzes zuzuweisen[1]). Andererseits allerdings werden diese Abstraktionen, während des Patenterteilungsverfahrens gemacht, dort schon die Möglichkeiten bieten, zu beurteilen, wie weit die Abstraktion gehen darf, ohne den Erfindungscharakter durch Verlust der Neuheit zu zerstören. Mit anderen Worten: die Prüfung kann und muß sich auch wohl über die Bestimmung des konkret Neuen hinaus auf die Bestimmung des

---

[1]) *Das entspricht dem „Erfindungsgegenstand und Schutzumfang" von* Isay.

abstrakt Neuen, d. h. der Begriffe, erstrecken. Die Frage ist nur, wie weit hier zu gehen ist? Genügt es bei einem Begriff Halt zu machen, der noch eine gewisse Anschaulichkeit und Vollständigkeit aufweist, und was ist hier die Grenze; oder soll bis zur letzten Abstraktion, also dem allgemeinsten Begriff, der noch neu ist, fortgeschritten werden? Wie weit ist diese Abstraktion für die Gesamterfindung und für die Erfindungsteile auszudehnen? Hier muß offenbar zuvor die materiell-rechtliche Frage gelöst sein: Wie weit kann der Schutz überhaupt — sei, es daß bei der Vorprüfung, sei es, daß im Zivilprozeß darüber verfügt werde — über das erfundene Konkretum auf dessen Abstraktionen ausgedehnt werden? Außer der Bedingung der Neuheit steht noch eine Grenze fest; es kann nicht ein Erfolg, nicht die Zweckerreichung schlechthin geschützt werden. Natürlich steht es auch hierbei dem Erfinder frei, absichtlich nicht die ganze tatsächlich gemachte Erfindung zu beschreiben und so nur einen Teil zur Grundlage des Patentes zu machen[1]).

Das Reichsgericht scheint von dieser Auffassung abzuweichen und nur die Schilderung des technischen Gesamt-Tatbestandes zu verlangen und nur die Prüfung, ob dieser Gesamttatbestand neu und eine Erfindung sei, die Feststellung des Neuen und Geschützten im einzelnen aber den Gerichten zu überlassen[3]).

Darüber, daß nachträglich aufgedeckte in der Erfindung liegende allgemeinere Gedanken unter Umständen Schutz genießen, scheint Einverständnis zu herrschen. Sie erscheinen in der Patentverletzungsklage als „der wahre Geist und Wesen der Erfindung". Wenn man wollte, so könnte man dieses ein gemischtes Prüfungs- und Anmeldungssystem nennen, in dem die Erfordernisse der Schutzfähigkeit zum Teil bei der Anmeldung und zum anderen Teil erst im Patentverletzungsprozeß festgestellt werden[2]).

Das System der Vereinigten Staaten von Nordamerika geht nach einer anderen Richtung. Hier werden nicht nur alle Erfindungselemente zu Inhalten von Sonderansprüchen gemacht, sondern in den Ansprüchen auch schon die Rechtsfolge umschrieben. Hier will der Anspruch nicht eine einheitliche, genaue Beschreibung der Erfindung geben, sondern, wenn man so sagen will, eine Beschreibung aller der verschiedenen Dinge, welche der Patentsucher als Nachahmung betrachtet wissen will. Er überläßt also der Auslegung seines Patentes weniger Spielraum, sondern zieht ihr selbst die Grenzen. Dies führt natürlich zu einem formalistischen Verfahren. Während dem deutschen Patent nur ein Fehler schaden kann,

---

[1]) *Dem ist heute durch das Reichsgericht ein Riegel vorgeschoben, und auch das Patentamt schlägt den Weg ein, das Erfindungsganze mehr zu beachten. Vgl. S. 135.*

[2]) *Wirth, Z. f. g. R. 1892 S. 324.*

[3]) *Das ist nunmehr durch die Entscheidung vom 9. Feb. 1910 und andere völlig geklärt. Vgl. S. 164.*

der in einer falschen technischen Darstellung der Erfindung besteht kann dem amerikanischen Patent auch jeder Fehler und jede Weglassung in der Ziehung von rechtlichen Schlußfolgerungen aus dem Erfindungstatbestand oder eine unvollständige oder nach einseitigen Gesichtspunkten erfolgte Analyse schaden[1]).

Arten der Erfindungsteile.

Es muß hier noch etwas weiter ausgeholt werden. Es ist ja in sehr vielen Definitionen der Erfindung ausgesprochen, und auch wohl allgemein in der Theorie anerkannt, daß eine originelle technische Idee allein noch keine Erfindung im Sinne des Patentgesetzes sein muss, da auch bei den einfachen Erfindungen meist noch eine gewisse konstruktive Tätigkeit hinzutreten muß, um die Erfindung fertig zu stellen, und daß bei den komplizierten Fällen mehrere solcher neuen Ideen zusammen erst die Erfindung bilden.

Die Erfindung der Photographie beruht in demselben Maße auf der Entdeckung der genügenden Lichtempfindlichkeit gewisser Stoffe, welche bei der Aufnahme des Bildes zur Wirksamkeit kommen, wie auf der späteren Zerstörung der Empfindlichkeit, welche für die Existenz des Bildes außerhalb der Dunkelkammer wesentlich ist. Wir haben also die Erfindung, bestehend aus den zwei selbständigen, hier gerade zeitlich hintereinander zu verwirklichenden Ideen, der Bilderzeugung und Bildfixierung.

Die Schreibmaschine war noch nicht erfunden, als man wußte, wie man eine Type durch einen Fingerdruck auf einen Papierbogen aufschlagen lassen könne, sondern dazu mußte noch ersonnen werden, wie man diesen Papierbogen nach der Seiten- und Höhenrichtung bewegt.

In vielen Fällen ist diese Vielheit von Erfindungsideen in einem Erfindungsprogramm aufgestellt, welches diese Ideen als eine Anzahl zu lösender Aufgaben vorstellt.

Hier ist also der originelle Kombinationsgedanke ersonnen, die Elemente aber nur teilweise, nämlich nach ihrer Funktion und noch nicht nach den konkreten Mitteln zur Erzwingung der Funktion.

Solche Teilerfindungen oder erfinderischen Ideen, welche selbst in thesi kein denkbares Bedürfnis befriedigen können, sind deshalb wohl zu unterscheiden von solchen Erfindungen, welche dies beanspruchen dürfen, aber in praxi hinter ihrem Ziel zurückbleiben. Solche Teilerfindungen, welche wirtschaftlich nicht als zweckmäßig oder unzweckmäßig, vollkommen oder mangelhaft beurteilt und mit anderen Dingen des wirtschaftlichen Lebens in Vergleich gezogen werden können, sondern die

---

[1]) *Hier ist die Alternative gestellt: Schutzumfang nach amerikanischem Muster kennzeichnen oder ein Patent mit Lücken zu erteilen, die der Richter füllt.*

überhaupt außerhalb des Kreises der wirtschaftlichen Beurteilung stehen, bilden eine Klasse.

Ihnen gegenüber stehen die Erfindungen mit Teilen, die auch daneben selbständige Individuen sind. Wenn wir die Erfindung der Wattschen Dampfmaschine im wesentlichen aus den Ideen des Kondensators, der Wattschen Gradeführung, des Schwungrades mit Kurbelgetriebe und des Schwungkugelregulators zusammengesetzt finden, so ist jede dieser Ideen eine selbständige Idee mit einer Wirkung, deren Anwendbarkeit in ganz anderen Gebieten außer Frage steht.

Als eine dritte, vermittelnde Klasse könnte man vielleicht noch die aufstellen, in welcher zwar im Verkehr die einzelnen Teile als selbständige Individuen gelten, aber nur in der richtigen Verbindung zusammenwirken, wie der Auerstrumpf und Auerbrenner, der Geber, der Draht, und der Empfänger bei Telephon, Mikrophon und Telegraph. Hier ist die technologische und kommerzielle Einheit verschieden.

Bei den Erfindungsteilen nun, welche selbst nicht als Erfindung gelten können, kann nie in der Theorie, sondern nur in einer irrigen Praxis eine Schwierigkeit entstehen. Denn dem Versuch, hier zu zerstückeln und die einzelnen Teile in einzelne Patente zu verweisen, würde immer entgegnet werden, daß der Schutz in einzelnen Patenten ja deshalb nicht angängig sei, weil es sich nicht um schützbare Vollerfindungen handele. In der Regel wird das an einer vollen Erfindung Mangelnde als der Mangel gewerblicher Verwendbarkeit ausdrückbar sein. —

Denn der Begriff der gewerblichen Verwertbarbeit geht auf den gegenwärtigen Zustand des technischen Könnens. Eine neue Idee, die nicht ohne weiteres mit Hilfe dieses vorhandenen Sachverstands verkörpert werden kann und einem möglichen wirtschaftlichen Zwecke dient, ist deshalb heute keine Erfindung, sondern höchstens Bestandteil einer Zukunftserfindung, die in dem Augenblick der Lösung des Problems durch Hinzutritt eben des zweiten erfinderischen Gedankens erst in das Leben tritt[1]).

Gewerbliche Verwertbarkeit.

Hier muß ich ein Wort zum Begriff der gewerblichen Verwertbarkeit sagen, dem einzigen unseres Gesetzes, der ein Wegflattern der Spekulation ganz außer Berührung mit dem festen Boden verhindert. Ich will keine neue Definition geben, sondern nur eine Seite hervorkehren, die meines Erachtens, wenn vielleicht auch noch nicht in dieser Form ausgesprochen, doch im Einklang mit den jetzigen Auffassungen ist.

---

[1]) *Ihr fehlt nach Schanze die liquide Brauchbarkeit.*

Eine neue und originelle technische Idee ist noch keine Erfindung, sie ist erst dann eine Erfindung, wenn sie auch auf dem Boden der Praxis angelangt ist, das fordert Hartig sowohl wie Kohler, und im besonderen im amerikanischen Recht ist über die Stellung der „reduction to practice“ alles nur Wünschbare zu finden. Die Erfindung wird also gebildet, von der neuen Idee und den hinzutretenden alten Ideen, welche zwischen ihr und der körperlichen Ausführung stehen, denn der gewöhnliche Sachverstand (common skill) ist doch auch weiter nichts als das Inventar und die Methoden und Regeln der Verwendung von Ideen, welche zu ihrer Zeit einmal neu waren.

Der Umstand, daß die neue und originelle Idee in der Erfindung das Wichtigste ist, daß sie für den Schutz maßgebend ist, kann nicht darüber täuschen, daß eben in sehr vielen Fällen diese alten Ideen hinzutreten müssen, um die Erfindung fertig zu machen. Wenn es nur solche alten Ideen sind, dann macht es auch wenig aus, wenn man im allgemeinen die erfinderische Idee und das Erfindungsganze einander gleich setzt und auch etwa sagt, daß die neue Idee ohne weiteres gewerblich verwertbar sei.

Anders aber, wenn zu der einen neuen Idee eine zweite neue Idee treten muß, um die Berührung mit dem Boden der Praxis herzustellen und um die Schöpfung in die Reihe der möglichen wirtschaftlichen Wertobjekte zu rücken. Hier bilden zwei neue Ideen eine neue Erfindung. Irgendein Rangunterschied der zwei besteht hier nicht.

Neuheitsprüfung aller Einzelideen.

Es ist auch meines Erachtens unabweisbar, daß sich an diese eine Erfindung gleich zwei, und zwar voneinander unabhängige Schutzrechte anknüpfen. Jede dieser beiden Ideen muß für sich einen vollen Schutz genießen, das ist, glaube ich, auch der Sinn der deutschen Rechtsprechung hinsichtlich der Teilverletzung von Patenten. Dies darf aber der Einheitlichkeit der Erfindung nicht entgegengehalten werden.

Man sollte nur eine Konsequenz weiter hieraus ziehen und damit den erwähnten — durch das praktische Bedürfnis hervorgerufenen — Zwiespalt zwischen Patentamt und Rechtsprechung beseitigen, daß man bei der Patenterteilung nicht nur die Neuheit der Erfindung, sondern auch die Neuheit der einzelnen Erfindungsideen prüfe und das Resultat dieser Prüfung zum Ausdruck bringe. Das aber kann nur durch eine entsprechende Formulierung des Patentanspruchs geschehen und zu der Folgerung führen, daß der Einzelpatentanspruch nicht mehr eine Einzelerfindung, sondern einen einzelnen neuen Punkt an der Erfindung zum Ausdruck bringt, während die Gesamtheit der Patentansprüche, „die Erfindung“ zum Ausdruck bringt.

Ist man übrigens ängstlich, so mag man ruhig formulieren: Eine Maschine, bestehend aus folgenden einzelnen neuen Teilen..... und folgenden in neuer Kombination auftretenden......

Im übrigen bietet der „Disclaimer" in der Beschreibung ein praktisch viel bequemeres Mittel für denselben Zweck.

Die Durchführung dieser Prüfung bei der Patenterteilung ist das, was den genannten Zwiespalt zwischen Patentamt und Reichsgericht beseitigen wird[1]).

Wenn man aber den Schritt weiter geht und erklärt, daß diese Prüfung nicht im Rahmen eines Patentgesuches durchgeführt werden dürfe, so hat dies mit der streitigen Frage gar keinen rechten Zusammenhang, denn das ist nur die Verwaltungsform der Prüfung, die in der Sache dieselbe bei getrennten Anmeldungen wäre, wie die genannte bei einer Anmeldung.

Wir kommen aber damit noch weiter. Die Erfindung, welche geschützt wird, besteht aus der Gesamtheit der neuen Ideen und der alten Ideen, welche zu ihrer Durchführung notwendig sind. Dieser Umstand gibt öfters zu Schwierigkeiten bei der Formulierung von Patentansprüchen Veranlassung, und es herrscht in dieser Richtung eine ganz gemischte Praxis. In den meisten Fällen begegnet man keinem Widerstande, wenn man aus dem Erfindungsganzen eine der neuen Ideen aussondert und als Hauptanspruch formuliert, wie abstrakt sie auch sei, wie wenig auch ihr Verständnis und ihre Bekanntgabe allein irgend jemand instand setzen würden, irgend etwas Nützliches für die Technik und Wirtschaft herzustellen. Denn die in den folgenden Ansprüchen niedergelegten weiteren originellen Ideen vermitteln erst den Übergang der ersten Idee zum Boden der Praxis, wenn wir bei dem System der Rangordnung der Ideen stehen bleiben. Richtig müßte es ja heißen: alle Ideen zusammen erst bilden die Erfindung, einerlei, welche vorn und welche hinten stehen.

In einzelnen Fällen aber wird verlangt, daß der einleitende Patentanspruch das Erfindungsganze, also gleich alle wesentlichen Ideen zum Ausdruck bringt. Das ist dann allerdings regelmäßig auch mit einer Prüfung verbunden, welche die Neuheit der einzelnen Ideen nicht mehr untersuchen will.

Der größte Teil der deutschen Patente wird den Anforderungen, in einzelnen Patentansprüchen gewerblich verwertbare Vollerfindungen zum Ausdruck zu bringen, nicht genügen, der einzelne Anspruch bringt

---

[1]) *Er ist heute auch auf dem umgekehrten Weg beseitigt dadurch, das das Patentamt den Schutz der Elemente offen läßt, die Möglichkeit des Schutzes nicht mehr implizite und wirkungslos verneint, sondern die Frage dem Gericht überläßt. Der Wunsch der Arbeitsersparnis war wohl das wichtigste Motiv, welches zu einer auch sachlich begründeten Praxis geführt hat.*

eine Idee zum Ausdruck, und schon bei der heutigen Praxis die Gesamtheit der Ansprüche erst die Erfindung.

Dieses System nun vollständig durchzuführen, scheint mir äußerst wünschenswert, denn es gibt eine vollständige und richtige Grundlage für die Rechtsprechung, indem es eine vollständige technische Darstellung der Erfindung und eine vollständige Angabe über das Neue und Alte an der Erfindung maßgebend festsetzt.

Darüber muß Einverständnis herrschen, daß irgendwann die Prüfung der einzelnen Ideen auf Neuheit unentbehrlich ist, um eine richtige Grundlage für die Bemessung des Schutzumfanges eines Patentes zu haben. Andererseits ist aber das Reichsgericht, wenn man so sagen darf, nur durch die bittere Not dazu gelangt, diese Nachprüfung und Gewährung entsprechender Rechte zu den Kompetenzen der Rechtsprechung zu machen, weil eben die große Masse der vorhandenen Patente diese Prüfung seitens des Patentamtes vermissen ließ, der wirksame Schutz der Industrie aber gebieterisch eine entsprechende Ausdehnung des Schutzes forderte. Bei dieser Sachlage darf doch wohl erwartet werden, daß die Rechtsprechung dann in dieses Gebiet nicht mehr eingreift, wenn sie die bisher von ihr gelöste Aufgabe künftig schon von dem Patentamt gelöst vorfinden sollte[1]).

Und vielleicht wird sich auch noch ein anderes günstiges Ergebnis einstellen; wenn das Patentamt seine Tätigkeit gerade nach der nützlichsten Seite, der vollständigen Neuheitsprüfung, hin ausdehnt und sein Bestreben auf ein möglichst vollständiges und richtiges technisches Bild der Erfindung abrichtet, wird es destoweniger versucht sein, zweifelhafte Gebiete zu beschreiten, die ihrem Wesen nach der Rechtsprechung und einer Beurteilung der Erfindung angehören, die bei der Patenterteilung wegen der allzu großen Jugend der Erfindung noch nicht sicher vollzogen werden kann.

Die erfinderische Idee kommt in der Erfindung nicht nur in Nebenordnung mit anderen erfinderischen Ideen vor, sondern auch in Überordnung. In der Erfindung des Telephons war die Idee der „Fernübertragung der Schallschwingungen durch Erregung entsprechender elektrischer Schwingungen“ eine erfinderische Idee. Daß sie noch keine Erfindung war, wird niemand bestreiten; denn welcher Sachverständige wäre imstande gewesen, nach Kenntnisnahme dieser Idee, das Telephon oder Mikrophon zu bauen? Es gehörten zu der fertigen Erfindung also noch weitere erfinderische Ideen.

---

[1]) *Heute habe ich mich davon überzeugt, daß eine „vollständige“, das heißt allen Bedürfnissen nach Schutz gegen unvollständige Nachahmung der Erfindung genügende Prüfung bei der Patenterteilung unmöglich ist selbst in der Beschränkung auf bloße Neuheit, Vgl. S. 200 ff und Wirth-Isay, Patentanspruch, S. 191 ff. Ebenso Reichsgericht 9. Feb. 1910 und 8. Okt. 1913, T. M. Z. 1913. S. 381.*

Betrachtet man die fertige Erfindung aber, so findet man, daß die Ideen nicht in verschiedenen neben oder hintereinander befindlichen Teilen der Erfindung zum Ausdruck kommen, sondern, daß die genannte Idee nur durch das Ganze zum Ausdruck gebracht wird.

Diese erfinderischen Ideen in der Erfindung, die insofern Teileigenschaft haben, als sie zusammen erst das Ganze ausmachen, können nicht wie die materiellen Teile der ausgeführten Erfindung auch voneinander gelöst werden; man könnte sie vielleicht „ideelle Teile" nennen.

Hier ist also die eine erfinderische Idee ein Rahmen, eine Organisation, eine Reihe von Bedingungen, die zu einer Wirklichkeit erst werden kann, wenn andere erfinderische Ideen ihr den Charakter der Irrealität nehmen.

Und hier ist nun noch folgendes zu sagen.

Abstraktion.

Diese erfinderischen Ideen, namentlich soweit sie im Erfindungsganzen zum Ausdruck kommen, sind nicht immer Produkte der schöpferischen Tätigkeit, sie sind gerade so oft Produkte der nachträglichen Abstraktion. Natürlich, wer in concreto eine Sache geschaffen hat, wie es der Erfinder auch nach dem vorgesetzten Motto fast immer tut, hat, wenn auch unbewußt, alle neuen Gedanken mit geschaffen, welche in seinem Werk gefunden werden können, auch wenn er sie selbst nicht findet oder ausdrückt.

Wir wollen nun hier nicht streiten, ob auch Abstraktion schöpferische Tätigkeit sein könne, jedenfalls ist eine Idee, die nicht ausgesprochen, eben als Idee noch nicht verhanden , sie muß noch entdeckt werden. Es soll hier aber auch auf einen Unterschied hingewiesen werden. Abstrahieren im Sinne der formalen Logik könnte eine rein mechanische Geistesübung scheinen; sie ist es in unserem Falle nicht, wo es nicht genügt, konkrete Teile wegzustreichen, sondern eine neue Gattungsidee in der Gesamtheit der konkreten Gestalt zu erblicken.

Diese Abstraktion ist geleitet von der technischen Sachkunde, die nicht nur darüber zu wachen hat, daß die Abstraktion nicht auf einen alten Gattungsbegriff als allgemeinste Form der Erfindung durch übermäßige Abstraktion komme, sondern welche auch die technische Richtigkeit der Abstraktion zu beurteilen hat; die Abstraktion, die blind statt Kalk die Gattung „alkalische Erde" setzt, wird eine nicht vorhandene Erfindung ausdrücken, wenn mit Strontian die Reaktion nicht vor sich geht, die mit Kalk nachgewiesen ist. Hier ist also Abstraktion schöpferische Erweiterung der Erfindung und von neuer Erkenntnis, von neuer Entdeckung abhängig.

Die Abstraktion, welche an Stelle von „Klappenventil" Absperrorgan setzt, an Stelle von Ellipse, Kegelschnitt, wird in der Regel eine sichere Abstraktion auf Grund des vorhandenen Sachverstandes, also keine Erweiterung der Erfindung, sondern nur eine bessere Kenntnis des Vorhandenen bedeuten. In der Mitte steht die größte Zahl der Fälle. Ob statt „Wolle" Faserstoff setzbar ist, wird sehr verschieden zu beurteilen sein, bei einer Nähmaschine, einer Strikmaschine, einer Kämmmaschine, einem Spinnstuhl, einem Appretur- oder Färbeverfahren, einem Verfahren, um Stoffe wasserdicht zu machen [1]).

Hier haben wir aber auch den Berührungspunkt mit dem oben ausgesprochenen Satz, daß alle erfinderischen Ideen für sich geschützt sein müßten, auch wenn sie in nebeneinander stehenden Teilen der Erfindung zum Ausdruck kommen. Daß diese allgemein abstrahierten Ideen, die ideellen Teile, einen selbständigen Schutz erhalten, ist längst anerkannt, obwohl sie für sich keine Erfindungen sind; fraglich ist nur, inwieweit als Vorbedingung des Schutzes die Abstraktion schon bei der Patenterteilung durchgeführt werden muß oder erst bei vorkommender Nachahmung durchgeführt werden kann.

Rechtlich scheint aber zwischen den beiden Sorten von Abstraktionen, der konkrete Teile der Erfindung wegstreichenden und der durch Fallenlassen von „Merkmalen" zum Gattungsbegriff emporsteigenden, kein Unterschied zu bestehen.

Selbständige Erfindungsteile.

Wenn in allen genannten Fällen eine Zerteilung der Erfindung nicht möglich war, weil die Erfindungsteile nicht selbst als Vollerfindungen, als selbständige Erfindungen angesehen werden konnten, so ändern sich die Verhältnisse, wenn eine Neuerung neben ihrer Teilbeziehung zu dem angemeldeten Ganzen auch noch als eine Vollerfindung, als eine selbständige Erfindung angesehen werden kann.

Diese Selbständigkeit muß in Beziehung zu der übrigen technischen Welt begründet sein, es dürfen aber offenbar nicht Beziehungen sein, nach welchen die fragliche Sache auch anderswo in Teileigenschaft auftreten kann, sondern sie muß eben als Ganzes auftreten können.

Wenn wir also zu der oben durchgeführten Anschauungsweise zurückkehren, so wird eine erfinderische Idee, die als Teil eines Ganzen auftritt, dann gleichzeitig selbst zum Ganzen, wenn sie auch außerhalb der gerade vorgelegten Erfindung unter Anwendung des vorhandenen technischen Sachverstandes gewerblich verwertet werden kann.

Die Auffassung einer Teilerfindung, welche von dem Patentamt öfter gegeben wird, daß der fragliche Teil auch außerhalb des vorliegenden

---

[1]) *Vgl. S. 212 ff.*

Zusammenhangs für sich Verwertung finden könne, ist insoweit gerechtfertigt.

Etwas anderes ist es mit der umgekehrten Begründung: Von den kombinierten neuen Teilen a und b kann b nicht in dem Patent für die Kombination a b mitgeschützt werden, weil an Stelle von b ein bekanntes Element, z, gesetzt werden könnte, so daß a z denselben Erfolg hat wie a b. Hier muß eine neue Kombinationsidee vorhanden sein, welche a b zusammenhält. Innerhalb dieser Kombination ist die volle Teilwirkung nicht abhängig von der speziellen Gestalt b, sondern von der generellen Gestalt B, welche eine b und z in sich schließende Gattung ist. Hier ist also z eine Variante zu b, und wenn man in der jetzigen Praxis Varianten unter demselben allgemeinen Gedanken zuläßt, dann muß man auch den Sonderanspruch für b zulassen, während es in der amerikanischen Praxis, wenn dort diese Frage so behandelt würde, vielleicht anders wäre.

Nun ist ja aber das deutsche Patentamt nicht soweit gegangen, diese Eigenschaft der anderweiten Verwendbarkeit eines Erfindungsteils, die hier Selbständigkeit genannt werden soll, in allen Fällen als Grund zur Teilung zu behandeln. Es ist vielmehr anerkannt, daß gewisse Beziehungen eines solchen Teils zu der beanspruchten Erfindung die Vereinbarkeit desselben in einem Patent mit der beanspruchten Erfindung ermöglichen. Es ist also prinzipiell der Schutz mehrerer selbständiger Erfindungen in einem Patent eingeräumt.

Wenn also Schanze[1]) den § 20 P. G. so auslegt, daß der Schutz zweier Erfindungen in einem Patent schlechthin verboten sei, so daß das Patent mit einem einzigen Patentanspruch die Folge wäre, werden wir zugeben müssen, daß dieses Prinzip durchbrochen ist[2]). Damit aber wäre die ganze Frage nicht mehr auf das Gesetz gestell , sondern nun könnte man ganz frei darüber diskutieren, inwieweit es „zweckmäßig" sei, bestimmte Prinzipien für diesen Durchbruch zu wählen, also den Umfang der Ausnahme zu regeln.

Von der Unmöglichkeit jener strikten Auffassung war auch offenbar der Präsident des Patentamts durchdrungen, als er in Frankfurt

---

[1]) Schanze, Die Einheitlichkeit und Unteilbarkeit der Erfindung.

[2]) *Nach moderner Rechtsauffassung würde man von einer Gesetzeslücke des § 20 sprechen. Der komplexe hier erörterte Erfindungstatbestand war nicht in dem Bewußtsein des Gesetzgebers, seine Worte gehen zu weit, insofern sie auch die engst denkbare Verkupplung mehrerer Erfindungen treffen. Diese Auffassung ist aber völlig wertlos, d. h. ohne einen rechtlichen Wert und wider den Gesamtzweck der Patentierung. Wir müssen eine „unechte" Lücke annehmen und erklären, die Worte des § 20 sind enger zu verstehen, als sie gefaßt sind. Der Gesetzgeber hat nichts von „zusammengehörigen" Erfindungen gewußt und deshalb diese nicht „gemeint", aber der Gesetzesinterpret muß diese Einschränkung vornehmen, daß diese „zusammengehörigen Erfindungen" aus materiell rechtlichen, heute offenbaren Gründen nicht von den unbewußt weittragenden Worten erfaßt werden.*

erklärte, daß die Zerstückelung bei dem Vorhandensein mehrerer unabhängiger Erfindungen nicht „über das absolut notwendige Maß“ hinaus getrieben werden solle. Ein absolut notwendiges Maß kann offenbar nur nach Verwaltungsgrundsätzen festgestellt werden.

Gegenüber dieser Erklärung, daß über das bis dahin übliche Maß hinaus unter Umständen sogar „unabhängige Erfindungen“ in einem Patent geschützt werden sollten, ist festzustellen, daß immer schon nur in gewissen Arten von Abhängigkeit stehende Erfindungen in einem Patent zugelassen wurden, und daß die Zahl dieser Abhängigkeitskategorien neuerdings eingeschränkt erscheint, ohne daß man sicher feststellen könnte wie.

Diese Arbeit will deshalb zunächst auch nur den kleinen Schritt vertreten, noch andere Arten von Abhängigkeiten zuzulassen, die technologisch und erfindungstheoretisch mindestens gleichberechtigt mit den zugelassenen erscheinen.

Wenden wir auch hier unser Augenmerk zunächst wieder auf die tatsächlichen Verhältnisse. Vorher ist aber noch auf eins hinzuweisen.

Voller Schutz in einem Patent.

Der ausdrücklichen Vorschrift des § 20, daß für „jede Erfindung eine besondere Anmeldung erforderlich“ sei, steht ein ungeschriebenes, aber darum doch vielleicht nicht minder wirksames Prinzip entgegen! „Eine Erfindung soll in einem Patent vollen Schutz finden können.“ Ein ganzer Erfindungsinhalt soll durch ein Patent gedeckt werden. Man muß sich dieses einmal formulieren, nur um sich darüber klar zu werden, daß tatsächlich zwei entgegengesetzte Triebkräfte auch hier im Gesetz wirksam sein müssen.

Hält man immer nur den § 20 vor Augen mit seiner so energisch auf Zerstückelung hinweisenden Tendenz, so ist es nicht verwunderlich, wenn dieser ständig nach einer Richtung drängende Wegweiser über das Ziel hinausschießen läßt. Dagegen aber helfen praktisch oft die größten Anstrengungen nichts, wenn einmal eine Bewegung im Sinne zu starker Beachtung eines solchen Paragraphen im Gange ist. Man kann auch hier sehr wohl von Imponderabilien reden, welche die Entwicklung einer gewissen Verfahrensweise mächtig beeinflussen.

Das entgegenstehende Prinzip läßt sich für viele Fälle auch so formulieren: das Gesetz verlangt nicht die Preisgabe einer Erfindung als Vorbedingung für den Schutz einer zweiten Erfindung, also auch nicht die Veröffentlichung zweier Erfindungen, um ein Patent für eine zu erhalten[1]).

---

[1]) *Anders Hartig, S. 99.*

Dies gilt namentlich auch insofern, als alle Teile beschrieben werden müssen, um nur das Ganze überhaupt zu dem vom Gesetz geforderten Ausdruck zu bringen, oder ein Teil beschrieben werden muß, um den anderen Teil verständlich zu machen.

Arten der Teilabhängigkeit.

Wir können dies Verhältnis am bequemsten bei dem sogenannten Totalitätspatent betrachten, d. h. einer Kombination, deren Teile auch neu sind.

Es ist nicht nur a, b, c, d einzeln neu, einzeln Erfindung, sondern die Kombination abcd gibt eine eigentümliche Zusammenwirkung, welche für sich wieder neu und eine Erfindung ist. Außerdem mögen noch mannigfaltige Unterkombinationen Eigentümliches bieten. Es ist kein Zweifel, daß auch unter der jetzigen Praxis des deutschen Patentamts hier ein einheitlicher Anspruch gewährt werden kann. Jedoch wird die Neuheit jedes einzelnen Teiles nicht zum Ausdruck gebracht. Dasselbe gilt von Verfahren, Apparaten und Produkten, jedenfalls sofern alle drei neu sind. Im letzteren Falle ist auch hier kein Zweifel daran, daß der Produktschutz ganz unabhängig ist, sonst hätte er überhaupt keinen Sinn.

Weiter wird nach der neuesten Veröffentlichung, dem Kommentar von Robolski, Einheitlichkeit anerkannt:

a) wenn mehrere Lösungen einer Aufgabe beansprucht werden, sofern die Erfindung in dem diesen Lösungen gemeinschaftlichen technischen Gedanken erkannt wird;

b) wenn mehrere Ausbildungen der Erfindung beansprucht werden, die sich voneinander entweder durch die besondere erfinderische Ausführung einzelner Merkmale oder durch erfinderische Hinzufügung neuer Merkmale unterscheiden, sofern diese Merkmale mit dem Haupterfindungsgedanken in wesentlichem Zusammenhang stehen.

Man hat also erkannt: wenn gewisse Beziehungen zwischen mehreren Erfindungen bestehen, dann können sie auch in einem Patent geschützt werden. Welcher Art diese Beziehungen aber sein sollen, das ist offenbar aus dem Gesetz unter diesen Umständen nicht abzuleiten. Darüber hat das Patentamt und mußte das Patentamt wenigstens bei jener strikten Auffassung des § 20 aus sich Bestimmungen treffen.

Ich möchte nun ein paar Beispiele von anderen Fällen geben, in welchen mehrere Erfindungen etwas gemeinsam haben, was sie alle zusammen als Teile einer Gesamterfindung erscheinen läßt, ohne daß diese Gesamterfindung eine Gesamtidee aufweist, die Gegenstand eines Patentanspruchs sein könnte.

Nehmen wir an, es existierte ein Typus einer Strickmaschine zum Stricken von starker Wolle. Zum Stricken feiner Seide hat man bisher andere Typen verwendet, nun aber auch diese verwendbar machen wollen. Demzufolge müssen sämtliche Teile umkonstruiert werden, jeder mittels erfinderischer Tätigkeit, sowohl der Fadeneinleger, wie der Maschenbilder, wie die Abschlagvorrichtung.

Die Erfindung, auf welche ich hinaus will, ist offenbar die ganze neue Strickmaschine. Alle ihre einzelnen Teile sind in ihren gegenseitigen Beziehungen — das ist eben ihr Typus — dieselben geblieben, jeder einzelne Teil aber ist so erfinderisch verändert worden, daß er feine Seide verarbeiten kann. Die Erfindung, die ich im Auge habe, ist offenbar nicht fertig, bis der letzte Teil umgebaut ist.

Das aber hindert natürlich gar nicht, daß der umgebaute Maschenbilder z. B. selbständig gewerblich verwertbar und ein Erfindungsganzes ist, welches z. B. ohne weiteres auch in die alte grobe Wollstrickmaschine eingesetzt werden kann.

Hier wird auch die Gesamtheit der Neuerungen durch einen Gedanken beherrscht, dieser eine Gedanke ist aber kein Erfindungsgedanke. Eine neue Gesamtwirkung entsteht auch, die Neuheit ist aber nicht dem Kombinationsgedanken angehörig, sondern jeder der Einzelgedanken zeigt dieselbe Neuheit. Oder aber noch anders sei es z. B. nur nötig, das erste und letzte Glied, den Fadeneinleger und die Abschlagvorrichtung, zu ändern, und das eine, weil es keinen feinen Faden, das andere, weil es keine Seide bearbeiten konnte. Dann fehlt ein formaleinheitliches Prinzip, soweit die Neuerungen an den Hilfsmitteln in Frage kommen, überhaupt.

Ein weiteres Beispiel ist der elektrische Schnellbahnwagen. Nicht nur jeder Teil des elektrischen Apparates, die Räder, die Achsen, die Anlaßvorrichtung, der Stromabnehmer, alles muß der großen Geschwindigkeit angepaßt werden, und diese Erfindung ist nicht fertig, nicht gewerblich verwertbar, so lange noch ein Teil nicht angepaßt ist. Selbstverständlich können aber z. B. die Rad- und Federkonstruktionen auch als selbständige Erfindung gelten, insofern sie auch für einen so schnellen Dampfbetrieb geeignet wären.

Es gibt aber auch noch andere Fälle, in welchen eine Abhängigkeit der Erfindungen von anderen besteht, so daß die Gesamterfindung ohne Vollendung der Einzelerfindungen gar nicht existiert, gleichviel wie selbständige Erfindungen anderweit diese Teile sein mögen.

Ich bewege in einer Schreibmaschine die Typenhebel in einer neuen Weise, die gewisse Vorteile hat, aber den Nachteil, daß sie den Platz wegnimmt, an welchem früher der Schaltmechanismus für den Papierschlitten war. Deshalb muß ein ganz neuer Schaltmechanismus erfunden werden, der nun auch an alten Schreibmaschinen sich anwendbar zeigt. Hier hat die Wegnahme des Platzes vielleicht nicht einmal etwas mit dem

Erfindungsgedanken, sondern nur mit der Erfindungsausführung zu tun, ein genialere Ausführung hätte vielleicht den Raum freigegeben.

Auch in diesem Falle war die Erfindung erst fertig, nachdem die beiden Teile konstruiert waren, es beherrscht sie aber kein gemeinschaftlicher Gedanke; wir stehen einfach vor der Tatsache, daß die fertige, gewerblich verwertbare Erfindung eben die erfinderische Idee des neuen Typenhebelwerks und die Erfindung des Papierschlittens einschließt, und daß niemand da heraus kann und keine anderen Gründe als eben die Beschränktheit der menschlichen Schöpfungsfähigkeit dafür aufweisen kann. Hier ist im übrigen auch das neue Typenhebelwerk körperlich technisch ausführbar und mag sogar seinen „technischen Effekt" haben, während ihm allein die gewerbliche Verwertbarkeit mangelt.

Noch ein Beispiel: Ein notwendiges Glied des heutigen Webstuhls ist ein Fadenwächter, welcher selbsttätig anzeigt, wann ein Faden reißt, und den Stuhl stillstellt. Ich erfinde einen Webstuhl, z. B. den Rundstuhl. Diese Idee des Rundstuhls steht in keiner ersichtlichen Beziehung zu der Idee des Fadenwächters. Ich führe meinen Stuhl aus und finde, die üblichen Fadenwächter sind hier überhaupt nicht anzubringen oder wirken ungenügend, vielleicht weil der Stuhl als eine der Folgen seines neuen Systems schneller arbeitet oder aus irgend welchen anderen Gründen.

Ohne Fadenwächter ist der Stuhl gewerblich heute überhaupt nicht verwertbar. Ich erfinde also einen neuen Fadenwächter, der ist nun rückwärts allerdings auch bei den geraden Webstühlen verwendbar. Und ich bin über seine Abhängigkeit von der Rundstuhlerfindung nicht in der Lage, etwas anderes zu sagen, als daß ich alle bestehenden Fadenwächter probiert habe, daß sie alle nicht gingen, und daß dieser geht.

Mir scheinen diese drei Erfindungsarten alle Beispiele von solchen Erfindungsmehrheiten zu sein, welche in viel strengerem Zusammenhang stehen, als manche der in der jetzigen Praxis zugelassenen Formen. Die Gesamterfindung existiert gar nicht mehr, wenn wir die Teilerfindung wegnehmen. Bei den heute zugelassenen Formen aber soll immer eine Gesamterfindung tatsächlich existieren, die des Anspruchs 1, auch wenn alle anderen Ansprüche wegfallen.

Dieses gilt vor allem gegenüber dem Fall der Varianten der Ausführungsform, wo zwei Erfindungen nebeneinander stehen, beide gleichwertig, und die Variante zur Ausführung der Gesamterfindung überflüssig

Welche Vorzüge aber haben denn jene Gattungen vor diesen, daß sie noch als einheitlich gelten? Nur einen ästhetischen oder, soll ich sagen, formalen. Dort sind die Beziehungen, welche die Einheit herstellen, in einer schönen einfachen Reihe mit a und b, mit sich schneidenden Begriffen, Kreisen und dergleichen zu verdeutlichen, sie haben etwas systematisch Befriedigendes an sich. Das vorhandene Einheitliche läßt sich selbständig als Gedanke fassen, und die gedankliche Beziehung zu jedem Einzelteil ist bequem ausdrückbar.

Wenn man aber in den anderen Fällen den zusammenhaltenden Zwang aufsucht, da läßt er sich, wo er sich überhaupt in ein Wort fassen läßt, nicht in ein reinliches System bringen, und in vielen Fällen müssen wir gestehen, daß unsere Erkenntnis versag wir müssen mit der Versicherung des Erfinders uns zufrieden geben: ich mußte diese Teilerfindung machen, um die gesamte Erfindung zuwege zu bringen; beweise ein anderer, daß ich es nicht nötig hatte, daß ich gar nicht vorhandene, nur eingebildete Schwierigkeiten mit meinen Teilerfindungen überwunden habe.

Sollte diese Zwangszusammengehörigkeit deshalb weniger beachtlich sein, weil ihre Formen mannigfaltiger, ihr Ausdruck schwieriger und ihre Systematisierung heute noch undurchführbar ist? Weil die Zusammengehörigkeit nur a posteriori durch die erfinderische Erfahrung und nicht a priori durch reine Überlegung zu erweisen ist?

Ich kann diese Beispiele nicht verlassen, ohne noch einen Punkt zu erwähnen, der gleichfalls die Einheit der Erfindung, ja deren gewerbliche Verwertbarkeit, bedingen kann: die Kosten. Daß der wirtschaftliche Erfolg in vielen Fällen den Ausschlag für die Anerkennung der Erfindungsqualität gibt, ist ein lang erworbener Satz. Dieser Erfolg hängt oft nur von den Kosten ab, wie dies z. B. für die Verfahren der chemischen Großindustrie schon sehr eingehend behandelt worden ist. Nehmen wir nun folgendes Beispiel:

Es ist ein Patent erteilt auf ein besonderes System einer Kontrollkasse. Dieses ausgeführt, zeigt sich doppelt so teuer, als andere Gleiches leistende, bietet also keinen Fortschritt und kein Wertobjekt. Nun setzt die neue Erfindungstätigkeit ein. Mit der Absicht gerade, dieses System auch billiger herzustellen, z. B. dadurch, daß viele Teile, die bisher geschmiedet und mit dem Stahl bearbeitet wurden, nun gegossen oder aus Blech gedrückt werden. Diese beiden Ideen sind natürlich ebensowenig Erfindungsideen wie die Idee der Billigkeit, sie beherrschen aber die Aktion. Bei dieser Tätigkeit stellt sich heraus, daß einzelne Teile, eben um diesem Zweck zu genügen, einer völligen erfinderischen Umbildung bedürfen, ohne daß ihre Formation im Inneren, ihre Einwirkung auf das Nachbarorgan irgendwie geändert wird, bis die Gesamtkosten gerade den Preis der Konkurrenzkasse erreichen, und weitere Teile müssen verbessert werden, damit ein solcher Fortschritt erzielt wird, daß es sich verlohnt, es mit der alten und starken Konkurrenz aufzunehmen.

Ein vollständiger Schutz kann hier nur ein Schutz aller einzelnen Teile sein. Ein Patent für einen einzelnen Teil aber wäre ein Sache von zwar in thesi gewerblicher Verwertbarkeit, in praxi aber nicht. Wenn aber dem Erfinder eine solche Sache in 10 Patente zerlegt wird — das ist ein praktischer Fall —, so daß der Erfinder zehnmal 5300 M. Taxe zu zahlen hat, so kommt das der Versagung des Schutzes beinahe gleich. Es ist jedenfalls keine Förderung der Industrie, wenn der Verbesserungserfinder zunächst 53 000 M. Patentkosten verdienen muß, eher er selbst etwas verdient.

Um solche Verbesserungserfindungen handelt es sich hier aber durchgängig, denen weder Zusatzverhältnis zum Hauptpatent (wofern ein solches überhaupt besteht) noch Einheitlichkeit zuerkannt wird

Sollte das Gesetz beabsichtigen, solche Verbesserungserfindungen zu ersticken?

Dies Beispiel zeigt auch die Bedeutung der steuerpolitischen Betrachtung. Der einzelne Teil eines gewerblichen Individuums, der nicht selbst im Verkehr auch eine selbständige Individualexistenz hat, der ist auch kein Steuerobjekt.

Mannigfaltigkeit der Zerstückelungsgründe.

Das angegebene Prinzip aber, daß bei Vorhandensein eines neuen, alle Erfindungsteile umfassenden Gedankens die einzelnen Teile Schutz in demselben Patent erhalten können, herrscht bei dem deutschen Patentamt auch nur für mechanische Erfindungen.

Die üblichen Begründungen sind aber auch bei mechanischen Erfindungen die verschiedensten, z. B. die, daß zwischen den verschiedenen Teilen der „notwendige Zusammenhang fehle“ oder der „notwendige organische Zusammenhang“ oder ein „ursächlicher Zusammenhang“ oder ein „alle Teile beherrschender Erfindungsgedanke“ oder die „technische Zusammengehörigkeit“ oder die „Gesamtheit des einen Gedankens mit dem andern“ oder ein „gegenseitiger Einfluß“, oder daß „ein Teil durch andere bekannte Dinge ersetzt werden könne“.

Wenn man rückfragt, was denn unter einem notwendigen Zusammenhang verstanden wird, es könne doch hier weder von naturgesetzlicher Notwendigkeit noch von Denknotwendigkeit die Rede sein, es handle sich doch um ein Menschenwerk und menschliche Zwecke, so erhält man meist keine Antwort oder die, daß zwar ein notwendiger Zusammenhang in dem Sinne vorhanden sein möge, als keiner der Teile zur Zweckerreichung ausgelassen werden könne, aber er könne durch andere ersetzt werden.

Also dasselbe wie der letztgenannte Einwurf. Was ein notwendiger organischer Zusammenhang sei, ist wohl überhaupt aussichtslos zu definieren, denn „organisch“ ist ein aus einem anderen Gebiet übertragener Ausdruck, also nur bildlich, aber nicht scharf begrifflich gemeint. Unter ursächlichem Zusammenhang ist Ursache offenbar auch nicht in einer der philosophisch begründeten Bedeutungen genommen, als Ursache des Geschehens, als Erkenntnisgrund, als Motiv. Hier läßt sich mit Benutzung des Motivbegriffs noch eine klare Deutung geben: das Vorhandensein des einen Teils war das Motiv zur Schaffung des anderen.

Mit dem „beherrschenden Gedanken" ist dieselbe Unklarheit gegeben. Einmal ist der beherrschende Gedanke für sich noch nicht notwendig eine Erfindung, dann ist aber der Begriff des Herrschens hier auch nur übertragen, und es ist wieder weiter nichts gesagt, als daß ein allgemeiner Gedanke vorhanden sein soll, dessen Elemente die Einzelgedanken sind.

Mit der technischen Zusammengehörigkeit ist es eine ähnliche Sache; nicht das, was praktisch zusammensteht und zusammen geschaffen ist, gilt als zusammengehörig, sondern nur gewisse Ideenverbindungen.

Und wenn Robolski einen „wesentlichen Zusammenhang" verlangt, so steht eben hier „wesentlich" doch, wie so oft, nur als Entschuldigung dafür, daß man noch nicht erklären kann, was denn die sachliche Eigenart des Zusammenhangs ist. Es ist nicht nur keine Grenze zwischen Wesentlichem und Unwesentlichem angegeben, sondern nicht einmal der Gesichtspunkt, aus welchem die Wesentlichkeit beurteilt wird. Der engste wirtschaftliche Zusammenhang soll ja unwesentlich sein.

Auch die Frage wird verschieden beurteilt, ob durch Vereinigung mehrerer anfänglich getrennter Ansprüche in einem Patentanspruch der Einwand der Uneinheitlichkeit beseitigt werden könne. Wenn es sich um einen wirklichen Kombinationsanspruch handelt, der formuliert werden muß, um die eine Kombination zu decken, kann ihm natürlich nicht Erfindungsmehrheit entgegengehalten werden, sondern nur, daß etwa keine Kombination anzuerkennen sei. Wenn aber die Kombination da ist und auch neue Teile einschließt, sehe ich nicht, wie die Kombination bei Zerstückelung überhaupt Schutz finden kann, noch wie andererseits beiSchützung der Kombination die Gerichte gehindert werden können, auch Schutz des neuen Einzelelements anzunehmen.

Schutzlose Kombinationen.

Die meisten der hier vorgelegten Beispiele haben das gemeinsam, daß es in Deutschland überhaupt schwer halten würde, ein Patent für die Gesamterfindung, auch abgesehen von der Beanspruchung der Teile, zu erhalten. Und zwar ganz aus denselben Gründen, weil der gemeinsame Erfindungsgedanke nicht existiert, wenn ja ein gemeinsamer alle Teile durchziehender Gedanke vorhanden, oder daß dieser Gedanke nicht ausdrückbar ist. Dieses heißt aber in der üblichen Terminologie ausgedrückt:

Gewisse Arten von Kombinationspatenten sind heute in dem deutschen Patenterteilungsverfahren überhaupt noch nicht anerkannt, und nicht nur das, sondern vielmehr: nur einzelne bestimmte Kombinationserfindungen sind anerkannt[1]). Und das ist auch der Punkt, an welchem die Frage der Patentzerstückelung mit der Frage der Gewährung irgend eines Schutzes zusammenstößt. Sind die einzelnen Teile einer solchen nicht anerkannten Kombination neu oder scheinen bei der Patenterteilung so, so wird sich der Anmelder oft bestimmen lassen, einzelne anzumelden, sieht aber am Ende, daß der Schutz der Einzelelemente ein unsicherer ist, und daß das die Kombination beherrschende Etwas ganz verloren gegangen ist. Sind aber die einzelnen Teile nicht neu, dann erhält er oft überhaupt keinen Schutz.

Variieren wir den Fall der Schreibmaschine dahin, daß sowohl Typenhebelwerk wie Schlittenschaltung beide alt sind. Beide seien aber bisher nur in langsam gehenden Schreibmaschinen benutzt worden, das Typenhebelwerk nur mit Schaltwerk, das keine Geschwindigkeit gestattet, und umgekehrt das Schaltwerk mit derartigen Typenhebelwerken. Die Kombination ergibt erst die Möglichkeit schnellerer Arbeit der gesamten Maschine. Hier ist es der Blick für die bisher unbenutzte Fähigkeit jedes Einzelelementes, vielleicht die Erkenntnis, daß nach geringfügiger Umgestaltung die Kombination möglich sei, welche als originelle geistige Tätigkeit zu gelten hätte.

Außer diesen eigentlichen Kombinationsfällen gehören hierher aber auch die Aggregationspatente, d. h. diejenigen nach Form der Strickmaschine, in welchen nicht in den Beziehungen der Einzelteile, sondern nur in diesen selbst etwas Neues liegt.

Patentamt als Konstrukteur.

Die wenigen Beispiele haben aber noch etwas gezeigt, die Gefahr, in welche die Prüfung bei solchen zusammengesetzten Erfindungen laufen muß. Doch will ich dafür noch ein prägnanteres, aber leider typisches Beispiel geben: Eine Anmeldung für eine neue Rahmenbewegungsvorrichtung für eine Jaquardstickmaschine schwebte bei dem Patentamt $3^3/_4$ Jahre ohne die geringste Meinungsverschiedenheit zwischen Amt und Anmelder über die Neuheit der Sache, ohne daß ein Einspruch die Zeit hinwegnahm. Die Zeit wurde beansprucht zuerst

[1]) Vgl. Pieper, Unsicherheit im Patentschutz, 1899, S. 6. — *Wirth, Patentanwalt 1891, S. 2480 u. S. 2793. — Z. f. g. R. Bd. I, S. 324. — G. R. u. U. Bd. III, S. 33; Bd. IV, S. 63; Bd. VI, S. 315; Bd. VII, S. 154; Bd. XI, S. 84; Bd. XIII, S. 206. — Mitt. Bd. IV, S. 45; Bd. IX, S. 30 u. S. 100; Bd. X, S. 2; Bd. XI, S. 58. — Heise: Mitt. Bd. XI, S. 21.*

durch langwierige Verhandlungen mit der Endabsicht, das Wesen der Erfindung klar zu machen, und statt des einen von dem Vorprüfer geforderten Anspruchs mehrere zu setzen, sodann durch Verhandlungen über die Einheitlichkeit der verschiedenen Erfindungsteile. Der Tatbestand geht ungefähr aus der wegen mangelnder Einheitlichkeit abweisenden Entscheidung der Anmeldeabteilung hervor, die lautete nämlich:

„Es handelt sich in den Vorlagen:

1. um eine Vorrichtung zur zwangsläufigen Bewegung des Stickrahmens einer Stickmaschine durch eine Jacquardvorrichtung mit verringerter Nadelzahl;
2. um eine Vorrichtung zum Verstellen des Stickrahmens durch Hand beim Beginn der Arbeit,
3. um eine Ausrückvorrichtung für die Stickmaschine und
4. um eine Vorrichtung zur regelmäßigen Stillsetzung des eigentlichen Stickmechanismus,

welcher gemeinsam neue Erfindungsgedanke diesen verschiedenen in besonderer Weise durchgebildeten Vorrichtungen zugrunde liegt, d. h. was durch sie alle angestrebt und wodurch deren gleichzeitiges Vorhandensein zu einem notwendigen Erfordernis wird, geht weder aus der Beschreibung noch aus den zu allgemein gefaßten Patentansprüchen hervor. . . "

Anderthalb Jahre später entscheidet die Beschwerdeabteilung:

Gründe:

Die Anmeldung betrifft eine Stickmaschine mit Jacquardantrieb, gekennzeichnet durch Besonderheiten in

1. der Vorrichtung zur Rahmenbewegung,
2. der Vorrichtung zur Handeinstellung,
3. der Ausrückvorrichtung.

Die notwendige Zusammengehörigkeit dieser in der Anmeldung beschriebenen Einzelvorrichtungen und damit die Einheitlichkeit der die ganze Stickmaschine umfassenden angeblichen Erfindung kann nicht anerkannt werden. Die Wirkung der Stickmaschine würde im wesentlichen dieselbe sein, wenn je einer der Hauptteile der Maschine, die Rahmenbewegungsvorrichtung, die Handeinstellung und die Ausrückvorrichtung, durch eine andere bekannte Vorrichtung dieser Art, wie sie an den mit gleichem Endzwecke bekannten und von der Vorabteilung entgegengehaltenen Maschinen zu gleichem Zwecke vorkommen, ersetzt wird. Dieser Ersatz ist stets mit nur unerheblichen baulichen Abänderungen möglich.

Wir haben hier also als Voraussetzung der Einheitlichkeitsprüfung eine konstruierende Tätigkeit des Patentamts vor uns. Das Patentamt versucht zunächst die vorgelegten Teile durch bekannte Teile zu ersetzen, das ist schon eine konstruierende Tätigkeit, und es vergleicht dann das Resultat dieser Tätigkeit mit der vorgelegten Anmeldung. In diesem Falle aber führte der einfache Ersatz noch gar nicht zum Ziele. Deshalb wandte das Patentamt die ihm bekannten Methoden des Maschinenbaues an, um aus den alten Ersatzteilen etwas anderes zu machen — es setzte also die Konstruktionsarbeit fort —; dieses glückte, und wir haben ein neues Maschinenganzes vor uns, enthaltend die erfinderische Grundidee des Anmelders und die von dem Patentamt zugefügten Durchführungsideen des gewöhnlichen Sachverstandes. Freilich existiert diese Maschine nicht einmal auf dem Papier, geschweige denn in der Wirklichkeit; das Patentamt versichert aber: „sie ist stets möglich".

Dies scheint mir eine grundsätzlich unmögliche Prüfungsform zu sein.

Klasseneinteilung durch die Technik.

Es gibt hier aber einen Weg heraus, und den hat die amerikanische Praxis beschritten. In vielen Fällen hat die Technik die fragliche konstruktive Tätigkeit schon ausgeführt oder hat wenigstens ganz analoge Tätigkeit ausgeführt, nämlich in allen Fällen, in welchen sich ein bestimmter Typus, eine bestimmte erfinderische Klasse schon herausgebildet hat.

Wo ein solcher Maschinenteil, wie z. B. alle sogenannten Maschinenelemente oder wie die verschiedenen einfachen Mechanismen, eine so gründliche wissenschaftliche Durchbildung erfahren haben, daß jeder Sachverständige im Einzelfall sagen kann, wie viel man ab und wieviel man zutun muß, und nach welchen Regeln man auswählen muß, kurz also, in allen Fällen, in welchen die sachverständige Baukunst sich an einem Dinge schon bewährt hat, da existiert eine solche anerkannte Klasse, in welcher die verschiedenen Typen mit ihren Varianten jedermann vor Augen stehen, als Nachweise des Vorhandenseins bekannter umbildender Methoden.

Sobald aber das Patentamt beginnt, den Boden des technischen Lebens verlassend, Klassen „einzeln verwertbarer und nach vorhandenen Methoden mit Sicherheit umbildbarer Gegenstände" zu schaffen, ohne den geringsten konkreten Anhaltspunkt zu nennen, darf es nicht wundern, wenn der Unterschied des so geschaffenen Bildes der Technik mit der Wirklichkeit auch bemerkt wird.

Das erwähnte typische Beispiel gibt ja auch eine Erklärung für die Gefühle derer, welche sich in schöpferischer Tätigkeit erfolgreich bewiesen haben, und an der Stelle, von welcher sie nur eine kritische Äußerung über die vorgelegte Erfindung und über nichts anderes erwarten, nun hören: auf anderem Wege wäret ihr viel leichter zum Ziel gekommen. Den Weg aber zeigt man nicht. Sollen sie dann nicht glauben, daß der leichte Weg gar nirgends besteht, außer in der Phantasie?

Die amerikanische Praxis, die manchmal irrig für strenger als die deutsche gehalten wird, ist gerade für unsere Frage hier außerordentlich ergiebig. Eine Denkschrift[1]) ist herausgegeben von dem amerikanischen Patentanwaltsverbande zu der Frage des Schutzes von Verfahren und Erzeugnis in einem Patent; sie nennt zu dieser Frage allein nicht weniger als 195 Entscheidungen. Und auch an dieser Stelle möchte ich nochmals dem Konkreten das Wort reden. Wenn man liest, daß in Amerika Verfahren und Maschinen nicht in einem Patent geschützt werden können, nicht Apparate und Erzeugnisse und nicht Varianten der Spezialideen, dann scheint es, als ob man dort viel strenger sei.

Ein Blick aber in die Official Gazette des Patentamts lehrt das Gegenteil. Man muß eben auch hier nicht die bloßen Begriffe, sondern die Sachverhalte anschauen. In Amerika sind alle Sorten von Kombinations- und Aggregationserfindungen seit alters her anerkannt, und weiter begegnet man keinem Widerstande, wenn man die einzelnen neuen Teile einer Maschine für sich beansprucht.

Was aber die hier in Betracht kommenden Verfahrensansprüche angeht, so sind das in der Regel die Verfahren, welche einen Arbeitsgang von einer Maschine als ihr Verfahren absondern. Das wird in Amerika überhaupt nicht für ein Verfahren gehalten, dafür aber kann die Maschine in solcher Allgemeinheit beansprucht werden, daß dieses meist dem deutschen Verfahrensanspruch gleichkommt.

Auslegung des § 20 PG.

Und nun noch einmal zurück zum Gesetzestext: „Für jede Erfindung ist eine besondere Anmeldung erforderlich". Dazu haben wir den Tatbestand: Ein Ding kann zugleich als Erfindungsganzes und als Erfindungsteil aufgefaßt werden; das erste in Beziehung zur Klasseneinteilung des technischen Lebens, das andere in Beziehung zu der gerade angemeldeten anderen Erfindung. Halten wir uns an den Wortsinn und an logische Interpretation, ohne auf weitere zulässige Auslegungsmethoden einzugehen, so kann das sehr wohl heißen: wenn du zwei Dinge hast und erklärst, dieses ist eine und das ist noch eine Erfindung, und ich will für jede vollen Patentschutz haben, so kann dies nicht durch eine Anmeldung geschehen.

Die Vorschrift trifft aber den Fall gar nicht, in welchem der Anmelder erklärt, dieses ist meine Erfindung und dieses hier ist ein Teil

---

[1]) Joinder of Inventions „Division", Opinion of the Patent Law Association of Washington D. C. 1900.

dieser Erfindung, und ich melde die erste Erfindung zu vollem Schutz an. Dann ist das zweite nicht als Erfindung, sondern als Erfindungsteil angemeldet. Welcher Zwang soll nun vorliegen, einem solchen Anmelder zu sagen: ja du hast recht, diese zweite Sache ist ein Teil der ersten, und du hast sie auch als einen solchen Teil betrachtet und angemeldet, sie ist aber daneben objektiv nicht nur ein Teil, sondern sie ist auch aus einem anderen Gesichtspunkte ein Ganzes, und deshalb können wir ihr einen Schutz in ihrer zwar auch bestehenden Teileigenschaft nicht geben, sondern wir können ihr nur einen größeren Schutz geben, den selbständigen Schutz. Wenn wir dir so aber mehr geben, als du verlangst, dann können wir das auch nicht mehr in einem Patent machen, sondern du mußt zwei nehmen.

Hier ist nun der Fehler in jener Auffassung ganz offensichtlich. Das Patentamt nimmt dem Anmelder die Disposition darüber, wieviel oder wie wenig er anmelden will, und erklärt nur einen ganzen Schutz gewähren zu wollen, wo ein teilweiser verlangt ist.

Patenterteilung ultra petitum [1]).

Wir stehen also hier vor einer weiteren sehr wichtigen Frage, die auch auf anderen patentrechtlichen Gebieten bedeutungsvoll ist; inwieweit ist der Anmelder Herr seiner Anmeldung, wie weit ist sein subjektiver Wille, für den er keiner Begründung bedarf, maßgebend und wieweit der objektive Tatbestand und das, was nach diesem für den Anmelder im allgemeinen das Richtige erscheinen könnte?

Diese Frage ist keine müßige:

Ich hatte einmal vor der Beschwerdeabteilung einen Kombinationsanspruch durchzufechten für die Verbindung der drei Teile a b c, und siehe, die Beschwerdeabteilung beschloß einen Anspruch auf die Teile a b, also viel allgemeiner, weiter gehend.

Ich war veranlaßt zu erklären, dieser Anspruch diene mir nicht, er sei mehr als ich verlangt, er sei aber auch unsicher, ich wünsche bloß a b c, wenn auch das Mehr, das a b, der Abteilung heute genügend patentfähig erschiene, und machte geltend, daß ultra petitum mir nichts gegeben könnte. Demgemäß wurde der Beschluß umgeändert, obwohl die Zufügung des c nach Ansicht der Abteilung eine neue Erfindung nicht war, ja mit der Erfindung wohl überhaupt nichts zu tun hatte.

Noch ein möglicher Fall: Ich melde ein Verfahren an, um Bier zu filtrieren. Das Patentamt eröffnete mir, das Verfahren ist ja nicht nur für Bier neu und gut, sondern auch für Wein und Wasser. Sage und beanspruche doch: Verfahren zum Filtrieren von Flüssigkeiten.

---

[1]) *Vgl. S. 33, S. 130 und S. 247 ff.*

Ich erkläre: Ich habe meine Erfindung mit Bier gemacht, ich weiß nichts von Wein und Wasser, ich bin nicht so sachverständig wie das Patentamt, will aber auch nichts behaupten, was ich nicht selbst weiß, ich will meine Erfindung also auf Bier beschränken.

Wenn ich vorsichtig bin, kann ich noch zufügen: Außerdem habe ich in die Rechtsprechung soviel Zutrauen, daß, wenn Wein und Wasser hier wirklich Äquivalente von Bier sind, sie dann mein Patent doch darauf ausdehnen wird.

Wird hiergegen das Patentamt etwas machen können, wird es dem Anmelder sagen können, du faßt deine eigene Erfindung falsch auf, diese falsche Erfindung schützen wir nicht, wir schützen nur die richtige? Ich glaube nicht.

Vielleicht ist die Sache gar nicht für Wasser brauchbar oder neu, das Patentamt weiß es aber nicht. Oder aber, ich habe aus den Verfahren, Zeichnungen und Modellen eines Dritten wider dessen Willen erfahren, daß er das Verfahren für Wasser ausübt, und habe nur das Bier hinzu erfunden, und will mich keiner teilweisen Nichtigkeitsklage aussetzen.

Dieser Fall scheint mir genau mit dem der Teilpatentierung übereinzustimmen; es kann mich niemand zwingen, eine Erfindung für einen größeren Kreis von Anwendungen zu schützen, als ich selbst wünsche, und, wenn ich also eine Erfindung nur in der Anwendung als Teil eines anderen Ganzen schützen will, ist kein Anlaß vorhanden, mir den geringeren Schutz in einem Patent zu verweigern und einen größeren in zwei Patenten zu geben.

Also kurz: Die objektiv gemachte und für den Sachverständigen aus der Patentbeschreibung hervorgehende Erfindung muß nicht mit der angemeldeten Erfindung übereinstimmen. Die angemeldete, d. h. die zum Schutz beanspruchte Erfindung kann hinter jener zurückbleiben.

Inwieweit der Schutz als Teil von dem Schutz als Ganzen verschieden ist, interessiert hier nicht.

Wenn technisch etwas als Teil auftritt, und rechtlich der Schutz als Teilschutz auch sich auf Schutz als Ganzes expandieren könnte, so wäre das einer Expansivkraft des Rechts zu danken, die die hier allein wichtige technische Teileigenschaft nicht zerstört.

Dieser Fall ist viel klarer, als die Frage vor Gericht, inwieweit der Richter ohne Parteianträge und über diese hinaus zur Erforschung der objektiven Wahrheit und zur Feststellung des vollständigen objektiven Tatbestandes beizutragen hat, denn hier mag der objektiv richtige Erfindungstatbestand immerhin nach allen Seiten erforscht werden; darum handelt es sich nicht, sondern darum, wieviel von diesem der Anmelder sich aneignen will.

Ich hatte hier eine Reihe von Punkten zu kritisieren, ich habe einige Anregungen gegeben über die Wege, welche mir zur Lösung der schwebenden Fragen begehenswert erscheinen, und habe mich naturgemäß nicht auf ausführliche und schlüssige Nachweise im einzelnen noch auf das Verfolgen der angedeuteten Richtungen einlassen können.

Ich hoffe aber dennoch, durch die Gesamtheit des Vorgebrachten einen Eindruck hervorzurufen, den Eindruck, daß unsere Erkenntnis der Erfindung noch in den Kinderschuhen steckt, daß wir nichts weniger wie eine feste und ausreichende Grundlage haben, um ein stolzes Begriffsgebäude aufzuführen, welches nach allen Seiten sichere Wege für die hier auftauchenden Fragen aus sich heraus ergibt; daß der Versuch, solche Behandlungsweise ohne ständige Berührung mit dem Leben für die Entscheidung patentrechtlicher Fragen maßgebend zu machen, sehr gefährlich ist, und daß man deshalb überall da dreimal bedenklich sein sollte, wo solche Schlußreihen im Gegensatz zu den Anschauungen der praktischen und wissenschaftlichen Technik treten.

Entscheidung des Patentamts vom 24. September 1913.

Beschwerdeabteilung I.

Nach welchen Gesichtspunkten ist die **Frage der Einheit der Erfindung** gemäß § 20 Abs. 1 Satz 2 des Patentgesetzes zu beurteilen? — Zum Begriff der Erfindung

Der vom Patentsucher „Konsonanz-Dissonanz-Ermittler" genannte, richtiger aber wohl als klavierartiger Lehr- und Übungsapparat zur Schärfung der Tonempfindung zu bezeichnende Anmeldungsgegenstand läßt sich, wie die Vorinstanz zutreffend feststellt, als Vereinigung dreier Einzelanordnungen auffassen, nämlich:

1. eines Resonanzkastens mit durchweg einsaitigem Bezug;
2. einer Verbindung der Tasten mit den Hämmern durch Schraubenfedern und
3. einer Festklemmung der Stimmwirbel durch zweiteilige, kegelförmige Büchsen.

Die Zurückweisung der Anmeldung ist erfolgt, weil der Anmelder dem als berechtigt bezeichneten Verlangen des Vorprüfers, die Anmeldung auf eine der drei Einzelanordnungen zu beschränken, nicht nachgekommen ist. (In Wirklichkeit hat der Vorprüfer, da er die Anordnung zu 1 nicht für neu hielt, nur die Beschränkung auf eine der beiden übrigen Anordnungen für zulässig und notwendig erachtet.) Die Vorinstanz begründet die Erforderlichkeit der unterlassenen Beschränkung damit, daß die genannte Vereinigung keine patentfähige Kombination sei, sondern nur eine rein äußerliche Aneinanderreihung dreier Einzelheiten an ein und demselben Musikinstrument, wodurch eine technische Einheit nicht geschaffen sei. Für die Verneinung der patentfähigen Kombination wird im besonderen geltend gemacht, daß bei ihr keine Wirkungen eintreten, die von den unmittelbar zu erwartenden Wirkungen verschieden seien. Es lägen also — unter Verletzung der Vorschrift des § 20 Satz 2 des Patentgesetzes — drei verschiedene Erfindungen vor.

Diese Begründung erscheint der Beschwerdeabteilung in mehrfacher Hinsicht als nicht haltbar.

Zunächst handelt es sich beim Anmeldungsgegenstand überhaupt nicht um ein „Musikinstrument“, d. h. um ein für praktische Musikpflege bestimmtes Tonwerkzeug, sondern um einen rein didaktischen Zwecken dienenden Übungsapparat zur experimentellen Behandlung der Lehre von den Tonempfindungen. Es mag dahingestellt bleiben, ob nicht schon die im Zurückweisungsbeschluß gewählte Bezeichnung der angemeldeten Neuerung auf einer Verkennung des Wesens derselben beruht; zutreffendenfalls aber ist ihre Beurteilung in der Vorinstanz hinhinsichtlich der Erfindungseinheit nicht unerheblich beeinflußt worden.

Es erscheint nützlich, die Stellung der nachprüfenden Instanz zur Frage der Einheit der Erfindung bei dieser Gelegenheit auf breiterer Grundlage darzulegen.

I.

1. Die Bestimmung im § 20 Satz 2 des Patentgesetzes: „Für jede Erfindung ist eine besondere Anmeldung erforderlich“, ist eine Ordnungsvorschrift, die verhindern soll, daß in ein und dieselbe Anmeldung eine Mehrheit von Erfindungen aufgenommen wird, die offensichtlich nichts miteinander zu tun haben, und daß durch willkürliches Zusammenfassen von Erfindungen die Gebühren unter den vom Gesetz bestimmten Betrag herabgedrückt werden. Die Vorschrift soll zugleich die Ordnung der Prüfung und der Registrierung sowie die Übersichtlichkeit über die beanspruchten und erteilten Schutzrechte gewährleisten. Sie fällt aber nicht in das Gebiet der Verwaltung, sondern unterliegt der Rechtsprechung; indessen ist sie keine Rechtsfrage im engeren Sinne, sondern eine mit Rechtswirkungen verbundene technische Tatfrage.

Dem Patentsucher sollte es nach dieser Bestimmung verwehrt sein, z. B. ein Flugzeug, einen Azofarbstoff und eine Klaviermechanik mit einem Kollektivantrag auf Patenterteilung und unter Einzahlung von einmal 20 M. Anmeldegebühr dem Patentamte vorzulegen. Im Sinne des so verstandenen schlichten Gesetzesgedankens sollte zur Vermeidung unnötiger Zerstückelung der Patentanmeldungen die Einheitsfrage mit der weitestgehenden Berücksichtigung des praktischen Bedürfnisses geprüft werden, zumal es sich im wesentlichen nur um eine Zweckmäßigkeitsnorm handelt, die für den Rechtsbestand des einmal erteilten Patents ohne Bedeutung ist, obschon ihre Nichtbeachtung zum Verluste der Anmeldung führt.

Aber durch zunehmende Differenzierung und eine gewisse Überspannung des Einheitsgedankens hat, wohl auch unter dem Einflusse der Hartigschen Auffassung der Erfindung als einer unteilbaren technologischen Einheit, die Praxis eine erhebliche Verschärfung erfahren und in den beteiligten Kreisen, wie in der Literatur vielfach Widerspruch hervorgerufen. Die Beunruhigung der Öffentlichkeit schwand auch nicht, als im Jahre 1894 eine Reihe von „Grundsätzen“ für die Beurteilungder „Einheitlichkeit von Erfindungen“ aufgestellt wurde. (Veröffentlicht im Jahre 1902 im Bericht über die Geschäftstätigkeit des Patentamts S. 172/173.) Hervorgegangen aus der damaligen Meinungsverschiedenheit in der Behandlung der sogenannten Kombinationserfindungen zwischen den Gerichten und dem Patentamt können diese Grundsätze schon deshalb nicht mehr uneingeschränkt aufrecht erhalten werden, weil jene Frage heute überhaupt eine andere Beurteilung erfahren muß als damals, worauf indessen an dieser Stelle nicht näher einzugehen ist. Die Praxis hat denn auch jene Grundsätze schon seit geraumer Zeit durchbrochen. Schon darüber besteht heute in Wissenschaft und Praxis kein Zweifel mehr, daß im zweiten Satz des § 20 unter „jede Erfindung“ nicht nur eine Erfindung, sondern auch ein Komplex von Erfindungen zu verstehen ist, sofern dieser sich zu einer einheitlichen Gesamterfindung zusammenschließen läßt. (Vgl. u. a. die Entscheidung der Beschwerdeabteilung vom 27. Februar 1906 im Blatt für Patent-, Muster- und Zeichenwesen XII, S. 181.) Unhaltbar ist hiernach auch die Forderung, es solle der Inhalt der Anmeldung, also auch die Erfindungsgesamtheit durch einen patentfähigen Erfindungsgedanken zusammengehalten werden. Diese Forderung ist namentlich deshalb bedenklich, weil erfahrungsgemäß gerade sie leicht zu ungerechtfertigter Zerstückelung der Erfindung führt; übrigens wird sie bereits durch die alte und unbestrittene Praxis des Amts, Verfahren und Maschine zur Ausführung desselben in einer Anmeldung zuzulassen, also zwei Erfindungsgegenstände, die in der Mehrzahl der Fälle wohl kaum auf einen und denselben Erfindungsgedanken zurückführbar sind, verleugnet.

Satz 1 der „Grundsätze“ läßt sich mithin sachlich nicht mehr rechtfertigen.

Dasselbe gilt von Satz 2, der vom Satz 1 nur dadurch abweicht, daß in ihm zwei Sonderfälle von Anmeldungsinhalten angegeben werden, nämlich der Fall der Mehrheit von Lösungen einer Aufgabe (unter a) und der Fall der Mehrheit von Ausbildungen der Erfindung (unter b). Über den Teilsatz 2a ist die Praxis bereits hinweggegangen, indem auch mehrere Lösungen einer Aufgabe, obschon sie keinen gemeinschaftlichen technischen Gedanken erkennen lassen, dann als einheitlich erachtet werden, wenn die Aufgabe selbst neu ist. Im übrigen stellt der ganze Satz 2 mehr einen Anhalt für die Aufstellung von Unteransprüchen dar als eine Norm für die Beurteilung der Erfindungseinheit.

Im Satz 3 ist unter a das Kriterium der Erfindungseinheit mit dem der patentrechtlichen Kombination in Beziehung gesetzt. Die Anerkennung der Einheit ist hier an den Fall der Kombinationserfindung im engeren Sinne gebunden mit der Besonderheit, daß es sich um eine

Vereinigung von mehreren „Neuerungen", also um lauter an sich neue Kombinationselemente handelt. Für den Erfindungscharakter der Vereinigung ist verlangt, daß durch sie „außer der Summe der Einzelwirkungen eine besondere Wirkung erzielt wird". Gemeint ist mit dieser — übrigens naturwissenschaftlich anfechtbaren — Fassung des sogenannten Summensatzes eine solche Vereinigung von mehreren, einer selbständigen Wirkung fähigen Neuerungen, bei der die Gesamtwirkung von dem Ergebnisse der einfachen Summierung der den Neuerungen zukommenden Einzelwirkungen verschieden ist. Damit ist die Einheit der Erfindung überall da verneint, wo es zu einer derartigen funktionellen Verschmelzung nicht kommt, also bei allen sogenannten Aggegrationserfindungen. Nun ist aber erfahrungsgemäß — auch für den Techniker — in der Mehrzahl der Fälle mit Sicherheit überhaupt nicht erkennbar, ob und inwieweit ein Ineinandergreifen der Sphären der Einzelwirkungen stattfindet, oder ob und inwieweit diese in der Endwirkung isoliert sind, ob also eine Kombinationswirkung im engeren Sinne oder eine bloße Aggregationswirkung vorliegt. Schon auf Grund dieser Überlegung erscheint es zweifelhaft, ob überhaupt ein praktisches Bedürfnis nach der Unterscheidung zwischen Kombinationserfindung und Aggregationserfindung besteht, zumal wenn erwogen wird, daß jede Erfindung eine Verbindung von Einzelanordnungen (Elementen) ist, und daß mit der Feststellung, ob jeweils der eine oder andere Erfindungstyp vorliegt, für die Frage der Patentfähigkeit noch nichts gewonnen ist, diese sich vielmehr nur danach richtet, ob mit der angemeldeten Neuerung ein wesentlicher Fortschritt nach irgendeiner Richtung erzielbar ist, der ja als solcher durch die gegenseitigen Beziehungen der Einzelwirkungen (kombinatorisch oder aggregativ) nicht bedingt ist. Vor allem aber liegt dem Satz 3a die zu enge Vorstellung zugrunde, daß bei einer Verbindung von Neuerungen (oder von Einzelanordnungen überhaupt) die Erfindung nur in der Wirkung liegen könne; es ist zu berücksichtigen, daß bei der sogenannten Aggregation die Erfindung sehr wohl auch in anderen, z. B. wirtschaftlichen Erfolgen oder in der Überwindung von Schwierigkeiten bei Stellung oder Lösung der Aggregationsaufgabe begründet sein kann. Deshalb ist auch Satz 3b nicht bedenkenfrei. Infolge seiner allgemeinen Fassung wird durch ihn leicht die Zerreißung des Anmeldungsinhaltes in den wichtigen und zahlreichen Fällen der sogenannten Anpassungserfindungen gefördert, bei denen es darauf ankommt, mehr oder weniger komplizierte Maschinen oder Einrichtungen behufs ihrer Dienstbarmachung für einen veränderten Arbeits- oder Gebrauchszweck abzuändern. (Z. B. Umbau des Pianola für die Treppen- oder Jankóklaviatur; des gewöhnlichen Schnellbahnwagens für elektrischen Betrieb; einer für grobe Wolle bestimmten Strickmaschine für feine Seide.) Soweit in einer solchen Anpassungsidee schon als Problemstellung ein „patentfähiger Erfindungsgedanke" gesehen werden müßte, würde der Satz 3b überdies auch einen gewissen Widerspruch zum Satz 1 darstellen.

Die Fälle der ausgeschlossenen Einheit der Erfindung sind im Satz 3 nicht erschöpfend aufgeführt; das deutet in seiner Einleitung das Wort „insbesondere" an. So könnte man versucht sein, die Einheit außerdem selbst dann zu verneinen, wenn zwischen den Teilen der Erfindung keine technische Wechselwirkung, kein notwendiger technischer Zusammenhang zu erkennen, oder wenn der eine oder andere Teil durch einen in der Anmeldung nicht angegebenen Teil ohne weiteres ersetzbar ist. Daß auch diese Gesichtspunkte nicht geeignet sein könnten, den Bedürfnissen der Praxis Rechnung zu tragen, ist ohne weiteres klar.

2. Schon seit geraumer Zeit ist in der Praxis des Patentamts zum Bewußtsein gekommen, daß diese Grundsätze als solche und in ihrer Gesamtheit nicht aufrecht erhalten werden können. Es hat nicht an Entscheidungen der Beschwerdeinstanz gefehlt, die eine Ablehnung der Grundsätze, namentlich der Sätze zu 1 und 3, mehr oder weniger deutlich erkennen lassen und versuchen, die Kriterien der Erfindungseinheit auf eine andere Grundlage zu stellen. (Vgl. u. a. die Entscheidungen der Beschwerdeabteilung vom 11. November 1902, abgedruckt in den Mitteilungen vom Verbande deutscher Patentanwälte III, S. 25; vom 27. Februar 1906 im Blatt für Patent-, Muster- und Zeichenwesen XII, S. 181 und vom 2. Mai 1907 in den vorgenannten „Mitteilungen" VIII, S. 42.)

3. Um der durch die Grundsätze begünstigten Verzettelung des Anmeldungsstoffes zu entgehen, ist vorgeschlagen worden, die Ansprüche durch sogenannte Staffelung in ein Abhängigkeitsverhältnis zueinander zu bringen. Dieses Abhängigkeitsverhältnis konnte aber zumeist nur ein rein äußerliches sein und war so geeignet, der späteren Auslegung der Patente Schwierigkeiten zu bereiten. Nicht mit Unrecht ist deshalb dieser Ausweg in der Literatur angefochten worden.

4. Gestützt auf den unbestrittenen Grundsatz, daß im allgemeinen alles, was als Zusatzpatent angemeldet werden kann, auch schon in der Hauptanmeldung hätte Platz finden und dort die Einheit begründen können, wird ferner in Praxis und Literatur vielfach die Auffassung vertreten, es könne die Einheit der Erfindung statt aller hierfür aufzustellenden besonderen Normen einfach auf Grund der im § 7 Abs. 1 Satz 2 für das Zusatzverhältnis angegebenen Voraussetzungen geprüft werden. Das liefe darauf hinaus, daß man in der genannten Bestimmung des § 7 eine authentische Auslegung der Einheitsbestimmung des § 20 Abs. 1 Satz 2 zu sehen hätte. Zu einer solchen Gesetzesauslegung im Sinne eines ἓν διὰ δυοῖν fehlt es aber an jeder Unterlage. Der Satz: „Alles, was zusätzlich ist, ist auch einheitlich", darf nicht umgekehrt werden. Denn der Begriff der Erfindungseinheit deckt sich nicht mit dem des Zusatzverhältnisses, sondern reicht weiter wie dieser; das Zusatzverhältnis

stellt nur einen Sonderfall der Erfindungseinheit dar. Nach § 7 Abs. 1 kann die Zusatzerfindung zur Haupterfindung nur im Verhältnis der Unterordnung oder der Überordnung stehen, nicht aber im Verhältnis der Nebenordnung. Letzteres ist dem Einheitsbegriff im Sinne des § 20 Abs. 1 Satz 2 vorbehalten. Wäre als einheitlich nur zu erachten, was auch zusätzlich angemeldet werden kann, so wären lediglich Staffelansprüche zulässig, selbständig nebeneinander geordnete Ansprüche dagegen abzulehnen, während doch die Praxis ihre Zulässigkeit und Notwendigkeit ergeben hat, sofern jedem dieser selbständigen Ansprüche gegenüber dem Stande der Technik am Tage der Anmeldung die Bedeutung einer erfinderischen Neuheit zukommt. Gewiß können die Voraussetzungen für das Zusatzverhältnis auch für die Beurteilung der Erfindungseinheit in vielen Fällen einen wertvollen Fingerzeig geben; aber die Kriterien der Zusätzlichkeit mit denen der Erfindungseinheit schlechthin zu identifizieren, ist nicht angängig.

5. In der Erwägung endlich, daß der Einheitsbegriff der festen Abgrenzung durch allgemein anwendbare Normen überhaupt nicht zugänglich ist, ist auch vorgeschlagen worden, in Anlehnung an die Praxis des amerikanischen Patentamts, die Einheitsfrage unter dem rein wirtschaftlichen Gesichtspunkt der sogenannten „industriellen Einheit" zu behandeln. Ausschlaggebend sollte dabei sein, ob und inwieweit der angemeldeten Erfindung die Eigenschaft eines selbständigen Handels- oder Marktgegenstandes zukomme.[1]) Dieser Vorschlag ist aber schon deshalb nicht durchführbar, weil er sich nicht auf technischem Boden aufbaut, sondern auf einer mehr oder weniger willkürlichen, jedenfalls schwankenden, von der Entwicklung des Handels und der Fabrikation beeinflußten Klassifizierung der Erfindungsgegenstände; er paßt so nicht in das System des deutschen Gesetzes. Im übrigen sind wohl auch die Erfahrungen, die mit der amerikanischen Praxis gemacht sind, nicht geeignet, dem Vorschlag besondere Bedeutung beizumessen.

II.

Um zu einer befriedigenden Behandlung der Einheitsfrage zu kommen, wird man sonach einen anderen Weg einschlagen müssen.

Auch hierbei wird von dem Willen des Gesetzgebers bei der Aufstellung der Ordnungsvorschrift nach § 20 Satz 2 auszugehen sein, wie dieser oben im Eingang der Ausführungen zu I, 1 dargelegt worden ist.

Sodann ist zu beachten, daß in der Bestimmung für „jede Erfindung", also für den Inbegriff der vom Anmelder offenbarten Gedankenschöpfung, eine besondere Anmeldung verlangt ist, nicht aber für jeden einzelnen Gegenstand der Erfindung (Erzeugnis, Verfahren, Arbeitsmittel, Einrichtung). Diesen so genau wie möglich zu bezeichnen,

[1]) *So eng ist die amerikanische Praxis nicht.*

ist die Aufgabe des Patentanspruchs; jene ergibt sich regelmäßig aus der Beschreibung und Zeichnung. Im Gesetze selbst sind die beiden Begriffe (Erfindung und Gegenstand der Erfindung) wohl auseinander gehalten. Es heißt in der Einheitsbestimmung des § 20 auch nicht „für jede neue Erfindung". Gemeint ist hier also die Erfindung prima facie, die Erfindung vorbehaltlich ihrer Prüfung auf Neuheit und sonstige Voraussetzungen der Patentfähigkeit. Andernfalls würde diese Prüfung grundsätzlich vor der Prüfung der Erfindungseinheit durchzuführen sein. Daß dies die Absicht des Gesetzes sei, ist nicht anzunehmen, zumal ja auch sonst im geordneten Rechtsverfahren die formelle Prüfung der materiellen Prüfung vorauszugehen hat. (Indessen kann es unter Umständen gleichwohl zweckmäßig sein, aus Rücksichten der Prozeßökonomie die Neuheitsprüfung vor der Einheitsprüfung vorzunehmen; in dem später zu erörternden Falle der Anmeldung mehrerer selbständiger Lösungen eines Problems kann es sogar geboten sein, die Prüfung auf Neuheit in gewissem Umfange vorher zu erledigen.) Eine solche Erstprüfung auf Neuheit oder Patentfähigkeit des Anmeldungsstoffes müßte aber jedenfalls erfolgen, wenn es richtig wäre, die Anerkennung der Einheit davon abhängig zu machen, daß in der Verbindung mehrerer Neuerungen eine patentfähige Erfindung liegt, oder daß der Anmeldungsinhalt durch einen patentfähigen Erfindungsgedanken zusammengehalten wird (Grundsätze vom Jahre 1894). Diese Konfundierung der formalen Prüfung mit der materiellen hat aber in der Praxis die unter I besprochenen unerwünschten Folgen gezeitigt.

Daraus folgt, daß die Frage der Erfindungseinheit zu trennen ist von der Prüfung auf Patentfähigkeit, und daß sie nicht zu orientieren ist an der erfinderischen Bedeutung der Verbindung von Teilen des Anmeldungsstoffes, sondern, da auch die sonstigen unter I, 3 bis 5 besprochenen Wege sich nicht als gangbar erwiesen haben, an der Einheit des Problems selbst und an den Beziehungen der Teile des Anmeldungsinhalts zu dem als einheitlich festgestellten Problem. Die Einheitsfrage ist mit anderen Worten nicht erfindungsdiagnostisch, sondern teleologisch aufzufassen. Darin liegt der Angelpunkt für ihre anderweitige und befriedigende Behandlung.

Diese wird mit der Ermittelung des Problems beginnen müssen. Die zutreffende Feststellung desselben ist für die Beurteilung der Erfindungseinheit von grundlegender Bedeutung; sie erfordert den sicheren, vollen Überblick über den Besitzstand des betreffenden Zweiges der Technik. Man wird sich dabei besonders vor zu weiter und zu unbestimmter Fassung des Problems nach Art einer allgemeinen spekulativen Idee hüten müssen; es handelt sich vielmehr nur um das bestimmt umrissene (konkrete) Problem, durch dessen Lösung ein am Tage der Anmeldung bestehendes, soziales Bedürfnis befriedigt werden soll. So würde z. B. für die Erfindung der Taschenuhr das Problem sich nicht in der Herstellung einer neuen Uhr erschöpfen können, auch nicht in der Herstellung einer neuen, kleinen Uhr, selbst noch nicht einer neuen kleinen, tragbaren Uhr, sondern das konkrete Problem in obigem Sinne würde etwa heißen müssen: „Es soll die bekannte (Wand-, Stand- usw.) Uhr in so handliche Form gebracht werden, daß sie in der Tasche getragen werden kann und in jeder Lage geht."

... Das Problem kann nur auf technischem Gebiete liegen; ein nicht technisches Problem ist zur Begründung der Einheit von vornherein ungeeignet. Gleichwie ferner die Erfindung im § 20 Satz 2 — im Gegensatz zur Lehre Hartigs — keine unteilbare technologische Einheit zu sein braucht, vielmehr auch ein Erfindungskomplex sein kann (s. oben unter I, 1), so kann auch das Problem trotz seiner Konkretisierung aus mehreren einzelnen Problemen bestehen, sofern diese in einem Gehilfenverhältnis zueinander stehen und sich so zu einem einheitlichen Gesamtproblem zusammenschließen lassen.

Ob ein solches, die Einheit des Problems begründendes Gehilfenverhältnis besteht, ist nach technisch-wirtschaftlichen Gesichtspunkten unter Berücksichtigung der Beziehungen des Problems zum Bedürfnis und nach den Anschauungen des Verkehrs zu entscheiden. Das bereitet, wie die Praxis bereits gezeigt hat, dem Kenner des betreffenden Gebiets der Technik im allgemeinen keine Schwierigkeit, zumal dabei in den regelmäßigen Fällen die Prüfung auf Neuheit und Patentfähigkeit wegfällt, mit der sonst die Einheitsfrage belastet zu werden pflegt. Auch kommt dem Prüfer der Umstand zustatten, daß die Einheitsermittelung nunmehr auf einer früheren Stufe im regelmäßigen Werdegang der Erfindung stattfindet, nämlich schon bei der Problemstellung, wo sie unzweifelhaft leichter durchführbar, auch Schwankungen und insbesondere der Willkür weit weniger ausgesetzt ist, als auf der späteren Stufe der Problemlösung, wo der Anmeldungsstoff mit seiner nicht selten verwirrenden Fülle von technischen Elementen nur allzuleicht den falschen Eindruck der Nichteinheit erweckt und einer unnötigen Zerstückelung anheimfallen kann. Man wird sonach auch nicht einwenden können, es handle sich bei der Frage nach der Einheit der Problemstellung lediglich um eine Verschiebung der Frage nach einem einheitlichen (patentfähigen) Erfindungsgedanken. Zudem ist ja das dem Anmeldungsstoff zugrunde liegende Problem auch nicht immer gleichbedeutend mit dem Erfindungsgedanken; denn es kann ohne den letzteren bestehen, dieser aber zur Lösung ganz anderer Probleme dienlich sein.

Da die Erfindung regelmäßig aus Problem und Lösung besteht, ist mit der Ermittlung der Einheit des Problems noch nicht die Frage nach der Einheit der Erfindung beantwortet. Es wird also weiterhin auf die

Beziehungen der einzelnen Einrichtungen oder technischen Elemente zu dem einheitlichen Problem ankommen, die in der Anmeldung angegeben sind und die Lösung des Problems herbeiführen sollen. Dabei könnte es sich ergeben, daß die eine oder andere dieser Einzelanordnungen zur Lösung nichts beiträgt. Insoweit würde alsdann die Einheit der Erfindung verneint und auf die Ausscheidung der nichteinheitlichen Bestandteile aus der Anmeldung gedrungen werden müssen. Zur Annahme der Erfindungseinheit gehört demnach weiter, daß die Teile der Erfindung entweder zur Lösung des Problems nötig sind oder doch geeignet, die Lösung zu unterstützen.

Der Prüfung der Einheit der Problemstellung gegenüber erfolgt diese weitere Ermittelung auf der erfindungsgenealogisch späteren Stufe der Problemlösung. Auch bei ihr entfällt jede Untersuchung auf Neuheit und Patentfähigkeit, also auch jedes Werturteil. Sie ist bloße tatsächliche Feststellung.

Nach der oben gekennzeichneten Beziehung zwischen Problem und Erfindungsgedanken braucht das (als einheitlich festgestellte) Problem als solches im allgemeinen nicht neu zu sein. (Vgl. Entscheidung der Beschwerdeabteilung vom Jahre 1903, abgedruckt in den „Mitteilungen vom Verband deutscher Patentanwälte“ III, 25.) Andernfalls ergäbe sich eine unerträgliche Zerstückelung des Anmeldungsstoffes in allen denjenigen zahlreichen Fällen, wo die Erfindung darin besteht, daß der Industrie eine neue Lösung eines bekannten Problems geboten ist.

Anders dagegen, wenn die Anmeldung mehrere selbständige Lösungen desselben Problems enthält. Sie sind — ungeachtet ihrer gegenseitigen Beziehungen — nur dann in einer Anmeldung zu behandeln, wenn das Problem in der Anmeldung zum ersten Male gestellt ist, oder, wenn es bereits gestellt war, in der Anmeldung zum ersten Male gelöst ist. War das Problem am Tage der Anmeldung jedoch bereits gestellt und gelöst, so muß, wenn Einheit der Erfindung vorliegen soll, verlangt werden, daß die verschiedenen Lösungen auf dem gleichen Lösungsprinzipe beruhen. In solchen Fällen wird, wie weiter oben schon angedeutet, die Neuheitsprüfung, soweit die Problemstellung in Betracht kommt, der Einheitsprüfung vorzugehen haben.

Hat z. B. jemand zum ersten Male das Problem eines Flugzeugs mit selbsttätiger Längs- und Querstabilisierung gestellt und gelöst, so kann er unbeschadet der Einheit seiner Erfindung mehrere selbständige Lösungen in ein und derselben Anmeldung unterbringen, selbst wenn sie auf den verschiedenartigsten Lösungsprinzipien beruhen. Wird später eine weitere erfinderische Lösung desselben (offenbar einheitlichen) Problems angemeldet, so kann alles in der Anmeldung verbleiben, was zur Lösung nötig oder auch nur förderlich ist. Abwandlungen der Lösung in Unteransprüchen sind aber in derselben Anmeldung alsdann nur insoweit zulässig, als sie auf dem gleichen Lösungsprinzip beruhen. Läßt jedoch die Anmeldung erkennen, daß es sich nicht um eine neue Lösung des bekannten Problems handelt, sondern nur um die anderweitige Ausbildung einzelner Teile einer bereits bekannten Lösung des Problems, dann kann es nicht mehr das bekannte Problem sein, das die einzelnen Verbesserungen einheitlich zusammenhält; dann hängt vielmehr ihre Zusammengehörigkeit davon ab, ob ein anderweitiges Problem gegeben ist, zu dessen Lösung die Gesamtheit der Einzelverbesserungen nötig oder auch nur förderlich ist. Ist ein solches Problem aus der Anmeldung nicht zu entnehmen, und kann es auch auf Erfordern der prüfenden Stelle vom Patentsucher nicht angegeben werden, so muß die Anmeldung getrennt werden. Von besonderer Bedeutung sind in dieser Beziehung die oben unter I, 1 (S. 59) erwähnten sogenannten Anpassungserfindungen.

Was die sogenannte Kombinationserfindung im engeren Sinne anlangt (s. unter I, 1, S. 58), so folgt aus dem ihre Besonderheit ausmachenden organischen Zusammenwirken aller ihrer Teile zum gemeinsamen Zweck ohne weiteres, daß es sich bei ihr wie beim Zusatzverhältnis (s. oben unter I, 4) um einen Sonderfall der Erfindungseinheit handelt. Der Zulassung von Unteransprüchen auf die einzelnen Teile der Kombination steht vom Standpunkte der Einheit der Erfindung nichts im Wege, sofern die Teile dem Kombinationszweck dienen sollen. Ob die Aufstellung solcher Unteransprüche rechtlich nicht überhaupt überflüssig ist, soll hier unerörtert bleiben (vgl. Entscheidung des RG. vom 18. Januar 1890 im Patentblatt 1892, S. 458). Nicht zu beanstanden würde auch die Verbindung solcher Kombinationselemente in den Unteransprüchen mit anderen, in der Kombination nicht enthaltenen Elementen sein.

Abzulehnen wäre dagegen regelmäßig im Falle der sogenannten Kombinationserfindung mit Teilerfindungen die Bildung von besonderen Ansprüchen auf die Kombinationsteile als selbständige Erfindungen außerhalb des Kombinationszweckes in ein und derselben Anmeldung, da ein solcher Anspruchskomplex ohne Zerstörung der einheitlichen Problemstellung nicht denkbar ist[1]).

Mit besonderer Vorsicht wird die Erfindungseinheit bei räumlich kleinen Erfindungsgegenständen, wie Flaschenverschlüssen, Sicherheits-

[1]) *Hier zeigt sich die methodische Unzulänglichkeit und Einseitigkeit des „Problemgesichtspunkts". Wer die Gradführung erfunden hat als Teilmittel für das Dampfmaschinenproblem muß in demselben Patent ihre Anwendung für alle anderen Zwecke schützen, denn diese Anwendungen sind keine weiteren Erfindungen und daher in Sonderpatenten überhaupt nicht schützbar. Warum soll die Einheitlichkeit des Mittels nunmehr ganz belanglos sein?*

nadeln, Stulpenknöpfen u. dgl. Massenartikeln zu beurteilen sein. Dem praktischen Bedürfnisse wird hier am besten dadurch Rechnung getragen werden können, daß bei Ermittelung des einheitlichen Problems neben der technischen Seite der wirtschaftlichen Bedeutung des betreffenden Erzeugnisses als selbständigen Handels- oder Marktgegenstandes besondere Aufmerksamkeit geschenkt wird.

III.

Die vorstehenden Darlegungen lassen sich dahin zusammenfassen:

1. Eine Erfindung ist einheitlich im Sinne des § 20 Satz 2 des Patentgesetzes, wenn das ihr zugrunde liegende **Problem** einheitlich ist, und alle ihre Teile zur Problemlösung nötig sind oder auch nur geeignet, sie zu fördern.

2. Ist das Problem als solches neu, so können mehrere selbständige Lösungen in **einer** Anmeldung behandelt werden.

Ist das Problem als solches bekannt und gelöst, so müssen die in einer Anmeldung zu behandelnden Lösungen unter sich auf demselben Lösungsprinzip beruhen[1]).

In beiden Fällen hat jede Lösung oder Ausführungsform der unter 1 für die Erfindungsteile gestellten Forderung zu genügen.

IV.

An der Hand dieser Sätze gestaltet sich die Beurteilung der Erfindungseinheit beim Gegenstand der vorliegenden Anmeldung überaus einfach:

a) Das Problem, das der Anmelder sich gestellt hat, besteht, wie schon auf Seite 57 angedeutet ist, in der Herstellung eines klavierartigen Lehr- und Übungsapparates zur experimentellen Behandlung der Lehre von den Tonempfindungen.

b) Daß dieses Problem einheitlich ist, liegt auf der Hand.

c) Ebenso unzweifelhaft ist es, daß die im zuletzt (am 21. Oktober 1912) vorgelegten Patentanspruch zusammengefaßten drei Einzelanordnungen (S. 56) zur Lösung dieses einheitlichen Problems nötig und förderlich sind.

Das ergibt sich aus folgendem:

Der (an sich als bekannt nachgewiesene) durchweg einchörige Bezug des Resonanzkastens trägt dem Umstande Rechnung, daß bei der bestimmungsgemäßen Benutzung des Apparates ein immerwährendes Umstimmen erforderlich ist. Bei Verwendung des bei Klavieren üblichen mehrchörigen Saitenbezuges würde ein unerträglicher Aufwand von Zeit

---

[1]) Für das „Müssen" dieses Satzes finde ich keine Begründung.

und Mühe nötig sein, um die für jeden Ton vorhandenen drei oder zwei Saiten in den absoluten Einklang zu bringen, was aber unerläßlich ist, wenn der Apparat seinem musik-akustischen Zwecke gemäß die feinsten Tonunterschiede vorführen soll.

Da es hierbei, der ausschließlich didaktischen Bedeutung des Apparates gemäß, nicht auf die Klangstärke und die Schönheit der Töne ankommt, sondern nur auf ihre Reinheit und Gleichmäßigkeit, so war Vorkehrung zu treffen, daß die Tonbildung von der Verschiedenheit des Anschlags unbeeinflußt bleibt. Hierfür ist vom Anmelder als geeignetes Mittel die Einschaltung einer Schraubenfeder zwischen Taste und Hammer vorgesehen.

Um endlich zu verhüten, daß bei dem häufigen Umstimmen die Stimmwirbel nachlassen und dadurch die Erzielung des genauen Einstimmens vereiteln, sind die Wirbel in zweiteilige, kegelförmige Büchsen eingesetzt, die durch Schrauben verstellt werden.

Aus a bis c folgt, daß beim Gegenstand der Anmeldung der Tatbestand des Satzes 1 der Leitsätze (Seite 66) erfüllt und die Einheit der Erfindung gemäß § 20 Satz 2 des Patentgesetzes anzuerkennen ist.

Der Satz 2 der Leitsätze bleibt hier außer Betracht, da es sich um mehrere (selbständige) Lösungen des Problems im vorliegenden Falle nicht handelt; es kommt ihm lediglich die hypothetische Bedeutung zu, daß, weil das Problem nicht nur einheitlich, sondern auch neu ist, in der vorliegenden Anmeldung mehrere, auf ganz verschiedenen Lösungsprinzipien beruhende Lösungen des gestellten Problems unbeschadet der Erfindungseinheit hätten behandelt werden können.

V.

Aus dem Vorstehenden ergibt sich aber weiter, daß dem Anmeldungsgegenstande auch die Bedeutung einer erfinderischen Neuerung nicht abgesprochen werden kann.

Das hierfür unerläßliche Kriterium des durch die Neuerung erzielbaren wesentlichen Fortschritts ist darin zu finden, daß der Anmelder zum ersten Male einen ebenso einfachen wie zweckentsprechend gebauten und leicht transportablen Übungsapparat angegeben hat, mit dessen Hilfe es dem angehenden Musiker oder Akustiker möglich ist, durch Schulung der Tonauffassung und Schärfung der Tonempfindung für die kleinsten Intervallverschiebungen sich praktisch und ohne fremde Beihilfe die physiologischen Grundlagen für die Theorie der Musik und der musikalischen Akustik zu erarbeiten.

Anscheinend hat die Verkennung dieser musikpädagogischen Bedeutung des Anmeldungsgegenstandes nicht unerheblich dazu beigetragen, daß die Vorinstanz nicht nur die Einheit der Erfindung, sondern auch die Erfindung selbst verneint hat. Soweit das Letztere geschehen ist, weil (nach der Begründung des Zurückweisungsbeschlusses) bei der Vereinigung der drei Einzelanordnungen keine neuen Wirkungen eintreten, die über die unmittelbar zu erwartenden hinausgehen, und aus diesem Grunde eine patentfähige Kombination nicht vorliege, kann es nicht gebilligt werden. Die Vorinstanz macht hiernach die Annahme einer Erfindung von der „patentfähigen Kombination" abhängig, und diese wiederum davon, ob die der Verbindung der Teile zukommende Wirkung unmittelbar zu erwarten ist, oder ob sie die Erwartung übertrifft. Bei dieser überragenden Wirkung denkt sie an das Gegenteil des Nebeneinanderwirkens, also an die Überschneidung oder Verschmelzung der Wirkungssphären, m. a. W. an das Vorliegen der Kombination im engeren Sinne.

Zunächst ist die Verwendung des psychologischen Zwischenarguments der Erwartung anfechtbar. Der Kenner eines Sondergebiets der Technik wird meistens schon bei der ersten Vorstellung des Elementenkomplexes die Wirkung desselben zu übersehen vermögen, ja er wird vielfach die Elemente von vornherein in der Absicht zusammenbringen, um die von ihrer Vereinigung erwartete Wirkung zu erzielen. Entscheidend ist hierbei für die Patentfähigkeit der Vereinigung nicht, daß die schließliche Wirkung zu erwarten oder nicht zu erwarten war, sondern lediglich, ob sie eine erhebliche Bereicherung der Technik bedeutet oder nicht, wie man im allgemeinen der erfinderischen Bedeutung von Anmeldungsgegenständen in dem Maße näher kommen wird, als man überhaupt die subjektiven Kriterien der Erfindungseigenschaft (Überraschung, Naheliegen, Aufwand an schöpferischer Tätigkeit oder an geistiger Arbeit usw.) zugunsten des allein brauchbaren objektiven Kriteriums des wesentlichen Fortschritts (nach irgendeiner Richtung hin) zurückstellt. Was ferner die Bindung der erfinderischen Bewertung einer Vereinigung von (mehr oder weniger neuen) Einzelanordnungen an den Fall der Kombination im eigentlichen Sinne anlangt, so ist das Bedenkliche einer solchen Auffassung schon oben unter I, 1 S. 58 erörtert.

Auf Grund des Vorstehenden hat die Beschwerdeabteilung im Gegensatze zur Vorinstanz sowohl die Einheit der Erfindung als auch die Patentfähigkeit des Anmeldungsgegenstandes anerkannt. Das letztere unbeschadet des Umstandes, daß Resonanzböden mit durchweg einchörigem Saitenbezug — zu völlig anderem Zwecke — bereits bekannt gewesen sind. Es ist daher die Bekanntmachung der Anmeldung in Aussicht genommen, und zwar mit folgender Fassung des Patentanspruchs:

> Klavierartiger Lehr- und Übungsapparat zur Schärfung der Tonempfindung durch abwechselndes Stimmen und Verstimmen, bei dem der Saitenbezug durchweg einchörig ist, die Tasten durch Schraubenfedern an die Hämmer angeschlossen und die Wirbel durch zweiteilige, kegelförmige Büchsen festgeklemmt sind

Die Bekanntmachung wird erfolgen, wenn binnen sechs Wochen eine diesem Anspruch angepaßte und ihn enthaltende neue Beschreibung in zwei Stücken eingereicht wird, die sich im Gegensatz zu der bisherigen auf eine kurze Angabe des der Erfindung zugrunde liegenden Problems beschränkt und im Anschlusse daran die Erläuterung des neuen Übungsapparates an der Hand der Zeichnung sowie der fortschrittlichen Bedeutung desselben in gedrängter Darstellung folgen läßt. Im Eingang der Beschreibung ist anzugeben, daß die den Resonanzkasten betreffende Einzelheit des Anmeldungsgegenstandes an sich am Tage der Anmeldung nicht mehr neu gewesen ist.

In der vorgenannten Frist ist außerdem die Fig. 5 der beiliegenden Hauptzeichnung so zu berichtigen, daß auch sie die beschriebene und aus Fig. 4 ersichtliche Zweiteiligkeit der kegelförmigen Wirbelbüchsen erkennen läßt; die Nebenzeichnung wird alsdann hier dementsprechend geändert werden.

R. 35158 IX/51 e.
B. 83/13.

Technische Wahrheit und Dichtung im Patentwesen[1]).

> Je ne sais trop, si l'on ne pourrait souvent mesurer la nouveauté et pour ainsi dire, la valeur d'une invention au nombre d'erreurs et d'illogismes, qu'elle inspire à son auteur.
>
> Paulhan, L'invention.

Diese Arbeit ist ein Versöhnungsversuch zwischen Theorie und Praxis. Eine weitere Ausbildung der das Patentprüfungsverfahren beherrschenden Erfindungstheorie soll diese den Bedürfnissen der technischen Praxis näher bringen.

Möge dieser Zweckgedanke den Blick nicht allzusehr von anderen das Recht beherrschenden Prinzipien abgelenkt haben. Mögen aber auch meine Schlußfolgerungen, wo sie deshalb etwa einseitig geworden sind oder zu weitgehende Verallgemeinerungen enthalten, dennoch nach ihrem sachlichen Inhalt beurteilt werden. Eine Arbeit, die an der gegenwärtigen Prüfungspraxis etwas ändern möchte, wird, wie theoretisch sie auch gehalten ist, Licht und Schatten lieber zu scharf aufsetzen.

I.

Zwei Maßstäbe kommen bei der Bestimmung der Grenze zwischen einer Erfindung und einer bloßen Konstruktion oder „schlichten" Neuerung zur Anwendung; ein wirtschaftlicher: die Förderung des Gewerbes, und ein individualrechtlicher: der Schutz geistiger Arbeit. Gleichviel, welchem von beiden der Vorrang gebührt, im deutschen Patentwesen behaupten sie sich zur Zeit beide nebeneinander[2]). Nach beiden Gesichtspunkten wird die Patentwürdigkeit von einem Werturteil abhängig gemacht. Nur wenn der erzielte Fortschritt ein besonderer und kein gewöhnlicher ist, oder nur wenn die geistige Arbeit die Alltagssachkunde und -Kunst überragt und nicht bloß nach handwerksmäßiger Gepflogenheit geleistet wurde, soll der Patentschutz berechtigt sein. In beiden Fällen mangelt ein sicheres Maß für die Bewertung, und das sachverständige Gefühl oder eine Schätzung ist ausschlaggebend. Nach der individuellen Anlage der Urteilenden oder nach

---

[1]) *Abdruck aus Gew. R. u. U. 1905, Nr. 6. — Dagegen:* **Ephraim**, *Gew. R. u. U. 1905, S. 321. — Vgl.* **Dunkhase**, *Die Prüfung der Erfindung auf Patentfähigkeit, 1913, S. 32. —* **Stort**, *Die Fiktionen des deutschen Patentrechts, Mitt. 1910, S. 128.*

[2]) *Vgl.* **Wirth**, *Das Maß der Erfindungshöhe, Gew. R. u. U. 1096, S. 57.*

der herrschenden allgemeinen Richtung der Prüfung wird hiernach strenge und milde geprüft. Dem sachverständigen Gefühl des Patentamtes steht das der Industrie, wie es durch die Gesamtheit der Erfinder vertreten wird, gegenüber. Das hat mehrmals schon zu der Fragestellung geführt: Sollen mehr oder weniger Patente erteilt werden, ist übermäßiges Sinken der Patenterteilungsziffer ein Beweis für zu große Strenge des Patentamts? Der Gedanke wurde zuerst im Jahre 1877 formuliert von dem jetzigen Präsidenten des I. Zivilsenats des Reichsgerichts, Dr. Bolze[1]), und im Jahre 1900 von dem Patentamt als beachtenswert in einer Erklärung des Präsidenten von Huber zugegeben[2]).

Die Anpassungsfähigkeit der patentamtlichen Praxis scheint durch die Statistik der Schwankungen derselben bewiesen zu sein. Diese zeigt, in den Jahren 1879—1904 zwischen den Extremen von 74% und 30% Patenterteilungen, berechnet auf die Zahl der Anmeldungen des Vorjahrs, zwei aufsteigende und drei absteigende Äste nach folgender Aufstellung:

1879	1880	1881	1882	1883	1884	1885
74%	61%	62%	58%	64%	55%	47%
1886	1887	1888	1889	1890	1891	1892
43%	39%	40%	45%	40%	47%	46%
1893	1894	1895	1896	1897	1898	1899
49%	44%	38%	36%	33%	30%	37%
1900	1901	1902	1903	1904[3])		
42%	48%	42%	36%	32%.		

Wir sind also 1904 dem Minimum von 30% in stetigem Sinken seit 1901 wieder sehr nahe gerückt. Interessant sind gegenüber diesem Mittelwert aller Erfindungsklassen die höchste Erteilungsziffer mit 73% in Klasse Tabak und die tiefste mit 12% in Klasse Hochbau[4]).

Wenn man also nicht annehmen will, daß die Erfindungskraft in 3—5jährigen Perioden auffällig wechselt, muß man die Unregelmäßigkeit in das Patentamt verlegen. Demgegenüber ist es erklärlich und richtig, wenn praktisch auch heute noch auf die Zahl der Patenterteilungen abgestellt wird.

Die patentrechtliche Theorie jedoch hat sich eine andere Frage vorzulegen. Sie hat davon auszugehen, daß nur die Vermehrung der guten

---

[1]) Stenographischer Bericht über die Verhandlungen der Enquete in betreff der Revision des Patentgesetzes 1877, S. 21.

[2]) Verhandlung des Kongresses für gewerblichen Rechtsschutz in Frankfurt a. M. 1900, S. 9 u. 10.

[3]) *1912 29%.*

[4]) *Die Statistik von 1912 ergibt 28% für Tabak und 12% für Hochbau. Für Tabak ist ein plötzlicher Sprung um das Jahr 1907: 70% in 1907 und 43% in 1908. Vgl. Sell, Einheitlichkeit der Prüfungsgrundsätze im Patentamt, Mitt. 1906, S. 74.*

Patente und die Verminderung der schlechten ein wahrhaft wünschbares Ziel ist.

Die Theorie hat die letzte Aufgabe, die Begriffe der Milde und Strenge ganz auszumerzen und sie durch sachliche Prüfungsmaßstäbe zu ersetzen. Ob und inwieweit das gelingen wird, steht dahin; jedenfalls muß angestrebt werden, die subjektiv wechselnden Werturteile durch nüchterne, rein verstandesmäßige Erwägungen abzulösen. Aus diesem Gedankengang kommt man zu der Frage, ob nicht für gewisse Fälle die sogenannte milde und für andere Fälle die sogenannte strenge Prüfung am Platze sei.

Eine Antwort hierauf leitet sich daraus ab, daß die Prüfung bei ihren Vergleichen eine zweigeteilte, stoffliche Grundlage verwenden muß, das technische Leben und die technische Literatur.

Ich glaube, es läßt sich nachweisen, daß die beiden obengenannten Maßstäbe der Prüfung mit größerer Strenge angewendet werden dürfen, wenn es sich um Vergleiche mit dem wirklichen Leben handelt, mit größerer Milde, wenn bloß auf dem Papier vorhandene Dinge verglichen werden.

Denn die technische Papierwelt enthält zum sehr großen Teil bloß technische Dichtung im Widerspruch mit der Wahrheit der wirklichen Technik.

Deshalb bietet sie auch Beweisschwierigkeiten, im besonderen bei der Prüfung auf den Erfindungserfolg[1]).

Ein Erfindungserfolg, der für das Patentgesetz Bedeutung beansprucht, kann nur ein Erfolg im technischen Leben, und kann in letzter Linie deshalb meist nur ein wirtschaftlicher Erfolg sein. Ein solcher kann im allgemeinen überhaupt nur durch Vergleichung ausgeführter Maschinen und Verfahren miteinander nachgewiesen werden, und ausnahmsweise nur durch Vergleiche von Zeichnungen und Beschreibungen. Solange also das erstere untunlich, ist die größte Zurückhaltung geboten und jeder Zweifel dem neuen Erfinder zugute zu halten. Von theoretischer Seite ist aber der Erfolgprüfung noch einzuhalten, daß auch ganz nahe liegende Konstruktionen große Erfolge haben können. Für die Praxis aber sollte ausschlaggebend sein, daß die Statistik über die Lebensdauer der Patente die Unausführbarkeit der Erfolgprüfung beweist.

Die andere Frage aber, die nach der ungewöhnlichen geistigen Höhe der Schöpfungstätigkeit, sollte der Gegenfrage nach der Art der normalen schöpferischen Tätigkeit Platz machen, der Frage: Welche Tätigkeit muß gemeinfrei bleiben und warum? Das ist die eigentliche Frage, die sich aus dem Gesetzeszweck ergibt. Denn jede Art Arbeit soll durch ihre Frucht belohnt werden, mit Ausschluß derjenigen, auf deren Ausübung jeder Sachverständige ein gutes Recht hat. Das ist

---

[1]) *Genau das Entsprechende ergab sich und mußte sich ergeben als Folge der papierenen Markenwelt der Zeichenrolle.*

etwas ganz anderes als der Satz: Nur die besonders qualifizierte Arbeit soll belohnt werden. Es bedeutet die Umkehrung der Beweislast, und damit die Verlegung der Beweislast auf ein Gebiet, in welchem weit sicherer bewiesen werden kann.

Im besonderen ergibt noch die Betrachtung der im technischen Leben geübten Arbeitsweisen, daß auch das Aufsuchen entlegener Literaturstellen regelmäßig nicht nahe liegt und seine besondere Beachtung als ein Teil der gesamten Schöpfungstätigkeit verdient.

II.

Die Statistik der Lebensdauer der Patente zeigt, daß nur ein sehr kleiner Teil der patentierten Erfindungen einen so wesentlichen Fortschritt der Technik bringt, daß es sich lohnt, alle Jahrestaxen bis zum Ende der Patentdauer zu bezahlen. Es sind im Deutschen Reich nur 2,7%. Dabei nehmen die chemischen Erfindungen mit 21% davon eine Ausnahmestellung ein. Die durchschnittliche Dauer eines deutschen Patentes ist nicht ganz 5 Jahre, d. h. nicht die Hälfte der doch sehr optimistischen Erfinder oder Patentbesitzer schlägt den Wert des Patentes nach 5 Jahren noch auf 200 M. an, den Betrag der dann fälligen Taxe.

Der Schluß ist zulässig, daß diese vorzeitig verfallenden Patente im großen und ganzen, und dazu noch eine ganze Anzahl derjenigen, welche später fallen gelassen werden, unnütze Erfindungen betreffen. Das wird auch der patentanwaltlichen Erfahrung entsprechen.

Wenn diese Patente auch viele neue Gedanken enthalten, die ihren Nutzen trotz des frühen Erlöschens erst in späterer Zeit erweisen, weil die erste Ausführungsform der Erfindung eine unglückliche war, wenn sie auch teilweise erlöschen, weil ein Fortschritt durch einen anderen überholt wird, oder weil der Erfinder arm ist, so ist doch unleugbar, daß die Patentschriftenliteratur, statt eine Chronik des wahren technischen Fortschritts zu sein, in ihrem überwiegenden Teil eine solche des technischen und wirtschaftlichen Irrtums ist. Irrtum sind ja nicht nur die Maschinen, welche überhaupt nicht herstellbar sind, oder, wenn hergestellt, nicht gehen, sondern auch alle die Gebilde, die keinen Fortschritt bringen, sei es nun, daß der voreilig siegesgewisse Erfinder den Fortschritt als eine Tatsache oder als eine Hoffnung oder nur als sein Ziel hingestellt hat. Denn ein Fortschritt soll doch in den Augen ihres Schöpfers jede Erfindung sein, sonst würde er sie nicht zur Patentierung bringen, und ohne Fortschritt würde der Gesetzgeber, soweit das Patentgesetz den Wirtschaftszweck verfolgt, keine Veranlassung zur Schutzerteilung haben.

Die Geschichte der wirklichen Entwicklung der Technik findet man in den Patentschriften nur verzerrt; und auch die wenigen Prozente der langlebigen Patente geben nur ein sehr unklares und teilweises Bild der wirklichen Verhältnisse; auch sind sie allzuoft nur mit größter Vorsicht zu lesen, namentlich dort, wo das Patentgesetz nicht an eine ungenügende oder irreführende Schilderung der Erfindung die Nichtigkeit des Patentes anknüpft[1]).

Das wahre Archiv des technischen Fortschritts das sind die Beschreibungen und Werkzeichnungen gebauter Maschinen und betriebener Verfahren, nur sind diese leider bloß zum Teil in Druckwerken zu finden. Und hier sind noch viele auszumerzen, welche einmal ausgeführt wurden, nur um zu zeigen, daß weitere Ausführungen unnütz seien.

Auf den Einfluß dieser Massenaufspeicherung technischer Irrtümer, die die Patentschriften sowohl der Länder mit wie ohne Prüfungsverfahren enthalten, muß nachdrücklich hingewiesen werden, denn diese technische Papierwelt treibt von innen heraus dazu, im Patentwesen das technische Leben zu überwuchern und zurückzudrängen.

Die Zahl der gedruckten Patentschriften beträgt rund allein in Deutschland 160 000, in Nordamerika 790 000, in England 350 000 und in allen Staaten zusammen vielleicht 1½ Millionen[2]). Der jährliche Zuwachs in Amerika, England, Deutschland, Frankreich, Österreich, Ungarn, Schweiz, Skandinavien übersteigt 75 000, so daß an jedem Tage über 200 Patentschriften erscheinen, von denen nur ein kleiner Bruchteil Patente für dieselbe Erfindung in verschiedenen Ländern betreffen. Es war deshalb eine nüchterne sachverständige Maßregel des neuen englischen Patentgesetzes, wenn es die Prüfung auf englische Patentschriften der letzten 50 Jahre beschränkte und so eine sachliche Verantwortlichkeit für die Vollständigkeit der Prüfung möglich machte.

Diese Papierwelt wächst aber nicht nur mit unheimlicher Geschwindigkeit, sondern sie drängt die wirkliche Welt auch gerade durch ihren papiernen Charakter zurück. Was man schwarz auf weiß besitzt, kann man handlich in Bibliotheken unterbringen, es bietet die bequeme Unterlage für ein Verfahren mit Urkundenbeweis, während man das Leben in den Werkstätten aufsuchen muß. So gewinnt auch das Wort eine ungerechtfertigte Macht vor der Sache, deren Diener und Vermittler es doch nur sein soll, und hierunter müssen die sprachlich schwer darstellbaren Dinge leiden.

Dabei ist daran zu erinnern, wieviel Technisches überhaupt nicht durch Wort und Zeichnung dargestellt werden kann, nicht nur von Körpereigenschaften, welche nur das geschulte Auge oder der Tastsinn wahrnehmen können, sondern auch von Methoden und Regeln und

---

[1]) Vgl. Riedler, Z. d. V. d. Ing. 1905, S. 281.

[2]) *Heute Deutschland rund 270 000, Nordamerika 1 080 000.*

anderen, nur im Leben aber nicht aus Büchern gewinnbaren Erfahrungen. Es sind aber nicht diese in Akten durchaus unausdrückbaren Dinge, welche die gefährlichsten Schwierigkeiten machen, sondern die Grenzgebiete, in welchen die Tatbestände eine gewisse Störrigkeit gegenüber ihrer Wiedergabe in den Akten zeigen, und wo dann das unvollkommene Aktenbild für die volle Wahrheit gehalten wird und allein ausschlaggebend ist.

Dann aber haben diese Patentschriften auch schon alle diejenige Form, welche sich ohne weiteres zur Vergleichung mit der neuen Erfindung bietet, sie sind nach denselben Gesichtspunkten verfaßt, sie können unter dieselben Rubriken eingeordnet werden.

Die alten Erfinder, die wahren sowohl wie die Phantasten, haben mit den neuen einen verhängnisvollen Mangel gemeinsam: sie rühmen ihre Erfindung nicht nur für den praktischen Zweck, für welchen sie geschaffen wurde, sie beschreiben sie nicht nur in der Form, in welcher sie wenigstens selbst glauben, daß sie brauchbar ist, sondern sie verallgemeinern nach allen Richtungen, um den Patentschutz möglichst umfangreich zu erwerben. Sie verallgemeinern die rein technischen Behauptungen, um daran allgemeine Schutzansprüche anknüpfen zu können. Die erfundene konkrete Maschine wird zu einem allgemeinen Verfahren, die einzelne Vorstellung zu einem allgemeinen Begriff.

So greift das Wort oft über den vorhandenen Tatbestand hinaus. Manchmal wird eine Behauptung bestimmt aufgestellt, obgleich nur eine schwache Vermutung vorhanden ist. Erweist die Zukunft die Vermutung als richtig, so hat der klug formulierende Erfinder sich genützt und der Patentliteratur nicht geschadet, wie er es zu oft im umgekehrten Falle tut.

Diese Patentschriften bilden auch ein Meer von Widersprüchen, denn diejenige, welche heute erscheint, rühmt sich, die Lösung eines Problems gefunden zu haben, und morgen erscheint eine andere, welche der vorigen die Mängel reihenweise vorwirft und sich selbst die Lösung zuschreibt, nur um dann wieder von einer dritten späteren dasselbe Schicksal zu erfahren.

Dabei wird der Verfasser der Patentschrift in den Ländern der Patentprüfung oft gezwungen, seine Probleme und seine Schwierigkeiten so darzustellen, daß die Unterschiede gegenüber den einzelnen alten, gerade bei der Prüfung aufgefundenen früheren Patentschriften am besten hervorleuchten, während er in der Praxis keine Veranlassung hatte, sich mit diesen unnützen Patenten zu beschäftigen und auf ganz anderem Wege und im Kampfe mit ganz anderen Schwierigkeiten zu seinem Ziele kam. So verdirbt die alte Patentschriftenliteratur die neue.

Nun ist freilich grundsätzlich kein Zweifel darüber, daß auch bei solcher Literatur im Patentrecht nicht das Wort, sondern die Sache gilt. Der Ausdruck „Paper anticipation" ist dem englisch-amerikanischen Recht geläufig für die Fälle, in welchen der Nachweis gebracht werden kann, daß die beschriebene Sache keine Realität besitzt; entsprechendes gilt im deutschen Recht.

Die unbequemsten früheren Scheinerfindungen sind aber nicht die von nachweisbarer Unausführbarkeit, sondern alle die Zwischenfälle von Übertreibung, unberechtigter Verallgemeinerung, schiefer Darstellung, die sich dem Beweis oft ganz entziehen. So bietet die Patentschriftenliteratur im einzelnen Falle große Schwierigkeiten, und ihre Massenhaftigkeit und Vordringlichkeit bildet eine immer wachsende Gefahr für die ganze Methode und den Geist der Prüfung, deren man sich immer bewußt bleiben muß, um ihr nicht zu unterliegen.

Diese Papierwelt wäre eine tote und unschädliche Welt, die nur unsere Bibliotheken belastete, wenn nicht gerade sie die tägliche Nahrung der Prüfungsbeamten bildete und nicht täglich in patentamtlichen Verfügungen ihre Wiederauferstehung erlebte.

Damit soll nicht die Bedeutung dieses Archivs verkannt sein, insofern es in vielen Fällen von vornherein auch ein Urteil über angeblich neue Scheinerfindungen gestattet. Sehr viele unglückliche Gedanken haben dazu noch die unglückliche Gewohnheit, immer wiederzukehren. Das merkt man namentlich, wenn ein neuer Eisenbahnunfall, eine Feuersbrunst und Schiffszusammenstoß mit unentrinnbarer Sicherheit wieder alle alten unbrauchbaren Ideen für Sicherungs- und Rettungsvorrichtungen aufkeimen lassen. Auch das Schütteln der Eisenbahnwagen läßt in den geschüttelten Laien immer wieder dieselben Abhilfevorschläge aufkeimen. Da ist es solchem Gelegenheitserfinder nützlich, zu sehen, daß seine Idee schon einmal oder schon oftmals begraben worden ist.

Die Lage des Patentprüfers aber ist überaus schwierig. Die in der Patentanmeldung vorgelegte Sache ist ihm, bis auf wenige Ausnahmen, auch immer nur eine auf dem Papier stehende Erfindung. Sie bietet sich äußerlich in derselben Gestalt, wie die schon in die Literatur übergegangenen. Der Prüfer weiß, daß auch von den von ihm zu begutachtenden Erfindungen gerade so viele unnütz sind und auf Irrtum beruhen, wie von den alten Erfindungen, und doch soll er jede einzelne von den neuen so behandeln, als ob sie zu den 2,7% lebensfähigen Erfindungen gehörte.

Er soll dem Erfinder kongenial sein und Zukunftswerte erkennen und gleichzeitig mit vollendeter Nüchternheit den richtigen Platz gegenüber der alten Technik feststellen.

III.

Werfen wir nun einen Blick in das technische Leben und da auf diejenige Tätigkeit eines Technikers, bei welcher er lediglich durch Anwendung seines normalen Sachverstandes ohne weiteres zu neuen Ergebnissen, d. h. neuen Dingen oder neuen Verfahren gelangt, um zu sehen, welcher Bannkreis ihm für solche Tätigkeit frei und von Patentrechten ungestört erhalten werden muß.

Das Gebiet der Tätigkeit des sachverständigen Konstrukteurs ist bestimmt durch sein Wissen und Können, durch die Methoden und Regeln, vermöge welcher er seine Kenntnisse zur Lösung von technischen Aufgaben verwenden kann. Neben der technischen Allgemeinbildung besitzt der Sachverständige noch seine Sonderfachkunde und noch Kenntnis ihrer jüngst vergangenen geschichtlichen Entwicklung. Er verfügt aber nicht über das, was in der Literatur vorliegt, aber nie in das Leben übergegangen ist. Die Spezialgelehrsamkeit des technischen Literaturhistorikers ist nicht mit der Wissenschaft des Sachverständigen zu verwechseln, der im technischen Leben auf diesen Namen Anspruch hat.

Der eine Regelfall ist nun, daß diesem Sachverständigen von außen neue Aufgaben gestellt werden.

Wer selbst auf neue Aufgaben verfällt, ist schon auf dem Wege des Erfindens. Die Aufgabe wird die Beseitigung eines Mangels, die Steigerung einer Wirkung, die Verbilligung der Hilfsmittel oder anderes sein, aber immer eine Aufgabe, welche über den gegenwärtigen Stand der wirklichen Technik hinausstrebt.

Der Sachverständige darf daher bei dem Herantreten an die Aufgabe als Grundlage für die Lösung die modernste Entwicklung der wirklichen Technik annehmen, denn diese darf ihm auch als die höchste erreichte Stufe der Technik gelten, von welcher ausgehend man hoffen darf, die neue Forderung am leichtesten zu erfüllen.

Dieser Sachverständige wird also auch annehmen dürfen, daß sein Problem nicht schon früher eine Lösung gefunden hat, und insoweit keine Veranlassung haben, in der Geschichte der Technik zu forschen, zumal diese ein ungeordnetes Chaos ist, in welchem nur an einzelnen Stellen eine wirkliche, systematische und kritische Geschichtsschreibung angesetzt hat.

Er wird die Lösung versuchen mit den Methoden und Regeln, mit der Summe von Kenntnissen und Erfahrungen technischer und naturwissenschaftlicher sowie mathematischer Natur, welche die moderne technische Kunst und Wissenschaft bilden. Daß dieses der nächstliegende Weg ist, wird nicht zu bezweifeln sein. Wie weit dieser Weg führt, wieviel Wege und nach welchen Richtungen einzuschlagen und zu verfolgen sind, ist Sache des Einzelfalles.

Dabei wird der Sachverständige entweder deduktiv oder analogisierend vorgehen. Das erste ist der eigentliche Schulfall: Die Wissenschaft gibt eine allgemeine Regel oder Methode für die Behandlung einer Aufgabengattung, der Sachverständige erkennt, daß der vorliegende Sonderfall unter die Gattung fällt, und sobald dies festgestellt ist, kann die Methode ohne weiteres angewendet werden.

Die andere Behandlungsweise ist ein Tast- und Spürverfahren. Die bekannte benachbarte Technik wird nach ähnlichen Aufgaben durchforscht. Wo sich Ähnliches zu finden scheint, wird verglichen, wo sich bei dem Vergleich brauchbar erscheinendes ergibt, wird der Versuch einer Übertragung gemacht, dessen Erfolg im einen Falle mit Bestimmtheit, im anderen Falle gar nicht vorauszusagen ist.

Will man dieses Tast- und Spürverfahren überhaupt noch als die Aufgabe eines Sachverständigen ansehen, der sich noch nicht in die Höhe des Erfindens verstiegen hat, so wird man seine Grenzen eng ziehen müssen. Es darf sich nicht handeln um ein Spüren in fremdem Gebiet auf gut Glück, sondern nur um eine Durchforschung von solchen Gebieten, in welchen eine im allgemeinen gleichartige Entwicklung stattgefunden hat, und nur von solchen Gebieten, deren Kenntnis auch dem Spezialisten zugemutet wird.

So kommt der Sachverständige oder der Nur-Sachverständige bei neuen Aufgaben zur Lösung durch Neukonstruktionen.

Das Neue an der Lösung stammt aber von der Aufgabe her, die nicht der Sachverständige gestellt hatte. Gezwungen müßte jeder Sachverständige zu derselben Lösung gelangen.

In einem zweiten Regelfalle ist die Aufgabe alt, aber ein neues Lösungsmittel wird dem Sachverständigen von außen geboten. Bisher hat man die alte Aufgabe in einer bestimmten Weise gelöst. Dieselbe Aufgabe wird nach Verlauf einer gewissen Zeit wieder gestellt, in der Zwischenzeit ist ein neues Hilfsmittel zur Lösung der Aufgabe in den Bereich des sachverständigen Gesichtskreises getreten, z. B. ein neuer Baustoff oder ein neues Getriebe ist auf dem Markte erschienen oder eine neue Methode bekannt geworden. Der Sachverständige hat nicht gedankenlos seine Aufgaben immer in derselben Weise zu lösen, sondern zum sachverständigen Handeln gehört das Umschauen nach den von der Tagestechnik gebotenen besten Mitteln. Sind solche neue Mittel da, so ergibt deren Anwendung auf die alte Aufgabe wieder eine neue Lösung, und wieder ist das neue Moment von außen in den Gesichtskreis des Konstrukteurs gebracht worden.

Beide Fälle haben etwas Gemeinsames. Die Aufgabe und das Lösungsmittel sind zur Zeit der Aufgabenlösung zwar alt im Sinne des Patentgesetzes, d. h. bekannt, sie sind aber regelmäßig erst seit ganz kurzer Zeit bekannt, also jung im gewöhnlichen Sprachsinn, und es ist der reine Zufall, welcher von den vielen Sachverständigen zuerst einmal praktisch veranlaßt wurde, die veränderte Lage der Technik zu benutzen.

Wer mehr tut als dieser Sachverständige, der erfindet, gleichgültig, was er mehr tut, er erfindet im subjektiven Sinne und im Sinne des technischen Lebens. Derjenige im besonderen würde schon anfangen zu erfinden, der die veralteten Patentschriften durchstöbert — und in der wirklichen Technik veralten die Dinge schneller als in hundert Jahren, in vielen Gebieten finden zwei bis drei Jahre alte Dinge keine Abnehmer mehr. Denn, will man ehrlich sein, man würde einen solchen Patentliteratur grabenden Konstrukteur für einen unpraktischen Sonderling halten, dessen Tätigkeit im allgemeinen eine hervorragend unfruchtbare wäre, auch wenn er manchmal ein Korn fände.

Würde doch schon derjenige, welcher nur die anerkannte Fachliteratur, die Handbücher und Zeitschriften durchforschte, schon den Vorteil vor dem Patentschriftenleser haben, nicht ununterschieden 90% nutzlose Erfindungen neben wenigen nützlichen gleichmäßig beachten zu müssen. Einzelne Ausnahmen gibt es natürlich, in welchen die Patentschriftenliteratur im ganzen eine Darstellung der wirklichen Technik ist, wie zum Beispiel die Patente der deutschen Farbenfabriken, die einmal, weil sie chemische, d. h. auf Erfahrung und nicht auf Grübelei begründete Patente sind, und zweitens, weil sie aus großen Betrieben selbst hervorgegangen sind, eine durchschnittlich achtmal längere Lebensdauer haben als andere Patente.

Und dann: was in einem Patente von dauerndem Wert war, das ist in die Technik übergegangen, und was ihr als dauernder Erwerb verblieb, gehört also auch dem modernen technischen Leben an und braucht deshalb nicht erst in einer Patentschrift aufgestöbert werden.

Wer also die Patentschriften im besonderen durchmustert, der tut es gerade auf den Zufall hin, daß irgendwo ein Gedanke aufgetaucht sei, der in seiner damals vorgeschlagenen Anwendung unnütz war und nun für den neuen Zweck oder in einer neuen Anwendungsweise unter veränderten Verhältnissen nützlich werden könnte.

Solche Tätigkeit ist ungewöhnlich, und deshalb die Schlußfolgerung unvermeidlich, daß sie erfinderisch verdienstlich ist, und daß sie gerade deshalb den Patentschutz begründen kann, vorausgesetzt, daß die weiteren Erfordernisse der patentfähigen Erfindung, also namentlich die Neuheit des Ergebnisses, auch erfüllt sind.

Andererseits ist klar, daß es nur normale Tätigkeit ist, Elemente aus der lebenden Technik zu entnehmen, welche dem Sachverständigen ohne Suchen zugänglich sind oder durch im Bereich der gewöhnlichen Tätigkeit liegendes Suchen gefunden werden müssen.

Die Anwendung dieser Betrachtungsweise würde namentlich den Kombinationserfindungen, den sogenannten Übertragungen eines Hilfsmittels auf einen neuen Zweck und den Überführungen von Ideen aus der Theorie oder dem Laboratorium in die Praxis zugute kommen. Sie würde grundsätzlich gegenüber verhältnismäßig alten Literaturstellen und in den Fällen von Bedeutung sein, wo zwei oder mehr solcher

Literaturstellen erst zusammen etwas Ähnliches wie die neue Erfindung ergeben. Denn in diesen Fällen wird gerade das Versteckbleiben in der Literatur dafür sprechen, daß das betreffende Gebilde auch unbrauchbar war und deshalb schon nicht in das Gebiet der zu berücksichtigenden Dinge kam; denn keinem Fachmann liegt es ob, zu sehen, daß eine in einer Anwendung unbrauchbare Idee in einer anderen Anwendung brauchbar ist.

Damit wäre ein in der Sache liegender Grund dafür gewonnen, daß auf Grund alter, abgelegener Literatur zum wenigsten anders zu prüfen wäre als auf Grund bekannter Dinge aus dem modernen technischen Leben. Es gibt freilich hier deshalb keine absolute Regel, weil praktisch zwischen solcher alter Literatur und neuer und zwischen bloßer Papierwelt und wirklicher Welt sehr schwer zu unterscheiden ist, aber es ist eine Maxime, welche einen Einfluß auf die Prüfung haben sollte, die allgemein als eine milde Prüfung auf Grund der Literatur und strenge Prüfung auf Grund des technischen Lebens ausgedrückt werden könnte.

Es wäre ein Grundsatz für die psychologische Disposition des Prüfers als Gegengewicht gegen die oft unvermeidbare Disposition, die glücklich und einfach vereinten alten Elemente für leicht vereinbar zu halten.

Zugleich ist aber auch ein besonderer Weg für diese Prüfung aufgetan. An Stelle der unerfreulichen allgemeinen Begriffe, wie „handwerksmäßige Gepflogenheit", „gewöhnliche Sachkunde", „Mangel erfinderischer Anspannung" und dergleichen ist es möglich zwei bestimmte tatsächliche Behauptungen zu setzen. Denn wenn bloß sachverständige Arbeit ohne Erfindung Neues geschaffen hat, muß es nach einer der beiden genannten Methoden gewesen sein[1]). Das wird sich immer nachweisen lassen. So gerade wird dem Techniker ein sicheres Konstruktionsgebiet freigehalten, aber auch nur soviel, wie er schon nachweisbar beherrscht. Dabei ist aber noch eines zu beachten.

Die Anwendung bekannter Konstruktionsmethoden ist nur dann keine Erfindung, wenn die Anwendung so einfach und übersichtlich ist, daß sich die Lösungsweise der Aufgabe mit Sicherheit von vornherein übersehen läßt. Wer erst durch eine lange Reihe hintereinander und nebeneinander laufender Konstruktionsarbeiten zum Ergebnis kommt, der erfindet auch, vorausgesetzt, daß sich nicht von vornherein diese ganze Reihe von Arbeiten und ihre Ergebnisse und damit das Zusammenstimmen der Einzelergebnisse übersehen läßt.

Die Prüfungsweise, dem Alter und der Abgelegenheit von Literaturstellen einen Einfluß auf die Strenge der Prüfung zu gestatten, ist auch

---

[1]) *Der Beweis, daß es keine anderen Methoden unerfinderischer Neuschöpfung gibt, ist nicht erbracht.*

weiter nichts als eine Analogie der Vorschrift des deutschen Gesetzes, daß über 100 Jahre alte Druckschriften überhaupt nicht gelten. Wird diese Vorschrift nicht ganz von selbst dahin führen, daß man solange wie möglich gegenüber einer 99 Jahre alten Druckschrift auch noch einen kleinen Unterschied einer neuen Erfindung für nicht naheliegend hält? Und ergibt sich nicht ganz dasselbe auch aus anderen Gesichtspunkten, nämlich den Schwierigkeiten des Beweisverfahrens für die offenkundige Vorbenutzung? Wird nicht der Richter einem Zeugen mißtrauen, der eine offenkundige Vorbenutzung einer nützlichen Sache vor 50 Jahren bekunden will, wenn in der ganzen Zwischenzeit nachher keine weitere Anwendung der nützlichen Sache stattgefunden hat, und diese im technischen Leben heute nicht mehr zu finden ist?

IV.

Bei der Prüfung der Erfindungen auf Erfolg hat man wohl teilweise angenommen, daß diese Prüfung im Wesen mit der auf eine eigenartige geistige Schöpfertätigkeit zusammenfalle. Der Ausdruck „technischer Effekt" hat an vielen Stellen nichts heißen sollen als „eigenartiger Effekt". Eine solche Vermengung der beiden Begriffe: der eigenartigen Tätigkeit, eines subjektiven Begriffes, mit dem Begriff des Erfolges, einem objektiven Begriff läßt sich wohl nicht begründen. Wenn man die wirtschaftliche Zweckidee des Patentgesetzes konsequent verfolgt, dann kann man nur einen wirtschaftlichen Erfolg für patentbegründend erachten; alle anderen Erfolge sind nur solche, an welchen wissenschaftliche und technische Theorie Interesse nehmen kann, nicht aber die Industrie.

. . . .

Ich beschäftige mich hier nur mit dem Erfolg, der als ein wirklicher und großer, als ein erheblicher oder wesentlicher Fortschritt der Technik zur Voraussetzung der Patentfähigkeit gemacht worden ist, und der den wirtschaftlichen Erfolg im Regelfall einschließt.

Gegen diese Lehre ist jedoch einzuwenden: Erfindungen mit kleinem Erfolg, aber entsprungen aus großer und eigenartiger Geistestätigkeit, bleiben ohne Grund schutzlos, und große Erfolge, welche ohne weiteres jedem zugänglich und unmittelbare Folgen der allgemeinen Entwicklung sind, werden grundlos dem zufällig zuerst Zugreifenden geschützt.

Es scheint bisher unbeachtet geblieben zu sein, daß auch die allergewöhnlichste sachverständige Tätigkeit große Erfolge durch bloßes Zugreifen bringen kann; es ergibt sich aber aus der eben geschilderten Eigenart derselben.

Wenn z. B. heute ein neuer Stoff zum ersten Male zu einem annehmbaren Preis auf den Markt kommt, wie s. Z. das Aluminium, so kann dessen Anwendung nach den verschiedensten Richtungen wesentliche Fortschritte bringen. Es könnte so z. B. mit einem Schlage möglich werden, viel leichtere Motore zu bauen und dadurch wesentliche Vorteile für die Luftschiffahrt und andere Zwecke zu erreichen. Es wird eine allgemeine Berechnungsmethode, z. B. die Graphostatik gefunden und veröffentlicht. Es zeigt sich ohne weiteres, daß diese auf Dinge anwendbar ist, welche man bisher nur nach dem Gefühl gestaltet hat. Hierher gehören z. B. auch die Methoden der physikalischen Chemie, deren heute sich schnell ausbreitende einfache Anwendung auf die empirischen Verfahren der Technik oft große Verbesserungen ergibt.

Wenn aber die Methode einmal öffentlich war, und ihre Anwendung auf die Klasse von Dingen jedem ersichtlich, so kann der Umstand, daß einer zuerst auf die Anwendung kam, ihm kein Schutzrecht an dem Ergebnis verschaffen, weil er darauf kommen mußte, und ohne ihn alsbald ein anderer zu demselben Ergebnis gekommen wäre. Dies gilt sogar für einzelne Fälle, in welchen der Erfolg der Anwendung nicht a priori feststand. Es wird z. B. heute ein neues schwaches Oxydationsmittel gefunden und veröffentlicht. Jeder Sachverständige wird es sofort bei allen Fällen versuchen, bei welchen bisher schon schwache Oxydationsmittel angewendet wurden und eine Verbesserung erwünscht war.

Versuchen und Fortschritt zusammen vermögen hier dennoch nicht den Erfindungscharakter zu begründen. Wenn also der große Fortschritt auch solchen „Nichterfindungen" zukommt, so wird eine strengere Prüfung auch da am Platze sein, wo man bisher den Fortschritt allein als genügenden Beweis für eine Erfindung angesehen hat.

Wenn nun auch nicht jeder Fortschritt eine Erfindung bedeutet, so könnte doch umgekehrt vielleicht jede Erfindung einen Fortschritt zeigen müssen.

Ich meine aber, die theoretische Untersuchung dieser Frage könne auf sich beruhen.

Für die Praxis nämlich beweist die oben angeführte Statistik über die Lebensdauer der deutschen Patente deutlich, daß das deutsche Patentamt den Fortschritt entweder überhaupt nicht prüft oder bei seiner Prüfung in der Mehrzahl der Fälle irrt. Damit sollte im allgemeinen eigentlich die Frage des Fortschritts aus dem Vorprüfungsgeschäft ausscheiden, so bedauerlich es auch manchen sein mag, wenn gerade die wichtigste Eigenschaft der Erfindung sich in diesem Stadium der behördlichen Prüfbarkeit entzieht. Im Nichtigkeitsverfahren ist vielleicht eher eine Möglichkeit. Denn da werden meist nur Erfindungen, die schon in das Leben übergegangen sind, angefochten, und das Beweisverfahren gewinnt praktisch einen anderen Charakter.

Diese Unprüfbarkeit ist auch ganz offensichtlich bei allen einigermaßen verwickelten Erfindungen. Gerade bei allen denen, die soweit vom seitherigen Wege abliegen, daß Vergleichspunkte fehlen, ist die

Aussicht auf Nützlichkeit im allgemeinen am geringsten, und sie sind schlechthin unprüfbar auf Erfolg. So erleiden gerade die einfachen und an das wirklich Vorhandene anknüpfenden Erfindungen die Fortschrittsprüfung. Für verwickelte Erfindungen aber ist ein Patent immer noch zu erlangen, und je ausgefallener eine Rarität ist, desto schwerer wird der Beweis ihrer praktischen Unmöglichkeit, und desto zweifelloser ist ihre absolute Neuheit.

Wenn aber nicht nur die Größe des Fortschrittes, sondern der Fortschritt überhaupt grundsätzlich ausscheidet, dann sollte er auch nicht in einer Vermummung oder in einer Spielart wieder hereinschlüpfen. Deshalb sollte auch die Frage nach dem „technischen Effekt" verschwinden, deren erfolgreiche oder erfolglose Beantwortung vielfach von patentanwaltlicher Klügelei und Wortkunst abhängt, z. B. davon, ob man das Neue an einer Sache mit einem „verbalen Begriff" bezeichnen kann, während substantivisch und adjektivisch beschriebene Neuerungen gern als bloß „bauliche" Abänderung verworfen werden. Gerade in der Klasse „Hochbauwesen" sind die Beschwerden wohl im Zusammenhang hiermit in den letzten 5 Jahren von 36 auf 106 gestiegen und die Patenterteilungen von 20% der Anmeldungen auf 12% gesunken.

Der technische Fortschritt ist also nichts, dessen Nachweis in jedem Fall als Voraussetzung der Patenterteilung gefordert werden könnte, er hat aber allerdings seine Stelle als ultima ratio des Anmelders, wenn alles sonst gegen die Patentfähigkeit spricht oder zu sprechen scheint.

Im besonderen aber ist die Forderung seines Nachweises in den Fällen eine grundsätzlich unerfüllbare, in welchen eine neue konkret ausgeführte Erfindung mit Gliedern jener gekennzeichneten technischen Papierwelt verglichen werden soll. Bei den einfachsten Werkzeugen und Maschinen schon kann in der Regel der Fachmann heute kein Urteil über den vergleichsweisen Wert abgeben, wenn er sie nicht in natura vor sich hat und zweckgemäß während genügender Zeit benutzen kann. Deshalb kann man aber auch keine Maschine aus Stahl und Eisen zuverlässig mit einer alten Zeichnung vergleichen, um die wahre Bedeutung der Unterschiede festzustellen. Viele Dinge haben Vorteile, die sich nur in der Massenverwendung, sei es bei der Herstellung, sei es im Gebrauch zeigen.

Dies trifft in erhöhtem Maße zu, wenn das neue Ding eine Kombination ist, die Elemente nur auf dem Papier vorhanden sind, und der Nachweis erfordert wird, daß die Wirkung der Kombination die Summe der wahrhaft gar nicht feststellbaren Einzelwirkungen der Elemente übersteige.

Die Erfolgprüfung kann aber manchmal ausgeführt werden, wenn die Neuerung sich als eine Abänderung oder eine Kombination von heute im Verkehr befindlichen Dingen darstellt. Diese strengere Prüfung ist also möglich bei Erfindungen, welche tatsächlich auch aus dem Inventar von Kentnnissen, Regeln und Methoden des Fachmannes des Lebens hervorgewachsen sind. Und damit würde vielleicht auch die Zahl derer befriedigt sein, die über zu viel Patente klagen.

Die Neuheitsprüfung und die Erfolgprüfung werden verschieden gehandhabt.

Die Neuheit kann sicher festgestellt werden, ihre Prüfung muß mit einem glatten Ja oder Nein enden. Daß diese Strenge bei dem Erfolg nicht durchführbar ist, hat man oft gefühlt und kam dazu, sich mit dem „Nichtausgeschlossensein" des Erfolges zu begnügen. D. h. juristisch: bei non liquet pro reo, hier für den Anmelder, und heißt praktisch: Verzicht auf die Erfolgprüfung, bis auf Ausnahmefälle. Das hat man so aber nicht zugeben wollen.

Wohl verzichtet man regelmäßig auf das Beweisen der Wirklichkeit des behaupteten Erfolgs, sucht aber den Schein eines Beweises, indem man zwischen den Erfolgbehauptungen Unterschiede macht. Ein Erfolg, der in größerer Billigkeit, Einfachheit, Sicherheit, Schnelligkeit und dergleichen besteht, soll kein berücksichtigenswerter Erfolg sein, sondern nur ein „technischer" Erfolg gilt. Das führt dazu, daß entweder der Enderfolg der Billigkeit usw. in eine naturwissenschaftlich-technisch erklärende Kausalreihe aufgelöst wird, wenn die Wissenschaft ausreicht, oder daß andernfalls ein solcher anscheinend in die Tiefe gehender Ausdruck konstruiert wird. Der überzeugende Klang, das Gewand der Kausalreihe dieser Erfolgsangaben ersetzt dann gewissermaßen den Wirklichkeitsbeweis[1]).

Wenn aber das, was für den wirtschaftlichen Endzweck des Gesetzes das Wichtigste ist, der Fortschritt, im allgemeinen überhaupt unprüfbar ist, dann drängt sich der Gedanke auf, daß die ganze Prüfung vielleicht nur Fragen zweiter Ordnung oder vielleicht Vorfragen zu erledigen hat, und daß dieser Umstand für ihre ganze Handhabung maßgebend sein sollte.

Ob eine unnütze alte Erfindung patentiert oder abgewiesen wird, ist für den wirtschaftlichen Gesetzeszweck beinahe gerade so gleichgültig wie die Frage, welches Schicksal eine unnütze neue Erfindung trifft. Denn auch der Fall der Scheinpatentierung einer alten Sache kann nicht mehr tragisch genommen werden, wenn die Statistik doch beweist, daß die Tatsache der Prüfung und Patenterteilung nicht den geringsten Anhalt für den inneren Wert der Erfindung, sondern nur eine gewisse Gewähr für formale Neuheit gibt.

---

[1]) *Diese Prüfungsweise ist heute im Patentamt sehr im Schwinden begriffen in der Kohler-Festgabe und in Wirth-Isay, Der Patentanspruch, 1911.*

Gar als eine Frage dritter Ordnung ist aber aus diesem wirtschaftlichen Gesichtspuntke die zu bezeichnen, ob das Neue auch originell und eigenartig sei. Denn wiederum wird der wirtschaftliche Endzweck der Gesetzesgebung durch eine schlichte, aber nützliche Neuerung erfüllt und verfehlt durch das geistreichste, aber wirtschaftlich erfolglose Ergebnis der Schöpfertätigkeit.

Deshalb sollte man erwarten dürfen, daß abweisende Bescheide, welche die Nützlichkeit und Neuheit anerkennen, die Patentfähigkeit aber leugnen, den strikten Nachweis liefern, nach welchen bekannten sachverständigen Regeln und Methoden diese neue und nützliche Sache abgeleitet werden könnte. Diese technischen Gepflogenheiten sollten gerade so bewiesen werden, wie es für die vorbekannten technischen Vorrichtungen, Erzeugnisse und Verfahren heute selbstverständlich ist.

Gerade diese Frage dritter Ordnung aber ist die Quelle der meisten Meinungsverschiedenheiten und der meisten Klagen und sie nimmt den Hauptteil der Prüfungstätigkeit in Anspruch.

V.

Man wird einwenden wollen, die verschiedenartige Würdigung von technischer Literatur und Leben widerspreche dem bestehenden Patentgesetz, welches im § 2 in vollkommen gleicher Weise nebeneinander auf die literarischen Veröffentlichungen und auf die offenkundige Vorbenutzung hinweise. Das Gesetz verlange also die volle Berücksichtigung der technischen Papierwelt. Für ein künftiges Gesetz aber sei der Unterschied zwischen der literarischen und der wirklichen Technik zu unbestimmt, der Unterschied zwischen den bloß auf dem Papier bestehenden und den auf dem Papier und auch in der Wirklichkeit möglichen Dingen zu flüssig, um Aufnahme finden zu können.

Ich glaube, es ist ein Irrtum, daß das Patentgesetz Literatur und Wirklichkeit in allen Beziehungen gleichsetzt[1]). Der § 1 des Patentgesetzes überläßt nicht nur die Definition dessen, was erfinderische Arbeit ist, der Wissenschaft und Praxis, sondern verlangt, richtig verstanden, als Maßstab für die Würdigung dieser Arbeit die Sachverständigenkunst der wirklichen lebendigen Technik, denn für diese ist das Gesetz gemacht. Diese Grundregel hat eine notwendige Ausnahme. Auch wenn, gemessen an dem Maßstabe dieses Sachverstands, ein Erfinder über die Altagsgrenze hinausgegangen ist, geht er seines Lohnes verlustig, wenn das Ergebnis seiner Tätigkeit in einer für den Sachverständigen

---

[1]) *Ebenso Dunkhase, Die Prüfung der Erfindung auf Patentfähigkeit, 1913, S. 32, vgl. auch S. 241 ff.*

versteckten, aber im Gesetzessinn doch veröffentlichten Druckschrift schon mitgeteilt war.

Der § 1 des Patentgesetzes ist der grundlegende, nach ihm ist zu beurteilen, was eine Erfindung ist, und nach ihm allein. Nach § 2 gilt eine Erfindung nicht als neu, wenn sie in öffentlichen Druckschriften aus den letzten 100 Jahren bereits derart beschrieben ist oder im Inlande bereits so offenkundig benutzt ist, daß danach die Benutzung durch andere Sachverständige möglich erscheint. Während nach § 1 allein jede neue Erfindung, die neu im Sinne der lebendigen Technik wäre, für schutzfähig gelten könnte, verfügt der § 2, daß im patentgesetzlichen Sinne dieser sich aus dem Zweck des Gesetzes ergebende Neuheitsbegriff des technischen Lebens erheblich verändert und das Gebiet der Nichtneuheit erheblich erweitert werden müsse, daß hier etwas anderes „gelte", nämlich eine gesetzliche Fiktion. Das Gesetz verlangt diese gleichmäßige Berücksichtigung der Literatur und des technischen Lebens nur für die Beurteilung der einen Frage, der Neuheit des Endergebnisses der erfinderischen Tätigkeit und setzt nicht etwa Literatur und Leben für alle patentrechtlichen Fragen gleich. Dies scheint man aber dennoch vielfach angenommen zu haben.

Namentlich hat man die Erfindungen so geprüft, als ob ein Erfinder vorauszusetzen sei, der bei Beginn seiner Tätigkeit die gesamte Literaturkenntnis besäße. Das ist aber eine so außerordentliche Annahme, eine Annahme, welche den Tatsachen so sehr ins Gesicht schlägt, daß man sie ohne äußerste Not und in keinem Falle ohne die bestimmteste Vorschrift des Gesetzes machen dürfte.

Wenn man die Schlußfolgerungen einer solchen Annahme zieht, so wäre den Behörden bei der Prüfung von Erfindungen zugemutet, sich in eine ganz unmögliche, ja unmenschliche geistige Disposition zu versetzen, um aus dieser heraus ein Urteil zu fällen. Es darf zum Vergleich erinnert werden an den „Laplaceschen Geist", den Emil du Bois Reymond in den „Sieben Welträtseln" fingiert, dieser Geist, welcher nicht nur die gesamte mögliche Naturwissenschaft inne hat, sondern auch die Kenntnis der Lage und des Zustandes jedes einzelnen Atoms im Weltall für einen bestimmten Zeitpunkt kennt und daraus alle künftigen und alle verflossenen Naturvorgänge mathematisch ableiten kann.

Die besondere Begriffsbestimmung für die Neuheit ist aber gewählt, um eine leichtere und sichere Handhabung des Gesetzes zu gewährleisten.

Man wollte den treffen, der nur eine fremde allbekannte Druckschrift kopierte und mußte den mittreffen, der ohne Kenntnis des versteckten Drucks etwas erfunden hatte, was genau wie eine Kopie aussah. Eine Fiktion aber einzuführen, welche dem Erfinder schon bei Beginn seiner Tätigkeit diese Allwissenheit zuschreibt, daran dachte niemand.

Das Patentgesetz fingiert also für das Patentwesen keine Sachverständigen im Widerspruch mit der Technik, sondern es verlangt nur für den einen Fall die Berücksichtigung einer Sachkunde, die über die des schaffenden Sachverständigen hinausgeht.

Wenn man diese beiden Dinge verwechselt, gehen folgeweise auch die an die Erfindung gestellten Forderungen über das richtige Maß hinaus. Es ist eine solche unbewußte Grenzverwischung, wenn man in patentamtlichen Verfügungen manchmal liest:

„Diese Anordnung ist dem Sachverständigen bekannt, vergleiche z. B. irgendeine sehr alte amerikanische oder englische Patentschrift."

Dabei aber ist nicht zweifelhaft, daß der sachverständige Prüfer vor Durchforschung der für diesen Zweck besonders eingerichteten patentamtlichen Bibliothek diese Kenntnis selbst nicht besaß und daß diese Kenntnis auch sonst überhaupt nirgends zu finden ist.

Der § 2 des Patentgesetzes verlangt nun eine derartige Veröffentlichung, daß danach der Sachverständige sie benutzen könne. Das weist zunächst auf den Fall hin, daß die Erfindung, und zwar die ganze Erfindung ausgeführt war, und schließt den Fall ein, daß ihre Veröffentlichung eine mehr oder weniger unvollständige, aber durch den Sachverständigen ergänzbare ist. Gleichartig ist der Fall, in welchem die Erfindung tatsächlich nur mangelhaft, aber ergänzbar vorhanden war, aber alles Vorhandene beschrieben ist.

Hier kann nur eine Streitfrage auftauchen: ist das, was von einem Anmelder beansprucht wird, genügend vorbeschrieben. Die Vollständigkeit der Beschreibung ist ein so wesentliches Erfordernis, daß Kohler konsequent zu dem Ergebnis kommt, daß eine unvollständige Beschreibung gar keine Beschreibung ist. und daß deshalb auch die veröffentlichten unvollständigen Erfindungsteile noch zugunsten des späteren Erfinders geschützt werden können, der die vervollständigte Erfindung bietet[1]).

Eine ganz andere, aber in der Praxis leicht damit verwechselbare Frage ist die, ob eine Zutat zu dem in der Druckveröffentlichung Enthaltenen patentfähig ist. Ein Beispiel macht es klar: Nach dem Sprachgebrauch Kohlers wird man z. B. finden, eine allgemeine Lösungsidee sei veröffentlicht, die zugehörige besondere Ausführungsidee nicht; dann ist auch die Lösungsidee selbst noch patentfähig für den, der sie dem Patentamt mit der Ausführungsidee zugleich vorlegt.

Der aber, welcher nur den Schutz der Ausführungsidee beansprucht, wird von diesem § 2 überhaupt nicht betroffen, ebensowenig der, welcher nur die Kombination der Lösungsidee und Ausführungsidee schützen will, denn seine angebliche Erfindung ist ja ganz gewiß überhaupt nicht

---

[1]) Handbuch des deutschen Patentrechts, S. 185.

veröffentlicht. Dies ist namentlich von Bedeutung, wenn zwei Elemente veröffentlicht sind, deren Kombination beansprucht wird, und Streit entsteht, ob dem Fachmann die Vereinigung der beiden nahegelegen habe.

Ein solcher Anspruch auf den Kombinationsgedanken kann gestellt werden, ob die Elemente alt sind oder neu und ob sie auf die eine oder andere Weise ihre Neuheit eingebüßt haben. Hier ist aus dem Gesichtspunkt der qualifizierten Schöpfertätigkeit nur die eine Frage zu beantworten, welche Veranlassung hatte ein Sachverständiger die Elemente zu vereinigen? Die Frage ist nur aus dem technischen Leben zu beantworten.

Prüft man mit Rücksicht auf das technische Leben aber die Qualität der Tätigkeit, dann ist die gesamte Tätigkeit einzubeziehen, welche von dem Stand des heutigen Sachverständnisses zu der neuen Erfindung führt. Und wenn es im allgemeinen, wie oben erörtert, nicht zu solcher Tätigkeit gehört, in vergessenen Druckwerken zu stöbern, dann ist eine solche Hinwendung schon ein schutzberechtigendes Abweichen von dem normalen Weg.

Während die bisherige Prüfungsweise nur die Tätigkeit berücksichtigte, die nach dieser Auffindung von Druckschriften einsetzt und da keine Erfindung anerkennen wollte, wo diese Tätigkeit das reine Sachverständigengebiet nicht verließ, wird man nun annehmen können, daß die erste Stufe, das Aufsuchen der Schriften, eine so eigenartige Tätigkeit war, daß gerade sie das erfinderisch Verdienstliche sein kann. Diese Betrachtungsweise hat zwei Analogien in anerkannten Sätzen des Patentrechts.

Es ist ja unstreitig, daß das erfinderische Verdienst in der Stellung einer Aufgabe liegen kann, deren Lösung dann nur konstruktive Mache ist. Das Verdienstliche liegt hier also nicht in dem aufbauenden oder technisch synthetischen Teil der Geistestätigkeit, sondern in seiner Vorbereitung. Eine solche Vorbereitungstätigkeit wäre auch das Forschen in der Literatur. Daß die Entlegenheit des Orts aber, von welchem ein Hilfsmittel hergeholt wird, für die Patentfähigkeit seiner Neuanwendung bedeutungsvoll sein kann, das ist für die sogenannten Übertragungen die allgemeine Ansicht.

Dazu kommt weiter, daß solche aus entlegener Literatur hergeholte Elemente in den allermeisten Fällen sich gar nicht recht in unsere heutigen Kenntnisse und Kunstmethoden einpassen.

Es ist trotzdem ein häufiger Fehler, daß mit solchen, nur aus der Literatur gewonnenen technischen Vorstellungen gerade so umgegangen wird, als ob sie zu den verschlissenen und ausgebrauchten Grundlagen der gewöhnlichen Sachverständigentätigkeit gehörten.

Ja, sie werden noch freier gebraucht, weil man gar kein wirkliches Sachverständigengefühl für sie haben kann. Weil sie sich gar nicht in den Sachverstand einordnen, der sie soeben erst gefunden hat, deshalb werden sie mechanisch wie Rechenkugeln oder Dominosteine verwandt. Die Möglichkeit, diese einzelnen aufgefundenen Elemente der technischen Literatur in allen möglichen Wechselbildern neben- und hintereinander und ineinander zu stellen, scheint oft genügend, um anzunehmen, daß auch der Sachverständige eine von selbst gegebene Veranlassung zur richtigen Zusammenfügung ohne weiteres gehabt hätte.

Ja, so werden nicht nur die eben aufgefundenen Dinge selbst behandelt, sondern auch die aus ihnen abgezogenen ganz abstrakten Gedanken, Gedanken, die niemand abstrahiert hätte, auch nicht der größte Abstraktionskünstler, wenn er nicht die neue Erfindung vor sich gehabt und ihrer teilweisen Übereinstimmung mit dem Alten einen sprachlichen Ausdruck hätte geben wollen. Auch der, welcher ohne Not aus einem Fall kühne Abstraktionen zieht, verläßt den gebahnten Alltagsweg.

VI.

Als Leitsätze, deren Beachtung eine größere Annäherung der Erfindungsprüfung an die Bedürfnisse der Technik herbeiführen würde, möchte ich folgende zur Diskussion stellen:

1. Die technische Literatur, im besonderen die Patentschriftenliteratur gilt nur als Stoffsammlung und nur zum Vergleich mit der fertigen Erfindung, aber nicht als fingierter Ausgangspunkt der erfinderischen Tätigkeit. Auch in Ländern des Prüfungssystems spricht keine Vermutung für die Richtigkeit des ganzen Inhalts einer Patentschrift.

2. Die Grundsätze für die Bewertung der Unterschiede einer angemeldeten Erfindung auch gegenüber dem literarisch Bekannten sind nur aus der wirklichen Technik zu entnehmen.

3. Bei der Bewertung der Schöpfertätigkeit ist auch das eventuelle Durchforschen abgelegener Literatur als ungewöhnliche Tätigkeit in Anschlag zu bringen, ebenso das Zusammenbringen mehrerer Literaturstellen [1]).

4. Die Behauptung, daß eine schöpferische Tätigkeit innerhalb des üblichen Sachverständnisses liegt, bedarf des Nachweises durch Belege für die üblichen Methoden, Regeln, Kunstgriffe, Gepflogenheiten.

5. Der Erfolg bildet keinen Unterschied zwischen Erfindungen und schlichten Neuerungen (Konstruktionen). Die Größe des Erfolges ist

---

[1]) *Vgl. die im folgenden abgedruckte Entscheidung.*

im Patenterteilungsverfahren im allgemeinen unprüfbar. Ein zuverlässiger Vergleich der Erfolge ist nur zwischen ausgeführten Dingen und Verfahren möglich; ein Vergleich zwischen bloßen abstrakten Ideen fast nie.

6. Deshalb ist eine strenge Prüfung nur möglich, wo eine zuverlässige Unterlage aus dem technischen Leben entweder hinsichtlich der Erfindertätigkeit oder des Erfindungserfolges nachgewiesen ist, und ein Vergleich nach den Methoden des technischen Lebens ausgeführt werden kann, eine milde Prüfung aber gegenüber bloß literarisch vorhandenen Ideen geboten.

Entscheidung des Patentamts vom 26. Juni 1913.

Beschwerdeabteilung II.

Die soeben veröffentlichte Entscheidung der Beschwerdeabteilung II vom 26. Juni 1913. (P. M. Z. 1913, S. 291) erkennt den Schlußsatz der obigen These 3 (Seite 89) als richtig an. Es heißt dort:

Aus den Gründen.

Wenn auch einzelne Teile des vorliegenden Verfahrens an sich nicht mehr neu sind, so ist doch das gesamte Verfahren als bekannt nicht nachgewiesen worden. Es ist nicht zulässig, in Kenntnis der Anmeldung das angemeldete Verfahren aus mehreren Patentschriften zusammenzustellen, und die Zusammenstellung als neuheitsschädlich im Sinn von § 2 des Patentgesetzes entgegenzuhalten. Denn es ist nicht anzunehmen, daß die Fachwelt von selbst auf diese Zusammenstellung gekommen wäre. In der Bereicherung der Technik durch das neue Gesamtverfahren wird eine patentfähige Erfindung gesehen.

Patentamt und Reichsgericht[1]).

I.

Übersicht.

Die heutige praktische Bedeutung des Widerstreits zwischen Patentamt und Reichsgericht in der Frage, ob das Patentamt auch verbindlich über den Umfang des Rechtsschutzes eines erteilten Patentes zu beschließen habe, ist nicht der Kompetenzstreit, und ist auch nicht die Frage, ob es möglich, ob es gefährlich, und ob deshalb der Versuch wünschenswert sei, schon bei der Patenterteilung diesen Umfang in abstracto festzustellen oder erst durch den Richter im Patentverletzungsstreit in concreto.

Der Kern des Streites ist vielmehr eine Frage des materiellen Rechtes, die Frage, wie weit bei einem Patent der Schutz reichen muß, um das Schutzbedürfnis der Industrie zu befriedigen, und das innerliche Wesen des Erfindungsschutzes zu erfüllen. Hier hat das Reichsgericht von jeher einen wirksamen Schutz auch gegen unvollkommene, im besonderen teilweise Nachahmungen von Erfindungen gewährt. Hartig aber hat die Notwendigkeit und Möglichkeit eines solchen Schutzes klar verneint, und das Patentamt hat diese Lehre nie in genügender und grundsätzlicher Weise verlassen, so daß auch seine heutige Praxis nur auf einen beschränkten Schutz geht.

Der Grund zur Versagung des Schutzes gegen Teilnachahmung, welche im folgenden als das wichtigste Beispiel der unvollkommenen Nachahmung stehen möge, war ein rein doktrinärer; in dem Einheitlichkeitsdogma der Erfindung war kein Raum für selbständige Patentansprüche auf einzelne Erfindungsteile oder Teilerfindungen.

Der Grund des Reichsgerichtes für seine Praxis, die es mit der der ganzen Welt teilt, ist ein rein praktischer; ein Schutz nur gegen Nachahmung des Erfindungsganzen, auch wenn dieses Erfindungsganze in Gestalt einer logischen Begriffsformulierung erscheint, würde den

---

[1]) *Mitt. V. d. P. 1911, S. 124. Nachdem das Patentamt sich nunmehr der reichsgerichtlichen Rechtsprechung angeschlossen hat, wäre der Abdruck dieser Arbeit unnötig, wenn wir nicht das wunderliche Schauspiel erlebten, daß von verschiedenen Seiten ein alter Zustand wieder herbei gewünscht wird, dessen Wesen offenbar noch nicht klar geworden ist.*

Patentschutz für die größte Anzahl von Fällen überhaupt aufheben; der Teilschutz ist eine praktische Notwendigkeit.

Das erklärt genügend die Entstehung der reichsgerichtlichen Praxis, nachträglich einen solchen Schutzumfang festzustellen und mit einer Konstruktion, welche die allgemeinen Tendenzen des Patentamtes bei der Patentformulierung einfach ignorierte und sie nur berücksichtigen zu müssen glaubte, wenn sie im Einzelfalle einen besonders klaren Ausdruck in dem Verzicht oder in der Ablehnung eines Teilschutzes gefunden hatten.

Hieraus ergeben sich verschiedene Möglichkeiten für die weitere Entwickelung. Daß das Reichsgericht seine Rechtsprechung erheblich ändere, etwa gar rückwärts, scheint ausgeschlossen. Daß das Patentamt die Kompetenzfeststellung des Reichsgerichtes anerkennt und sich demgemäß künftig nur auf die Prüfung des Gesamterfindungsinhaltes beschränkt, die Prüfung des Schutzumfanges aber aufgibt, wäre die erste Möglichkeit. Das hat die Abteilung VII getan[1]). Dazu kann das Patentamt auch von den Anmeldern gezwungen werden. Von den Schwierigkeiten dieses Weges sei hier nur die eine erwähnt, daß die Abgrenzung des Erfindungsinhaltes und Schutzumfanges weder nach seiner begrifflichen Seite noch praktisch heute schon so ausgearbeitet ist, daß sich eine neue Anspruchsformulierungsweise hierfür systematisch entwickeln ließe.

Die andere Möglichkeit ist die, daß das Patentamt grundsätzlich und restlos seine heutige Einheitlichkeitsdoktrin aufgibt und für den wichtigsten Teil der unvollkommenen Nachbildung, die Teilnachbildung, der gerichtlichen Rechtsprechung eine ganz neue Grundlage bietet, indem es Patentansprüche für alle Erfindungsteile oder Merkmale einzeln und unabhängig gewährt, soweit sie neu und von „erfinderischer Bedeutung" sind.

Dieser Weg hat den Vorteil der klaren Schutzbegrenzung von vornherein — soweit Teilschutz in Frage kommt — und den Nachteil, daß das Reichsgericht die Patentansprüche auf Erfindungsteile für nichtig erklären würde, weil es nur Patentansprüche für das Erfindungsganze zuläßt. Es müßten denn diese Erfindungsteile selbst wieder vollständige Erfindungen sein.

Vielleicht würde eine neue Formulierungsweise der Ansprüche die Nichtigkeitsfolge abwenden. Wenn die Einleitung des Patentanspruches etwa lauten würde: Erfindung, zusammengesetzt aus folgenden alten .... und folgenden einzelnen neuen und geschützten Teilen ...... Gedanken, Merkmalen ...., würde dieser Nichtigkeitsgrund nicht zu befürchten sein. Ihm steht das Bedenken einer erheblichen Erweiterung

[1]) Vgl. Mitt. V. d. P. 1911, S. 122.

und Erschwerung der Prüfungsarbeit entgegen. Dabei bleibt noch offen, ob die einzelnen Erfindungsteile nur auf Neuheit geprüft werden, oder auch auf erfinderische Qualität. Auch könnte das Reichsgericht die Feststellungen der Teilprüfung etwa beiseite schieben, als ohne Unterlage im Gesetz.

Eine Anregung, die eine Art Kompromiß ist, die ich hier zur Diskussion stelle, um überhaupt eine Diskussion herbeizuführen[1]), die ich aber keineswegs vollständig durchgeführt und beschlußreif gemacht habe und auch noch nicht empfehlen will, ist die: Der Patentanspruch enthält nur das Erfindungsganze, dazu als Unteransprüche diejenigen Erfindungsteile, die sich selbst wieder als selbständige Erfindungen betrachten lassen. Neuheit und Patentwürdigkeit der einzelnen Teile oder Merkmale werden geprüft, aber das Ergebnis nur in gutachtlicher Form in der Beschreibung angegeben.

Das ist ein Verfahren, welches unter dem jetzigen Gesetz nicht nur möglich, sondern grundsätzlich auch in Übereinstimmung mit der Beschreibungsform ist, die das Patentamt selbst eingeführt hat, jedoch nur für den Fall der Beschränkung des Schutzumfanges.

Ich hebe hervor, daß ich mit solchen Anregungen zur Besserung der heutigen Praxis nicht im geringsten die grundsätzliche Reformbedürftigkeit des Gesetzes in Frage gestellt haben möchte.

II.

Schutz gegen unvollständige Nachahmung der Erfindung.

Es ist ein international anerkannter Satz, dessen Richtigkeit keines Nachweises mehr bedarf, daß das Patentrecht den Erfinder auch gegen eine unvollständige Nachahmung seiner Erfindung schützen muß, nicht nur gegen die identische Nachbildung, wenn nicht in einer übergroßen Zahl von Fällen der Patentschutz ganz versagen soll. Die beiden Haupttypen aller Nachahmungen sind die Nachahmung von einzelnen Erfindungsteilen und die Wiedergabe eines in der Erfindung steckenden Gedankens in anderer Ausführung.

Hier ist zunächst noch einiges über teilweise Nachbildung zu sagen, was vielleicht für die weitere Entwickelung der Frage benutzt werden kann. Das ist zugleich ein Beitrag zu der Frage von den Beziehungen zwischen Schutzumfang und Erfindungsinhalt, der im übrigen zum Verständnis des folgenden nicht notwendig ist.

Er bietet einige Illustrationen und Andeutungen dafür, wie schwierig immer und manchmal unmöglich eine gerechte Schutzbegrenzung schon bei der Patenterteilung ist.

---

[1]) *Das ist bis heute, Dezember 1913, noch nicht geschehen.*

Eine unvollständige Nachbildung einer Erfindung kann sein: 1. eine Nachbildung mit Weglassung von Teilen oder Eigenschaften, 2. die Zufügung von Teilen oder Eigenschaften, 3. der Ersatz von Teilen oder Eigenschaften, der so weit gehen kann, daß alle Teile durch andere ersetzt sind. Endlich können die drei Arten der Unvollständigkeit gleichzeitig vorliegen. Es kann ein Teil weggelassen sein, ein anderer zugefügt und ein dritter Teil ersetzt sein. Es herrscht aber Einstimmigkeit darüber, daß trotzdem eine solche Nachbildung unzulässig sein kann, und die Frage ist nur nach den Bedingungen, unter welchen sie unzulässig ist.

Die Frage ist verhältnismäßig einfach, wenn neben einer konkreten Ausführung der Erfindung noch eine Beschreibung ihres Gedankeninhaltes gegeben ist, und wenn aus dieser Beschreibung hervorgeht, daß die konkrete Ausführung der Erfindung unwesentliche Einzelteile und Eigenschaften besitzt, welche in dem so gegebenen Gedankenbild der Erfindung überhaupt nicht vorkommen, und wenn das Gedankenbild sich vollständig auch in der weitgehendsten abgeänderten Nachbildung wiederfindet. Wenn dann noch die Bedingung erfüllt ist, daß das Gedankenbild der Erfindung wirklich das maßgebende ist, dann ist eben dieses Gedankenbild im Gegensatz zu seiner körperlichen Ausführung vollständig nachgebildet[1]).

Das ist der einfachste Fall.

Der kompliziertere Fall ist der, wenn auch das Gedankenbild der Erfindung unvollkommen nachgebildet ist. Und hier wäre zu untersuchen, wie denn Gedanken unvollständig nachgebildet werden können. Das hat keine Schwierigkeiten, wenn es sich um mehrere selbständige, d. h. einzeln denkbare Gedanken handelt, die in dem Gedankenbilde aneinandergereiht sind. Dann kann diese Reihe durch Zufügung vergrößert, durch Wegnahme verkleinert oder durch Ersatz einzelner Gedanken durch andere verändert werden.

Wenn es sich aber nur um e i n e n Gedanken handelt, liegt die Sache etwas anders. Ein Gedanke kann verändert werden nur durch Zufügung oder durch Wegnahme, oder durch Ersatz von Merkmalen, d. h. an Stelle eines Gedankens kann ein allgemeinerer Gedanke oder ein engerer Gedanke gesetzt werden. Der Gedanke aber, in welchem Merkmale ersetzt sind, der hat einen Teil der Merkmale behalten, gehört also mit dem ursprünglichen Gedanken unter denselben Oberbegriff, der durch die erhaltenen Merkmale bestimmt ist, und die ersetzten Merkmale machen

---

[1]) *Hierzu wurde neuerdings im Deutschen Verein für gewerblichen Rechtsschutz vorgeschlagen in der Patentbeschreibung dieses Gedankenbild und im Patentanspruch alle Merkmale des es concretuierenden Gegenstands anzugeben. Das geht natürlich nur, wenn ein solcher Gedanke vorhanden ist, und nicht bei der rein empirischen Erfindung.*

ihn zu einer anderen Spezies dieses Oberbegriffes. Bei der üblichen stammbaumartigen Symbolisierung der Gedanken sind diese Veränderungen also entweder ein Schritt nach oben zur Aszendenz, einer nach unten zur Deszendenz oder einer — über die Aszendenz führend — nach der Seite zu einem Verwandten.

Ein besonderer Fall der unvollständigen Nachbildung ist der, wenn von einer Mehrheit von Teilen oder Gedanken nur ein einziger nachgebildet ist.

Diese ganz allgemeine Darstellung kann man natürlich auch spezialisieren, indem man dabei die bisher üblichen Gedankenkategorien benutzt. Da hat man zuerst den Spezialgedanken, der die Aufgabe oder das Problem darstellt oder, wenn man die Sache von der Seite der Lösung betrachtet, den Zweck in der Erfindung, und man wird fragen können: Ist der ein grenzüberschreitender Nachbildner, der dasselbe Problem löst, wenn auch mit anderen Mitteln?

Oder wir haben den Fall, daß eine Erfindung auf einer Entdeckung beruht und können fragen, ob derjenige, welcher die Entdeckung benutzt, wenn auch in anderer Weise, die Erfindung unzulässig nachahmt.

Das sind Fragen, die letzten Endes ganz allein durch Zurückgehen auf die letzten Zwecke des Patentschutzes und eingehende Untersuchung der tatsächlichen technischen Verhältnisse gelöst werden können.

Es wird letzten Endes nach einer Richtung eine Willensäußerung sein dahin, daß ein übermäßiger Schutz die Schranken für die mitstrebenden Kräfte der Technik zu eng setzt, während ein zu beschränkter Schutz eben die Absicht des Patentgesetzes überhaupt verfehlen läßt.

Dabei ergibt sich eine Grenze von vornherein. Der Schutz, der einzelnen Elementen einer Erfindung zuteil wird, kann nur eintreten, soweit diese Teile neu waren, denn der Schutz des Patentes kann niemals etwas, was schon gemeinfrei geworden ist, wieder für einen einzelnen monopolisieren. Gehen wir aber weiter, dann fangen sofort die Schwierigkeiten an. Es ist auch Übereinstimmung darüber, daß die schlichte Neuheit allein nicht genügt, es muß irgendeine Qualifikation dazu kommen. Welcher Art aber diese sein muß, darüber ist irgendwelche begriffliche Klarheit noch nicht vorhanden. Geben wir die aus der deutschen Rechtsprechung zu entnehmenden Lehren wieder, so ist es zunächst selbstverständlich, daß ein Erfindungselement dann Schutz genießt, wenn es für sich auch wieder den Charakter einer vollständigen Erfindung besitzt. Ist es aber selbst keine Erfindung, sondern ein Erfindungsbruchstück, ein Erfindungsteil, ein Erfindungsmerkmal dann wird, die Sache heikel, wir müssen dann zunächst zurückgehen auf den Begriff der Patentwürdigkeit, der ursprünglich aber nur auf Voll-Erfindungen anwendbar ist.

Hier gibt es keine sicheren Merkmale der Patentwürdigkeit, aber es gibt zwei, oder wenn man will, drei Gesichtspunkte dafür. Der eine knüpft lediglich an an die körperliche Ausgestaltung der Erfindung und deren Bedeutung im technischen Leben. Hat diese Ausgestaltung sich als ein großer Fortschritt erwiesen — im Nichtigkeitsverfahren —, oder ist ein solcher Fortschritt nicht ausgeschlossen — im Patenterteilungsverfahren —, so spricht das für die Patentwürdigkeit, so hebt das die Neuheit aus der Alltagsneuheit heraus, ohne aber in allen Fällen allein als Beweis zu genügen. Der andere Gesichtspunkt gilt nur für die Betrachtung der abstrakten Erfindung, also des Gedankenbildes der Erfindung. Aus ihm wird gefolgert, liegt es für den Fachmann nahe, oder war es gar notwendig, daß er einen solchen Gedanken konzipierte? Diese Frage wird hauptsächlich in zwei Fällen verneint, einmal, wenn der Gedanke selbst ein sehr eigentümlicher oder origineller ist, oder wenn der Entstehungsweg des Gedankens ein langer und mühevoller war. Es soll hier nicht untersucht werden, wie unsicher die Anwendung dieser beiden Gesichtspunkte, Fortschritt und Originalität, auf vollständige Erfindungen ist, und wie zuletzt heute immer noch ein guter Teil reinen Gefühlsurteiles übrig bleibt. Jedenfalls muß man aber zugeben, daß man für die Beurteilung der Erfindungsteile keine anderen Gesichtspunkte hat, ja, daß der erste Gesichtspunkt hier auch noch ausscheiden muß.

Ein Erfindungsteil, wenn er nicht auch eine selbständige Erfindung ist, hat meist keine Wirkung im technischen Leben, die von der Wirkung der Gesamterfindung abgesondert werden könnte. Das gilt sowohl für konkrete Erfindungsteile wie für die Gedankenteile, wenn der Ausdruck erlaubt ist. Gerade für die letzteren ist dies am deutlichsten. Wenn in einer ausgeführten Erfindung ein allgemeiner Erfindungsbegriff liegt, so hat eben dieser Begriff im allgemeinen im technischen Leben überhaupt keinen nachweisbaren Erfolg, sondern nur die konkrete Erfindung. Nur dadurch, daß man den Begriff in einer Anzahl von Konkretisierungen verwirklichte und für diese denselben praktischen Fortschritt nachwiese, könnte ein solcher Beweis geführt werden. Das ist aber praktisch nahezu ausgeschlossen. Allerdings mit einer zweiten Konkretisierung hat man es im Verletzungsprozeß immer zu tun, nämlich mit der in Frage stehenden Nachbildung. So ist die Anwendung dieses Fortschrittmaßstabes auf ein Erfindungsbruchstück bei der Patenterteilung direkt ausgeschlossen. Das einzige, was möglich ist, wäre eine indirekte Würdigung, vermöge deren man aus irgendwelcher technischen Erwägung gerade einem Teil oder einem Gedanken, eben dem Fortschritt des Ganzen, völlig oder zum größten Teil zuschreiben könnte.

Grundsätzlich bleibt hier nur die Würdigung aus dem zweiten Gesichtspunkte, die Betrachtung des Gedankens nach seiner eignen Originalität oder aus der Schwierigkeit seiner Schöpfung.

In jedem Falle ist dieses Urteil noch weit schwieriger als das Urteil über die ganze Erfindung.

Die Rechtsprechung geht nun dahin, wenn man es allgemein bezeichnen soll, daß der Teilschutz desto weiter geht, je größer die Bedeutung der ganzen Erfindung ist. Ein sehr unerfreulicher Zustand für alle, die nach begrifflicher Klarheit streben. Die Betrachtung aller entschiedenen Fälle wird naturgemäß die Anwendung dieses Grundsatzes auf einen neuen Fall erleichtern. Doch kommt es uns hier nur darauf an, festzustellen, daß letzten Endes irgendwelche klaren oder unklaren Grundsätze vorhanden sein müssen, aus denen zu ersehen ist, wo die Grenze zwischen erlaubter und unerlaubter Nachbildung einer Erfindung liegt, eine Grenze rein technischer Natur, allein beruhend auf der Vergleichung technischer Tatbestände. Welche von den vielen möglichen Grenzlinien die richtige sein soll, das wird allein aus den letzten Grundsätzen des Patentrechtes zu bestimmen sein.

Das ist die materielle Frage der Nachbildung, bei welcher von irgendeiner Formulierung der Erfindung oder eines Patentes noch gar keine Rede war, der objektive Erfindungsgehalt wurde festgestellt gleichzeitig mit der Betrachtung und Gegenüberstellung der Nachbildung.

Nun wird aber tatsächlich dieser objektive Erfindungsgehalt bei keinem Patentsystem erst in dem Zeitpunkte der ersten Nachbildung festgestellt, sondern wird immer entweder nach dem Willen und der Einsicht des Erfinders bei der Patentanmeldung festgestellt, oder nach Willen und Einsicht des Erfinders und des Patentamtes nach einem Patenterteilungs-Verfahren durch die Patenterteilung.

Das führt zunächst dazu, daß nicht die objektive Erfindung, wie sie gemacht ist, sondern die Erfindung, wie sie in dem Patenterteilungsbeschluß zugrunde liegt, das Maßgebende ist. Die Frage „maßgebend für was" tritt nunmehr auf. Maßgebend allein für den Inhalt der Erfindung oder maßgebend für den Umfang des Schutzes? Der Unterschied wird aus den Extremen der beiden Systeme klar.

In dem System, bei welchem die Patentschrift lediglich für den Inhalt der Erfindung maßgeblich ist, genügt es, wenn eine konkrete Ausführungsform der Erfindung offenbart wird. Die Patenterteilung bedeutet dann, daß die so offenbarte Erfindung allen Schutz erhalten soll, der nach den objektiven Grundsätzen über unerlaubte Nachbildung gewährt werden kann, d. h. die Teile der Erfindung werden geschützt sein, für welche sich späterhin ein Teilschutz als berechtigt ergibt; nach den obigen Ausführungen[1]), werden die allgemeinen und besonderen

[1]) S. 95.

Gedanken geschützt sein, die in einem „verwandtschaftlichen“ Verhältnis stehen, und die bei der Beschreibung der konkreten Erfindung noch gar nicht aus ihr abstrahiert worden waren.

Hier taucht eine Hauptschwierigkeit auf, insofern der Erfinder Schutz für Gedanken findet, die er gar nicht gehabt hat. Treibt man dieses Prinzip zur Spitze, so kann sich folgender Fall ergeben: Ein Erfinder hat die Erkenntnis von der Anwendbarkeit einer ganz bestimmten konkreten Tatsache gehabt und in seiner Erfindung verwertet, z. B. die Anwendung eines Stoffes für einen Zweck. Es stellt sich später heraus, daß dieses nur ein Spezialfall einer ganz allgemeinen Erkenntnis war, die nun später gefunden wurde, und nach der tausend andere Stoffe dieselbe Eigenschaft haben und deshalb dieselbe Wirkung. Gerade in diesem der chemischen Technik entnommenen Falle wird klar, daß man hier nicht mit dem Begriff der „Generalisierung“ oder der „Abstraktion“ auskommt, um von dem konkreten Erfindungstatbestand zu den Schutzgrenzen zu gelangen.

Die allgemeine Erkenntnis ist, logisch betrachtet, nur der Gattungsbegriff zu der Spezialerkenntnis, also in dieser enthalten; aber das ist nicht entscheidend, wenn diese allgemeine Erkenntnis eine neue Erkenntnistat ist. Mit anderen Worten, wenn man von dem Einzelfall durch reine Abstraktion, d. h. durch eine bloße Gedankentätigkeit des Fachmannes, zu dem Gattungsbegriff aufsteigen kann, so ist dieser Gattungsbegriff patentrechtlich etwas ganz anderes als ein Gattungsbegriff, der nur durch Forscherarbeit oder Erfindertätigkeit gewonnen werden kann.

Diffizil sind hier wieder nur die Grenzgebietsfälle. Die Forscherarbeit kann unter Umständen eine rein mechanische Wiederholung der auf den Spezialfall verwendeten Erfindertätigkeit sein, die nun auf tausend andere Spezies angewandt wird, bei welchen eine Vermutung für die Auffindung gleicher oder ähnlicher Erkenntnisse vorliegt, also die Vermutung der Angehörigkeit zu derselben Gattung. So wird ein Gattungsbegriff durch Abstraktion gefunden, die Abstraktion baut sich aber lediglich auf Handarbeit, auf Experimente auf.

Offenbar wird hier hinsichtlich des Schutzes gegen Nachbildung ein Unterschied zu machen sein zwischen den Fällen, in welchen der Gattungsbegriff nur durch neue ungewöhnliche oder durch gewöhnliche Arbeit gefunden werden kann. Und nicht nur wird ein Unterschied wegen dieser objektiven Verhältnisse zu machen sein, sondern wohl auch ein Unterschied auf Grund der subjektiven, in der Patentschrift zum Ausdruck gebrachten Gedanken des Erfinders hierzu.

Wenn der Erfinder außer der von ihm gemachten Erfindung noch Eröffnungen darüber macht, auf welchem Wege man zu derartigen Nachbildungen gelangen könne, ohne selbst aber diesen Weg zu gehen oder wegen der Unendlichkeit der Mühe gehen zu können, so wird er offensichtlich hinsichtlich solcher Nachbildungen, die auf diesem bezeichneten Wege erreichbar sind, einen besonderen Schutzanspruch haben müssen, man wird sie für unzulässige Nachbildungen halten müssen, gleichviel worin die objektive Übereinstimmung oder Teilübereinstimmung mit der gemachten Erfindung besteht, wenn man nicht praktisch den Schutz auf Null reduzieren will.

III.

Das System des Patentamtes.

Nach dem oben Ausgeführten würde uns das System der patentamtlichen Behandlung von Patenten nur insoweit interessieren, als der Teilschutz von Erfindungen in Frage kommt, wenn wir weiterhin dieses allereinfachste Gebiet der Schutzausdehnung im Auge behalten. Dieser Punkt läßt sich aber nicht getrennt von den übrigen Eigentümlichkeiten dieses Systems und seiner Grundlage und historischen Entwicklung behandeln, nicht behandeln, ohne zu zeigen, daß bei diesem System der Doktrinarismus ein allzu großes Wort geführt hat — gegenüber der Erwägung der Lebensnotwendigkeiten durch das Reichsgericht —, und daß daneben die Sorge für die Allgemeinheit gegen den Patentinhaber über die Sorge für den Erfinder allzusehr vorgeherrscht hat. So gelangt man zur Verwerfung des ganzen Systems bzw. dessen, was an dem System neu war. Die allgemeine Tendenz einer gründlichen technischen Analyse der Erfindung teilt es mit allen Prüfungssystemen. Und die Anerkennungen, die die deutsche Prüfung früher öfters erfahren hat, beruhen nur darauf, daß die Deutschen eben in dieser Analyse, in allgemeiner technischer Wissenschaftlichkeit, Gutes leisteten.

Der Doktrinarismus versagt den Teilschutz, weil er nicht in die Ideen über den individuellen, einheitlichen Charakter der Erfindung und das hierzu aufgestellte logische Schema paßt, und die Sorge gegen den Erfinder versagte den Teilschutz, weil die Allgemeinheit durch eine Überzahl von Teilrechten beunruhigt werden könnte.

Bei Hartig finden wir den deutlichen Ausdruck hierfür[1]).

„Der einheitliche, individuelle Charakter scheint eben dem Wesen allen geistigen Eigentums untrennbar anzuhaften; nur ein Ganzes kann hier in Betracht kommen, und wenn auch im einzelnen Falle wohl der Urheber einer Geistesschöpfung die Empfindung erlittenen Unrechts haben mag, wenn ihm einzelne Züge derselben in den nachfolgenden Werken anderer wieder begegnen, so muß doch hier wohl die gewichtige Erwägung Platz greifen, daß auch er wieder — mit beiden Füßen — auf

[1]) *Hartig, Studien, S. 164. Vgl. weiter S. 209. „Das Patentgesetz spricht an keiner Stelle von einer teilweisen Nachbildung des Patentgegenstands im Sinne von § 1 des Gesetzes vom 9. Januar 1876 betreffend das Urheberrecht an Werken der bildenden Künste.“*

den Schultern der Vorgänger steht; was er im einzelnen ohne Entschädigung an andere abgibt, wird durch die benutzten und zeitweilig ihm mitgeschützten Überlieferungen der Vor- und Mitlebenden wohl in den meisten Fällen mehr als kompensiert."

Hiergegen habe ich als einziger sofort protestiert [1]). Kein Kommentator hat solche Sätze und das auf sie gebaute System ausdrücklich verneint, wenn auch Kohler natürlich in seiner Grundauffasung auf ganz anderem Boden steht, wie sehr sich seine „Erfindungsgenealogie" äußerlich auch dem logischen Schema nähert.

Damme hat nur in undeutlicher Allgemeinheit eine Korrekturbedürftigkeit der Hartigschen Lehre zugegeben [2]), und jetzt erst hat ein Mitglied des Patentamtes, Habermann, den Mut gefunden, ausdrücklich zu erklären, daß diese Einheitlichkeitslehre im wesentlichen überwunden sei.

Aber wieder, wie bei so vielen Fragen, fehlt es an jeder maßgeblichen Äußerung einer beschließenden Instanz.

Es ist freilich noch zu registrieren, daß aus der Entscheidung des Patentamtes vom 8. Dezember 1910 allerdings der Schluß gezogen worden ist, daß es mit der früheren engen Einheitlichkeitspraxis ganz und gar aus sei [3]). Es ist aber doch höchst zweifelhaft, ob das wirklich der Sinn dieser Entscheidung ist. Es ist eine aus ihr gezogene etwas lockere Schlußfolgerung. Ebensowenig haben einzelne andere Ansätze weitere Folgen gehabt.

Das Patentamt hat einmal Grundsätze für die Einheitlichkeit aufgestellt, es hat diese Grundsätze nachträglich in dem Bericht über die zehnjährige Geschäftstätigkeit veröffentlicht. Da stehen sie bis heute unwidersprochen. Wenn auch dieser Weg, Grundsätze festzustellen, seine Bedenken hat, so würde er doch vielleicht zulässig scheinen, um die so aufgestellten Grundsätze auch zu widerrufen, wenn sich wirklich kein anderer Weg hierfür ergeben sollte.

Daß das eine Kardinalfrage ist, und daß sie nicht länger in dem Stadium der Versumpfung bleiben kann, wird jetzt doch wohl klar sein.

Denn die Wahrheit ist, daß die Frage bloß versumpft ist.

Hier ist aber eine Begriffsklärung zu wiederholen, die zwar schon längst vorgenommen worden ist [4]), aber offenbar keine Berücksichtigung erfahren hat. Hartig hat klar ausgesprochen, daß er keine einzelnen Erfindungsteile oder Erfindungsmerkmale schützen will. Für diesen Satz läßt sich irgendeine Begründung im Patentgesetz

---

[1]) Patentanwalt 1891, S. 2480.
[2]) Mitt. 1907, S. 7.
[3]) Mitt. 1911, S. 3.
[4]) G. R. u. U. 1902, S. 154.

überhaupt nicht finden. Der § 20 verlangt für jede Erfindung ein besonderes Patent, schweigt aber völlig über besondere Erfindungsteile oder unvollständige Erfindungsgedanken und deren Schutz in einem einzigen Patent. Die Nichtbeachtung des Unterschieds kommt daher, daß die herrschende Doktrin den Unterschied zwischen der vollständigen Erfindung und der Teilerfindung, welche das Reichsgericht konsequent in Patentnichtigkeits- und Patentverletzungssachen macht, nicht recht gebrauchen kann. Die patentamtliche Auffassung kennt eine Grunderfindung und kennt Ausführungsformen dieser Erfindung, die durch Addierung von Merkmalen zu der Grunderfindung entstehen. Es ist ihr aber ganz fremd, diese zusätzlichen Merkmale außer Verbindung mit der „Grunderfindung" und außerhalb der so entstandenen unnatürlichen Rangordnung der Ideen zu betrachten. Das aber muß man sich zu allererst klarmachen, daß es gerade diese einzelnen Merkmale unabhängig von jeder Rangordnung sind, deren unzweifelhafte Schutzbedürftigkeit das Reichsgericht anerkannt hat, und von denen deshalb bei jeder Untersuchung ausgegangen werden muß.

Endlich einmal muß das alte Dogma von der individuellen untrennbaren Einheitlichkeit der Erfindung schwinden und der freieren, allein der Wirklichkeit entsprechenden Auffassung Platz machen, daß viele Vollerfindungen zusammengesetzt sind aus einzelnen Ideen oder Teilen, die selbständigen, schöpferischen Akten ihr Dasein verdanken, die sich weder in der Zeitfolge ihrer Entstehung an eine Grundidee anschließen noch sich irgendwie sonst einer solchen unterordnen. Es gibt zahlreiche Fälle, in denen dieses zutrifft, und zahlreiche, in welchen ganz andere Beziehungen zwischen den einzelnen Erfindungselementen bestehen. Welcher Art aber diese Beziehungen sind, das kann nur für jeden besonderen Fall besonders festgestellt werden. Ein Schema für einen Erfindungsbegriff aber, welches eine bestimmte Ideengruppierung für alle zusammengesetzten Erfindungen verlangt, ist einfach eine doktrinäre Willkür. Wunderbar ist nur der Mangel an Wirklichkeitssinn, der so naive Dogmen aufstellen konnte, und wunderbar, daß seine Verkünder langjährigen Glauben fanden, daß alle Stimmen ungehört blieben, welche auf die Inkongruenz dieser Begriffssysteme und der Wirklichkeit hinwiesen.

Die Einheitlichkeitslehre war nun aber der eine Grundpfeiler des Hartigschen Systems. In der ganz starren Auffassung Hartigs ist er wohl gefallen; die Hartigsche Ideenrichtung aber beherrscht meines Erachtens dennoch heute die Praxis. Auch der andere Pfeiler, die Bindung des Richters an das logische Begriffsschema, ist gefallen, nur sind vom Patentamt hieraus keine Schlüsse gezogen worden.

Einer der inneren Gründe des gründlich unbefriedigenden Zustandes des heutigen Patenterteilungsverfahrens ist vielmehr der, daß man im

Patentamt glaubt, ein durchgebildetes System für die Auffassung der Erfindung und die Formulierung der Patentansprüche zu haben, aber tatsächlich keines hat, sondern nur eine äußerliche Technik in Verbindung mit der innerlich zerfallenen und äußerlich noch aufrechtstehenden Hartigdoktrin.

Hartig hatte ein System geschaffen, das glaubt man in seinen Grundzügen wenigstens noch zu haben, hat aber etwas ganz anderes, etwas in sich Widerspruchsvolles, von welchem gerade die zwei unentbehrlichen Grundsteine verschwunden sind, das mit späteren Ideen unorganisch durchsetzt wurde und innerlich völlig haltlos geworden ist. Das muß zuerst erkannt werden, um einen wirksamen Willen zur Änderung auszulösen.

Gegenüber steht eine Auffassung des Reichsgerichtes, die sich nicht wird System nennen wollen, die seit mehreren Jahrzehnten sich folgerichtig entwickelt hat, und von der nur wundersam ist, daß ihr völlig innerer Widerspruch mit dem patentamtlichen System trotz vielfacher und energischer Hervorhebung in der Literatur bei dem Patentamt fast unbeachtet bleiben konnte, bis jetzt mit den neuesten Entscheidungen der trennende Abgrund so weit und deutlich aufgetan ist, daß stummer Widerstand des Patentamtes zu einem Unding geworden ist.

Die Konsequenz des Systems Hartig nach seiner einen Seite, der Begriffsstrenge, verlangt erstens autoritative Feststellung des Schutzumfanges bei der Patenterteilung; wer auch nur von einem der begrifflichen so festgestellten Erfindungsmerkmale absieht, verletzt das Patent nicht.

Es liegt ein gewisser Humor darin, daß gerade diese Seite des Systems in den Vereinigten Staaten von Nordamerika durchgeführt ist, deren Anspruchsformulierungen so heftig und verächtlich von Hartig bekämpft wurden, und daß dieser Systemteil in Deutschland gescheitert ist. Schon gescheitert ist, nicht erst scheitern wird.

Zwei sehr einfache Gründe sind daran schuld. Der erste ist nun gerade die Einheitlichkeitslehre. Das Bild ihrer Entwicklung oder Verwicklung soll hier nicht gezeichnet werden. In Wirrwarr und Unmöglichkeiten war die Praxis hineingeraten, und womit hat sie sich herausgeholfen? Nicht mit einem Widerruf aufgestellter falscher Sätze! Die Frage soll heute keine Prinzipienfrage, sondern eine Ordnungsfrage sein. Das ist das amerikanische Prinzip, das ist jedoch auch weiter nichts als ein Gesichtspunkt zu ihrer Entscheidung, ist aber keine Entscheidung selbst. Dasselbe Prinzip hat in Amerika doch zu ganz anderen Folgen geführt, als Damme aus ihr zieht[1]). Hatte man früher

---

[1]) Mitt. 1907, S. 8.

unerträgliche Leitsätze für die Entscheidungen aufgestellt, so mußten diese zunächst beseitigt werden, und es mußte eine neue Praxis in neuen Entscheidungen begründet werden. Was aber ist geschehen? Es ist heute nicht Mode, streng auf Einheitlichkeit zu prüfen. Wer nur das äußere Schema der Anspruchsstaffelung beibehält, wird in vielen Fällen da keinen Einheitlichkeitseinwand erfahren, wo er ihn nach den veröffentlichen Grundsätzen erfahren müßte, im besonderen bei solchen Vorprüfern, deren gesunder Sinn froh ist, sich nicht mit solchen Dingen befassen zu müssen, deren praktischen Zweck sie nicht einsehen. Das ist aber offenbar ein ganz unmöglicher Zustand für eine rechtsprechende Behörde.

Nun ist aber trotz dieser laxen Einheitlichkeitsprüfung das Ergebnis dennoch ein solches, daß dadurch die Rechtsprechung des Reichsgerichts notwendig gemacht wird, die nachträglich den Teilschutz feststellt.

Das sieht man sofort, wenn man sich fragt, warum in Amerika, wo das strengere System der Anspruchsauslegung in diesem Punkt durchgeführt ist, sich eine derartige Rechtsprechung, ja irgendein Widerspruch zwischen Patentamt und Gericht über ihre Kompetenzen überhaupt nicht entwickelt hat.

Der Grund ist außerordentlich einfach. In Amerika stellt die Praxis des Patentamtes einem Erfinder nichts in den Weg, von vornherein für jeden einzelnen Teil seiner Erfindung, auch den kleinsten, und für jeden allgemeinsten Gedanken in seiner Erfindung — welche Grenzen hier noch gezogen sind, kümmert uns zunächst nicht — einen besonderen Patentanspruch zu formulieren. Damit tut er zur Zeit der Patenterteilung das, was der Grundsatz des Teilschutzes, oder, wie wir allgemein sagen müssen, des Schutzes gegen die unvollständige Nachahmung erfordert. Er mag dabei irren, weil seine Erkenntnis zur Zeit der Patenterteilung mangelhaft ist, er begegnet aber grundsätzlich keinem Hindernis, das, was er schützen will, auch im einzelnen und im allgemeinen zu schützen. Gerade diese vollkommene Freiheit bei der Patenterteilung ist das durchaus notwendige Korrelat zu der Beschränkung im Patentprozeß, wo man dann dem Erfinder sagen kann: Dir stand frei, alles, was du erfunden, dadurch zu schützen, daß du es im einzelnen als schutzfähig bezeichnest, wenn du es nicht getan hast, so ist es dein Schaden. Dir war die Freiheit gegeben, die Grenzen des Schutzes festzulegen, nun bist du an die gewählten Grenzen gebunden. Beiläufig: nachdem die Frist für eine Reissue verflossen ist. Habermanns Auffassung, daß in Amerika nicht der Schutzumfang durch die Ansprüche festgestellt werde, trifft nicht zu, vielmehr hat Isay recht[1]).

---

[1]) Mitt. 1911, S. 138.

Es stimmt auch durchaus nicht, daß die amerikanischen Ansprüche nur konkret gefaßt seien, sie enthalten die höchsten Abstraktionen. Ich muß nochmals den Musteranspruch des amerikanischen Telephonpatentes wiederholen: „Methode zur Fernübertragung von Schallwellen durch Erzeugung entsprechender elektrischer Wellen."

In Deutschland aber fand man im Patentverletzungsprozeß, daß der Schutz gegen unvollständige Nachahmung in der Patenturkunde nach den verschiedensten Richtungen noch unentwickelt sei, und daß dem Erfinder bei dem Patenterteilungsverfahren keine Möglichkeit gegeben war, die Grenzen des Teilschutzes von vornherein bei der Patenterteilung festzulegen. Aus Gründen, von welchen man wohl sagen darf, daß für sie niemand außerhalb des Ideenkreises des Patentamtes eingetreten ist. Das so entstandene Verhältnis zwischen Patentamt und Reichsgericht kann man vielleicht so beschreiben: In Fällen, in welchen das Patentamt allzudeutlich seine schutzbeschränkende Ansicht zum Ausdruck gebracht hat, oder wo der Anmelder sich allzu deutlich solchen Anforderungen gefügt hat, versagt auch die reichsgerichtliche Heilung des verkrüppelten Patentes[1]).

Bei diesem unerquicklichen Zustand ist nun eines sehr bemerkenswert. Das Patentamt hat früher, als es H a r t i g noch blind folgte, ganz unzweifelhaft immer die Absicht gehabt, den Patentschutz zu beschränken auf den im Hauptanspruch angegebenen Begriff und die vollständigen durch Addierung von Merkmalen entstandenen Begriffe der Unteransprüche, nie aber diese Merkmale allein schützen wollen, es kannte keinen Teilschutz, nicht bei Kombinationspatenten und nicht sonst.

Das ist für jeden zweifelsfrei, der das alte Patenterteilungsverfahren aus eigner Not kennt, und das war ja deutlich in den Gutachten des Patentamtes zu lesen, und daran finden sich noch viele Anklänge in heutigen Obergutachten[2]).

Wie steht denn nun aber eigentlich heute das Patentamt zu der materiell rechtlichen Grundfrage des Teilschutzes oder des Schutzes gegen unvollständige Nachahmung? Das vermag wohl trotz des Beschlusses der Abteilung VII niemand mit einiger Sicherheit zu sagen, obwohl das die Grundfrage unseres Patentwesens ist[3]). Von den Schriftstellern aus dem Patentamt wird anscheinend die Praxis des Reichsgerichtes in materieller Hinsicht deshalb nicht angefochten. Es wird nicht geleugnet, daß der Teilschutz zweckmäßig oder notwendig sei, sondern nur gefragt, ob das Patentamt oder die Gerichte darüber zu befinden haben.

---

[1]) Vgl. Mitt. 1911, S. 138.

[2]) Vgl. auch R e u l i n g, Patentverletzung durch unvollkommene Nachbildung. Z. f. g. R. 1893, S. 219.

[3]) *Jetzt erledigt durch die Entscheidungen vom 1. Nov. u. 16. Dec. 1912.*

Die Notwendigkeit des Teilschutzes ist international anerkannt, sie ist in der deutschen Literatur[1]) nie bestritten worden, sondern insoweit wurde die Auffassung des Reichsgerichts als eine Selbstverständlichkeit empfunden. Das hat im besonderen auch die Industrie getan. Aus dem Patentamt hat man nichts Ausdrückliches dagegen gehört. Darf man da vielleicht vermuten, daß das Patentamt in dieser Grundfrage heute keine isolierte Stellung im Gegensatz zu der Mitwelt einnimmt?

Unmöglich aber ist, daß man im Patentamt sich dessen bewußt geworden ist, daß diese Auffassung völlig unvereinbar mit seiner gegenwärtigen Patenterteilungspraxis in der Einheitlichkeitsfrage ist, solange sie mit der Kompetenzbeanspruchung für den Schutzumfang verbunden wird.

Hartig war konsequent, er verlangte erstens Festlegung der Schutzgrenzen mit absoluter Sicherheit und zweitens Ausschluß des Teilschutzes; das ergab das Staffelsystem der Ansprüche. Der individuelle einheitliche Charakter der Erfindung, den man auch heute noch häufig hervorgehoben findet, war ihm eine Idee von solcher Schönheit, daß er ihr ohne weiteres alle praktischen Bedürfnisse unterordnete.

Bleibt man aber auf dem Standpunkt, daß das Patentamt die Schutzgrenzen festzulegen hat, bekennt sich jedoch zu der modernen Ansicht, daß einzelne Teile und einzelne Gedanken einer Erfindung geschützt sein müssen, dann — ja dann ergibt sich das amerikanische Formulierungssystem, dann muß dem Erfinder freistehen, den Begriff der ganzen Erfindung zu einem Anspruchsinhalt zu machen und so viele Begriffsmerkmale zum Inhalt einzelner gesonderter Ansprüche, als solche Merkmale neu und schutzwürdig sind.

Das ist eine Art Zerstückelung der Erfindung, die man auch Analyse nennen könnte, die nicht so mechanisch zu sein braucht, wie es oft in Amerika der Fall ist, die sympathisch oder unsympathisch sein mag, die jedenfalls aber das einzige Mittel ist, einen zureichenden Patentschutz hinsichtlich der Erfindungsteile zu sichern, wenn sein Umfang schon bei der Patenterteilung festgestellt werden muß. Darüber sollte das Patentamt sich klar sein, daß das heutige System der Anspruchsformulierung der überwundenen Periode des Patentrechtes angehört, wo der Teilschutz versagt werden sollte, und daß es ein Unding ist, sobald man die Notwendigkeit eines anspruchsmäßig zu formulierenden Teilschutzes zugibt.

Bisher ist diese Frage nur als eine Kompetenzfrage zwischen Patentamt und ordentlichen Gerichten behandelt worden. Man hat nur untersucht, wer den Schutzumfang festzustellen hat, und nicht, wie weit der Schutzumfang zu fordern ist, weil man das letztere für selbstver-

---

[1]) *Außer von Hartig.*

ständlich hielt, und weil sich nie ein Widerspruch gegen die Ausdehnung des Schutzes auch auf unvollständige Nachahmungen erhoben hatte.

Die Frage würde aber die Gemüter viel weniger für und gegen erregen, wenn es eine bloße Kompetenzfrage wäre. Wenn beide Behörden die gestellte Aufgabe gleich gut lösten, würde sich kein Praktiker darüber erhitzen, welche von beiden es tut, und wenn es nicht wieder hier das Patentamt gewesen wäre, welches den Erfinder materiell ungerechtfertigt einschränken wollte, und das Reichsgericht, welches ihm materiell das Seinige gab.

Wenn das Patentamt so viel Erfinderfreundlichkeit und so viel Sinn für die wahren Bedürfnisse der Industrie besessen hätte, daß die Erkenntnis der Notwendigkeit des Teilschutzes über die doktrinären Ideen über Erfindungsbegriffe und Erfindungseinheitlichkeit triumphiert hätte, dann würde die Frage eine ganz andere und von viel geringerer materieller Bedeutung sein. Wenn der Erfinder nicht grundsätzlich daran gehindert würde, einen sicheren Teilschutz zum Ausdruck zu bringen, sondern nur durch Irrtum seinerseits und amtlicherseits im Einzelfall etwa scheiterte, würde die Zahl und Bedeutung der Fälle, in welchen der Patentinhaber nachträglich einen Teilschutz geltend machen möchte, auf ein verhältnismäßig sehr kleines Maß zusammenschrumpfen.

Man stelle sich die Sache nur konkret, z. B. am Kombinationspatent vor. Wenn grundsätzlich in jedem Kombinationspatent neben dem Anspruch auf die Gesamtkombination Ansprüche für die Unterkombination und Ansprüche für die einzelnen Elemente wären, dann stände das Reichsgericht vor einer ganz anderen praktischen Frage wie heute. Wenn solche Ansprüche auch vielleicht „monströs" wären, d. h. sehr zahlreich und in ihrer Form oft recht sonderbar, so ist doch mindestens sehr fraglich, ob ihnen gegenüber das Reichsgericht noch denselben Standpunkt einnehmen könnte wie heute. Wenn der Willen von Amt und Anmelder hinsichtlich aller Einzelheiten des Schutzumfangs derartig ausgedrückt ist, würde doch wohl diesem Willen eine höhere Bedeutung beigemessen werden als heute. Es wäre leicht denkbar, daß das Reichsgericht bei solcher materiellen Praxis des Patentamtes über den Wert deutscher Patente bei engerer Interpretation zu ganz anderen Ergebnissen käme. Wenn der Teilschutz für 90 % der Fälle genügend durch die Anspruchsformel ausgedrückt ist, dann ist die Frage, ob wegen der 10 restlichen Prozent eine erweiterte Auslegung notwendig ist, eine ganz andere, dann ist es denkbar, daß die Rücksicht auf die Sicherheit der Auslegung verhindert, daß die einzelnen formulierten Ansprüche nochmals von dem Richter in selbständige schutzfähige Teile zerlegt werden.

Dies alles nur zur Illustration der Tatsache, daß die Frage des Teilschutzes die grundlegende Frage ist, zu welcher das Patentamt nun endlich einmal wird grundsätzlich Stellung nehmen müssen, wenn es aus seiner unmöglichen heutigen Praxis herauskommen will. Freilich wird davon nur ein Teil der Schutzgrenzenfrage getroffen. Das heutige System ist aber auch unmöglich, weil es zu nichtigen Hauptansprüchen führt.

Die heutige Praxis hat sich nämlich gegenüber der Lehre von Hartig noch in folgendem wichtigen Punkt geändert:

Der erste Anspruch soll den Begriff der Erfindung enthalten, und von dem Begriff wird gefordert, daß er nur wesentliche Elemente enthält, aber es wird auch gefordert, von der Theorie wenigstens, daß er sie alle enthalte. Die letzte Bedingung ist heute praktisch gefallen.

Bleiben wir zunächst bei dem Hauptanspruch. Hartig hat das allergrößte Gewicht darauf gelegt, daß die Zahl der Merkmale des Hauptanspruches möglichst verringert wird, glaubt er doch für das Patentrecht die Entdeckung gemacht zu haben, daß, je allgemeiner, je leerer, je merkmalsarmer der Patentanspruch sei, desto weiter der Schutz reiche und umgekehrt. Er war ja der Meinung, daß der gewählte Begriff die Grenzen des Schutzes zwingend feststelle, und daß deshalb jedes irrig eingesetzte unwesentliche Merkmal den Schutz verengere, d. h. praktisch vernichte.

„Und das sonach mögliche Minimum im Sinne des Inhaltes des neuen Begriffes entspricht zugleich dem absoluten Maximum im Hinblick auf den Umfang der entsprechenden Rechtssphäre[1]."

Was aber die Rechtslage ist, wenn ein Merkmal zu wenig genannt war, damit beschäftigt sich Hartig gar nicht, er ahnt die Nichtigkeitsgefahr nicht. Das hat nun offenbar notwendigerweise dazu führen müssen, daß das einzige Streben bei der Anspruchsformulierung darauf ausging, in den ersten Anspruch möglichst wenig hereinzusetzen. Richtig ist, daß in lange vergangenen Zeiten eine ganz alltägliche und schematisch angewandte Beanstandung die war, daß der Patentanspruch keinen „vollständigen technologischen Begriff" enthalte. Seit aber wohl 20 Jahren ist dieser Einwurf aus der Praxis des Patentamtes ganz verschwunden, bis er in den letzten Jahren wieder hier und da auftrat, und zwar in der Formulierung, daß bloße Problemstellungen nicht Gegenstand von Ansprüchen bilden können.

So wird eine Durchsicht der deutschen Patente ergeben, daß die Regel ein Hauptanspruch ist, in welchem der Erfinder das ihm am wesentlichsten scheinende Merkmal in der allgemeinsten Form wiedergegeben hat, ohne die geringste Sorge darum, ob dieses eine volle Er-

[1]) Hartig, Studien, S. 179.

findung sei oder nicht. Das hat v. Schütz am deutlichsten ausgedrückt[1]). Die Unteransprüche fügen dann schrittweise die anderen notwendigen Merkmale zu, und der letzte gibt in vielen Fällen erst das Bild eines Verfahrens oder einer Maschine, die ohne zusätzliche erfinderische Tätigkeit ausführbar ist.

Mir ist deshalb gar nicht zweifelhaft, daß ein sehr großer Teil der deutschen Patente mit der Begründung der Unvollständigkeit ihres ersten Anspruchs angefochten werden könnten und dasselbe Schicksal erlitten wie das Zündpillen-Patent 101 995. Das wäre allerdings eine sehr wirksame Demonstration des Satzes, der anscheinend im Patentamt noch nicht anerkannt ist, daß ein grundsätzlicher Zwiespalt zwischen dem Patentamt als Erteilungsinstanz und dem Reichsgericht als Nichtigkeitsinstanz in diesen Fragen zu den Unmöglichkeiten gehört.

Die Grundlage der Hartigschen Lehre ist, daß voller Erfindungsinhalt und voller Schutzumfang sich decken, sobald sie nur den richtigen begrifflichen Ausdruck gefunden haben. Mit der Beseitigung dieses Satzes durch die Rechtsprechung von der unvollständigen Nachahmung hätte also auch das Hartigsche System fallen müssen und wäre sicher gefallen, wenn das Patentamt selbst die Wirkungen seines Erteilungssystems im Patentverletzungsprozeß etwas reichlicher und gründlicher kennen zu lernen Gelegenheit gehabt hätte als durch Gutachten und Obergutachten.

Dazu kam ein weiteres. Man verlor ganz den Kontakt der Erfindung mit der Tatsachenwelt durch die Gewöhnung an begriffliche Sublimierungen. Die begriffliche Behandlung der Erfindung führt überhaupt in das Gebiet des abstrakten Denkens hinein und aus der konkreten technischen Welt heraus. Wenn auch vielleicht in der Theorie nie darüber Streit war, daß eine Erfindung erst dann fertig sei, wenn sie auf dem Boden der Praxis wirklich angelangt ist, ist es in der Praxis des deutschen Patentamtes kaum jemand eingefallen, dieses Erfordernis in dieser bestimmten Form zum Gegenstand der Prüfung zu machen. Erfindung und Erfindungsgedanke verschwimmen in eins, und so kam man ganz natürlich dazu, einen vollkommenen Gedanken auch für eine vollkommene Erfindung zu halten, ohne genügend auf die Beziehung dieses Gedankens zur Wirklichkeit zu achten. Ein vollkommener Gedanke aber war jeder technische Gedanke, der irgendeine Ursache mit einer Wirkung, irgendein Mittel mit einem Erfolg, irgendein technisches Problem mit einem technischen Effekt verband. Die Ansprüche werden gebildet, indem von möglichst vielem abstrahiert wird, um möglichst allgemeine Begriffe zu erhalten. Die einzige Schranke hierbei ist aber dann die Neuheit, und der allgemeinste Begriff wird

---

[1]) v. Schütz, Z. D. I. 1889, S. 607.

für eine wirkliche Erfindung ausgegeben, wenn er nur neu ist, wenn er zwei Teile enthält, die äußerlich in dem Verhältnis von Mittel und Zweck oder Ursache und Wirkung stehen, und niemand kümmert sich darum, ob dann eine solche allgemeine Idee schon eine fertige Erfindung sei oder nicht.

Nehmen wir das Beispiel aus der Entscheidung des Reichsgerichtes vom 27. April 1904 über das Zündpillenpatent 101 995, so galt zweifelsohne der Praxis des Patentamtes als eine vollkommene Erfindung der in sich geschlossene, ein klares Kausalitätsverhältnis wiedergebende Gedanke: „Durch die Energie des von der entzündeten Flamme aufsteigenden Luftstromes eine Arbeit verrichten zu lassen, welche die Zündpille aus dem Flammenbereich brachte.“ Das war eine durchsichtige Verbindung an sich bekannter Begriffe, und für die Frage der Vollendung der Erfindung begnügte man sich damit, daß die Ausführbarkeit des allgemeinen Gedankens unfraglich erschien. Und das hängt in noch anderem Sinne mit der Verflüchtigung der Erfindungen in die abstrakte Leere zusammen. Eine Erfindung war dies wegen der Schönheit der Gedankenübung, ob diese Erfindung für die Technik einen Wert darstellte, danach fragte niemand. Wenn ein solcher Apparat z. B. so teuer werden sollte, daß der einzige Zweck der Erfindung, die Ersparnis an Zündpillen, dadurch völlig aufgehoben worden wäre, so hätte das niemand gestört. Deshalb aber brauchte man auch gar nicht darauf zu achten, ob der weitere Erfindungsgedanke, ein Windrädchen mit Anschlag hierzu zu benutzen, der sowieso Gegenstand des zweiten Anspruches bildete, etwa die einzige Ausführungsform war und eine weitere Erfindung erfordernde Ausführungsform, welche einen praktisch brauchbaren Gegenstand aus diesem Gedanken machte.

Andererseits hatte man auf Grundlage der „begrifflichen Umgrenzung“ des Schutzes die triftigsten Gründe für die Formulierung des Anspruchs auf das Prinzip der Erfindung und nicht auf die Vollerfindung. Hätte hier das Patentamt gefordert, daß auch das Windrädchen als notwendiger Bestandteil der Erfindung in den ersten Anspruch aufgenommen wird, so wäre ihm entgegnet worden, es sei doch offenbar, daß andere Vorrichtungen existieren oder existieren müßten, welche auch verwendbar seien, wenn auch vielleicht nicht heute, und wenn auch im Augenblick keine solchen Vorrichtungen namhaft gemacht werden könnten. Die Richtigkeit dieser ganz allgemeinen Aussage ist technisch unzweifelhaft, sie liegt auch vollständig innerhalb des Rahmens dessen, was ein Sachverständiger aussagen kann, der auch oft über Möglichkeiten aussagen kann, die noch keine Tatsächlichkeiten sind. Wenn aber diese Aussage richtig sei, dann bedeute die Einführung des Windrädchens in den Patentanspruch eine offenbare Einengung desselben, wenn eben so ein Merkmal, welches kein notwendiges Merkmal sei, in den maßgebenden Begriff eingeführt wird. Und dem hätte aus der damals geltenden Auffassung des Patentanspruchs von dem Patentamt beigepflichtet werden müssen. Der Begriff des patentrechtlichen Äquivalentes hat ja auch keine Stelle in diesem logischen System, und wird von Hartig z. B. auch gar nicht erwähnt[1]), also hätte man den Anmelder auch nicht darauf verweisen können.

So sind also die heutigen Ansprüche gar keine Erfindungsdefinitionen, sie nähern sich vielmehr auf halbem Weg den amerikanischen Ansprüchen. Der erste Anspruch enthält nämlich nur einen Erfindungsteil, ein Erfindungselement, einen Erfindungsgedanken, eine Abstraktion aus der Erfindung oder ein Minimum von solchen Elementen oder Gedanken, und erst ganz allmählich werden durch die zusätzlichen Ansprüche die übrigen Erfindungselemente zugefügt. Das heißt aber, daß der Teilschutz hier konstituiert wird, aber nur für ein Element, das der Anmelder sich als das wichtigste heraussucht unter Verzicht auf solchen Teilschutz anderer Elemente.

Den springenden Punkt sieht man, wenn man fragt, was hätte denn noch geprüft werden müssen, wenn man Ernst mit der Forderung machte, daß der Anspruch 1 etwas Vollständiges sei, d. h. nicht unter allen Umständen noch die Erfindung des Anspruches 2 erfordere, vielmehr auch ohne diesen schon auf dem Boden der Praxis stehe?

Es hätte, wenn Ernst gemacht worden wäre, von dem Anmelder verlangt werden müssen, daß er eine weitere Ausführungsform seines Erfindungsgedankens Anspruch 1 aufweise, welche nicht den Gedanken des Anspruches 2, sondern einen anderen Ausführungsgedanken zufügte, und dieser Ausführungsgedanke hätte zweifelos nicht erfinderisch sein dürfen.

Wir hätten hier also eine genaue Umkehrung der regelmäßigen Prüfungsmaxime, insofern der Anmelder die Nichtneuheit seiner Ausführungsgedanken hätte nachweisen müssen. Das hätte zu folgendem führen müssen.

Der Patentanspruch ist regelmäßig ein Minus gegenüber Patentbeschreibung und Zeichnung. Die Patentbeschreibung stellt die Ausführung der Erfindung dar, sie enthält jedenfalls die vollständige Erfindung; dem Einwande also, daß ein Patentanspruch zu wenig enthalte, eine unvollständige Erfindung sei, kann nur mit dem Nachweis begegnet werden, daß der Rest des Inhalts der Patentbeschreibung bis auf den Boden der Praxis unerfinderisch ist.

Jedes Patent müßte demnach mindestens eine Ausführung der Erfindung beschreiben, in der sich absolut nichts neues Erfinderisches findet, außer dem, was in dem Anspruch 1 angegeben ist.

---

[1]) *richtiger: „nicht berücksichtigt.“*

Solche Gedankengänge sind der gegenwärtigen Praxis der Prüfung völlig fremd, als ein deutliches Zeichen dafür, daß sich diese Praxis um die Vollständigkeit der im Anspruch 1 bezeichneten Erfindung nicht kümmert. Es ist also festzustellen, daß das Hartigsche System hinsichtlich der Prüfung auf die Vollständigkeit der Begriffsmerkmale gar nicht ausgeführt wird. Auch damit ist es innerlich aufgegeben.

Der unlösbare Konflikt lag in folgendem:

Es ist praktisch unmöglich, die beiden theoretischen Forderungen, nur wesentliche Merkmale anzugeben, aber auch alle Merkmale anzugeben, welche für die fertige Erfindung nötig sind, gleichzeitig zu erfüllen; und die Erfüllung zu fordern, war ein praktisches Unding für eine Prüfungsbehörde, die von der nunmehr rechtsirrigen Annahme ausging, daß die Festsetzung der Merkmale im Patenterteilungsverfahren gleichzeitig eine zwingende Begrenzung des Schutzes für den Patentverletzungsrichter bilde. Das mußte grundsätzlich zu dem Fehler führen, zu wenig Merkmale anzugeben.

Wie sehr die Hartigsche Lehre in ihrer praktischen Anwendung zu diesem Fehler verführt, mag an einem Beispiel von Hartig selbst gezeigt werden. Er definiert die Uhlhornsche Prägmaschine durch folgende drei Patentansprüche, und er definiert in einer heute naiv scheinenden Weise, ohne jeden Bezug auf den Stand der früheren Technik. Gerade das, worauf es ankommt, die Neuheitsfeststellung, setzt er stillschweigend voraus und definiert darauf los[1]):

1. „Eine Maschine zum Prägen der Münzen, in welcher mittels einer Antriebswelle die erforderliche Betriebsarbeit aus einer beliebigen Kraftquelle entnommen und mittels einer Verbindung von Kurbelgetriebe und Kniehebel in das Spiel des beweglichen Prägstempels, mittels anderweiter Mechanismen in die Bewegung derjenigen Teile umgesetzt wird, welche die Schrötlinge aus einem Vorratsbehälter regelmäßig zwischen die Prägstempel bringen, und die fertigen Münzen austragen.

2. Eine Münzenprägmaschine der unter 1 definierten Art, bei welcher außerdem die höchste Schärfe des Gepräges dadurch erreicht wird, daß gegen Ende jeder Prägeoperation der Unterstempel eine kleine Drehung um seine geometrische Achse erhält.

3. Eine Münzenprägmaschine der unter 2 definierten Art, bei welcher Veranstaltung getroffen ist, daß der obere Prägstempel ohne Einwirkung der Menschenhand und ohne Stillsetzung der Antriebswelle sofort zur Ruhe kommt, wenn in der Zu- oder Abführung der Werkstücke irgendeine Unregelmäßigkeit eintritt."

Der Anspruch 1 ist weiter nichts als ein allgemeiner Maschinenplan und nur nach einem kinematischen Gesichtspunkt. Der Anspruch 2

---

[1]) *Hartig, Studien, S. 185.*

ergibt eine deutliche Erfindung von absoluter Selbständigkeit gegenüber Anspruch 1, so daß die Rückbeziehung auf den Anspruch 1 eine reine Willkür ist.

Der Anspruch 3 zeigt sehr deutlich die Verflüchtigung in unsichere Allgemeinheiten.

Es handelt sich in ihm um einen automatischen „Wächter", der bei Unregelmäßigkeiten einer Maschine diese von selbst stillsetzt. Die Anordnung eines solchen Wächters ist ein Bedürfnis für sehr viele Maschinen. Die Erkenntnis dieses Bedürfnisses für die Prägmaschine ist keine Erfindung. Es könnte ein besonders neuer Gedanke sein, diesen Wächter erstens nur auf den Prägestempel wirken zu lassen und zweitens, ihn gerade von der Zu- und Abführung der Werkstücke abhängig zu machen. Daß aber hiermit nur eine weitergehende Spezifizierung des gesamten Problems gegeben ist, leuchtet ohne weiteres ein. Die Erfindung ist erst fertig, wenn die Mittel angegeben werden, durch welche die „Unregelmäßigkeiten" auf den Prägestempel bzw. seinen Antrieb wirken.

Sonst müßte man ja gerade annehmen, daß der ganze Zwischenmechanismus zwischen den Ab- und Zuführungsorganen der Werkstücke und den Antriebsorganen des Prägestempels an sich bekannt oder Sache des Alltagsfachmannes gewesen sei, und nur ihre Lokalisation gerade zwischen diesen beiden Organen die Erfindung, was ausgeschlossen ist, denn ein Wächter wird immer bestätigt von den „Unregelmäßigkeiten" und wirkt immer auf das „Werkstück".

Das Beispiel von der Prägmaschine zeigt aber außer der Überabstraktion der Ansprüche 1 und 3 zu Begriffen unfertiger Erfindungen noch deutlich die Unmöglichkeit der Einheitlichkeitsprinzipien.

Die Ansprüche 2 und 3 fügen zu dem Anspruch 1 neue Merkmale hinzu. Daß die Zufügung aber eine rein mechanische Addierung von Merkmalen ist ohne jeden organischen technischen Zusammenhang, das wird völlig übersehen.

Der Anspruch 1 beschreibt den Weg der Münze durch die ganze Maschine und das Spiel des Prägestempels. Der Anspruch 2 betrifft die Lösung der ganz anderen Aufgabe, die Schärfe der Prägung zu erhöhen. Das Mittel ist eine kleine Drehung des Unterstempels. Dieser erfinderische Gedanke hat nicht die allergeringste Verwandtschaft mit dem ersten Gedanken. Wie die Münze läuft, bevor sie zu dem Prägestempel kommt, wie sie nachher läuft, wie der Prägestempel betrieben wird ist ganz gleichgültig für die Schärfe der Prägung und vollständig unabhängig von der Drehung des Unterstempels.

Ganz dasselbe gilt von dem dritten Anspruch. Ein dritter Gesichtspunkt, der der Sicherheit des Betriebes durch einen automatischen Wächter, wird hier eingeführt. Es ist direkte Willkür, wenn diese

Sicherheit des ganzen Maschinenbetriebes in eine äußerliche mechanische Verbindung mit dem Anspruch 2, d. h. mit der Schärfe der Prägung gebracht wird. Der Inhalt des Anspruches 2 paßt geradeso zu jeder anderen Prägmaschine auch, und dasselbe gilt von dem Anspurch 3. Der „einheitliche, individuelle Charakter" ist hier zur Phrase geworden.

Der äußerst einfache Sachverhalt ist der, daß es sich um drei Erfindungsgedanken oder Verbesserungen einer früheren Maschine, oder wenn es eine solche nicht gab, drei grundsätzliche Elemente der neuen Maschine handelt: den allgemeinen Weg der Münze durch die Maschine, die Schärfe der Prägung, den Wächter gegen Störungen. Das sind drei zwar in derselben Maschine verkörperte, abe: gedanklich voneinan dervollständig unabhängige Erfindungen oder Erfindungsgedanken, die nicht durch „einen gemeinschaftlichen neuen Erfindungsgedanken umfaßt werden".

Es fehlt also gerade das, was sachlich nach der Lehre Hartigs — oder seiner Epigonen? jedenfalls nach den veröffentlichten Einheitlichkeitsgrundsätzen — für die Einheitlichkeit notwendig wäre. Statt dieses inneren Zusammenhanges der Ideen wird aber die äußere mechanische Aggregierung gesetzt; die Schärfe der Prägung hat nichts zu tun mit dem Wege der Münze durch die Maschine, sie wird aber künstlich zu einer logischen Spezies des im Anspruch 1 angegebenen Genus gemacht, indem eben die beiden Merkmale oder Merkmalskomplexe: „Weg der Münze durch die Maschine" und „Schärfe der Prägung" äußerlich mechanisch durch Zurückbeziehung des zweiten auf das erste verbunden werden.

Der Charakter solchen angeblich logischen Tuns erhellt daraus, daß man geradesogut die Reihenfolge der Ansprüche irgendwie vertauschen könnte, 2 oder 3 zu 1 macht, ohne daß aus den Grundlagen dieser Formulierungstechnik heraus hiergegen irgendein Einwand erhoben werden könnte. Die Absicht dieser Formulierung war aber ganz unzweifelhaft, den Teilerfindungen der Ansprüche 2 und 3 keinen Sonderschutz zuzugestehen. Es ist auch nicht der allergeringste Anhalt dafür gegeben, warum die Erfindung nach Anspruch 1 einen besonderen Wert und deshalb einen besseren Anspruch auf Einzelschutz gegenüber 2 und 3 hat, und die Erfindungen 2 und 3 nur in den künstlichen Aggregationen geschützt sein sollen. Es ist ohne weiteres klar, daß es eine Forderung des materiellen Rechtes ist, daß alle drei Erfindungen gleich schutzberechtigt sind, und daß die vorliegende Gesamterfindung ihren richtigen Schutz nur dadurch finden kann, daß drei Ansprüche unabhängig nebeneinander aufgestellt werden.

Selbstverständlich behandle ich diesen Fall lediglich nach den Angaben von Hartig selbst. Daß die drei Erfingunden zu einer organischen

Gesamtkonstruktion zusammengebaut sind und deshalb wohl auch eine wirkliche Kombination der drei Erfindungen zu einer Gesamterfindung, nicht eine bloße Aggregation vorliegt, ist mindestens sehr wahrscheinlich. Die drei abstrahierten Begriffe aber, die gerade entbehren eines solchen Zusammenhangs.

Deshalb komme man nicht mit dem Einwande, die Inhalte der Ansprüche 2 und 3 ständen in irgendeinem organischen oder inneren oder wesentlichen oder notwendigen Zusammenhange mit dem Anspruch 1. Davon sagt Hartig kein Wort, und ich wollte hier nur das von ihm selbst gegebene Beispiel behandeln. So ist Hartig selbst dazu verführt worden, eine Prüfung der technischen Zusammengehörigkeit der Begriffsinhalte von Hauptanspruch und Unteransprüchen ganz zu unterlassen und lediglich durch Worte unabhängige Begriffe in Verbindung und Abhängigkeit zu bringen.

Dieselbe Mangelhaftigkeit der technischen Prüfung der Unteransprüche ist aber auch bei ihrer Neuheitsprüfung bemerkbar. Die Prüfung der Unteransprüche ist heute eine ganz verschiedenartige. Das Reichsgericht hat früher einmal ausgesprochen, daß jeder Unteranspruch nicht nur gegenüber dem früheren Stand der Technik, sondern auch gegenüber den übrigen Ansprüchen eine Erfindung enthalten solle. Neuerdings hat es diese Auffassung dahingestellt sein lassen[1]).

Bei dem Patentamt wird dieser besondere Erfindungscharakter gegenüber den übrigen Ansprüchen bald geprüft und bald nicht. Dafür, daß man die Unteransprüche nur als eine Art Mitläufer ansieht, wie es der Hartigdoktrin entspricht, die einer besonderen Prüfung gar nicht wert sind, sondern die hinsichtlich des Erfindungscharakters dadurch gedeckt werden, daß die Grunderfindung, welche im Hauptanspruch zum Ausdruck kommt, geprüft und anerkannt ist, sprechen sehr viele Entscheidungen der Beschwerdeabteilungen und auch der Nichtigkeitsabteilung. In solchen sind Unteransprüche abgewiesen oder vernichtet worden einfach mit der Begründung, daß nach dem Wegfall des Hauptanspruchs für den Unteranspruch keine Berechtigung mehr da sei. Das ist natürlich in dieser Form überhaupt keine Begründung, sie läßt aber doch tief in die patentamtliche Auffassung der Unteransprüche hineinblicken. Im allgemeinen werden Unteransprüche sicher zugelassen, wenn nur das Merkmal, welches in ihnen dem Hauptanspruch zugefügt wird, noch neu ist, während eine Prüfung darüber hinaus auf Patentwürdigkeit durchschnittlich überhaupt nicht stattfindet, sie würde die Arbeit des Patentamtes vervielfachen. Noch weniger findet eine Unterscheidung statt, ob der Unteranspruch nur in Kombination mit dem Hauptanspruch oder ohne solche eine Erfindung beschreibt.

---

[1]) Mitt. 1911, S. 85.

Das gibt aber auch eine Andeutung dafür, daß eine gründliche Prüfung solcher Unteransprüche gar nicht möglich ist.

Ich bin oben überall davon ausgegangen, daß die Hartigsche Lehre heute noch im Patentamt im wesentlichen maßgeblich ist, trotzdem Damme erklärt, daß nur das Beste davon erhalten sei, und trotzdem Habermann meint, die Einheitslichkeitslehre sei im wesentlichen überwunden.

Für die Praktiker vor dem Patentamt bedarf es keines Beweises dafür, der deutlichste Beweis aber ist, daß die Bekanntmachung vom 22. November 1898 noch besteht. Da heißt es unter 5a:

„Der Anspruch geht zweckmäßig von dem Gattungsbegriff aus, dem die Erfindung möglichst nahe untergeordnet ist. Dieser Gattungsbegriff wird auch der für die Veröffentlichung bestimmten Benennung der Erfindung zugrunde zu legen sein. Zur Unterscheidung von anderen Gegenständen derselben Gattung sind in den Anspruch nur solche Bestimmungsmerkmale aufzunehmen, die für die Kennzeichnung des Wesens der Erfindung notwendig sind. Gehört der Zweck zu dieser Kennzeichnung, so ist auch er im Anspruch zu erwähnen."

Das ist weiter nichts als eine etwas verwaschene Wiedergabe der Hartigschen Lehre. Diese Bekanntmachung hat keinerlei verbindliche Kraft, tatsächlich aber ist sie die Maßgabe, nach der im Innern des Amtes verfahren wird, sie gilt als eine autoritative Interpretation des § 20 P. G., die es vielfach erübrigt, sich in irgendeiner anderen Weise mit dem § 20 zu befassen, sich z. B. um die Rechtsprechung und Literatur zu kümmern.

Dieser Absatz 5a ist zunächst ein Beweis für das, was ich oben ausführte, daß man vollständig vergessen hat, was die formale Logik und mit ihr Hartig verlangt, daß nämlich der Patentanspruch als Begriff aufgefaßt alle wesentlichen Merkmale enthalten müsse. Absatz 5a legt allein darauf Wert, daß die Zahl der Bestimmungsmerkmale beschränkt wird.

Die Formulierung dieses Absatzes hat zu der Prüfungsweise geführt, die als Zerstückelung bekannt ist, welche sich auf die einzelnen „Bestimmungsmerkmale" richtet und nicht auf die Erfindung.

Der Absatz setzt stillschweigend den formallogischen Begriffscharakter des Anspruchs voraus, wenn er von „notwendigen Merkmalen" redet.

Der Absatz 5a setzt stillschweigend auch die Einheitlichkeitslehre Hartigs voraus, wenn er nur einen Gattungsbegriff der Erfindung kennt, und nur einen Zweck. Es soll hier nicht alles wiederholt werden, was unwidersprochen hiergegen in der Literatur schon mit aller Deutlichkeit dargetan ist, daß im besonderen diese Forderung z. B. für

Kombinationserfindungen a, b, c, die als nächsten Gattungsbegriff gleich gut a wie b wie c haben können, unerfüllbar ist. Der Absatz 5a ist einfach rückständig. Er besteht aber weiter, trotzdem gerade für Maschinenerfindungen die erfindungstheoretische Auffassung, welche ihrerseits die unentbehrliche Grundlage für jene Einheitsauffassung der Erfindung ist, von Schriftstellern aus dem Patentamte selbst ausdrücklich aufgegeben wurde.

Hartig kannte die Maschine nur im Arbeitsgange, anerkannte nur solche Maschinenerfindungen, die in einem neuen oder verbesserten Arbeitsgange bestanden. Daß diese Irrlehre definitiv durch meine Arbeit über die begriffliche Auffassung der Maschinen beseitigt ist, darf ich aus den ausdrücklichen Anerkennungen von Habermann und von von Böhmer entnehmen. Auch von Engelmayer hat darauf hingewiesen, daß der Gesichtspunkt des Arbeitsganges nur einer von den drei berechtigten Gesichtspunkten sei. Während die drei von ihm genannten Gesichtspunkte des Baues, der Wirkungsweise und des Betriebs[1]) allerdings die wichtigsten sind, aber nicht die ausschließlichen.

Diese einheitliche, d. h. extrem einseitige Auffassung der Maschinenerfindung, war der technische Ausgangspunkt für die patentrechtliche Einheitlichkeitslehre. Mit ihrer Beseitigung fiel aber auch die technische Möglichkeit eines einheitlichen Gattungsbegriffes für eine sehr große Zahl von Erfindungen und damit das ganze Staffelschema der Ansprüche. Das ist eine Erkenntnis, die niemand bisher bestritten hat, eine Erkenntnis, die für den wissenschaftlichen Logiker schon längst eine Binsenwahrheit war, die aber für die Praxis des Patentamtes noch nicht die geringste Folge gehabt hat. Stehen denn v. Böhmer und Habermann mit dieser Erkenntnis im Patentamt noch allein?

Die Unmöglichkeit der Bekanntmachung von 1898 lag damit klar, sie war offensichtlich falsch und veraltet geworden, aber niemand rührte an sie.

Ganz dasselbe gilt aber auch von einem anderen Teil dieser Bekanntmachung, dem Absatz 3b, der sich mit dem Teilschutz von Kombinationselementen befaßt.

Es ist oben gesagt worden, die Stellung des Patentamtes zu der Frage des Teilschutzes sei zweifelhaft, namentlich weil keinerlei maßgebliche Äußerungen hierzu vorliegen. Dieser Absatz 3b, der wohl s. Z. als eine Art Gegenzug gegen die reichsgerichtliche Praxis gedacht war, ist eine solche Äußerung, die zwar nicht maßgeblich ist, aber doch den Geist des Patentamtes kundtut. Das Patentamt soll nach ihm bei eigentlichen Kombinationselementen prüfen, ob die Einzelheiten

[1]) Mitt. 1910, S. 85.

alt oder neu sind, und es soll das Ergebnis zwar nicht in dem Patentanspruch, aber in der Beschreibung zum Ausdruck bringen. Dieser Grundsatz hat in der Bekanntmachung vom 22. November 1898, Abs. 3b seinen Ausdruck gefunden:

„Besteht die Erfindung in der Vereinigung von bekannten Einzelheiten zu einem neuen Ganzen, so wird die Beschreibung zum Ausdruck bringen müssen, daß die Einzelheiten weder als neu noch für sich als schutzfähig angesehen werden, und daß der Schutz sich nur auf die neue Gesamtheit beziehen soll."

Damit sollte dem Reichsgericht abgeschnitten werden, Einzelelemente für geschützt zu erklären, die das Patentamt nicht hatte schützen wollen. Das ist dem Patentamt in manchen Fällen geglückt, in anderen nicht.

Ein klarer Unterschied zwischen den „Einzelheiten" dieser Bekanntmachung und den „Merkmalen" des obigen Beschlusses der Abteilung VII ist auch nicht festzustellen, so daß ein gewisser Widerspruch zwischen den beiden Äußerungen aus dem Patentamt vorhanden zu sein scheint.

Nun ist aber sehr eigentümlich, daß diese Bekanntmachung nur nach einer Seite hin geht, daß sie nur für den Fall der Beschränkung des Schutzes Vorsorge treffen will. Besonders soll anscheinend nur der Mangel der Neuheit der Kombinationselemente als Grund für die Beschränkung des Schutzes in Betracht gezogen werden. Der Hauptgrund solcher Beschränkungen aber, die Einheitlichkeitsdoktrin, bleibt verborgen im Hintergrund.

Der Fall scheint nicht einbegriffen, in welchem die einzelnen Teile neu sind, das Patentamt aber den Schutz gleichwohl aus Einheitlichkeitsbedenken verweigert.

Der andere Fall aber, daß die „Einzelheiten" neu und an und für sich schutzfähig sind, also der Fall der ausdehnenden Auslegung des Kombinationsanspruches, der interessiert den Verfasser dieser Bekanntmachung anscheinend weniger. Es ist keine Vorsorge dafür getroffen, daß in der Beschreibung angegeben wird, daß „Einzelheiten", welche in dem später formulierten Kombinationsanspruch vorkommen, neu und schutzfähig sind.

Das wäre eine merkwürdige Doppelstellungnahme; denn wenn das Patentamt die Nichtneuheit von Erfindungselementen feststellt, beansprucht es auch die Kompetenz, eine entsprechende Schutzbeschränkung zu verfügen, dann aber, wenn es diese Feststellung nicht treffen kann, trifft es nicht selbst die umgekehrte Feststellung, sondern überläßt dies nun anscheinend dem Gericht.

Ist das nicht ein wenig ungünstig für den Erfinder? Oder sollte das Patentamt damit etwa in allen Fällen, wo keine solche Beschränkung eingefügt wurde, damit auch die Berechtigung des Teilschutzes anerkennen? Warum wohl kein Richter oder Anwalt bisher auf diesen Gedanken gekommen ist?

Der Absatz 3b der Bekanntmachung vom 22. November 1898 hat aber noch eine andere Bedeutung, die auch in seinem einleitenden Satz und seinem Schluß zum Ausdruck kommt, welche lauten:

„Die Beschreibung hat sich aller nicht streng zur Sache gehöriger Ausführungen zu enthalten. Sie beginnt zweckmäßig mit der Darstellung der Aufgabe, welche die Erfindung lösen soll. Hieran schließt sich die Beschreibung der Erfindung im einzelnen....

Soweit Hinweise auf Bekanntes oder Geschütztes, insbesondere auf öffentliche Druckschriften oder Patente, zur klaren Abgrenzung der Erfindung erforderlich sind, werden sie gleichfalls in die Beschreibung aufzunehmen sein."

Dies ist ein Bekenntnis des Patentamtes, daß die Lehre Hartigs, eine sichere Bestimmung des Schutzumfanges könne durch den Patentanspruch allein erreicht werden, wenn er nur die richtige begriffliche Fassung erhielte, sich in der Praxis als undurchführbar erwies. Die Beschreibung ist vielmehr auch unentbehrlich für wesentliche Nachrichten über diesen Schutzumfang. Sie sind nicht nur Erklärungen von etwas, was in dem Patentanspruch schon enthalten ist, sondern sie sind richtige zusätzliche Bestimmungen. Zweitens aber ist es ein Bekenntnis, daß der Inhalt des § 20 P. G. erheblicher Zusätze bedarf, da er unzureichend ist, trotzdem ihm gerade im Sinne der Hartigschen Doktrin durch die Novelle von 1891 die ausdrückliche Erwähnung des Patentanspruchs angefügt worden war. Gerade dadurch hatte der § 20 die scharfe Scheidung zwischen den Aufgaben der Beschreibung und denen des Patentanspruchs ausdrücklich durchgeführt. Die Beschreibung dient nach § 20 lediglich der Darstellung einer „Ausführungsform" der Erfindung, durch welche der Leser in den Stand gesetzt wird, den Erfindungsgedanken auch praktisch zu benutzen, hat also rein technischen Inhalt, während der Patentanspruch lediglich rechtliche Bedeutung hat, indem er das Schutzfähige aus diesem technischen Gesamttatbestand ausziehen soll. Dieser unzweifelhafte Grundgedanke des § 20 wird durch die Bekanntmachung vom 22. November 1898 verworfen, und ausdrücklich die Hilfe der Beschreibung herangezogen, um „dasjenige anzugeben, was als patentfähig unter Schutz gestellt werden soll".

In zweierlei Weise geschieht dies:

Die Einleitung der Patentbeschreibung ist meist eine Paraphrase des Patentanspruches. Die Schweizer, die in naiv konsequenter Verfolgung der Hartigschen Ideen über Logik und Systematik bis zum bitteren Ende gegangen sind, fordern in jeder dritten Verfügung des

Eidgenössischen Amtes, daß die Einleitung der Beschreibung nicht mehr und nicht weniger als der Patentanspruch sage.

Nach der deutschen Praxis aber enthält diese Einleitung nicht nur den Hauptinhalt des Anspruchs 1 und etwa einiger weiterer Ansprüche, sondern mehr. In dieser Einleitung kann z. B. gesagt werden, daß die erfinderische Aufgabe neu sei. Es kann auch gesprochen werden von der Bedeutung der Erfindung für das Gewerbe. Es kann gesagt werden, daß sie auf einer neuen Erkenntnis oder einer neuen Entdeckung beruhe, und man kann beschreiben, wie man zu dieser neuen Erkenntnis gekommen ist. Das sind Äußerungen, die gutachtlichen Wert für den Patentverletzungsrichter haben und von der größten Bedeutung für die Auslegung des Patentes sind, und zwar für eine erweiternde Auslegung. Versuche, sich über die Teilneuheit hier auszusprechen, sind wohl auch gemacht worden, aber meines Wissens ohne besonderen Erfolg, jedenfalls finden sich derartige Angaben kaum. Sie würden aber grundsätzlich auf genau derselben rechtlichen Basis stehen.

Weiter aber enthält die Patentbeschreibung Disclaimer, und zwar in zweierlei Form: einmal in der eigentlichen Form eines Verzichtes, daß ausdrücklich erklärt wird, was nicht beansprucht wird, also einer ausdrücklichen Angabe zu dem Schutzumfang. Eine Angabe, die auf das deutlichste den Bankerott des begrifflichen Formulierungssystems der Ansprüche zum Ausdruck bringt[1]).

Wer einen Disclaimer aufstellt, der definiert sein Schutzgebiet negativ durch das, was draußen liegt, weil er eingesehen hat, daß eine positive Formulierung durch eine begriffliche Angabe des Erfindungsinhaltes, der drinnen liegt, nicht möglich oder nicht ratsam oder nicht genügend ist. Ein solcher ausdrücklicher Verzicht ist nach der heutigen Praxis des Reichsgerichtes wirksam und bindet den Richter. Gerade so oft oder öfter kommt aber auch an Stelle dieses Verzichtes eine einfache Erklärung darüber, was der Inhalt der früheren Technik ist, also eine tatsächliche Bekundung. Das mag auf den ersten Blick gleichbedeutend mit einem Verzicht scheinen, denn das, was alt ist, ist ja durch Gesetzeskraft von dem Schutz ausgeschlossen. Rechtlich ist das jedoch durchaus nicht dasselbe oder in vielen Fällen nicht dasselbe.

Die nähere Untersuchung interessiert hier nicht. Es mag nur so viel bemerkt werden, daß eine falsche oder eine zuweitgehende oder eine ungenaue Bekundung über frühere Tatsachen in der Patentschrift nie diese Tatsachen ändern kann und deshalb den Richter auch in vielen Fällen nicht hindern wird, die wahren Tatsachen zur Grundlage seines Urteiles zu machen. Dies ist das Bild der heutigen Patentamtspraxis, so gut und so sicher ich es eben zusammenklauben kann.

[1]) *Das ist alles Füllung von „Lücken" des § 20.*

IV. Die Möglichkeit begrifflich umfassender Patentansprüche.

Der Hartigschen Lehre, daß der Anspruch eine logische Definition des Erfindungsbegriffes sein müsse, habe ich schon 1891 entgegengehalten, daß dieses ein Dogma sei, und daß eine solche Forderung nur aufgestellt werden könne, wenn nicht nur die Nützlichkeit, sondern auch die Möglichkeit einer solchen Formulierung nachgewiesen sei[1]). Diese Frage hat bis heute im Patentamt anscheinend niemand so weit interessiert, daß die außeramtliche Literatur hierzu irgendeine Beachtung gefunden hätte, geschweige denn, daß man die Feststellung von Grenzen dieser Möglichkeit für eine lohnende Aufgabe gehalten hätte. Je weniger aber die Möglichkeit der Erfüllung dieser Forderung untersucht wurde, mit desto größerer Energie wurde sie wiederholt, und erscheint heute als die Forderung, der Patentanspruch müsse schon alle Grenzen des Schutzumfanges angeben; dabei wurde an die Stelle eines Beweises ihrer Möglichkeit das Lob des erfreulichen Rechtszustandes im (imaginären) Falle ihrer vollständigen Erfüllung gesetzt.

Neuerdings hat Habermann hierzu die Auffassung vertreten, daß es sich freilich hier nur um ein Ideal handele, und daß dieses auch dann noch erstrebenswert bleibe, wenn die menschliche Unvollkommenheit seine Erreichung in vielen Einzelfällen ausschließe. Das scheint ein Weg, die Frage praktisch zu lösen; an Stelle zwingender Logik, an Stelle eines Rechtsprinzips tritt der Opportunismus, gerade wie in der Frage der Einheitlichkeit. Immerhin ist es ein Verzicht auf die Allgemeingültigkeit der Forderung, die so aus einer Vorschrift zu einer Empfehlung wird. Ich lege meinerseits Wert darauf, daß ein System, welches mit dem Anspruch der Wissenschaftlichkeit im allgemeinen und logisch strenger Begründung im besonderen vorgetragen und eingeführt worden ist, auf demselben Wege widerlegt oder eingeengt wird, denn nur so wird man klar sehen und einen sicheren Weg für die Zukunft öffnen. Außerdem stimmt aber folgendes nicht: Es handelt sich nicht darum, auf dem einen, allein anerkannten Weg, dem zur begrifflichen Formuliernug, mehr oder weniger weit vorzudringen, sondern darum, ob nicht andere Wege von vornherein besser sind, wenn auf jenem das Ziel grundsätzlich unerreichbar bleibt. Die Existenz anderer Wege aber wird hier anscheinend noch immer verneint. Der begriffliche Weg ist aber ein Irrpfad, wenn er, halb zurückgelegt, den Richter vor einen verkrüppelten Zwitter von Patentanspruch, teils begrifflicher, teils anschaulicher, teils wesentlicher, teils zufälliger Erfindungsbeschreibung stellt, für den er einen vernünftigen Standpunkt der Auslegung überhaupt nicht finden kann.

---

[1]) Patentanwalt 1891, S. 2425. Wirth-Isay, Patentanspruch, S. 18.

Habermann will nun aber auch das von mir gewählte Hartigsche Beispiel der Pfeffermühle[1]) nicht anerkennen und meiner Kritik gegenüber den Patentanspruch des Patentes 30 084 mit Hartig als die Wiedergabe des richtigen Erfindungsbegriffes halten und damit offenbar die Beweiskraft meiner Darlegungen in allgemeinerer Weise mindern. Dieses Beispiel, die Pfeffermühle des Patentes 30 084, hat insofern eine gewisse Beweiskraft, als es sich hier um einen technischen Gegenstand äußerster Einfachheit und Begreiflichkeit handelt, so daß der hierfür erbrachte Beweis damit zugleich für alle schwierigeren Fälle miterbracht ist.

Ich hatte an den von Habermann anerkannten Satz, daß die Maschine nicht aus einem Gesichtspunkte, sondern aus einer grundsätzlich unbeschränkten Anzahl von Gesichtspunkten, mindestens aber aus den vier Gesichtspunkten der Herstellung, des naturgesetzlichen Vorganges, der Betriebsarbeit und des alle umfassenden Gesichtspunktes der wirtschaftlichen Bedeutung eines jeden dieser drei zu betrachten sei, weitere Folgen geknüpft. Die neue vielgestaltige Betrachtung der Maschine macht in derartigen Fällen eine solche Übersicht unmöglich, welche eine Vorausbestimmung des Schutzumfanges und eine entsprechende Formulierung des Patentanspruches von vornherein bei der Patenterteilung ermöglichen könnte. Ich halte diese Fälle für die überwiegenden, so daß auch der Ausweg, daß das Ideal nicht überall erreichbar wäre, die Tatsachen zu günstig darstellen würde. Ein Satz, der für die Mehrzahl der Fälle nicht gilt, darf nicht allgemein aufgestellt werden.

Die praktische Bedeutung dieses Satzes, dessen Anerkennung die geltende Praxis der Prüfung und Anspruchsformulierung sofort außer Kurs setzen würde, ist selbstverständlich nicht sofort anerkannt worden. Gegen diese praktische Bedeutung scheint sich dieser Widerspruch zu richten, geradeso wie ein zweiter, und zwar in einer für mich persönlich beruhigenden Weise, denn die Widersprüche gehen neben vorbei. Allerdings wäre für die Anerkennung des Satzes bzw. die Förderung der Frage ein ernsterer Angriff auf ihn selbst viel erwünschter gewesen.

Habermann ficht also die Beweiskraft meines Beispieles an[2]). Was er aber am Beispiel der Pfeffermühle auszusetzen hat, geht von der falschen Voraussetzung aus, als ob es sich für mich und unsere Frage darum handele, ob der Anspruch des Patentes 30 084 objektiv richtig gewesen ist. Das interessiert hier deshalb gar nicht, weil Hartig die Summe der früheren Technik in einer Pfeffermühle in seinem Buch wiedergegeben, die neue Pfeffermühle danebengestellt und hieraus seinen Patentanspruch abgeleitet hat.

---

[1]) Wirth-Isay. Patentanspruch, S. 77.

[2]) G. R. u. U. 1911, S. 257.

Habermann meint, Hartig und das Patentamt hätten wohl bei der Patenterteilung auch die amerikanischen Patentschriften 210837 und 274255 gekannt. Wenn dies der Fall gewesen wäre, und die Kenntnis dieser beiden Patentschriften über die Pfeffermühle tatsächlich die Reduzierung des objektiv berechtigten Schutzes auf die von Hartig gelobte Patentanspruchsformel berechtigten, so würde damit kein Iota von meinen Ausführungen hinfällig werden, denn ich habe mich an keiner Stelle über die mir ganz uninteressante objektive Berechtigung dieses Patentanspruches ausgesprochen, sondern habe lediglich die Hartigsche Deduktion bekämpft, zu der Hartig selbst den Stand der Technik und die Methode seiner Behandlung geliefert hatte. Das Patent kann noch weniger objektiv schutzberechtigt gewesen sein, ja, es kann nichtig gewesen sein, das berührt meine Ausführungen gar nicht.

Meine Ausführungen hatten lediglich den Zweck, an einem Beispiel die Fehlerhaftigkeit der Hartigschen Methode zu zeigen, für welche er dieses Beispiel angeführt hatte. Hartig hat nur aus dem Arbeitsgang definiert, und meine Betrachtung hatte ausschließlich den Zweck, nachzuweisen, wie hier auch noch die Gesichtspunkte der Herstellungskunst und Betriebsarbeit zur Erörterung stehen. Da Habermann die Hartigsche Lehre in dieser Richtung selbst auch ganz und gar verwirft, besteht eine Differenz zwischen uns hier in Wahrheit nicht.

Ich halte es aber beiläufig auch für ausgeschlossen, daß Hartig das amerikanische Patent 210 837 kannte, welches zwar nicht dem fraglichen deutschen Patent Nr. 30 084 entspricht, sondern für die Pfeffermühle erteilt ist, die Hartig als Summe der früheren Technik angibt. Dieses amerikanische Patent hat den Patentanspruch:

> „Eine Pfeffermühle und Streubüchse für den Tischgebrauch, bei welcher der Reibkegel dadurch betätigt wird, daß der Deckel oder der Boden des Behälters selbst gedreht wird, wesentlich wie gezeigt und beschrieben.“

Es ist also dieser Anspruch gerade genau nach dem begrifflichen Schema formuliert, welches Hartig bei dem deutschen Patent 30 084 lobt. Es ist ausgeschlossen, daß Hartig dieses Patent gekannt haben und zugleich geschrieben haben könnte, daß derartige Patente nach dem amerikanischen System 32 767 Ansprüche von einem total verschiedenen Typus haben müßten.

Ich kann eine melancholische Zwischenbetrachtung hier nicht unterdrücken. Wenn doch Hartig schon so exakt auf Tatsachenerforschung bedacht gewesen wäre, daß er nach dem wirklichen amerikanischen Anspruch gesucht hätte, statt phantastisch über ihn zu spekulieren, oder ein glücklicher Zufall hätte ihn auf dieses amerikanische Patent gebracht! Er hätte dann seine ganze Beurteilung der amerikanischen Anspruchsformulierung umstülpen müssen, er hätte seine

Geringschätzung der amerikanischen Praxis aufgeben müssen, er wäre vielleicht zu ihrem richtigen Verständnis und zu einem Gefühl für die Wichtigkeit international vergleichender Rechtsforschung gekommen, und das hätte vielleicht dem Doktrinarismus, der sein ganzes Buch kennzeichnet und von da in das deutsche Patentamt übergegangen ist, wenn auch nicht einen tödlichen Stoß, so doch einige Abmilderung gegeben, und wir wären heute vielleicht 20 Jahre weiter.

Habermann hat mithin nichts bewiesen, als daß dann, wenn mein Beispiel noch vielmal einfacher wäre, als Hartig und ich angenommen haben, meine Kritik nicht treffe.

Habermann ist also die Antwort auf die Frage noch schuldig, ob hier bei dem von Hartig angenommenen und an sich doch möglichen Stand der Technik das patentamtliche Ideal der Anspruchsformulierung erfüllbar war, und ob nicht dieses Beispiel auch dann noch ein typisches Beispiel für die allereinfachsten Maschinenerfindungen ist.

In der Zeitschrift für Industrierecht will Spielmann Bedenken gegen meine Auffassung erheben[1]). Zunächst erkennt auch er meine allgemeine Kritik der üblichen Begriffsdefinition der Maschinenerfindungen an. Er meint aber dann, die Möglichkeit sei doch nicht von der Hand zu weisen, die Maschine als Gegenstand des Patentschutzes durch einen Begriff zu definieren. Die weiteren Ausführungen beweisen nun, daß unter Möglichkeit hier gemeint ist, daß es sicher auch Maschinenerfindungen gäbe, welche der begrifflichen Definition zugängig sind; ich soll diese Möglichkeit ganz und gar verneint haben. Das ist ein überraschendes Mißverständnis meiner Auffassung, überraschend deshalb, weil ich mich überall peinlich vor falschen Generalisierungen zu hüten suchte und sehr eindringlich auf die Ursachen anderer falscher Generalisierungen auf diesem Gebiete hingewiesen habe. Und in dieser vorsichtigen Art habe ich wörtlich gesagt: „Etwas ganz anderes aber ist das Aufstellen eines „Begriffes der Maschine" oder des Begriffes einer „bestimmten" Maschine oder einer Maschinendefinition. Das ist ein logisches oder sprachliches Kunststück, welches in der Mehrzahl der Fälle mißlingt und vielleicht mißlingen muß. Ob und wann es mißlingen muß, mag noch dahingestellt bleiben. Für das Mißlingen spricht folgendes:

„Spielmann scheint das „Folgende" ohne Rücksicht auf diese Einleitung gelesen zu haben. Er hat aber auch die Wiederholung desselben Gedankens an späterer Stelle nicht beachtet, wo ich sage: „In mathematischer Sprache ausgedrückt hat es für den Erfinder allein Wert, in dem Patentanspruch die „notwendigen und hinreichenden

---

[1]) Z. f. J. 1901, S. 205 u. 277.

Bedingungen" zu formulieren, von welchen der wirtschaftliche Wert seiner Erfindung abhängig ist. Oder noch genauer: Er sollte das Gesetz oder in mathematischer Sprache die „Funktionsform" formulieren, nach welcher sich der wirtschaftliche Wert der Erfindung mit der Änderung der einzelnen Bedingungen (Merkmale) ändert. Das ist das wahre Problem. Aus solcher Formulierung würde der Grad der Wesentlichkeit oder wirtschaftlichen Wichtigkeit der Merkmale hervorgehen. Diese scharfe Formulierung des Problems beweist gleichzeitig, daß seine exakte Lösung praktisch meist „(meist!)" unmöglich ist." Ich hätte hier doch nicht noch zufügen sollen, daß eine solche Formulierung selbstverständlich eine Begriffsdefinition im mathematisch naturwissenschaftlichen Sinne ist? Gebe ich nicht die Möglichkeiten exakter Lösungen zu, so daß nur ein Streit darüber übrig bliebe, wie oft diese möglich sind?

Ich will nun jeden Zweifel ausschließen und sagen: Es ist sogar möglich, ja wahrscheinlich, daß es einige Erfindungen gibt, bei denen der Spezialfall des patentamtlichen Begriffsstaffelsystems dieser „Funktionsform" entspricht und den Erfindungsgehalt exakt ausdrückt. Es wäre eine dankbare Aufgabe, zu erforschen, welche Art Erfindungen so darstellbar sind, um von der Schätzung „meist", „einige" usw. zu genauer Klassifizierung zu gelangen.

Und nun soll ich diesen Fehler auch noch gemacht haben, weil ich „den Unterschied zwischen Maschine und Maschinenerfindung übersehen" habe, der sehr wichtig sei. Ausgerechnet ich soll den Unterschied zwischen konkreter Erfindungsverkörperung und abstraktem Erfindungsgedanken übersehen haben, der ich seit meiner Erstlingsarbeit über die Hartigschen Studien[1]) dafür gekämpft habe, daß nicht über den Abstraktionen die Wirklichkeit vergessen wird; der ich den in diesem Belang wichtigen Unterschied zwischen den reinen Gedankenschöpfungen (Synthesen), die allein von Spielmann berücksichtigt werden, und den experimentell gewonnenen Erfindungen schon in meiner Arbeit über „Die Abhängigkeit des Patentschutzes von der Erkenntnis der Erfindung"[2]) aufgestellt habe. Vielleicht überzeugt auch meine Arbeit über die „Psychologische Synthese der Erfindung" Zweifler davon, daß ich nicht leicht die gedankliche Seite der Erfindung vernachlässigen werde. Und in die Einleitung der kritisierten Arbeit habe ich gesetzt: „Vorstellung und Begriff der Dinge zusammen ist das Erstrebenswerte" und als Endzweck bezeichnet: „Die begriffliche Auffassung der Maschine der bunten Wirklichkeit anzupassen" (nicht sie aufzuheben!), „der Wirklichkeit, für welche das Beschreiben ein Notbehelf für das Sehen ist".

---

[1]) Patentanwalt 1891, S. 2387, 2425, 2446, 2458, 2480, 2891.

[2]) Z. f. g. R. 1892, S. 53.

Und das hier interessierende Verhältnis zwischen Konkretem und Abstraktem habe ich sehr deutlich nach Erörterung des Beispieles der Fahrradnabe so ausgedrückt: „Ein einziges konkretes Stück kann Träger mehrerer wesentlich verschiedener Erfindungsgedanken sein. Logisch ausgedrückt: Aus einem einzigen Gegenstande können mehrere wesentlich verschiedene Begriffe abstrahiert werden."

Ich kann aus den Ausführungen Spielmanns nur finden, daß er hinsichtlich der begrifflichen Definitionen mit mir im allgemeinen übereinstimmt, daß er aber fälschlich und beweislos ihre Möglichkeit für alle Erfindungsarten behauptet, weil er nur solche Erfindungen in Betracht zieht, welche genügend einfache und klare „Gedankenschöpfungen" sind, um diese Darstellungsweise zu ermöglichen. Er scheint mir nämlich nachträglich die Möglichkeit für einige Erfindungsarten auf alle zu übertragen. Das wäre eben der Fehler, nach Untersuchung eines Falles eine kategorische Behauptung für alle Fälle aufzustellen.

Sehr richtig fährt Spielmann zwar fort, daß dies nur eine theoretische Möglichkeit sei und noch nichts für ihre praktische Zweckmäßigkeit beweise. Ja, wenn man das Wort theoretisch nur weit genug faßt, sind wir ganz einig, denn dann kann niemand behaupten, daß für irgendetwas keine theoretische Möglichkeit der begrifflichen Darstellung vorliege. Es ist dies die Möglichkeit, zu deren Verwirklichung der von du Bois Reymond beschriebene „Pascalsche Geist" gehört: Dann kann man auch die ganze Mona Lisa und ihren „ästhetischen Effekt" in eine mathematische Formel bringen, und den Effekt als notwendige Wirkung der sämtlichen Pinselstriche und ihrer Kombination erweisen.

Spielmann faßt aber deshalb die Pfeffermühle des D.R.P. 30084 noch schärfer ins Auge. Er macht dabei jedoch ganz denselben Fehler wie Habermann, nicht von meiner Voraussetzung, nämlich der Darstellung Hartigs auszugehen, sondern mir eine objektiv unrichtige Neuheits- und Patentwürdigkeitsprüfung dieser Erfindung vorzuwerfen. Ich hätte versäumt, „die Ergebnisse der Prüfung des Patentamts zu berücksichtigen". Ich habe vermutet, daß Hartig den Stand der früheren Technik genau und vollständig angegeben hat, denn ich sage: „Ob der Anspruch richtig ist und wirtschaftlich wertvoll, das ist im vorliegenden Falle mit Rücksicht auf die Pfefferbüchse der Fig. 2 zu beurteilen, welche die Summe der ganzen früheren Technik enthalten soll" (soll!), und aus dieser Vermutung komme ich zu dem in gleicher Weise bedingten Ergebnis, „es ist hiernach zu vermuten, daß der logisch fehlerfreie Anspruch wirtschaftlich fehlerhaft ist".

Und dann spricht Spielmann noch von einem Wirthschen System der „Aufstellung der Ansprüche". Damit sind die verschiedenen Formulierungsversuche des Pfeffermühlenanspruches gemeint, durch welche nach Spielmann „der Grundgedanke des Patentwesens, daß nur Erfindungen und nicht Konstruktionen geschützt werden sollen, vollständig verloren gehe". Erstens handelt es sich aber hier allein um die richtige Formulierung und nicht um die darauf folgende Prüfung des Formelinhalts auf Patentwürdigkeit. Wo aber sind zweitens die Prüfungserwägungen, die die Absprechung des Erfindungscharakters rechtfertigen? Habe ich denn aber nicht überhaupt deutlich genug die Aufstellung eines Systems abgelehnt, wenn ich auf der letzten Seite dieses Aufsatzes als eine Frage bezeichne, „welche Ansprüche und wie viele Ansprüche für den wirtschaftlich wertvollsten Schutz der vollständig in der Pfeffermühle vorhandenen Erfindung" zu formulieren wären.

Spielmann scheint sich nun weiter, ohne das zu erwähnen, gegen die Reichsgerichtsauffassung über die Bedeutung der Patentansprüche zu wenden, wenn er sagt, bei der Aufstellung der Ansprüche in meinem Sinne „würde ein Patent einem verbotenen Gebiet mit unbekannter Grenze zu vergleichen sein, welches von verborgenen Fallen umstellt ist, denen der harmlose Wanderer, nicht ahnend, daß er sich auf unerlaubtem Wege befindet, zum Opfer fällt". Ich darf daran erinnern, daß meine Arbeit vor den hier angegriffenen Entscheidungen des Reichsgerichts liegt. Ich möchte sie als eine technische Vorstudie dieser Entscheidungen für juristische, und als eine logische Vorstudie für Techniker mit logischer Ausbildung nach Hartig ansehen. Jene Versuche hatten allerdings die Schutzgrenzen im Auge.

Wenn Spielmann meint, meine späteren Veröffentlichungen zeigten, daß ich schon damals von dem Bestreben geleitet gewesen sei, den Patentanspruch „in seiner jetzt üblichen Form nicht als maßgebend und wertlos für die Beurteilung von Patentverletzungen zu erweisen", so sind meine Folgerungen nicht in einen so derben Allgemeinsatz zu fassen. Dann aber habe ich gehofft, daß diese Abhandlung zunächst auch nach ihrem rein wissenschaftlichen Inhalt gelesen werden könnte, und daß man die Folgerungen, die der Patentpolitiker aus ihm ziehen mußte, nicht in ein Bestreben verwandelt werde, welches den rein wissenschaftlichen Gehalt vorher leitend beeinflußte. Spielmann geht viel weiter als ich, wenn er seinen allgemeinen Satz als eine notwendige Folge meiner Vordersätze hinstellt und nur deren Richtigkeit allein anfechten will. Ich bin viel vorsichtiger, wie vielleicht schon die obigen Zitate verdeutlichen.

Wenn wir aber Ordnung und Klarheit und Fortschritt in unsere Diskussion über den Gegensatz zwischen Patentamt und Reichsgericht bekommen wollen, dann hilft uns das energischste Bekenntnis zu dem einen Standpunkte nichts, wenn der Bekenner uns ratlos vor der Frage läßt, wie er denn zu sämtlichen Gründen der Gegenseite steht, und warum er seine Gründe für gewichtiger hält.

Daß es eine vielfach als veraltet geltende Schule gibt, welche glaubt, Gesetze und Patentansprüche so formulieren zu können, daß dem Richter im einzelnen Streitfalle nur die Rolle des Subsumtionsautomaten bleibt, und daß hiermit polizeimäßige Sicherheit verbunden wäre, das wissen wir doch nun nachgerade alle. Es gibt aber, um in dem obigen Bilde Spielmanns zu bleiben, recht erfahrene Praktiker, welche sehr schwer zu dem Glauben an eine öftere Harmlosigkeit des Wanderers zu bringen sind. Und warum soll denn der in verborgene Fallen geratene Wanderer Mitleid erregen, wenn er allgemein vor Fallen gewarnt ist? Er hatte doch den Wunsch, sich Blumen anzueignen, von denen er sicher wußte, daß sie nicht sein Eigentum waren, von denen nur zweifelhaft war, ob sie gemeinfrei sind, und bei deren Aneignung er es nur seiner Fahrlässigkeit zuzuschreiben hat, daß er den Ort der Fallen nicht vermieden hat! Sollen wir wirklich fortfahren, durch Umsetzung von längst bekannten nüchternen Sätzen in stimmungsvolle Bilder den Anschein einer Förderung des Problems zu erwecken?

Man sollte aber auch nicht die Diskussion dadurch verwirren, daß man durch solche allgemeinen Sätze auch die alte Rechtsprechung des Reichsgerichtes für eine neue ausgibt. Man hat kein Recht, heute erstaunt zu sein, daß dem Patentamt plötzlich ein Teil der Prüfungskompetenzen entzogen werden solle, die es zu haben glaubt, und damit dem Patentanspruch ein Teil seiner Deutlichkeit. Man hätte sich im Jahre 1892 wundern müssen. Damals habe ich als den selbstverständlichen Inhalt der damals veröffentlichten Reichsgerichts-Entscheidung von 1890 folgendes angegeben:

„Hieraus entwickelt sich nun ein eigentümlicher Zustand. Das Patentamt prüft nicht, ob die Elemente einer Erfindung an sich neu sind; es erachtet aber eventuell deren Kombination für neu und gewährt deshalb einen Patentanspruch auf den Kombinationsgedanken und einen auf die Gesamtkonstruktion, in welcher er sich verwirklicht, als auf eine „besondere Ausführungsform". Der Richter im Patentstreite soll aber auch Nachahmungen solcher Teile als Verletzungen ansprechen, welche einzeln für sich neu sind und eine Erfindung darstellen."

„Es bleibt also nichts übrig, als im Patentverletzungsprozeß die Prüfung diese Einzelteile nachzuholen und durch Sachverständigen-Gutachten die neuen Bestandteile der Erfindung von den alten zu scheiden."

„Dies ist eine eigentümliche Teilung der Prüfungsarbeit zwischen Patentamt und Gericht! Das Reichsgericht scheint allerdings diese Teilung als eine dem Gesetz entsprechende anzusehen, wenn es sagt: „Man darf auch nicht fordern, daß der Erfinder bei der Patentnachsuchung dies zum Ausdruck zu bringen habe, daß und welche einzelnen Teile er neben der Gesamtkonstruktion für sich patentiert haben wolle[1]).“ Fricke allerdings verlangt, daß in einem neuen Gesetz der Erfinder hierzu gezwungen werden solle, im Interesse der Rechtssicherheit[2]).“

Und zur Förderung der Frage möchte ich hier noch eine dankbare Aufgabe zur Bearbeitung anheimstellen: Man untersuche die von dem Reichsgericht und anderen Gerichten entschiedenen Fälle, in welchen eine ausdehnende Auslegung des Patentanspruches und damit der Teilschutz für berechtigt gehalten wurde, daraufhin, ob es etwa von vornherein möglich — theoretisch und praktisch möglich — gewesen wäre, einen Patentanspruch zu formulieren, der nach seinem begrifflichen Inhalt die Nachahmung bei bloßer Subsumtion auch deckt. Und dann untersuche man, ob ein so formulierter Anspruch nicht etwa der Nichtigkeitsklage, wegen Unvollständigkeit der in ihm beschriebenen Erfindung, ausgesetzt gewesen wäre. Das letztere ist ein Punkt, der immer noch meist unbeachtet bleibt. Habermann beachtet ihn unter Bezugnahme auf Schanzes „Das Kombinationspatent“. Er meint, glücklicherweise störten solche minutiösen Unterschiede die amerikanische Praxis nicht. Das ist richtig. So lange aber das deutsche Reichsgericht die Unterschiede macht, können sie aus der Diskussion des deutschen Patentanspruchs nicht fernbleiben.

Ich nehme nun noch Anlaß, die Form meiner Beweisführung in der begrifflichen Auffassung der Maschine noch mehr zu verdeutlichen: Es gibt chemische Erfindungen und gibt mechanische Erfindungen. Ein allgemein gültiger Satz für Anspruchsformulierung trifft beide Arten. Chemische Erfindungen stehen der Begrifflichkeit weit ferner als mechanische, elektrische vielleicht in der Mitte. Unter den mechanischen Erfindungen sind die einfachen der begrifflichen Darstellung zugänglicher als die verwickelten. Deshalb hat ein Beispiel einfachster mechanischer Erfindungen eine gewisse allgemeine Beweiskraft für alle Erfindungen.

Zu den chemischen Erfindungen mag dabei noch folgendes bemerkt werden. Für sie ist das patentamtliche System der Anspruchsformulierung und der Einheitlichkeit überhaupt nie ernstlich begründet worden. Für sie wurde einfach das für mechanische Erfindungen Angenommene nachgeahmt. Daß die Begriffsbildung auf Grund logischer Abstraktion für chemische Erfindungen deshalb noch viel weniger möglich war als für Maschinen, weil hier die Abstraktion nur ganz selten ohne neue Experimente vorgenommen werden kann, habe ich schon 1891 bewiesen[3]).

[1]) Z. f. g. R. 1892, S. 362.
[2]) G. R. u. U. 1911, S. 232.
[3]) Patentanwalt 1891, S. 2447 u. 2459.

Wenn bei einer Erfindung Soda ein Hilfsmittel ist, so kann ich die Soda nur dann zu Alkalien verallgemeinern oder verbegrifflichen, wenn ich aus theoretischen Gründen oder praktischen Experimenten die Äquivalenz aller Alkalien für den vorliegenden Fall erkannt habe.

Experimente sind aber in allen etwas abgelegenen Fällen nötig, und die oft vorgenommene Abstraktion ohne Experimente und ohne sonstige technisch sichere Grundlage ist eine auf grundlose Schutzerweiterung gerichtete Willkür. Dasselbe gilt für die nicht stofflichen Verfahrensmerkmale. Für ein unter den Bedingungen a, b, c, d vor sich gehendes Verfahren kann ein Anspruch für die Bedingung a allein nur aufgestellt werden, wenn die Entbehrlichkeit der Bedingungen b, c, d auf irgendeine Weise, also meist experimentell gesichert ist.

Hinsichtlich der Erweiterungen des Schutzumfanges auf Homologe und Isomere, im allgemeinen auf patentrechtliche Äquivalente, ist für die Chemie die Unmöglichkeit, den ganzen Kreis der Äquivalente, also die Grenzen des Schutzes bei der Patentanmeldung festzustellen, eine so offensichtliche Wahrheit, daß es nur des Hinweises auf sie bedarf. Die chemischen Erfindungen aber werden von den Verfechtern der Lehre, daß notwendig im Patentanspruch schon die Schutzgrenzen festzulegen seien, offenbar gar nicht beachtet. Oder wollen sie gar ein verschiedenes Patentrecht für chemische und mechanische Erfindungen?

Die Forderung, in dem Patentanspruch von vornherein den Schutzumfang bindend festzustellen, würde eine Entscheidung darüber verlangen:

1. Welche Teile und Stoffe eines Gesamtverfahrens Einzelschutz haben sollen.
2. Welche Einzelbedingungen eines Verfahrens Einzelschutz haben sollen, und wieweit diese Bedingungen veränderlich sind.
3. Wie weit der Kreis der Äquivalente reichen soll, durch den die verschiedenen, in dem Verfahren vorkommenden Stoffe und Maßnahmen ersetzt werden können.

Gerade die Bestimmung dieser Äquivalenzkreise zeigt am deutlichsten die Unmöglichkeit der Forderung. Man müßte ihn oft entweder nach einer Willkür beliebig weit auf Grund bloßer theoretischer Vermutungen ansetzen oder aber Tausende von Experimenten machen.

Ein Satz des Reichsgerichtes ist aber mit einem solchen Beginnen ganz unverträglich, daß nämlich die überwiegende Bedeutung einer späteren Erfindung sie aus dem Bereiche des früheren Patentes herausheben könne. Diese spätere Erfindung entzieht sich aber eben jeder Berücksichtigung, sie kann aber nicht durch die Schutzfestlegung eines ihrer Elemente, das später als verhältnismäßig geringwertig neben dem neu hinzutretenden wichtigeren Element steht, schon in den Schutzbereich hereingezogen werden.

V.

Das heutige System des Patentamtes hat auch den Einwand, daß seine Befolgung sich von den Anmeldern nicht erzwingen läßt, wenn auch anscheinend von diesem Umstand von Anmeldern und ihren Anwälten noch wenig, viel zu wenig Gebrauch gemacht wird. Und doch ist die Sache äußerst einfach!

Das Patentamt und Hartig selbst haben das System nie so weit geführt — gegen einige ganz unpraktische Konsequenzenzieher[1]), daß sie eine nach Ansicht des Amtes unnötige Häufung von Merkmalen, die nach Auffassung des Amtes den Schutzumfang verringerten, kategorisch abgelehnt hätten.

Nun ist aber der einzige Fall, in welchem die Praxis des Patentamtes noch maßgebend für die Auslegung durch das Reichsgericht ist, der, daß ein ausdrücklicher Verzicht oder eine ausdrückliche Ablehnung des Schutzes eines Teils oder Merkmals stattgefunden hat. Nun, was dem Patentamt nicht zur Prüfung vorgelegt wird, das kann von ihm nicht geprüft werden, wenigstens nicht maßgeblich geprüft werden. Wer eine Erfindung a, b, c hat und einen Ausspruch des Patentamtes über die Schutzfähigkeit von a allein nicht wünscht, der darf eben keinen Anspruch a formulieren, sondern nur einen Anspruch a-b-c. Und wenn er erst im Laufe des Verfahrens zu der Erkenntnis kommt, daß es besser ist, lieber dem Patentverletzungsrichter als dem Patentamt diese Frage zu überlassen, dann muß er eben seinen Anspruch a fallen lassen, nicht weil seine Schutzfähigkeit widerlegt ist, sondern weil er nur ein Erfindungsteil sei und deshalb gar nicht Gegenstand eines Anspruches sein könne, dessen Inhalt vollständige Erfindungen sein müssen. Regelmäßig müßte die Klausel wiederkehren, daß durch Fallenlassen einer Anspruchsformulierung dem Patentverletzungsrichter durchaus nicht präjudiziert werden solle. Das ist eigentlich eine selbstverständliche Forderung, wenn man sieht, wie immer und immer wieder das Patentverletzungsverfahren an solchen Mängeln des Patenterteilungsverfahrens scheitert und ein berechtigter Schutz nicht eintritt.

Das Patentamt ist demgegenüber völlig machtlos. Allerdings befindet sich der Anmelder hier vor der Entscheidung einer unbequemen Alternative. Ihm ist es zunächst lieber, wenn er einen Spruch des Patentamtes erlangen kann, nach welchem a schutzberechtigt ist, und ob dieses a einmal in einem Nichtigkeitsverfahren wegen mangelnder Vollständigkeit der Erfindung umformuliert oder vernichtet wird, ist ihm eine cura posterior. Er sieht zunächst nur, daß seinem Konkurrenten

---

[1]) *Vgl. G. u. U. R. 1902, S. 160.*

ausdrücklich die Nachahmung von a allein verboten ist. Gerechtfertigt war diese Art des Vorgehens auch, solange noch nicht mit der heutigen Klarheit und Sicherheit die Praxis des Reichsgerichtes festgelegt war.

VI.

Die Prüfung auf Fortschritt.

Jede Prüfung setzt voraus, daß der zu prüfende Punkt formuliert wird. Daß es in sehr vielen Fällen praktisch unmöglich ist, alle schutzberechtigten Punkte einer zutreffenden Formulierung zu unterwerfen, d. h. einer Formulierung, welche durch den Wortlaut schon alle künftigen Verletzungen trifft, ist oben nachgewiesen. Die zweite Frage ist die, lassen sich diese Punkte, wenn die Formulierung doch gelungen ist, nun einzeln auf Neuheit und Schutzwürdigkeit prüfen? Die Prüfung auf Neuheit ist an sich möglich; sie würde nur eine ungeheure Vergrößerung der Arbeitslast des Patentamtes bilden, zumal, wenn die Neuheit nicht nur des einzelnen Erfindungselementes für sich, sondern auch in einer ganzen Reihe von Kombinationen geprüft werden soll.

Die Prüfung auf Schutzwürdigkeit läßt sich in einzelnen Fällen mit bejahendem und in einzelnen Fällen mit verneinendem Urteil auch sicher durchführen. Es gibt ja Erfindungselemente, deren geistige Qualität von so schlagender Besonderheit ist, daß an ihrer Schutzwürdigkeit niemand wird zweifeln wollen. Allerdings muß man sich sagen, daß, wenn man einem einzelnen Element die Schutzwürdigkeit zuspricht, man ein ganz unbegrenztes Gebiet aller möglichen Kombinationen mit diesem Elemente miteinschließt. In anderen Fällen wird es sich um Erfindungselemente handeln, die nicht nur in einer zufälligen Anwendung einmal vorgekommen sind, sondern die nach allen Seiten hin erforscht, für verschiedene Zwecke angewendet sind, so daß man sie als allseitig voll bekannt wird ansehen können, und sogar nicht nur ihre Neuheit an sich wird verneinen können sondern mit einem gewissen Grad von Sicherheit auch die Kombinationen dieser Elemente mit anderen Elementen als nicht patentwürdig erkennen wird. Das ist aber eine Betrachtung nur von einer Seite her. Heute ist in der Praxis die Prüfung auf Fortschritt auch bei dem Patentamt eingezogen. Sie aber ist in irgendeinem vernünftigen Sinn gegenüber Erfindungsteilen ein Unding. Die ganze Erfindung kann einen Fortschritt, und zwar einen liquiden Fortschritt zeigen. Dieser kann aber nie ideell und selten materiell in verschiedene Teile zerlegt werden, welche den einzelnen Erfindungselementen entsprechen.

Daß die Fortschrittsprüfung nur auf das Ganze gehen kann, daß die wirtschaftliche Beurteilung von Erfindungsteilen und Abstraktionen ein völliges Unding ist, liegt klar zutage. Deshalb ist die Fortschrittsprüfung für Unteransprüche und Nebenansprüche auch ein Unding, deshalb paßt sie nicht in das herrschende System der Anspruchsformulierung. Diese Bedenken hätten das Patentamt schon lange stutzig machen sollen. Deshalb ist aber auch ein System der Anspruchsformulierung mit Teilschutz und autoritativer Begrenzung des Schutzumfanges unmöglich, wenn man den einzelnen Anspruch auf Fortschritt prüfen will. Aber auch die Prüfung der einzelnen Ansprüche auf Erfindungshöhe aus anderen Gesichtspunkten ist wegen ihres abstrakten Charakters noch viel schwerer als die der Gesamterfindung. Das amerikanische System ist deshalb nur möglich, indem praktisch eine solche Patentwürdigkeitsprüfung der einzelnen Ansprüche auf die liberalste Weise geübt wird.

Das hier allein mögliche Prinzip kann vielleicht so formuliert werden, daß dann, wenn für die Gesamterfindung die Patentwürdigkeit festgestellt ist, sie im allgemeinen auch für die einzelnen neuen Erfindungsteile anzuerkennen ist, wenn hier nicht das Gegenteil schlüssig erwiesen werden kann. Dieser Satz hat einige Ähnlichkeit mit der oben beschriebenen Praxis, nach welcher die Unteransprüche nur als uninteressante Mitläufer behandelt werden.

Man kann aber von diesem Kapitel der Fortschrittsprüfung nicht sprechen, ohne auf die großen Bedenken hinzuweisen, welche diese Prüfung überhaupt hat, und wie sie vom Reichsgericht und wie von dem Patentamt ausgeführt wird.

Das Reichsgericht hat die Prüfung der Patentwürdigkeit von wirtschaftlichen Gesichtspunkten eingeführt unter dem Gesichtspunkt, daß eine gewisse Größe des Fortschrittes für die Patentwürdigkeit unentbehrlich sei. Ich halte diese Lehre für falsch und verderblich, will mich aber hier nicht allgemein dazu äußern. Die Lehre ist jedenfalls insoweit klar und folgerichtig, als sie aus rein praktischen Gesichtspunkten die Erfindungshöhe beurteilen will.

Dies Erfindungserfordernis des Fortschritts hat nun das Patentamt in den letzten Jahren vom Reichsgericht übernommen, unbesehen übernommen, und verwendet es in der wildesten Weise. Bei einigen Mitgliedern des Amtes ist die Fortschrittsprüfung ein bloßer Schein. Der Fortschritt, den der Anmelder behauptet und der ihm nicht widerlegbar ist, wird auch als genügender Fortschritt erachtet. Das ist in den meisten Fällen die einzig möglich Stellungnahme, eine Stellungnahme, die richtig allerdings nur auf die Einsicht der Unmöglichkeit dieser Prüfung gestützt werden kann. Bei anderen ist das direkte Gegenteil der Fall; Art und Größe des Fortschritts werden auf das peinlichste geprüft und dabei die allerwunderlichsten Pfade eingeschlagen und Begriffsverwirrungen zutage gefördert, die sich manchmal in wunderlichen Wortbildungen kundtun. Dabei sollte darüber eigentlich kein Zweifel sein, daß ein wirtschaftlicher Fortschritt nur in den allerwenigsten Fällen zur Zeit der Patentanmeldung prüfbar ist. Die in Deutschland angemeldeten Erfindungen sind fast alle Projekte, und wer an ein Projekt mit der Anforderung einer vollständigen und zuverlässigen Bilanzaufstellung herantritt, sei es, daß er sich selbst das Urteil zutraut, sei es, daß er es von dem Anmelder fordert, der muß auf Abwege geraten.

Ich habe schon einmal geäußert, daß man allein mit dem Angriff des mangelnden Fortschritts die größte Zahl der deutschen Patente stürzen könne. Das Reichsgericht ist nunmehr so weit gegangen, daß es in dem Mangel einer Fabrikation den Nachweis mangelnden Fortschrittes erbracht oder wenigstens wesentlich gestützt sah[1]). Außerdem war in dem dortigen Fall lediglich durch Vorführung und Theorie in der mündlichen Verhandlung bewiesen worden. Nichts ist natürlicher! Wenn ein praktischer Fortschritt von einer Erfindung verlangt wird und die Erfindung wird nicht ausgeführt, und wenn man annehmen darf, daß die deutsche Industrie verständig genug ist, sich Fortschritte nicht entgehen zu lassen, so ist eben die Nichtausführung gleich dem Urteil, daß ein Fortschritt nicht vorliegt. Das nähert freilich die Nichtigkeitsklage und die Zurücknahmeklage einander sehr. Das ist aber eine typische Art von Beweisführung in Nichtigkeitssachen, wo man es regelmäßig einige Jahre nach Erteilung des Patentes mit praktischen Interessen zu tun hat, und wo die Industrie allerdings oft ein Urteil gefällt hat. Man braucht aber nur sehr wenig Erfahrung in der Patentverwertung zu haben, um das Trügerische derartiger Schlußweisen zu erkennen und auch zu erkennen, daß es eine der schwierigsten und intrikatesten und für eine gerichtliche Verhandlung sehr oft unlösbaren Aufgaben ist, ein volles Bild all der Hinderungen zu geben, die sich einer technisch guten Erfindung bei ihrer Einführung in den Weg stellen.

Die Frage des Fortschritts ist eine, bei welcher es ganz unmöglich ist, die Beweisfrage nicht gleichzeitig mit der Definition des Fortschritts zu behandeln. Wer sich hier aber nur einigermaßen des wirklichen technischen Lebens bewußt geblieben ist, der muß sich sagen, daß ein Fortschritt im Stadium der Patentanmeldung grundsätzlich nur summarisch und nur vermutungsweise geprüft werden kann, und daß es deshalb eine Grüne-Tisch-Illusion ist, sich hier den Anschein eines ernsten Urteils zu geben.

So ist die Frage der Fortschrittsprüfung vor dem Patentamt zu der deutlichsten Offenbarung geworden, daß die Prüfung der Patentwürdigkeit überhaupt nur eine summarische sein kann, im Gegensatz zu der Neuheitsprüfung. Bei dieser können die Prüfungsunterlagen,

---

[1]) RG. 4. Febr. 1911.

d. h. die Belege über den Stand der Technik lückenhaft sein, das Urteil als solches aber ist sicher.

Daß sich das Patentamt immer noch nicht grundsätzlich zu diesem Standpunkt bequemen will, daß man hier mit Gründen kommt, welche diese problematischen Schätzungen als die Anwendung des gesunden Menschenverstandes ausgeben, das ist eben das deutlichste Zeichen dafür, wieweit das Patentamt von der wirklichen Technik sich entfernt hat.

Man stelle sich doch einen Ingenieur, einen Fabrikdirektor, einen Hochschullehrer vor, welche ein verantwortliches Gutachten über eine Erfindung abgeben, deren Fabrikation aufgenommen, deren Patent gekauft werden soll. Unmöglich ist es meist selbst in dem Nichtigkeitsverfahren, die letzten Gründe in einer ähnlichen Weise zu untersuchen, wie es hier geschieht; und im Anmeldeverfahren, ja, da ist daran überhaupt nicht zu denken. Und das Schicksal einer Anmeldung ist nun immer davon abhängig, ob eine Mehrheit von Mitgliedern der beschließenden Abteilung den Fortschritt noch für genügend hält, eben in dem Gefühl der Unprüfbarkeit des Fortschritts, oder ob diejenigen in der Überzahl sind, welche meinen, hier gründlich prüfen zu können und zu müssen. Wie unbehaglich sich ein ernsthafter Jurist bei solchen, über Leben und Tod eines Patentes entscheidenden rein technischen und rein gefühlsmäßigen Urteilen fühlen muß, kann man sich vorstellen.

Es liegen schon mehrere Äußerungen vor, welche deutliche Anzeigen für die Auffassung der Industrie über die Fortschrittsprüfung sind.

VII.

Die Praxis des Reichsgerichts.

Gegenüber diesem verworrenen Zustand der patentamtlichen Praxis ist es von Bedeutung, darauf hinzuweisen, daß die Praxis des Reichsgerichts eine einheitliche ist, die sich schrittweise weitergebildet hat, aber nie in solche Widersprüche verwickelt wie das Patentamt. Dabei ist nur wunderbar, daß sich in der Reichsgerichtsrechtsprechung kaum eine Andeutung dafür findet, daß das Reichsgericht sich je ernstlich mit der philosophisch technischen Grundlage der patentamtlichen Praxis befaßt hat. Jedenfalls findet man bei ihm keinerlei Anklang an Gedankengänge wie die Hartigschen, und die nach diesen Gedankengängen entstandenen Patente betrachtet es gern ganz naiv, als ob sie ohne solche doktrinäre Grundlage entstanden oder verständlich wären. Symptomatisch ist z. B., daß das Reichsgericht von dem Wort „Merkmal", welches die ganze patentamtliche Praxis beherrscht, einen äußerst sparsamen Gebrauch macht und nie in den Fehler verfallen ist, „Merkmale" zu prüfen statt Erfindungen. Das Reichsgericht steht eben der strengen „Begrifflichkeit" des Patentamtes fremd gegenüber. Das war eigentlich schon damals ausgesprochen, als eine „freie" Behandlung des Patentanspruches einzog, d. h. logisch gesprochen, als die als wesentlich gewollten Merkmale als unwesentlich, und die als unwesentlich von der Formulierung zurückgestellten Merkmale als wesentlich hervorgezogen wurden, kurz: als die gewollte Wesentlichkeit des Formelhaften im Patentanspruch von der Praxis abgelehnt wurde. Diesem völligen Schweigen des Reichsgerichtes zu diesem System des Patentamtes als solchem ist es ohne Zweifel auch größtenteils zuzurechnen, daß die Unverträglichkeit der beiden Rechtsprechungen so lange verborgen blieb, und daß nicht erkannt wurde, daß spätestens an dem Tag, an welchem die Teilnachahmung anerkannt war, das Patenterteilungssystem des Patentamtes einfach insoweit gegenstandslos geworden war; der Gegenstand, auf welchen es sich richtet, die sichere Schutzumgrenzung, war plötzlich weggekommen, das Patentamt judizierte aber ruhig weiter, als ob er noch vorhanden wäre. Niemand spürte das Bedürfnis, sich diesem neuen Zustande anzupassen, alle möglichen Themata aus dem Patentrecht schienen den Schriftstellern aus dem Patentamt interessant, nur diese Hauptsache nicht, wenn man nicht den stummen Widerstand gegen die außeramtliche Literatur hierzu als eine erhebliche Tätigkeit empfinden will.

Die „Begrifflichkeit" des Patentanspruches war für Hartig das Mittel, den Schutzumfang sicher abzugrenzen, und zwar von vornherein sicher abzugrenzen und durch den Patentanspruch allein gerade im Gegensatz zur Patentbeschreibung abzugrenzen. Das Reichsgericht hat von vornherein den Patentanspruch nur als einen Versuch der Formulierung aufgefaßt, der immer mit der Patentbeschreibung zusammen gelesen werden müsse. Es hat immer in ihm die konkrete Darstellung der Erfindung verlangt, es hat ihm immer die Aufgabe aberkannt, die Schutzgrenzen von vornherein lückenlos festzulegen, und es hat in der Praxis gegenüber dem Patentamt immer die Stellung eingenommen, daß die abstrakt und auf Erfindungselemente formulierten Ansprüche durch konkretere und vollständigere ersetzt wurden, wenn dieses möglich war, und daß das Patent vernichtet wurde, wenn dies unmöglich war. Dabei hat allerdings das Reichsgericht recht verschiedenartige Ausdrucksweisen in der Begründung der Entscheidungen gewählt. Die Zusammenstellung der wenigen wichtigsten Entscheidungen wird aber ihre gemeinschaftliche Grundanschauung doch deutlich erweisen, vom Jahre 1890 bis zum Jahre 1910.

In der Entscheidung vom 18. Januar 1890[1]) findet sich der Satz: „Man darf auch nicht fordern, daß der Erfinder bei der Patentnach-

[1]) P. Bl. 1892, S. 457.

suchung dies zum Ausdruck zu bringen hat, daß und welche einzelnen Teile er neben der Gesamtkonstruktion für sich patentiert haben wolle. Bei zusammengesetzten Maschinen würde solche Forderung zu den monströsesten Patentansprüchen führen.

In der Entscheidung vom 28. Juni 1890[1]) kommt dann ganz deutlich schon der Gedanke zum Ausdruck, daß der Patentanspruch die ganze Erfindung beschreiben müsse und nicht einen Erfindungsteil. Durch diese Entscheidung wurden die zwei Ansprüche des Patentes 10 786 der Badischen Anilin- und Sodafabrik zu einem einzigen Anspruch vereinigt.

Außerdem aber wurden die einzelnen Ansprüche noch aus ihrer „unbestimmten", d. h. zu abstrakten Form durch eine Bezugnahme auf die Beschreibung ergänzt und in bestimmte konkrete Form übergeführt.

Der erste Anspruch betraf das Verfahren zur Darstellung von Sulfosäuren des Alpha-Naphthols, welche ein reines Zwischenprodukt waren, während der zweite Anspruch die Nitrierung dieser Naphthol-Sulfosäuren betraf, durch welche erst Farbstoffe hergestellt wurden. Das Reichsgericht fügte in den neuen formulierten Anspruch aber auch noch die ausdrückliche Bezugnahme auf den unter „I" beschriebenen Weg der Patentschrift und die Worte „sowie unter II der Patentschrift beschrieben" hinzu.

In jedem Fall zeigt aber diese Entscheidung schon sehr deutlich die ganz allgemeine Grundlage, um deren Konsequenzen es sich auch bei dem jetzigen Streit handelt. Der Anspruch soll vollständig genau und bestimmt sein. Findet sich doch auch in dieser Entscheidung schon die Anmerkung:

> „Allein es ist ein Irrtum, daß die Patentansprüche ohne die Patentschrift zu lesen seien; der Irrtum wäre nicht veranlaßt gewesen, wenn im Patenterteilungsverfahren die Patentansprüche so stehen gelassen wären, wie sie die Nichtigkeitsbeklagte selbst formuliert hatte. Es war keine Verbesserung, daß bei jedem der beiden Patentansprüche die Worte gestrichen sind „im wesentlichen wie vorstehend beschrieben".

Wir haben hier einen bis in die Einzelheiten genau parallelen Fall zu der Zündpillenentscheidung, bei welcher gleichfalls zwei Ansprüche zu einem einzigen vereint wurden und außerdem noch aus der Beschreibung ergänzt, nur im letzten Falle nicht durch eine allgemeine Bezugnahme auf die Beschreibung, sondern durch Nennung des betreffenden Elementes der Hemmvorrichtung. Und hier ist noch die Anmerkung zu machen, daß solche Ergänzungen der Ansprüche aus der Beschreibung

---

[1]) Gareis VIII, S. 194.

in der reichsgerichtlichen Praxis nicht zu den Seltenheiten gehören und unvereinbar mit der Patentamtsauffassung sind.

Das Reichsgericht verlangt die Vollständigkeit des Anspruches namentlich auch aus dem Gesichtspunkte, daß ein gewerblicher Fortschritt, und zwar ein „liquider" gewerblicher Fortschritt nach der Terminologie von Schanze sich nur an eine vollständige Erfindung anknüpft. Deshalb gehört auch die Entscheidung des Reichsgerichts vom 6. November 1893, durch welche das Patent 53 076 vernichtet wurde, in einem allgemeinen Sinne hierher[1]).

Es handelte sich dort um ein Verfahren zur Herstellung der Amido-Naphthol-Sulfosäure. Diese Amido-Naphthol-Sulfosäure war ein Farbstoff. Dieser Farbstoff bot gegenüber vorhandenen keine besonderen Vorzüge dar, während die später aus ihm dargestellten Azo-Farbstoffe einen wichtigen Fortschritt bildeten. Es würde also bei dem Patent 53 076 der „liquide" Erfolg ein mäßiger und nur der unmittelbare durch zusätzliche spätere Erfindung erreichte Erfolg ein großer gewesen sein. Das Patent wurde also nicht wegen technischer Unvollständigkeit vernichtet, sondern wegen mangelnder Patentwürdigkeit der an sich vollständigen Neuerung, welcher der mittelbare Erfolg nicht zugerechnet wurde.

Diese Beispiele lehren auch alle sehr eindringlich, wie gefährlich es unter Umständen sein kann, auch nur irgendetwas, was zur Stützung des Erfindungscharakters dient, aus dem Patentanspruch oder der Beschreibung doch wegzulassen.

Dann folgt die Entscheidung in Sachen des Dolanpatentes:

Nr. 100 882 vom 17. Mai 1902, „M. d. V. D. P." 1904, S. 89. Hier wurde folgender Anspruch 1 vernichtet:

> „1. Verfahren zur Verhinderung von Rußabscheidungen an den Mündungen von Brennern für Azetylen und andere Gase von hoher Leuchtkraft, dadurch gekennzeichnet, daß man das Gas aus dem Zuleitungsrohr in dünnem Strahl in eine erweiterte, durch seitliche Kanäle mit der Atmosphäre kommunizierende Brennermündungskammer eintreten läßt, in welcher der Gasstrahl durch Ansaugen von Luft sich mit einem an seinem Umfange nicht mit Gas gemischten Luftmantel umgibt, welche das Gas kühlt und die Brenneröffnung vor unmittelbarer Berührung mit dem zur Rußabscheidung neigenden Gase oder Gasluftgemisch schützt."

Und zur Begründung führt das Reichsgericht folgendes an:

> „Die Klägerin hat wiederholt und lebhaft bestritten, daß diese Angaben zutreffend seien, während die Beklagte im wesenttichen

---

[1]) Gareis X, S. 2.

sie als richtig aufrechterhalten. Das Reichsgericht ist nicht in der Lage, diesen Streit ohne Zuziehung eines unbeteiligten Sachverständigen zu entscheiden. Indes kann es hierauf nicht ankommen; denn auch, wenn die Angaben des Anmelders als richtig anzuerkennen wären, würde die Erfindung darum keinen weiteren Umfang gewonnen haben. Es wäre eine Erkenntnis hinzugetan, die zwar wissenschaftlich von Bedeutung, für das Gewerbe aber ohne unmittelbaren Nutzen wäre.

Patente werden erteilt für neue Erfindungen, die eine gewerbliche Verwertung gestatten (P.G. § 1). Eine gewerbliche Verwertung aber gestattet nur die bestimmte Vorschrift, wie der Brenner gestaltet sein muß, um mit günstigem Erfolg bei der Azetylenbeleuchtung benutzt werden zu können. Die Erkenntnis, warum gerade diese Form mit vorteilhaften Wirkungen begabt ist, ist nicht patentfähig.

Hiernach bedarf das Patent allerdings einer wesentlichen Einschränkung; der ganze erste, auf das Verfahren gerichtete Anspruch war in Wegfall zu bringen."

Dann folgt die Entscheidung über das Zündpillenpatent (vom 19. Nov. 1900 [1]), deren wichtigste Sätze der Vollständigkeit halber hier auch nochmals abgedruckt seien:

„Der Berufungskläger macht mit Recht geltend, daß der Patentanspruch 1, wie er lautet, zwar die Stellung der Aufgabe, nicht aber ihre Lösung enthält. Daß die lebendige Kraft der von der Flamme aufsteigenden Gase zur Inbetriebsetzung einer selbsttätig wirkenden Vorrichtung zur Entfernung der Zündpille aus dem Flammenbereich nutzbar gemacht werde, das war die Aufgabe, welche sich der Erfinder gestellt hatte; aber ihre technische Lösung enthält der Patentspruch nicht."

„Die spekulative Idee ohne gleichzeitige Herstellung des technischen Ergebnisses, welches die Idee ins Leben einführt, kann aber nicht Gegenstand des Patentschutzes sein. Es ist anzuerkennen, daß im vorliegenden Falle die präzise Stellung der Aufgabe das Hauptmoment war, welches die glückliche Lösung verbürgte, die Lösung selbst war aber damit noch nicht erreicht; sie bedurfte noch der Verwirklichung durch technische Mittel. Nun lassen sich zwar Fälle denken, in welchen bei richtiger Stellung der Aufgabe das einzige Mittel zur Lösung so nahe liegt, daß nicht in der Anwendung des Mittels, sondern in dem Erfindungsgedanken, der zur richtigen Stellung der Aufgabe führte, der Kern der Erfindung zu erblicken ist. So liegt die Sache hier aber nicht. Denn es gab hier weder von vornherein nur ein einziges Mittel zur Lösung der gestellten Aufgabe, noch drängte sich dieses Mittel von selbst auf."

---

[1]) P. M. Z. 1904, S, 330.

„Die Erfindung lag vielmehr in der Erreichung des in Anspruch 1 bezeichneten Zieles mit dem in Anspruch 2 beschriebenen technischen Mittel; weiter ging die wirklich gemachte und kundgegebene Erfindung nicht.“

Der Entscheidung vom 16. November 1903 [1]) hat das Patentamt folgende Überschrift vorgesetzt:

> „Zur Auslegung des § 20, Abs. 3 des Patentgesetzes.
>
> Der Patentanspruch darf nicht allgemeiner gefaßt sein, als der offenbarte Erfindungsgedanke und die Vorstellung des Anmelders von seiner Erfindung reicht.
>
> Die Einschränkung des Patentanspruches im Nichtigkeitsverfahren schließt nicht aus, daß dem Patent ein Schutzumfang zukommt, der das deckt, was Gegenstand des vernichteten Anspruches war.“

Die Gründe geben hier aber auch schon in der Nichtigkeitsentscheidung deutlich zu erkennen, daß es sich hier um eine prinzipielle Stellungnahme handelt. Diese prinzipielle Stellungnahme kann auch unter dem Gesichtspunkt der Wahrhaftigkeit des Patentes gefaßt werden, insofern das Reichsgericht für unzulässig erklärt, mehr als die wirklich gemachte Erfindung unter Schutz zu stellen. Es sagt in dieser Entscheidung:

> „Das der Beklagten erteilte Patent hat jedoch einen Umfang, daß unter seinen Schutzbereich Erfindungen fallen, die sie nicht gemacht, ja an die sie nicht einmal gedacht hat. Wie sehr dies zutrifft, zeigt eine Betrachtung der beiden Apparate, die in dem Tatbestand dieses Urteils erwähnt sind.“

Und weiter:

> „Hierdurch wird der Beklagten keineswegs der Schutz für die ringförmige Anordnung des Dampfentwicklers nebst Brenners um den Desinfektionsmassenbehälter entzogen, sofern ihr ein solcher gebührt. Sollte wirklich, was gegenwärtig nicht zu entscheiden ist, jene Anordnung zur Zeit der Anmeldung, also am 28. Februar 1898, eine neue gewerblich verwertbare Erfindung gewesen sein, so würde Beklagte auch für diese selbständigen Schutz genießen, wenn sie, was gegenwärtig ebenfalls nicht zu entscheiden ist, als selbständiges Element in der angemeldeten Gesamterfindung enthalten wäre. Dies aber geltend zu machen, ist der Beklagten durch die jetzt erfolgte Einschränkung ihres Patentes nicht genommen. Sie würde mithin unter den bezeichneten Voraussetzungen auch jetzt noch anderen die Verwendung der mehrerwähnten Anordnung untersagen können; genommen werden soll ihr nur die Befugnis,

---

[1]) P. M. Z. 1904, S. 216.

sich darüber hinaus auch Erfindungen anzueignen, die sie nicht gemacht hat, und auch für diese ein Verbietungsrecht in Anspruch zu nehmen."

Und darauf kommt als die heute meist zitierte Entscheidung vom 9. Februar 1910, der die gleichartige vom 22. Januar 1910 vorausging, und deren Hauptsätze hier auch nochmals wiedergegeben seien:

„Der Patentanspruch hat in erster Linie den Zweck, den Gegenstand der Erfindung für den Techniker möglichst genau zu bezeichnen, nicht aber den daraus sich ergebenden Patentschutz nach allen Seiten genau abzugrenzen. In dieser Beziehung muß vielmehr manches der späteren Auslegung vorbehalten bleiben. Besonders ist es regelmäßig untunlich, bei Erfindungen, die durch eine größere Zahl von Merkmalen zu charakterisieren sind, schon im Stadium der Patenterteilung festzustellen, welche Merkmale für den Patentschutz unbedingt erforderlich sind, und welche ausscheiden können, bzw. welche einzelnen oder Gruppen von Merkmalen für sich den Patentschutz genießen. Für die Erteilung des Patentes genügt es, daß die Erfindung in der Verbindung sämtlicher Merkmale neu und patentwürdig erscheint, und die weitere Untersuchung über die Grenzen des Schutzes würde in der Regel nur zu einer nachteiligen Verzögerung der Patenterteilung führen. Die Rechtsprechung des Reichsgerichts befolgt daher schon lange den Grundsatz, daß der Anmelder im Zweifel den Schutz und nur den Schutz beanspruchen kann, der ihm nach dem Stande der Technik zur Zeit der Anmeldung gebührt, ohne daß es — abgesehen von unzweideutig erklärten Verzichten und absichtlich verfügten Einschränkungen — wesentlich darauf ankommt, ob ihm selbst oder der patenterteilenden Behörde dieser Stand der Technik vollständig bekannt war."

„Vgl. die im gewerblichen Rechtschutz und Urheberrecht 1908, Seite 341 ff. abgedruckten Urteile, ferner Isay, Wesen und Auslegung des Patentanspruches in den M. d. V. D. P. 1909, Seite 138 ff."

Die eine Begründnug ist nicht sehr wuchtig, denn die Zeitversäumnis ist schließlich doch keine Rücksicht ersten Grades, wie sie für eine derartige grundsätzliche Stellungnahme allein in Betracht kommen könnte, zumal die zweite Begründung, die Bezugnahme auf den Vortrag Isays und die frühere Rechtsprechung doch zu einer ganz anderen Klasse von Gründen gehören. Man versteht nicht recht, warum das Reichsgericht hier nicht das, was doch die Grundanschauung sein muß, in zwingenderer Begründung wiedergegeben hat. Jedenfalls wäre es für die weitere Entwicklung dringend wünschenswert, daß die allgemeine

Rechtsanschauung, aus der heraus allein diese Stellungnahme gegenüber dem Patentanspruch entsprungen sein kann, ausführlich zum Ausdruck gelangte.

Gerade der Mangel einer solchen grundsätzlichen Begründung ist es doch, welcher verursacht, daß die ganze Reihe der Entscheidungen, in welchen allen ein ausdrücklicher Gegensatz des Reichsgerichts zu dem Patentamt hervorgetreten ist, namentlich in den Nichtigkeitsentscheidungen, keinen Einfluß auf das System des Patentamtes gewonnen hat, und daß noch in neuester Zeit sowohl die Entscheidung vom 9. Februar 1910 als die Zündpillenentscheidung als isolierte Einzelfälle behandelt wurden, aus welchen man keine weiteren Konsequenzen ziehen könne.

Zu der Einflußlosigkeit der Reichsgerichtsrechtsprechung auf das System des Patentamtes hat allerdings wesentlich ein zweiter Punkt beigetragen. Alle die materiell-rechtlichen Grundsätze über die Auslegung des Patentes und Bestimmung der Schutzgrenzen gelten nur im „Zweifelsfalle“. Das Patentamt hat nach dem Reichsgericht keine Aufgabe, die Schutzgrenzen im einzelnen festzusetzen, es hat nur die Gesamterfindung zu prüfen; wenn es aber trotzdem deutlich die Schutzgrenzen festsetzt, so gilt das gleichwohl.

Das ist der Kernpunkt der heutigen Unsicherheit der Rechtsprechung, daß niemand im voraus weiß, ob ein Zweifel besteht, ob ein genügender Zweifel besteht. Daran ist allerdings wiederum großenteils das Verhalten der Patentanmelder und ihrer Anwälte schuld, welche die unter V empfohlene Stellungnahme bisher nur ausnahmsweise eingenommen haben. Das Reichsgericht hat bisher nicht wie seinerzeit in der Frage der Abhängigkeitserklärung die Konsequenzen gezogen, daß eine Entscheidung des Patentamtes auf einem Gebiete, auf welchem ihm keine Entscheidung zusteht, den Richter nicht bindet und nur gutachtlichen Wert hat, sondern hat diese Entscheidung anerkannt, wo sie deutlich war. D. h. unjuristisch ausgedrückt: Man sucht bei verkrüppelten Patenten zu retten, was zu retten ist, und muß es aufgeben, wo der Gegensatz zwischen Patenterteilungstendenz und materiellem Recht zu deutlich wird.

Dabei hat dieses Verfahren noch den grundsätzlichen Mangel, daß immer nur der individuelle Fall untersucht wird und auf die allgemeinen Willensrichtungen des Patentamtes keine Rücksicht genommen wird. Der hierbei zur Grundlage dienende Satz, daß im Zweifelsfalle alles hat geschützt werden sollen, was schützbar war, hat die sehr anfechtbare Voraussetzung, daß zwischen Patentamt und Reichsgericht über die materiellen Grundsätze des Schützbaren keine wesentliche Meinungsverschiedenheit bestehe.

Diese Stellung, welche dem Zweifel von dem Reichsgericht gelassen worden ist, mußte zur Folge haben, daß das Patentamt eben diesen Zweifel möglichst deutlich auszuschalten suchte und nie die Hoffnung aufgeben konnte, auf diesem Wege auch da schließlich ausschlaggebend zu sein, wo die materielle rechtliche Differenz der Anschauungen zwischen Patentamt und Reichsgericht offensichtlich war.

Nun scheint mir aber hinsichtlich dieses Zweifels die Stellungnahme des Reichsgerichtes auch noch eine zwiespältige zu sein, die darauf hinausläuft, daß der Stand der Technik, welcher dem Patentverletzungsrichter bekannt ist, immer gilt, wenn es sich um eine einengende Auslegung des Patentes handelt, auch dann, wenn das Patentamt zweifellos eine weitgehende Auslegung gewollt hat, und daß der Wille des Patentamtes nur dann entgegen diesem Stande der Technik entscheidet, wenn er eine Einengung des Patentes bestimmt, die keine genügende Grundlage in dem wahren Stande der Technik hatte.

Dieses für den Patentinhaber etwas ungünstige Ergebnis scheint wenigstens aus dem Wortlaut der hierzu veröffentlichten Entscheidungen hervorzugehen, die ich materiell nachzuprüfen nicht in der Lage bin.

Es sind im besonderen die zwei von Reichsgerichtsrat Dr. Hagens mitgeteilten Fälle vom 20. 4. 01 und vom 28. 3. 06[1]).

In der Entscheidung vom 20. 4. 01 heißt es: „Dabei kommt es darauf nicht an, ob dem Kaiserlichen Patentamte bei Erteilung des Patentes das französische Patent bekannt war und von ihm berücksichtigt ist oder nicht; ist es berücksichtigt, so ist es ohne weiteres klar, daß nur die besondere Gestaltung des Patentanspruches hat geschützt werden sollen; ist es nicht berücksichtigt, so ist es doch nicht minder klar, was geschützt ist."

In der Entscheidung vom 28. März 1906 liest man: „Andererseits läßt jedoch der Patentanspruch auf die Auffassung der erteilenden Behörde schließen, daß durch die vorliegende Konstruktion zuerst ein stetiger Arbeitsgang erreicht wird, und zwar durch das Mittel eines Höhenunterschiedes zwischen Ein- und Austragsstelle. Dadurch wird der Auslegung Vorschub geleistet, daß der Schutz sich nicht beschränkt auf Konstruktionen, bei denen . . . ."

„Da nun bei Auslegung des Patentes im Zweifel der Stand der der Technik zur Zeit der Anmeldung zu berücksichtigen ist, einerlei, ob er der Erteilungsbehörde bekannt war oder nicht, so kann das Patent hier nicht über seinen Wortsinn und die beigegebenen Zeichnungen hinaus auf in einer Scheidewand im Innern peripherisch angebrachte Öffnungen bezogen werden, da diese zur Zeit der Anmeldung nicht mehr neu waren."

---

[1]) *G. R. u. U. 1908, S. 343.*

Dazu ist zu erwägen: Wenn das Patentamt den Stand der Technik ungenügend gekannt hat, hat es auch eine Erfindung von größerem Umfang, hat es einen größeren Fortschritt, hat es eine größere Differenz zwischen dem Alten und dem Neuangemeldeten gesehen. Es hat also doch auch diese größere Differenz patentieren wollen. Das ist unwiderlegbar, soweit nicht andere Gründe deutlich hervortreten, die neben dem Stande der Technik bei dem Patentamt auf eine Einschränkung des Schutzes der vorgelegten Erfindung hinwirkten. Die Einschränkung ist also gegen den Willen des Patentamtes.

Denn die Lösung ist auch unbefriedigend, daß etwa dieser Wille nicht ausdrücklich kundgegeben ist, oder daß der Ausdruck dieses Willens gerade in dem Patentanspruch eine verunglückte Form gefunden hat. Da würde man, wie freilich die alten römischen Juristen des öfteren taten, eine wörtliche Auslegung des Patentanspruches gegen seinen Sinn vornehmen, weil dieser Sinn nicht mehr dem materiellen Recht entspricht und die wörtliche Auslegung ihm genügt.

Nur auf einem solchen Wege kann man zu dem Ergebnis kommen, daß der Schutz nicht weiter gehe als die Zeichnungen, während es absolut sicher ist, daß das Patentamt niemals einen auf die Zeichnungen beschränkten Schutz hat erteilen wollen. Das ist auch mit den letzten Resten der „Begrifflichkeit“ nicht vereinbar. Da würde ja auch zwischen Patent und Muster nicht nur kein Unterschied mehr sein, sondern diese Auslegung läge noch ein Stück unter der normalen Auslegung von Gebrauchsmustern.

Allerdings scheint das Reichsgericht die Denkweise des Patentamtes in dieser Richtung zu verkennen, wie aus Entscheidungen hervorgeht, in welchen den mehr oder weniger zufälligen Worten in der Patentbeschreibung, nach welchen die Zeichnungen nur eine beispielsweise Ausführungsform darstellen, eine entscheidende Bedeutung beigemessen wird. Ich kann hierzu aus meiner Praxis nur sagen, daß das Wort „beispielsweise“ in dieser Verbindung meines Wissens nie Gegenstand der Prüfung ist, es ist selbstverständlich.

Das eidgenössige Patentamt hat auch hier wieder prinzipiengetreu gehandelt, wenn es diese Worte jedem Erfinder, mag er wollen oder nicht, zwangsweise in seine Beschreibung einschiebt.

VIII.

Ein Vorschlag.

Wie ist aus dieser Schwierigkeit herauszukommen? Muß man sich nach der einen oder nach der anderen Seite schlagen, oder gibt es einen Mittelweg? Ich will hier eine Anregung geben, zunächst nur als Diskussionsgrundlage.

Dabei soll eine Bemerkung vorausgeschickt werden, welche die Schwierigkeit des Problems erläutert.

Der Zwiespalt zwischen Reichsgericht und Patentamt ist mit den Ausdrücken „Prüfung auf Inhalt der Erfindung“ und „Prüfung auf Schutzumfang“ ausgedrückt worden. Das ist deswegen keineswegs klar, weil Inhalt und Umfang des Rechtes keine kontradiktorischen Gegensätze sind, vielmehr ist der Umfang abhängig von dem Inhalt in erster Linie, und in zweiter Linie von anderen Dingen. Wie nahe sich die beiden Begriffe kommen, sieht man bei der Betrachtung des Sonderfalles des Teilschutzes, wo die Angabe des gesamten Erfindungsinhaltes zugleich die Angabe des kleinsten Schutzumfanges ist, des Schutzes gegen identische Nachahmung, und wo die Frage nach dem vollen Schutzumfang sich auflöst, ist die Frage, welcher Teil des Inhaltes einen Sonderschutz irgendwelcher Art genießt.

In dieser Beschränkung auf Teilschutz tritt noch eine zweite Schwierigkeit hervor, die sehr diffizile Grenze zwischen einer selbständigen Teilerfindung und einem unselbständigen Erfindungsbruchstück.

Für das Element a der Kombination a b kann ohne Zweifel dann ein Sonderanspruch nach der heutigen reichsgerichtlichen Praxis formuliert werden, wenn a an und für sich eine vollständige Erfindung ist, die einer Verwertung abseits von b fähig ist. Wenn dies nun der Fall ist, bietet der Praxis die allergrößten Schwierigkeiten zu entscheiden.

Bei der vorliegenden Anregung nun wird davon ausgegangen, daß es einmal ohne Zweifel für Erfinder und Industrie sehr erwünscht ist, wenn Patente von vornherein möglichst sicher sind, daß also Angaben über Teilschutz in der Patentschrift sehr erwünscht sind, und zweitens davon, daß das Patentamt ohne Zweifel an sich oft in der Lage ist, die Neuheit von Erfindungselementen festzustellen, wenn es sich mit der bloßen Neuheitsfeststellung begnügt, von allen gefährlichen und Widerspruch hervorrufenden Urteilen fernhält.

Aber, und das ist das Ausschlaggebende, diese Neuheit der Teile sollte nicht bindend im Patentanspruch, sondern lediglich belehrend in der Patentbeschreibung zum Ausdruck kommen.

Das gebe ich als eine zu prüfende Anregung. Man sieht, sie steht auf der reichsgerichtlichen Basis hinsichtlich der Kompetenz, sie gibt aber dem Patentamt die Vorarbeit zu ihr mit gutachtlicher Bedeutung.

Wer sich über die prinzipielle Grundlage dieses Vorschlages wundern will, dem sei gesagt, daß sie nicht von mir, sondern von dem Patentamt stammt. Das Patentamt hat längst eingesehen — spätestens am 22. November 1898 —, daß die vollständige und genaue Angabe des Schutzumfanges in den Patentansprüchen eine Utopie ist, daß das Hartigsche System insoweit abgetan war. Deshalb hat es entgegen dem Sinn und dem Wortlaut des § 20 PG. der Patentbeschreibung neben der Angabe dessen, was der Sachverständige zur Nachahmung der Erfindung nötig hat, noch die gegeben, den Patentanspruch zu ergänzen. Das ist nur deshalb möglich gewesen, weil die Praxis einfach dazu zwang und sich deshalb von keiner Seite der leiseste Widerspruch erhob.

Das für meine Anregung unmittelbar Vorbildliche ist aber die Bestimmung, daß bei Kombination von alten Elementen gerade angegeben werden soll, daß die Elemente alt sind. Es wird vielleicht viele nicht wundern, daß das Patentamt gerade nur diese eine Seite der Kombinationselemente, ihr Bekanntsein, gesehen hat, und daß es durch Hervorhebung gerade dieser Seite die Allgemeinheit gegen den Erfinder und gegen eine unberechtigte Ausdehnung seines Patentschutzes schützen wollte.

Wenn ich jetzt aber auch den Blick auf die Kehrseite dieses Prinzips lenke und sage, mit demselben Recht, mit welchem eine Aussage über die Bekanntheit von Elementen in der Patentbeschreibung gegeben wird, müßte auch eine über deren Neuheit gegeben werden, so sehe ich nicht, wie man die Folgerichtigkeit hiervon bestreiten könnte. Ja, das Patentamt muß gerade aus seinem Bestreben heraus, den Schutzumfang von vornherein möglichst deutlich festzulegen, die beiden Seiten tatsächlicher Feststellung ins Auge fassen. Es muß es tun, weil das, was der Allgemeinheit recht ist, dem Erfinder billig sein muß, es muß aber auch, wenn es fürder nur den Blick auf die Verhinderung einer ausdehnenden Behandlung der Patentansprüche gerichtet halten sollte.

Heute z. B. könnte ja ein Richter auf folgende Idee kommen:

Nach den „Grundlagen“ von 1898 werden dann, wenn die Elemente einer Kombination alt sind, diese in der Beschreibung vermerkt; folglich ist dann, wenn ein solcher Vermerk sich nicht in der Beschreibung findet, bis zum Beweise des Gegenteils das Umgekehrte zu präsumieren. D. h. der Patentverletzer würde die Bekanntheit der Elemente nachzuweisen haben. Das hat er allerdings auch heute schon; aber jener Gedanke würde doch dem ganzen Beweisverfahren ein etwas anderes Gesicht zugunsten des Patentinhabers geben. Jedenfalls ist es Sache des Patentamtes, das Patent nicht mit Präsumtionen zu beladen —, das ist unvereinbar mit einem Prüfungssystem, welches Sicherheit für den Verkehr schaffen will, es muß sich mit derselben Bestimmtheit über die Neuheit von Elementen aussprechen, wie es sich jetzt über deren Bekanntheit ausspricht.

Und gerade in einer bestimmten Nuance noch ist das jetzige System vorbildlich; das Patentamt spräche sich nur über die Neuheit aus, nicht über die Patentwürdigkeit. Da kommen wir gerade wieder zu dem springenden; Punkt wenn man Ernst damit macht, die Erfindung wirklich in ihre Elemente aufzulösen, dann wird sich bald ergeben, daß die Prüfung der Patentwürdigkeit der Elemente auf unübersteigliche Hindernisse stößt, wenigstens bei den heute anerkannten Grundsätzen einer solchen Prüfung.

Der gewerbliche Fortschritt ist oft das allein entscheidende Moment, und der ist ohne den geringsten Zweifel für solche Elemente in den allermeisten Fällen nicht nachprüfbar. Der liquide Fortschritt verschwindet ganz dabei. Man stelle sich nur den Fall vor, wo eine wirkliche Prüfung, d. h. ein Experiment mit einer Erfindungsausführung vorgenommen wird. Es ist allzu ersichtlich, daß dann die Teilung, die sich leicht in Gedanken durch Abstraktion vollziehen läßt, in concreto ein Unding ist und Teilnachweise durch Experimente deshalb — von Ausnahmen abgesehen — unmöglich. Ausnahmen sind z. B. wenn ein Erfindungsteil eine spezifische Leistung hat, welche nicht in der Gesamtleistung aufgeht.

Ein solches Patent würde also nach dem Schema gestaltet sein, daß ein einziger Patentanspruch alle Angaben enthält, welche zu einer kurzen, aber vollständigen und genauen Beschreibung der Erfindung gehören — dazu gehören nicht nur die unentbehrlichen, sondern auch die bloß nützlichen Merkmale und Teile — und daß in der Beschreibung an irgendeiner Stelle einfache Aussagen über die Neuheit dieser einzelnen Teile neben den Angaben über die Bekanntheit anderer Teile ständen.

Man wäre damit also auch zu dem äußeren Ideal der Einheitlichkeit, nämlich der Einzigkeit des Patentanspruches, zurückgekehrt und hätte der Beschreibung ihren beanspruchenden Charakter wiedergewonnen.

Dieses System beruht wie das vorige der ausdrücklichen Anspruchsformulierung auf der Anerkennung einer Notwendigkeit des Schutzes gegen unvollkommene Nachbildung. Es unterscheidet sich von ihm wesentlich dadurch, daß die Frage selbst dem Gericht überlassen wird und in dem Patent selbst nur eine tatsächliche und vorbildlich technische Grundlage dafür enthalten ist.

Der Anhänger der absoluten polizeimäßigen Sicherheit der Patente wird diesem System den Mangel an Bindung für den Richter zum Vorwurf machen. Dazu möchte ich hier aber das Folgende bemerken:

Ich glaube nicht, daß ein Anhänger dieser Lehre heute noch ernstlich den Standpunkt einnehmen kann, den Hartig hatte und die folgerichtigen Anhänger der Lehre haben müssen, daß nur eine wörtliche Auslegung des Patentanspruches zulässig sei, daß er scharf wie ein „Wechsel“ sein müsse.

Und wenn es noch solche Leute geben sollte, so braucht man sich mit ihnen nicht zu beschäftigen.

Ist das aber so, dann schiebt der heutige Patentanspruch, der den Schutzumfang definiert, die Frage hinaus auf die dialektische Gewandtheit, um nicht zu sagen Gerissenheit, bei der Aufstellung des Anspruches.

Die neue Form schiebt ihn dem technischen Gewissen zu. Und das halte ich für weit besser.

Wenn jedermann an das Patent herangeht, mit der Überzeugung daß er sich zunächst nichts aneignen dürfe, von allem, was darin steht und ihm neu ist, oder wenigstens von allem, was darin als neu bezeichnet ist, so wird damit die wünschenswerte Grundstimmuug gegeben, die für die Pflege der technischen Moral von der allergrößten Bedeutung ist. Und wenn dieses allgemeine Verbot nur insoweit entfällt, als der Leser der Patentschrift selbst den Nachweis liefern kann, daß in ihr Bekanntes enthalten ist, auch wenn es irrtümlich als neu bezeichnet wäre, so ist dem Nachahmungslustigen damit wahrlich nicht zu viel zugemutet. Als unverfängliches Lehrbuch soll er die Patentschrift erst nach Ablauf des Patentes benutzen.

Der Erfolg des heutigen Systems aber, d. h. des vom Patentamt, nicht vom Reichsgericht gepflegten, ist der, daß die Patentschrift gelesen wird mit der Absicht oder wenigstens unter der völlig berechtigten Vorstellung der Möglichkeit, darin zu finden, daß zwar eine Erfindung in vollem Umfange offenbart ist, daß aber wertvolle Teile der Erfindung nicht geschützt sind. Das muß man sich nur einmal richtig klarmachen, als die heute tatsächlich durchgängig geübte Praxis, die nur eine notwendige Folge der Formulierungspraxis ist.

Zwei Entscheidungen des Patentamts.

Beschwerdeabteilung II.

I. Vom 1. November 1912.

Die Anmeldung ist zurückgewiesen worden, weil die Anmelderin es abgelehnt hat, die Beschreibung und den Patentanspruch in der von der Anmeldeabteilung verlangten Weise abzuändern.

Die Beschwerdeabteilung erkennt an, daß alle verlangten Änderungen die Unterlagen der Anmeldung verbessern würden und an sich wünschenswert wären. Denn die von der Vorinstanz gewählten Ausdrücke und Wendungen geben an jeder Stelle das Gemeinte klarer und zum Teil auch sprachrichtiger wieder, als die Ausdrücke und Wendungen der Anmelderin. Das Patentamt ist auch bisher bei ähnlichen Verbesserungsvorschlägen überwiegend verständnisvollem[1]) Entgegenkommen der Anmelder begegnet, zumal es von diesen zumeist nicht verkannt wurde, daß es ihnen mit solchen, durchaus im Rahmen seiner Amtsbefugnisse liegenden Vorschlägen bei der richtigen Darstellung ihrer Erfindung behilflich sein wollte.

Eine ganz andere Frage ist es, ob und inwieweit die Anmeldung dann zurückgewiesen werden kann, wenn der Anmelder solche Vorschläge von der Hand weist. Den Schlüssel zur Lösung dieser Frage bietet lediglich § 20 Abs. 1 des Patentgesetzes. Hiernach ist die Erfindung dergestalt zu beschreiben, daß danach ihre Benutzung durch andere Sachverständige möglich erscheint, und im Patentanspruch ist dasjenige anzugeben, was als patentfähig unter Schutz gestellt werden soll.

Die Bestimmungen können in ihrem Zusammenhang nur gewürdigt werden, wenn man sich über die Aufgabe klar wird, die dem Patentamt im Erteilungsverfahren zukommt. Nach der ganzen Entwicklung, die die Rechtsprechung und Wissenschaft der letzten Jahre genommen hat, kann es nun aber nicht zweifelhaft sein, daß das Patentamt lediglich den Gegenstand der Erfindung zu bestimmen und festzulegen hat, während die Ermittlung ihres Schutzumfanges, ihrer Wirkung (§ 4, 35 und 36 des Patentgesetzes) im Streitfalle ausschließlich den ordentlichen Gerichten obliegt. Daraus folgt, daß die Aufgabe des Erteilungs-

---

[1]) *ängstlichen? Vgl. Mitt. 1906, S. 26. Das Patentamt und die Fremdwörter.*

verfahrens nur darin liegen kann, die Erfindung festzustellen. Dies geschieht in der Patentschrift; sie zerfällt in die Beschreibung und den von ihr auch äußerlich getrennten Patentanspruch, so zwar, daß beide ein einheitliches Ganzes bilden, und insbesondere der Patentanspruch nicht von der Beschreibung losgelöst werden kann und darf.

Soll nun zunächst die Beschreibung die Erfindung in der angegebenen Weise beschreiben, so kann dies allerdings auf verschiedenen Wegen und in verschiedenem Maße erreicht werden. Je klarer jede einzelne Stelle der Beschreibung für sich ist, um so leichter wird die ganze Erfindung verstanden und um so sicherer wird ihr Gegenstand abgegrenzt werden. Das schließt aber nicht aus, daß die Erfindung auch dann von dem Sachverständigen bis zur Möglichkeit ihrer Benutzung verstanden werden kann, wenn nicht für alle Teile der Beschreibung der vollkommenste Ausdruck gefunden ist. Im Zusammenhang mit dem übrigen kann selbst eine zunächst als unklar oder unrichtig erscheinende Stelle ungezwungen ihre richtige Beleuchtung finden. Maßgebend ist schließlich immer nur, ob die Erfindung dem Sachverständigen aus der Beschreibung so klar wird, daß er sie danach benutzen kann.

Wenn das Gesetz hier ebenso, wie in § 2 Abs. 2 des Patentgesetzes, von anderen Sachverständigen spricht, so können und sollen damit natürlich nur Sachverständige des betreffenden Industriezweiges gemeint sein, im Gegensatz zu Nichtsachverständigen. Auch die Mitglieder des Patentamts, die die Anmeldung zu prüfen haben, gehören zu diesen anderen Sachverständigen. Ein Unterschied nach dem Maß der Sachkunde wird in dem Gesetz nicht gemacht; deshalb geht es nicht an, unter den Sachverständigen des Gesetzes eine Art von „Durchschnittssachverständigen" zu verstehen, die etwa den Mitgliedern des Patentamtes an Sachkunde nachstehen. Deshalb darf also die Beschreibung nicht nur für den Anmelder und für das Patentamt verständlich sein, sondern sie muß der Industrie selbst den Gegenstand der Erfindung vermitteln.

Wenn das Gesetz dann weiter fordert, daß am Schlusse der Beschreibung dasjenige anzugeben ist, was als patentfähig unter Schutz gestellt werden soll, so bedeutet dies, daß der Patentanspruch die Erfindung kurz, aber vollständig und klar wiedergeben soll; er soll noch einmal das zusammenfassen, was den Gegenstand der vorher eingehend beschriebenen Erfindung ausmacht. Aus dieser notwendigen Zusammengehörigkeit von Anspruch und Beschreibung — auf die schon oben hingewiesen wurde — folgt zwingend, daß zwischen beiden ein sachlicher Widerspruch nicht obwalten darf. Gibt der Anspruch das, was der Erfinder erkannt und beschrieben hat, nicht zutreffend wieder, so verstößt er gegen § 20 Abs. 1 Satz 5 des Patentgesetzes und kann deshalb nicht zugelassen werden. Weigert sich der Anmelder, der Erfindung den zutreffenden und klaren Ausdruck zu geben, so unterliegt er alsdann der Abweisung. Dabei wird ausdrücklich zugelassen werden müssen, daß der Anspruch — als Teil der Patentschrift — auch aus der Beschreibung heraus erläutert werden kann (wie dies z. B. das Reichsgericht in dem Urteil vom 16. März 1912, Blatt für Patent-, Muster- und Zeichenwesen XVIII, S. 225, getan hat); der Anspruch darf aber nicht etwas enthalten, das mit den sachlichen Angaben der Beschreibung unvereinbar ist.

Wird der angefochtene Beschluß nach diesen Grundsätzen beurteilt, so erweist er sich im allgemeinen als nicht genügend begründet und sachlich mit Ausnahme eines einzigen Punktes nicht haltbar.

Die Beanstandungen der Anmeldeabteilung betreffen fünf Punkte, von denen drei sich auf die Beschreibung und zwei auf den Patentanspruch beziehen.

Am Anspruch wird gerügt:

1. der Ausdruck „ringsumschlossener" und
2. die allgemeine Fassung des kennzeichnenden Teils.

An der Beschreibung werden bemängelt:

3. der Ausdruck „ringsum geschlossener" auf Seite 1 Zeile 7 von unten;
4. die Bezeichnung der Figur 2 schlechthin als „Schnitt einer Unterlage" auf Seite 1, Zeile 2 und 1 von unten und
5. die Gesamtfassung des letzten Absatzes auf Seite 2.

Die Bemängelung zu 1 hat die Beschwerdeabteilung aus folgenden Gründen für berechtigt gehalten. Der Ausdruck „ringsumschlossener Behälter" besagt nicht das, was nach dem Inhalt der Beschreibung unzweifelhaft zum Wesen der Erfindung gehört. Denn danach soll der Behälter selbst bis auf eine Öffnung zum Einlassen der Füllung von allen Seiten geschlossen sein. Ringsumschlossen bedeutet etwas anderes. Es erweckt die Vorstellung von einer vom Behälter selbst unabhängigen besonderen Umschließung oder Umhüllung. Ringsumschließen kann man sowohl geschlossene wie auch mehr oder weniger offene Behälter; jeder von ihnen wird dann zu einem ringsumschlossenen Behälter. Der im Anspruch gewählte Ausdruck gibt also sachlich nicht das wieder, was den Gegenstand der Erfindung ausmacht und auch in der Beschreibung angegeben ist; er verstößt deshalb gegen die oben angeführte Bestimmung des § 20 des Patentgesetzes.

Anders liegt es mit dem Ausdruck „ringsum geschlossener" der in der Beschreibung gewählt ist (Punkt 3 der Beanstandung). Der Sinn dieses Ausdrucks weicht von dem des Wortes „ringsumschlossen" erheblich ab. Das Wort „ringsum" vor „geschlossener" besagt nicht etwa, wie es die Vorinstanz angenommen hat, daß der Behälter nur seitlich geschlossen ist, sondern klar genug, daß er überall oder, wie die Vorinstanz es ausdrückt haben wollte, allseitig geschlossen ist. Aber selbst wenn anzuerkennen wäre, daß beide Deutungen möglich seien, so wird jeder Zweifel darüber, was im vorliegenden Fall gemeint ist, durch den übrigen Inhalt der Beschreibung beseitigt. Daß auch die Vorinstanz den gerügten Ausdruck hier verstanden hat, wie er gemeint ist, nämlich im Sinne der allseitigen Geschlossenheit, geht daraus hervor, daß sie, ohne vorher eine Aufklärung zu verlangen, in diesem Sinne die Bekanntmachung beschlossen hat. Es ist kein Grund zu der Annahme, daß nicht auch noch andere Sachverständige den Ausdruck ebenso auffassen werden.

Ähnlich verhält es sich mit den andern beiden Beanstandungen der Beschreibung. Auch hier war die Vorinstanz selbst nicht darüber im Zweifel, was gemeint war. Daß die Angabe „Schnitt einer Unterlage (Punkt 4) hier einen senkrechten Schnitt bedeutet, geht ohne weiteres aus der Form der Figur 2 und ihrer Lage zu Figur 1 hervor. Das Fehlen der Angabe „senkrechter" ist ein Schönheitsfehler, der auf die Sache selbst ohne Einfluß ist, und um dessentwillen die Anmeldung nicht zurückgewiesen werden durfte.

Was den Schlußabsatz der Beschreibung anbelangt, Punkt 5, so ist er zwar sprachlich unschön. Dies kann aber die Zurückweisung der Anmeldung nicht begründen; denn sie ließe sich nur rechtfertigen, wenn die Fassung so unklar wäre, daß infolge dieser Unklarheit andere Sachverständige die Erfindung nicht benutzen könnten. Im allgemeinen hat sich das Patentamt in formaler Hinsicht tunlichst an die vom Anmelder vorgelegte Fassung der Patentschrift zu halten und insbesondere sie nicht vom sprachlichen, ästhetischen und stilistischen Standpunkt aus zu beurteilen, vorausgesetzt nur, daß sie die Erfindung deutlich, klar und vollständig erkennen läßt. Das ist aber hier der Fall.

Auch die Beanstandung der allgemeinen Fassung des kennzeichnenden Teils des Patentanspruchs (Punkt 2) ist nicht für so schwerwiegend erachtet worden, daß sie die Zurückweisung der Anmeldung rechtfertigen könnte. Die Fassung ist unzweckmäßig, weil sie nicht sofort erkennen läßt, in welcher Beziehung der gefüllte Behälter zu der als Oberbegriff angegebenen Unterlage für schwere Lasten steht, nämlich daß er selbst diese Unterlage ist. Doch besteht auch hier kein Zweifel über das, was gemeint ist; auch diese Beanstandung konnte sonach nicht zur Zurückweisung führen.

In der mündlichen Verhandlung hat die Beschwerdeführerin auf Vorhalt den Ausdruck „ringsumschlossen" im Patentanspruch fallen gelassen und ihn durch den in der Beschreibung gewählten „ringsum geschlossenen" ersetzt. Nach der Deutung, die die Beschwerdeabteilung diesem zweiten Ausdruck für die Beschreibung gegeben, hat sie ihn auch im Patentanspruch für klar genug gehalten, um das zu kennzeichnen, was als patentfähig unter Schutz gestellt werden oll.

Nachdem damit die Unterlagen in eine Form gebracht worden waren, die nach Obigem im Sinne des Gesetzes nicht mehr zu beanstanden war, mußte die Beschwerde anerkannt und die Bekanntmachung beschlossen werden, da auch die Beschwerdeabteilung den Gegenstand der Anmeldung an sich für patentfähig gehalten hat.

Die Beschwerde ist endlich auch darin für begründet erachtet worden, daß in dem Zurückweisungsbeschluß, wenn nicht schon in dem ihn vorbereitenden Zwischenbescheid vom 15. März 1912, die ausführlichen Gründe hätten einzeln gewürdigt werden müssen, die die Anmelderin zugunsten ihrer Fassung in ihrem Schriftsatz vom 9. Februar 1912 geltend gemacht hatte. Das ist in diesem Zwischenbescheid überhaupt nicht, in dem Zurückweisungsbeschluß nur unvollkommen geschehen.

Da die Beschwerde sonach anerkannt ist, erschien es angemessen, die Zurückzahlung der Beschwerdegebühr anzuordnen; einer Begründung bedarf dieser Teil des Beschlusses nicht, da die Entscheidung nach § 26 Abs. 5 des Patentgesetzes in das „freie Ermessen“ des Patentamts gestellt ist.

II. Vom 16. Dezember 1912.

In Sachen der Patentanmeldung G. 34 782 IV/38h, betreffend ein „Verfahren zur Herstellung schalldämpfender Korkzwischenlagen“, wird in Verfolg der Beschwerde der einsprechenden Firma vom 13. Juli 1912/15. August 1912 der Anmelderin aufgegeben, sich über folgende Fragen zu äußern:

a) In der Beschreibung der Anmeldeschrift findet sich die Angabe, daß der zum Zweck der Austreibung der Feuchtigkeit stark erhitzte, dann in eiserne Rahmen gepreßte Kork demnächst in feuchte Räume aufzustellen ist, damit er wieder Feuchtigkeit aufnehmen kann. Bildet diese Maßnahme in technischer Beziehung einen wesentlichen Teil des Verfahrens?

b) Ist es für das dauernde Festhalten der zusammengesetzten Platten in den eisernen Rahmen und für die Gebrauchsfähigkeit des Erzeugnisses wesentlich, daß der gepreßte Kork schließlich mit einem Asphaltanstrich versehen wird?

Von der Beantwortung dieser Fragen wird im Falle der Patenterteilung die patentamtliche Feststellung der Erfindung und die Fassung des Patentanspruches abhängen. Insbesondere wird in Betracht kommen, ob etwa das Merkmal a) in den Patentanspruch aufzunehmen und die Angabe zu b) aus dem Anspruch in die Beschreibung zu verweisen sein wird.

Das Patentamt hat im Erteilungsverfahren davon auszugehen, daß die Feststellung der Erfindung ausschließlich seine Aufgabe ist, und daß der Gegenstand des Patents im Patentanspruche derart wiederzugeben ist, daß Zweifel über die Auslegung des Patents für die von der Wirkung des Patents betroffenen Kreise und im Verletzungsfalle für die Gerichte nach Möglichkeit ausgeschlossen werden. In der Wissenschaft und Rechsprechung der letzten Jahre ist bekanntlich die Frage lebhaft erörtert worden, welche Bedeutung dem Patentanspruch im Patenterteilungsverfahren und im Verletzungsprozesse zukommt. Den Ausgangspunkt hat unter anderem die Entscheidung des Reichsgerichts vom 9. Februar 1910 (Blatt für Patent-, Muster- und Zeichenwesen 1910, Seite 157) gebildet. Auf der einen Seite werden den Gerichten Übergriffe in das dem Patentamte vorbehaltene Gebiet vorgeworfen und Klagen über zunehmende Rechtsunsicherheit auf dem Gebiete des Patentwesens erhoben. Anderseits wird es für unrichtig gehalten, wenn bereits im Vorprüfungsverfahren versucht werde, den Schutzbereich nach allen Seiten hin festzulegen. Abgesehen davon, daß das Patentamt aus äußeren und inneren Gründen überhaupt nicht in der Lage sei, den Schutzumfang endgültig abzugrenzen, werde dadurch der Anmelder zu Erklärungen gezwungen, die ihm im gerichtlichen Verfahren nachteilig sein könnten, und auch eine unerwünschte Verzögerung des Verfahrens herbeigeführt. Die bisherigen Erörterungen in der Literatur (vgl. namentlich Wirth-Isay, „Der Patentanspruch", Kohler, im „Gewerblichen Rechtsschutz und Urheberrecht" 1912 S. 161ff. und Schanze ebendaselbst Seite 197ff.) sind inzwischen zu einem gewissen Abschlusse gelangt, und es erscheint angezeigt, daß das Patentamt zu dem Ergebnis dieser Erörterungen, soweit es im Rahmen der vorliegenden Anmeldesache möglichst ist, Stellung nimmt.

Im allgemeinen besteht darüber Einverständnis, daß zunächst und grundsätzlich zu unterscheiden ist zwischen dem Patente selbst (dem Gegenstande des Patents, §§ 1 bis 3, 27 des Patentgesetzes) und der Wirkung des Patents (dem Schutzumfang, §§ 4ff. des Gesetzes). Die Erfindung ist ein immaterielles Gut auf technischer Unterlage. Ihre Feststellung im Sinne des Patentgesetzes liegt ausschließlich dem Patentamt ob (§ 13 des Patentgesetzes). Das Patentamt hat aber nicht nur zu entscheiden, ob ein Patent erteilt werden, sondern auch was patentiert werden soll (§§ 21ff.). Mit dieser Feststellung ist die Tätig keit des Patentamts im Erteilungsverfahren abgeschlossen. Die Beur teilung der Wirkung des Patents liegt außerhalb seiner Zuständigkeit. Handelt es sich um die Ermittlung und Abgrenzung des Schutzbereichs gemäß § 4, 35 und 36 des Patentgesetzes, so sind zur Entscheidung darüber im einzelnen Falle **ausschließlich** die ordentlichen Gerichte **zuständig**.

Hat hiernach zwar das Patentamt sich auf die Feststellung der geschützten Erfindung zu beschränken, so haben anderseits die Gerichte diese Erfindung so hinzunehmen, wie sie patentiert ist. Sie dürfen daher nicht einen anderen Gegenstand an die Stelle des patentierten setzen, nicht einen geringeren Gegenstand als patentiert ansehen oder den Gegenstand überhaupt nicht als geschützt behandeln, selbst wenn das eine oder andere nach dem Stande der Technik zur Zeit der Anmeldung berechtigt gewesen wäre. Die Erweiterung des Patents könnte nur im Wege einer neuen Anmeldung, die ganze oder teilweise Vernichtung nur im Nichtigkeitsverfahren herbeigeführt werden.

Eine grundsätzlich andere Frage ist es, daß den Gerichten die Auslegung des Patentes, so wie es erteilt ist, zusteht. Die Sachlage kann hier nicht anders sein als bei der Auslegung von Gesetzen, Verträgen oder sonstigen Rechtsgeschäften. Jedenfalls sind die Gerichte (wenn man etwa von der Bestimmung im § 4 Satz 2 des Patentgesetzes absieht) bei Patenten an besondere Auslegungsregeln nicht gebunden. Es kommen deshalb auch hier die üblichen Grundsätze in Betracht. Aus diesem Grunde wird, falls in einem gegebenen Falle der Patenanspruch mit der dazu gehörigen Beschreibung Zweifel über die Tragweite des erteilten Patentschutzes übrig läßt, auch der Stand der Technik zur Zeit der Anmeldung ein wertvolles Auslegungsmittel für den Inhalt des Patentes sein können.

Die Aufgabe des Patentamts im Erteilungsverfahren findet in dem Erteilungsbeschluß den prozeßrechtlichen Abschluß. Nur er kann daher rechtsbegründend für die Feststellung der patentierten Erfindung wirken. Dies gilt auch gegenüber Verzichten des Anmelders und etwaigen vom Patentamte beabsichtigten Einschränkungen. Ihre Erwähnung in den Erteilungsakten genügt nicht, sondern es kommt allein darauf an, ob sie bei dem Akte der Erteilung Berücksichtigung gefunden haben. Auf solche Verzichte und Einschränkungen kann daher von den Gerichten nur zurückgegriffen werden, wenn sie zu einer entsprechenden Beschränkung des nachgesuchten Patentes geführt haben.

Die oben entwickelten Grundsätze haben eine besondere Bedeutung für die Frage der Erteilung des Schutzes auf die sogenannte Kombinationserfindung und für die Frage der Teilverletzung des Kombinationspatentes. In dem der Anmeldung zugrunde liegenden Falle handelt es sich um eine solche Erfindung. Im allgemeinen wird davon auszugehen sein, daß wie auf anderen Gebieten des Urheberrechts, so auch auf dem Gebiete des Patentschutzes die Gerichte es sind, die über den Teilschutz zu befinden haben, da erst der Verletzungsfall den Tatbestand der Teilverletzung schafft. Diese Regelung trägt im allgemeinen auch dem praktischen Bedürfnis Rechnung, da der Anmelder zur Zeit der Anmeldung meist noch gar nicht wissen und angeben kann, ob und welche Einzelteile Gegenstand einer Verletzung seines Patentes werden können. Das Patentamt wird deshalb im Falle einer wirklichen an sich zweifelsfreien Kombinationserfindung regelmäßig nur zu prüfen haben, ob die Kombination als solche neu und patentfähig ist, und es wird dann lediglich diese Kombination nach den üblichen Grundsätzen im Anspruche festzustellen sein. Jedenfalls kann der Anmelder nicht gezwungen werden, neben der Kombination etwaige an sich schutzfähige Einzelteile zur Vermeidung von Rechtsnachteilen besonders anzumelden. Dies wird vielmehr seinem eigenen Ermessen überlassen werden müssen. Auf der anderen Seite ist es selbstverständlich, daß das Patentamt nicht auf jedwede Prüfung der Kombinationsteile verzichten darf. Diese Prüfung wird bei den in der Praxis üblichen Kombinationserfindungen, die nicht etwas völlig Neues bringen, sondern sich an bekannte Dinge anschließen, unter dem Gesichtspunkte der Würdigung des Standes der Technik zur Zeit der Anmeldung nicht entbehrt werden können. Sie wird namentlich dann von Bedeutung sein, wenn von der technischen Eigenschaft und Wirkungsweise der Einzelteile die Bewertung der Kombination als solche abhängig ist. Eine Entscheidung über den Teilschutz (§ 4 des Gesetzes) wird mit dieser Prüfung nicht bezweckt.

In dem vorliegenden Falle läßt die Anmeldung nicht klar erkennen, welche Merkmale zusammenkommen müssen, um die Erfindung zu bilden, und welche Bedeutung in technischer Beziehung die zu a und b genannten Merkmale für die Gesamtheit des angemeldeten Verfahrens haben. Es ist Sache des Anmelders, dies zunächst klarzustellen.

Neue Fragen der Patentprüfung[1]).

I.

Zwei Entscheidungen der Beschwerdeabteilung II des Patentamtes vom 1. November 1912 und 16. Dezember 1912 (Mitt. 1912, S. 175) zeigen die Patentprüfung auf neuen Bahnen. Die Grundsätze, welche bisher ausgesprochen oder unausgesprochen, vollständig oder überwiegend für die Praxis der Patenterteilung, im besonderen für Form und Inhalt des Patentanspruchs galten, werden wesentlich geändert.

Deutlich wird erklärt, daß die Praxis des Patentamtes sich der neuen Entwicklung der Rechtsprechung (sc. des Reichsgerichts) und der Wissenschaft anschließen will, und man hätte sich selbst nicht die Anerkennung zu verschweigen brauchen, daß diese Stellungnahme kein vollständiges Novum im Patentamt ist, sondern vor der Beschwerdeabteilung II schon in Anmeldeabteilungen eingenommen worden war (Wirth-Isay, „Der Patentanspruch", S. 11). Diese Stellungnahme verrät eine erhebliche Schwungkraft und Zukunftssicherheit, wenn die erste Entscheidung die Isaysche Antithese: Gegenstand der Erfindung und Grenzen des Schutzes, telle quelle übernimmt, obwohl diese Antithese auch nach ihrer Übernahme durch das Reichsgericht noch im Streit der Meinungen befangen ist. Der war zwar bisher wesentlich infolge Methodenwirrwarrs umfangreicher als fruchtbar, alles aber, was überhaupt bestreitbar war, wurde bestritten, nicht nur die Richtigkeit der Verteilung der gegensätzlichen Begriffe auf Patenterteilungs- und Patentauslegungsverfahren, sondern auch die Brauchbarkeit und Klarheit der beiden Begriffe, ja, die Existenz der Antithese überhaupt.

Dabei tut das Patentamt hiermit einen viel folgenschwereren Schritt als das Reichsgericht, folgenschwer wegen der Unmittelbarkeit der Folgen und wegen des Umfangs der Folgen, und wegen der Schwierigkeit die richtigen Folgen zu ziehen. Denn es ist etwas anderes und schwieriger, die ganze Masse der zu erteilenden Patente von vornherein nach der Formel: Feststellung des Erfindungsgegenstandes, nicht Feststellung aller Schutzgrenzen, aufzubauen und die Prüfung hiernach einzurichten,

[1]) Mitt. d. V. d. P. 1913, S. 20.

als auf ein einmal erteiltes Patent einen solchen Satz in einem Einzelfall anzuwenden.

Der Satz, von dem Patentamt ausgesprochen, kann doch nur die Bedeutung haben, daß die Prüfung nur auf den Erfindungsgegenstand gerichtet werden soll, daß also Patentansprüche, die den Erfindungsgegenstand nicht betreffen, von der Erteilung ausgeschlossen werden, auch wenn durch sie die Schutzgrenzen verdeutlicht werden, auch wenn gegen die Neuheit ihres Inhaltes und gegen die Schutzwürdigkeit nichts zu erinnern ist.

Hier wäre als erste Frage die aufzuwerfen, ob dieser Satz wirklich zwingendes Recht sein soll oder dispositives oder vielleicht, wie es dem augenblicklichen Stande der Unklarheit der Begriffsgrenzen zwischen Erfindungsgegenstand und Schutzgrenzen entspricht, ein allgemeiner Anhaltspunkt.

Der Entscheidung bzw. Zwischenverfügung vom 16. Dezember 1912 hat im Gegensatz zu der Endentscheidung vom 1. November 1912 ein Fall vorgelegen, wo offenbar von der Beschwerdeabteilung die Frage aufgeworfen wurde, ob die Patentansprüche eine vollständige Erfindung aufweisen. Es soll von den beiden in der Verfügung angefragten Punkten a und b offenbar a in den Patentanspruch aufgenommen werden, wenn es „in technischer Beziehung einen wesentlichen Teil des Verfahrens bildet“, und b soll aus dem Anspruch entfernt werden, wenn es „für das dauernde Festhalten“, also offenbar für den behaupteten Fortschritt, unwesentlich ist.

Die zwei Fragen hätten allerdings geradesogut nach dem System Hartig gestellt werden können, ja, müssen, da auch dieses alle wesentlichen Punkte im Patentanspruch verlangt. Nur war in der Praxis fast der einzige Wert auf die „Wesentlichkeit“ und nicht auf die „Vollständigkeit“ der Punkte gelegt worden[1]). Das Amt hatte die „Vollständigkeit“ nur in wenigen Fällen beachtet und ihren Mangel beanstandet, wenn durch die Unvollständigkeit die Erfindung gar zu deutlich zu einem bloßen „Problem“ zusammengeschrumpft war.

Das Patentamt fragt nun zum ersten Male systematisch und auch unter Hinweis auf die letzte wissenschaftliche Literatur, „welche Merkmale zusammenkommen müssen, um die Erfindung zu bilden“. Im selbstverständlichen Gefolge dieser Anschauung ist es, daß Kombinationen nach dieser Entscheidung nur „als solche“ geschützt werden sollen. Wenn die Neuheit der einzelnen Teile dabei geprüft wird, wie es öfters unvermeidlich ist, so soll dies nur geschehen, um daraus Schlüsse auf die Schutzfähigkeit des Ganzen zu ziehen, nicht um die Schutzfähigkeit der einzelnen Teile festzustellen.

---

[1]) Wirth-Isay, S. 190. Wirth, Mitt., S. 131 ff. Vgl. oben S. 107.

In der Einleitung der Entscheidung ist gesagt, daß das Patentamt den Gegenstand des Patentes so feststellen soll, daß Zweifel über die Auslegung nach Möglichkeit ausgeschlossen werden. Das ist so aufgefaßt worden[1]), als ob das Patentamt damit seine alte Praxis bekräftigt habe, und dann ist natürlich ein Widerspruch dieses Satzes mit der in dem strittigen Fall selbst getroffenen Entscheidung bzw. ihrer unmittelbaren Begründung vorhanden.

Man darf nicht übersehen, daß die Auslegung des Patentes erstens von dem Gegenstand der Erfindung und zweitens von verschiedenen anderen Umständen abhängig ist. Nur soweit durch die Bestimmung des Gegenstandes der Erfindung Zweifel entstehen können, sollen sie von dem Patentamt vermieden werden.

Es bedarf auch kaum des Hinweises darauf, daß diese Entscheidung eine sein will, die auf neue Bahnen einlenkt, und daß selbst, wenn ein Widerspruch zwischen dem Tenor und einem allgemeinen Satz der Begründung wäre, hier allein die Gründe maßgebend sind, die den Tenor tragen. Jeder Zweifel muß schließlich durch den Vergleich mit der Entscheidung vom 1. November 1912 schwinden.

II.

Auf der anderen Seite aber betont die Entscheidung vom 16. Dezember die auschließliche Zuständigkeit des Patentamtes zur Feststellung „der Erfindung als eines immateriellen Guts auf technischer Grundlage".

Ich weiß nicht, ob mit diesem neuen Ausdruck viel gewonnen ist gegenüber dem Ausdruck „Gegenstand der Erfindung". Ebensowenig ist der auch gebrauchte Ausdruck des Patentgesetzes „Wirkung" klarer als „Schutzgrenzen".

Für die Wirkung des Patentes sind zwei Momente bestimmend, wenn man den § 4 PG. zugrunde legt: der Gegenstand der Erfindung und gewisse Handlungsweisen, die mit ihm vorgenommen werden können. Mit der Zweiteilung aber, daß das Patentamt über den Gegenstand der Erfindung entscheidet und der Richter über diese Handlungsweisen, käme man gerade für unsere Frage nicht weiter, denn diese Handlungsweisen werden in den hier in Betracht kommenden Fällen nicht mit dem unveränderten Erfindungsgegenstande vorgenommen. Eine entsprechende Alternative läßt sich aus einem anderen Gesichtspunkte stellen. Man kann fragen, welche technischen Abänderungen des erfundenen Dinges oder Verfahrens oder Gegenstandes noch unter den § 4 fallen, oder umgekehrt, welche Momente aus der Erfindung in einem technischen Tatbestande unverändert wiederkehren müssen, um ihn

---

[1]) Tolksdorf, Z. f. J. 1913, S. 13.

als unerlaubte Nachahmung ansprechen zu können. Ob darüber von vornherein das Patentamt oder nachträglich das Gericht entscheiden soll, sagt das Gesetz selbst nichts. Absichtlich! Denn wenn es ausdrücklich die Definition der Erfindung abgelehnt hat, muß es a fortiori die des technischen Tatbestandes der Nachahmung ablehnen und kann deshalb auch keine Zuständigkeit für eine sachlich nicht bestimmte Entscheidung verordnen. Hier ist also einfach eine gewollte Lücke des Gesetzes, und die ist auszufüllen wie andere Gesetzeslücken auch. Die Entscheidung muß anders ausfallen, wenn sich das Patenterteilungsverfahren zur Lösung der Aufgabe der Schutzabgrenzung ganz oder teilweise fähig erweist, und anders, wenn Erfahrung und Theorie zeigen, daß eine praktisch befriedigende Lösung nur im Patentverletzungsprozeß gefunden wird.

Und deshalb wird die Zuständigkeitsgrenze auch davon abhängig sein, welche Aufgaben sachlich am besten auf der einen und auf der anderen Seite der Grenze gelöst werden können. Der vollständigste, konkreteste Erfindungsgegenstand steht auf der Seite des Patenterteilungsverfahrens am weitesten innerhalb der Zuständigkeitsgrenze und die letzte Spur der Erfindung, welche in der unerlaubten Nachahmung erscheint, auf der anderen Seite an der äußersten Schutzgrenze und deshalb am weitesten von der Zuständigkeitsgrenze ab. Deshalb ist für diese beiden extremen Fälle die Kompetenzverteilung heute unstreitig. Nun aber gilt es, das übrige Gebiet auszubauen, weitere Fälle festzustellen, welche unstreitig auf eine Seite der Kompetenzgrenze fallen, und dann die zweifellos breite Grenzzone, wo durch begriffliche Spaltungen nichts Nützliches mehr geleistet werden kann, abzustecken.

Die Feststellung von ausschließlicher Zuständigkeit für Patentamt und Patentverletzungsrichter unter scharfer Ablehnung von Grenzüberschreitungen, wie es hier seitens der Beschwerdeabteilung geschieht, steht insofern in der Luft, als die sachlichen Gebiete, in welchen diese Zuständigkeitsverhältnisse Platz greifen, heute noch nicht irgendwie befriedigend geschieden sind. Ich habe selbst früher diese Scheidung befürwortet[1]), sehe aber heute, daß eine Abgrenzung in abstracto untunlich ist, und daß die Grenzlinie mit innerer Berechtigung erst dann gezogen werden kann, wenn wir im einzelnen alles inhaltlich kennen, was auf der einen Seite und was auf der anderen liegt oder liegen soll.

Zu dieser sachlichen Teilung habe ich früher schon bemerkt, daß wahrscheinlich die Gegenüberstellung der vollständigen Erfindung und ihrer konkreten und abstrakten Elemente für die meisten Fälle einen Anhalt für die Grenzbestimmung liefert, und daß diese Grenze keine scharfe sein kann, weil die Begriffe abstrakt und konkret ineinander-

---

[1]) Mitt. 1910, S. 58 ff.

laufen, oft nur Gradunterschiede bedeuten. Hinsichtlich der konkreten Elemente der vollständigen Erfindung schließt sich die Entscheidung vom 16. Dezember dieser Auffassung für die Kombinationserfindung an. Es wäre sehr wünschenswert, sowohl daß obige These weiter diskutiert, als daß noch andere Einzelfälle des Gegensatzes zwischen Erfindungsgegenstand und Schutzgrenzen untersucht würden, und so für die Praxis zunächst eine möglichst ausführliche Tafel von Fällen zustande käme.

Eine besonders interessante Frage für die Grenze der Patentprüfung ist z. B. die nach der Rubrizierung einer Erfindung als „Verfahren", „Vorrichtung" und „Erzeugnis".

Die Frage, ob eine Erfindung als Verfahren anzusprechen ist oder nicht, hat nach § 4 des Patentgesetzes eine besondere Wirkung hinsichtlich der Schutzgrenzen, wie im übrigen auch schon vor der Kodifizierung in dem § 4 des Gesetzes von 1891 durch die Rechtsprechung unter dem Gesetz von 1877 anerkannt war.

Dies ist nicht die einzige Wirkung der Verfahrensqualifizierung auf die Schutzgrenzen, und hinsichtlich der Vorrichtungen und Erzeugnisse bestehen auch Unterschiede untereinander im Schutzumfang. Es mag nur an die bekannten Sätze erinnert werden, daß bei dem Schutz eines Erzeugnisses dasselbe geschützt ist, gleichviel, durch welches Verfahren es hergestellt werden mag, und daß eine Vorrichtung, die als solche geschützt ist, auch für jedes beliebige künftige Verfahren, in dem sie Anwendung finden mag, und für jedes beliebige Erzeugnis Schutz genießt.

Die Anbringung der Bezeichnung „Verfahren", „Vorrichtung" oder „Erzeugnis" involviert ein technisch-logisches Urteil, welches die Subsumtion der betreffenden Erfindung bzw. des betreffenden technischen Gegenstandes unter einen der technischen Gattungsbegriffe bejaht, die durch die drei Worte bezeichnet werden. Durch dieses Urteil wird hinsichtlich der Aufklärung des Erfindungsgehaltes regelmäßig garnichts geleistet. Dies geht schon daraus her or, daß die Beschreibung des Erfindungsgehaltes regelmäßig ohne Benutzung dieser Worte vorgenommen werden kann. Ebensowenig ist zur Feststellung des Neuheitsgehaltes gegenüber dem früheren Stand der Technik die Verwendung dieser Worte notwendig. Ob ich von Mannesmannverfahren oder Mannesmannwalzwerk spreche, die Erfindung bleibt dieselbe. Die technische Fachsprache macht keinen scharfen Unterschied zwischen den beiden Begriffen.

Es gibt auch manche Patente, bei welchen diese Worte nicht verwendet werden, und die deshalb Zweifel über die betreffende Rubrizierung lassen. Viele Worte auf „ung", z. B. wie „Befestigung", „Anordnung", können sowohl die Tätigkeit wie auch das Ergebnis derselben wie auch die Hilfsmittel zur Erzielung des Ergebnisses bezeichnen. Man würde der Meinung sein können, daß eine derartige Unterordnung unter die genannten Gattungsbegriffe deshalb nicht zu der Tätigkeit des Patentamtes gehört, die den technischen Gehalt der Erfindung festzustellen hat, und daß deshalb auch die daraus für die Schutzgrenzen zu ziehenden Folgerungen nicht zur Kompetenz des Patentamtes gehören.

Diese Schlußfolgerung würde unterstützt werden dadurch, daß diese drei Gattungsbegriffe auch wissenschaftlich heute noch sehr flüssige Grenzen haben; im besonderen die Gattungsbegriffe „Vorrichtung" und „Verfahren" sind noch nie für praktische Zwecke genügend voneinander getrennt worden. Es gibt eine große Anzahl Verfahrenspatente, deren Ansprüche darauf hinauslaufen: „Verfahren, gekennzeichnet durch eine bestimmte zur Ausführung benutzte Maschine." Es gibt auch sehr viele Patente für Vorrichtungen, deren Ansprüche auf die Formel hinauslaufen: „Vorrichtung, gekennzeichnet durch das mit der Vorrichtung ausgeführte Verfahren", und es gibt endlich Patentansprüche mit der Einleitung „Verfahren und Vorrichtung". Isay hat darauf hingewiesen, daß für elektrische Schaltungsschemas u. ä. keiner der Begriffe paßt (Festgabe für Kohler). Auch optische Systeme passen schwer darunter.

Die Antithese Kohlers, daß das Verfahren in der Zeitfolge, die Maschine in der Gleichzeitigkeit liege, versagt auch.

Gerade die Begriffe „Verfahren" und „Maschine" zeigen die Gefährlichkeit bei der Verflüchtigung nach formal logischen Prinzipien.

Während es doch ganz selbstverständlich ist, daß jede Maschine sowohl hinsichtlich der zeitlichen Folge ihrer Tätigkeit als der Gleichzeitigkeit ihrer materiellen Teile im Raum nebeneinander betrachtet werden kann, das erste bei der Betrachtung der Maschine im Leerlauf und im Arbeitsgang, das zweite bei der Betrachtung der Maschinenherstellung und der Maschine im Ruhezustand, hat man diese beiden Gesichtspunkte als Gegensätze verstehen wollen.

Obwohl das Reichsgericht mit aller Deutlichkeit darauf hingewiesen hat, daß die Begriffe „Verfahren" und „Maschine" in vielen Fällen nicht zu trennen sind, will Kohler die Trennung rein in die äußerste Allgemeinheit, die Begriffe „Verfahren" rein zeitlich hintereinander, „Maschine" zeitlich nebeneinander setzen. Er findet dies so bedeutungsvoll, daß er für das Wort „Maschine" die Übersetzung „Gleichzeitigkeitsvorrichtung" prägt[1]). Dieser Begriff ist so arm, daß die Anfechtung seiner Richtigkeit sich nicht lohnen würde, ebenso wie der Nachweis seiner praktischen Unanwendbarkeit erspart werden kann.

Eine Gefahr besteht darin, daß man in diesen Zeitbetrachtungen irgend etwas Wesentliches und in letzter Linie allein Ausschlaggebendes

---

[1]) *Lehrbuch des Patentrechts, S. 61.*

für die Einordnung einer technischen Schöpfung unter die Begriffe „Verfahren“ oder „Maschine“ sieht. Faßt man Erfindungen nicht abstrakt, sondern konkret auf, dann ist es unmöglich, je zu solchen Begriffskünsteleien zu kommen. Dann sieht man, daß man kein Verfahren, keinen Vorgang verständig beschreiben kann, ohne die bleibenden stofflichen Hifsmittel mitzubeschreiben oder im stillen mitzudenken, und umgekehrt, daß man kein Gerät, keine Vorrichtung verständig beschreiben kann, ohne ihre Anwendungs- oder Benutzungsweise in der Zeit zu beschreiben.

Der Topf ist so gut eine Gleichzeitigkeitsvorrichtung, wie das Aufbewahren oder Kochen in ihm ein zeitlicher Vorgang ist. Auch das Sicherheitsventil, die Schmelzsicherung der Vorratsspeicher oder der Reserveteil, der 10 Jahre lang auf der Lauer liegt und am Ende dieses Zeitraumes zum erstenmal in Aktion tritt, ist lediglich als zeitlich wirkend richtig zu verstehen.

Richtig aber ist, daß man dieselbe Erfindung als „Verfahren“ oder „Vorrichtung“ bezeichnen wird, je nachdem man mehr oder weniger Gewicht auf die zeitliche oder räumliche Seite legt bzw. aus Neuheitsgesichtspunkten legen darf. In einigen Fällen kann der eine technisch immer vorhandene Gesichtspunkt aus patentrechtlichen Rücksichten in den Hintergrund treten, in vielen anderen Fällen wird die parallele Berücksichtigung beider unvermeidlich sein.

Es war gerade die Absicht meiner Arbeit über die „Begriffliche Auffassung der Maschine“, zu zeigen, wie überall in der Technik die Auffassung aus nur einem Gesichtspunkt, geschweige einem so allgemeinen wie dem der Zeit, den Dingen nicht gerecht wird.

Verfahren in dem Sinne, wie es öfters vom Patentamte gebraucht wird, und noch mehr in dem obigen reinen Zeitsinn ohne jede technische Bestimmtheit, ist überhaupt keine Erfindung, sondern eine Abstraktion, die nicht berechtigter ist, als wenn ich einen technischen Gegenstand nur nach seiner Stoffbeschaffenheit oder seiner Bewegungsart oder seiner Farbe oder seiner Wärme betrachte. Ich sehe hier denselben methodischen Irrtum, wie bei der Trennung von Erfindung und Gebrauchsmuster nach Naturkraftbenutzung und nach Raumgestaltung, einen übermäßigen Drang zu einheitlichen Grundprinzipien.

Unter dem Gesichtspunkt der Vollständigkeit der Erfindung würde die Frage, ob Verfahren oder Maschine, in manchen Fällen dadurch ihre Erledigung finden, daß Verfahrensansprüche, deren Verwirklichung nicht ohne weiteres mit b e k a n n t e n Mitteln gelingt, keine fertige Erfindung beschreiben würden. Dies gilt ja eben auch von dem amerikanischen Telephonpatentanspruch, gilt von dem Anspruch des Zündpillenpatentes und von dem Anspruch des Dolan-Brenners[1]).

---

[1]) *Wirth, Mitt. 1911, S. 132 und. 175ff.*

Man würde also geneigt sein können, da, wo die Worte „Verfahren", „Vorrichtung" und „Erzeugnis" in einem Patentanspruch vorkommen, sie nur zu betrachten als Versuche, dem Erfindungsgegenstand sprachlich gerecht zu werden, nicht aber als Worte, die einem besonderen Beschluß des Patentamtes hinsichtlich der Feststellung der Erfindungsgrenzen entsprechen.

Selbstverständlich ist das nur die eine Seite der ganzen Frage, die Rechtssicherheit ist hier wie überall ebenfalls zu prüfen.

III.

Für die Frage der Grenzfeststellung ist auch von Bedeutung, daß die Zuständigkeit für Patenterteilung und Patentauslegung nur an den Tenor, nicht aber an die Gründe des Patenterteilungsbeschlusses gebunden ist, soweit diese nicht Gegenstandsbestimmung sind [1]). Das ist heute gerade so unbestritten, wie es auf der anderen Seite sicher ist, daß deshalb die innere Bedeutung der Prüfungsarbeit des Patentamtes für den Richter im Nichtigkeits- und Auslegungsverfahren völlig unbeachtlich werden kann. Der Richter ist an die Worte und den technischen Sinn des Beschlußtextes gebunden und nicht an die Gründe desselben. Wenn ein Patent erteilt ist, weil das Patentamt das Problem für neu gehalten hat, und es stellt sich später heraus, daß das Problem alt war, aber die von dem Amt gar nicht geprüfte und vielleicht auf Grund seiner Kenntnis des Standes der Technik gar nicht prüfbar gewesene Frage des Neuheitsgrades der Mittel zur Lösung des alten Problems nunmehr zugunsten der Patentfähigkeit beantwortet wird, so bleibt das Patent unverändert bestehen. Es ruht aber auf von dem Patentamt gar nicht geprüften Gründen, wenn nicht etwa eine Nichtigkeitsentscheidung ihm formell die neuen Gründe verleiht und die alten entzieht. Eine Kombination mag wegen der Neuheit ihres Elementes a für patentfähig gehalten worden sein, gründliche spätere Untersuchung ergibt, daß a alt ist, daß das unveränderte Kombinationspatent aber auf Grund der Neuheit seines Elementes b weiterbestehen kann. Die „Bedeutung der Erfindung" kann in diesem Patenterteilungstenor so wenig zum Ausdruck kommen, wie die „Qualität der erfinderischen Tätigkeit", und beides ist doch für die Auslegung wichtig Was hat es in solchen Fällen für einen inneren Sinn, den Richter an die Feststellung der „Erfindung" im Patenterteilungsverfahren zu binden? Er ist nicht gebunden an die Feststellungen über neu und alt im einzelnen, er ist nicht gebunden an die darauf gegründeten patentrechtlichen Erwägungen, er ist nur gebunden an das Ergebnis derselben. Was hat es für einen inneren Sinn zu erklären, daß der Verletzungsrichter das Patent weder erweitern

[1]) *Isay in Wirth-Isay, S. 262.*

noch verengern kann, wenn die **ganze Grundlage** des Patentes sich völlig verschieben kann, und die Unveränderlichkeit schließlich nur für irgendeinen brauchbaren Sinn der Worte gilt, nicht aber den von dem Patentamt allein beschlossenen? Es kann dem Patent gehen wie dem Gesetz, dessen Text bleibt, aber dessen Motive im Wandel der Zeiten völlig wirkungslos geworden sind.[1])

IV.

Die Frage, vor der wir hier stehen, ist keine andere, als die, welche zurzeit das ganze Rechtswesen bewegt, die Frage nach der Machtbefugnis des Richters gegenüber dem Gesetzgeber, die Frage nach der Auslegung von Gesetzen und Verträgen, ob nach dem Willen der Verfasser der Texte oder ob nach der inneren rechtlichen und tatsächlichen Notwendigkeit der Sache, wie sie dem Auslegungsrichter vorliegt.

Darin aber hat das Patentamt recht, und recht meines Erachtens gegen das Reichsgericht, insofern es einer bestimmten sachlichen Trennung der Gebiete des Patentamtes und des Richters zustrebt, auf seinem gegen früher sachlich kleineren Gebiete dann aber auch verantwortungsvoll arbeiten will. Die Gesichtspunkte, aus welchen man eine sachliche Trennung einführt, und die Zwecke, derenthalben man sie wünscht, bestimmen natürlich die Art der Trennung.

Das Reichsgericht hat wiederholt gesagt, daß die Prüfung des Patentamtes mit Rücksicht auf die erwünschte kurze Dauer des Prüfungsgeschäftes zu beschränken sei. So noch **Hagens**, Berliner Tageblatt 9. 12. 1912[2]). Es hält anscheinend eine **summarische Prüfung** sowohl hinsichtlich des Standes der Technik als der patentrechtlich daran angeknüpften Erwägungen für das Richtige. Nun ist es sicher höchst bedeutungsvoll für die Beurteilung des deutschen Prüfungsverfahrens überhaupt, wenn der höchste Gerichtshof nach 35jähriger Tätigkeit glaubt, keine höheren Anforderungen stellen zu dürfen. Und in derselben Richtung bedeutungsvoll ist auch vielleicht der Umstand, daß das Reichsgericht ziemlich regelmäßig die Vollstreckbarkeit der oberlandesgerichtlichen Urteile aufhebt, welche angebliche Patentverletzungen verbieten. Das ist interessant, namentlich in Parallele mit der amerikanischen Patentprüfung, dem Vorbild der deutschen. Dort hat die Praxis längst dahin geführt, daß die Prüfung des Patentamtes allein nicht einmal prima facie Beweis für die Gültigkeit des Patentes ist. So lange aber der deutsche Richter an das Patent gebunden ist, so lange wird eine Prüfung, die in irgendeiner Richtung eine summarische zu nennen wäre, nicht in das System des deutschen

---

[1]) *Vgl. Kohler, Lehrb. d. bürgerl. R., S. 132, und G. R. u. U. 1912, S. 167.*

[2]) *Mitt. 1912, S. 178.*

Gesetzes passen. Und das summarische Verfahren in einstweiligen Verfügungssachen verlockt auf dem Gebiete des Patentwesens gewiß nicht zu einer Ausdehnung.

Dann aber scheint mir auch, daß ein Geschäft wie die Patentprüfung, welches einen Apparat von dem Umfang und der Kompliziertheit wie das deutsche Patentamt erfordert, nicht auf eine Grundlage aufgebaut werden darf, welche der Ausbildung einheitlicher Grundsätze und der Erzielung eines einheitlichen Verantwortlichkeitssinns bei dem Prüfungsgeschäft geradezu widerstrebte. Im besonderen sollte die Berücksichtigung eines erweiterten und besser verstandenen Standes der Technik durch den Richter nicht dazu führen, daß das Patentamt im geringsten nachließe, hier nach dem Vollkommenen zu streben, de lege lata natürlich.

Auf die unbestreitbare Nützlichkeit eines Teils der Prüfung, der Feststellung des früheren Standes der Technik, habe ich in meinem Vortrag, die Prüfung der Erfindung und ihre Grenzen [1]), hingewiesen im Gegensatz zu dem unsicheren und gefährlichen Teil der Prüfung, welcher in der patentrechtlichen Würdigung besteht.

Eine Beschränkung der patentamtlichen Aufgabe wird man daher unter dem jetzigen Gesetz voraussichtlich immer nur als eine sachliche Beschränkung des Bezirks der Prüfung wünschen dürfen, nicht aber als eine Minderung der Qualitätsziele.

V.

Zu der Frage der Kompetenzverteilung zwischen Patentamt und Richter ist schließlich noch von Bedeutung, daß, wie Reichsgerichtsrat Hagens ausdrücklich bekundete, Schutzgrenzen, welche das Patentamt einmal jenseits seiner eigentlichen Aufgabe festgestellt hat, den Richter binden. Damit ist auch wohl kein abstrakter Rechtssatz gemeint, sondern die bekannte Rechtsprechung, im besonderen über den Ausschluß von Teilschutz. Das ist mit summarischer Prüfung auch unverträglich.

VI.

Die Entscheidung vom 16. Dezember 1912 weist noch ausdrücklich darauf hin, daß ein für eine einengende Auslegung eines Patentes wirkungsvoller Verzicht oder eine Versagung gerade bei dem Patenterteilungsbeschluß stattgefunden haben müsse. Damit wird die früher übliche Berücksichtigung von Verzichten und Beschränkungen an beliebigen Stellen des Verfahrens allerdings auf ein Minimum gemindert, denn was auf Vorhaltungen des Vorprüfers anscheinend zurückgenommen oder beschränkt worden ist, das kommt doch nur in dieser beschränkten Form vor die beschließende Abteilung, die selbst also zu

---

[1]) *Z. d. österr. V. f. g. R. 1899, S. 182.*

dieser Frage gar keine Stellung mehr nehmen kann. Das scheint hinsichtlich der Verzichte noch über die Stellung des Reichsgerichts hinauszugehen, welche für sie den Unterschied der Stellen des Erteilungsverfahrens, wo sie ausgesprochen werden, wohl noch nicht gemacht hat.

VII.

Die Entscheidung vom 16. Dezember befaßt sich nur mit dem sachlichen Inhalt des Patentanspruches und den entsprechenden sachlichen Prüfungsaufgaben, während die Entscheidung vom 1. November weiter geht.

Dieser Entscheidung hat anscheinend kein Streitfall mit dem Gegensatz zwischen Erfindungsgegenstand und Schutzgrenzen unterlegen, so daß aus ihr ein bestimmter sachlicher Unterschied der beiden Begriffe auch nicht zu entnehmen ist.

Das einzige, was aus ihr sicher hervorgeht, ist, daß der „Erfindungsgegenstand", der in ihr auch „Erfindung" genannt wird, ein Minus gegenüber den Schutzgrenzen ist. Nur ganz allgemein wird die Aufgabe des Patentanspruchs ähnlich wie vom Reichsgericht als die Wiedergabe der Erfindung „kurz, aber vollständig und klar" bezeichnet.

Die Entscheidung befaßt sich aber auch im einzelnen mit der Aufgabe der Beschreibung und des Patentanspruches und ihrer Formulierung, denn eine solche Frage ist dort gerade strittig. Sie sagt:

> „Die Anmeldung ist zurückgewiesen worden, weil die Anmelderin es abgelehnt hat, die Beschreibung und den Patentanspruch in der von der Anmeldeabteilung verlangten Weise abzuändern.
>
> Die Beschwerdeabteilung erkennt an, daß alle verlangten Änderungen die Unterlagen der Anmeldung verbessern würden und an sich wünschenswert wären. Denn die von der Vorinstanz gewählten Ausdrücke und Wendungen geben an jeder Stelle das Gemeinte klarer und zum Teil auch sprachrichtiger wieder als die Ausdrücke und Wendungen der Anmelderin."

Und weiter:

> „Eine ganz andere Frage ist es, ob und inwieweit die Anmeldung dann zurückgewiesen werden kann, wenn der Anmelder solche Vorschläge von der Hand weist."

Über den Patentanspruch läßt sie sich dann wie folgt vernehmen:

> „Wenn das Gesetz dann weiter fordert, daß am Schlusse der Beschreibung dasjenige anzugeben ist, was als patentfähig unter Schutz gestellt werden soll, so bedeutet dies, daß der Patentanspruch die Erfindung kurz, aber vollständig und klar wiedergeben soll. Er soll noch einmal das zusammenfassen, was den Gegenstand der vorher eingehend beschriebenen Erfindung ausmacht. Aus dieser notwendigen Zusammengehörigkeit von Anspruch und Beschreibung — auf die schon

oben hingewiesen wurde — folgt zwingend, daß zwischen beiden ein sachlicher Widerspruch nicht obwalten darf. Gibt der Anspruch das, was der Erfinder erkannt und beschrieben hat, nicht zutreffend wieder, so verstößt er gegen § 20, Abs. 1, Satz 5 des Patentgesetzes und kann deshalb nicht zugelassen werden."

Zu den einzelnen Fragen des konkreten Falles ist von Interesse:

„Was den Schlußabsatz der Beschreibung anbelangt (Punkt 5), so ist er zwar sprachlich unschön. Dies kann aber die Zurückweisung der Anmeldung nicht begründen, denn sie ließe sich nur rechtfertigen, wenn die Fassung so unklar wäre, daß infolge dieser Unklarheit andere Sachverständige die Erfindung nicht benutzen könnten. — Auch die Beanstandung der allgemeinen Fassung des kennzeichnenden Teiles des Patentanspruches (Punkt 2) ist nicht für so schwerwiegend erachtet worden, daß sie die Zurückweisung der Anmeldung rechtfertigen könnte. Die Fassung ist unzweckmäßig, weil sie nicht sofort erkennen läßt, in welcher Beziehung der gefüllte Behälter zu der als Oberbegriff angegebenen Unterlage für schwere Lasten steht, nämlich, daß er selbst diese Unterlage ist."

Diese Entscheidung sieht aus wie eine grundlegende Veränderung der Abfassungsregeln für Beschreibung und Patentanspruch, die mit den bisherigen Veröffentlichungen des Patentamtes hierüber vom 22. November 1898 kaum in Einklang zu bringen ist.

Daraus darf zunächst wohl folgender Schluß auch hinsichtlich der Form des Patentanspruches gezogen werden: Die bisherigen Anschauungen über eine notwendige Struktur des Patentanspruches, im besonderen die Hartigsche Lehre, sind fallen gelassen, denn Kürze, Vollständigkeit, Klarheit sind die einzigen Anforderungen, welche aus dem Gesetz für Inhalt und Form des Anspruchs abgeleitet werden; zunächst wenigstens die einzigen am Beginn dieser neuen Ära der patentamtlichen Rechtsprechung.

Das heißt also zunächst Wegfall von amtlichen Verfügungen, welche den Anspruch deshalb beanstanden, weil er nicht in einen Vordersatz mit bekanntem Genus proximum und einen Nachsatz mit „Merkmalen" zerlegt ist. Denn die Bezugnahme in dieser Entscheidung auf die Wissenschaft schließt aus, daß die Form der logischen Definition als die einzige, kurze, klare und vollständige Darstellung gemeint sei. Wenn bei dieser Gelegenheit das unglückliche Wort „Merkmal" verschwände, welches in das Warenzeichengesetz gehört und nicht in das Patentgesetz, welches sich zu der Erfindung geradeso äußerlich verhält, wie das äußerliche „Symptom" zu dem aus ihm diagnostizierten Wesen der Krankheit, wie der Steckbrief zur Persönlichkeit, so wäre das ein sehr großer Fortschritt in der Klarheit des Denkens. Allerdings scheint dann ein besonderes Fachwort zu fehlen, welches die abstrakten und konkreten oder anschaulichen Erfindungsbestandteile oder Elemente umschließt.

Allerdings spricht die Entscheidung noch von dem „kennzeichnenden Teil" des Patentanspruches, aber wohl nicht in dem Sinn, daß er selbstverständlich einen solchen und einen anderen Teil haben müsse, sondern der in dem Fall vorliegende Anspruch kennzeichnete die Erfindung nur in einem Teil seines Textes.

Selbstverständlich ist, daß die alte Art der Erfindungsfeststellung nach dem formal-logischen Begriffsschema in sehr vielen Fällen kurz, vollständig und klar sein kann. Das ist die Aufgabe der Anmelder und mehr noch ihrer Anwälte, nun im konkreten Einzelfall zu entscheiden, ob diese Darstellung die bessere ist, oder welche neuen Darstellungsweisen von Erfindungen in Patentansprüchen sie wählen, d. h. in vielen Fällen erst erfinden sollen, um der Anforderung der Klarheit, Kürze und Vollständigkeit zu entsprechen. Wieweit das Patentamt sich bei dieser Arbeit, auch abgesehen von der ihm obliegenden Kritik, schöpferisch beteiligen will und kann, ist eine Frage für sich.

Als nächstliegende Formen mögen hier die erwähnt werden: Nebeneinanderstellung der einzelnen Punkte unter a, b, c...... und die von dem Reichsgericht schon früher gewählte Form der Rückbeziehung auf die Beschreibung und die Zerteilung des Anspruches in mehrere unabhängige Einzelsätze.

Wenn die Erfindung auf der Entdeckung eines Optimum für irgendeine Größe, Temperatur oder Druck oder eines Größenverhältnisses beruht, so wird der Anspruch nur dieses Optimum zu enthalten haben. Gerade bei solchen Ansprüchen hat man bisher die Grenzen möglichst weit, auch zum Umfassen schlechterer Ausführungen der Erfindung, gezogen, hat auch durch solche Grenzbestimmungen den „Fortschritt der Erfindung" entsprechend verschlechtert. Dieses Optimum wird auch oft gar nicht als eine bestimmte Größe angegeben werden können, sondern durch eine Tendenz, z. B. „man treibt die Hitze so hoch wie möglich", und diesen Angaben wird künftig von dem Patentamt nicht entgegengehalten werden, daß sie keine scharfen Grenzbestimmungen bildeten.

So hätte man als einen entscheidenden Fortschritt in der Entscheidung vom 1. November 1912 die Freiheit in der Formulierungsweise: Jede Formel ist gut — für die patentamtliche Prüfung —, die kurz, vollständig und klar die Erfindung wiedergibt. Unklarheit der Grenzen ist kein Einwand.

VIII.

Offen ist noch die Frage, welche durch die Doppeltheit der Grenzbestimmungen einer Erfindung entweder mit dem Blick in die Zukunft oder im Vergleich mit der Vergangenheit gegeben ist. Sicher sollen nicht die Grenzen für alle Zukunft festgelegt werden. Wie aber ist es mit der Vollständigkeit der Festlegung gegenüber der Vergangenheit? Mit anderen Worten: Soll Quantität und Qualität der Erfindung bis ins letzte bestimmt werden, etwa wie ich am Beispiel der Doppelklammer angegeben[1]) und ebenso die Patentwürdigkeit, oder soll auch hier das Prinzip der Beschränkung Platz greifen, daß nur gerade soviel zu prüfen ist, als für die Entscheidung der Frage der Patentfähigkeit unerläßliche Voraussetzung bildet?

Bei diesem Prinzip der Sparsamkeit der Gründe könnte man zu ähnlichen Grundsätzen kommen, wie sie für die Entscheidung von Nichtigkeitsklagen von Isay vertreten werden[2]) und eine größere Vollständigkeit der Gründe würde ganz belanglos erscheinen, insofern diese Gründe gerade weder für eine künftige Nichtigkeitsklage noch für den Verletzungsrichter bindend sind.

Immerhin wird dies Sache der Diskretion sein. Nur soviel ist zu bemerken, daß bei dem Aufbau eines Patentes die Lage doch etwas anders ist als bei dem Streit zweier Parteien im Nichtigkeitsverfahren. Es ist im allgemeinen im öffentlichen Interesse durchaus erwünscht, wenn die Basis des Patentes so ausführlich wie möglich ausgebaut wird, daß also nicht nur ein Grund für die Patenterteilung, sondern alle Gründe angegeben werden. Kann doch auch die Prüfung in sehr vielen Fällen für das Ganze nur wirklich gründlich vorgenommen werden, wenn die Erfindung sorgfältig analysiert und die sich ergebenden Elemente auch für sich geprüft werden. Die Prüfung der Elemente an sich und die Prüfung mit Rücksicht auf das Ganze werden sich dabei oft praktisch voneinander gar nicht unterscheiden lassen. Allerdings wird es ein großer Fortschritt für den Geist der Prüfung überhaupt sein, wenn so ihr Blick wieder energisch auf das Ganze gerichtet wird.

Die Prüfung auf Neuheit verlangt in allen den Fällen eine genaue Analyse, wo ein vorhandenes Ganze an einem Punkte verbessert worden ist, und es sich darum handelt, diesen Punkt möglichst sicher und genau festzustellen, und zu diesem Zweck auch alle anderen Punkte ebenso sicher und genau auszuscheiden. Das ist das Wesen alles Vergleichens ähnlicher Dinge. Nur ganz unähnliche Dinge können in Bausch und Bogen einander gegenübergestellt werden.

Ein anderer Teil der Prüfung aber, die Prüfung auf den Fortschritt, die verlangt geradezu das Umgekehrte, denn der Fortschritt ist regelmäßig ein Fortschritt des Ganzen und nicht nur eines Teiles, namentlich nicht eines abstrakten Elementes der Erfindung. Die Unterschiede sind hier-

---

[1]) *Wirth-Isay, S. 201.*
[2]) *Wirth-Isay, S. 262ff.*

bei für die empirischen und die synthetischen Erfindungen zu beachten, von welchen die ersteren meistens nicht mit Sicherheit in ihre Elemente aufgelöst werden können, ohne daß diese Elemente technisch bedeutungslos werden, während die letzteren gerade aus vorher bekannten und als bedeutungsvoll erkannten Elementen aufgebaut werden, also auch nachträglich leicht wieder in sie zerspalten werden können. Für die materielle Prüfung wird sich das Minimalprinzip, wie es deutlich für die formelle Prüfung ausgesprochen ist, also nicht so ohne weiteres anwenden lassen.

IX.

Prüfen wir die Frage der Vollständigkeit der Erfindung und der abstrakten Erfindungselemente noch einmal an dem alten Beispiel der Telephonerfindung, um zu einem Urteil über den Satz der Entscheidung vom 16. Dezember zu kommen, daß der Tatbestand der Teilverletzung erst später geschaffen werde. Denn das ist gerade der wichtigste und heikelste Punkt.

Eine Formulierung: „Verfahren zur Fernübertragung von akustischen Schwingungen durch Erzeugung und Fernleitung entsprechender elektrischer Schwingungen gibt eine treffliche Schutzgrenze für die Telephonerfindung. Daß sie eine vollständige Beschreibung derselben sei, wird niemand behaupten wollen, wenn man ihr auch Klarheit des wiedergegebenen Gedankens und Kürze nicht wird absprechen können. Der Anspruch wurde formuliert nach Erfindung des Mikrophons und beschreibt vollständig den in beiden Apparaten verwirklichten Grundgedanken, ohne daß das Mikrophon selbst hätte in die Patent**beschreibung** hineingebracht werden können.

Das Beispiel zeigt aber auch, daß die Behauptung der Entscheidung vom 16. Dezember 1912, daß der Tatbestand der Teilverletzung erst später geschaffen wird, nicht immer richtig ist. Solche Tatbestände können oft mit so großer Wahrscheinlichkeit, daß sie an Sicherheit grenzt, vorausgesehen und durch eine Analyse der Erfindung im voraus ermittelt werden. In allen Fällen, in welchen mehrere Vorteile durch ein oder mehrere Mittel erreicht werden, und die Zuordnung der einzelnen Teile zu den einzelnen Mitteln oder Qualitäten eines Mittels erforscht ist, sind solche Teiltatbestände gegeben, in manchen Fällen vollständig, in anderen zwar nicht vollständig, aber mit dem sicheren Urteile der Möglichkeit der Vervollständigung.

Trotzdem beweist auch dieses Beispiel, wieviel richtiger es ist, die Frage des Schutzes einer solchen äußersten Abstraktion dem Gericht zu überlassen.

Denn unter die angegebene Formel würde nicht nur das Mikrophon fallen und darüber Streit sein können, ob das materiell rechtlich richtig ist, sondern auch etwa eine drahtlose Telephonie, von der das Umgekehrte unstreitig sein dürfte. Das ist aber die Eigenschaft aller solcher abstrakten Gedanken, daß ihre Zukunftstragweite über alle zur Zeit ihrer Aufstellung mit ihr verbindbaren Begriffe hinaus nie abzusehen ist, denn die Worte haben einen sicheren Sinn meist nur für die in der Vergangenheit mit ihnen verknüpften Gegenstände. Das läßt sich auch so ausdrücken: Eine glückliche Wortwahl in einm solchen Fall, eine zufällige oder raffinierte, wenn auch rein mechanische Formulierungstechnik bestimmt die Schutzgrenzen, nicht der technische Gehalt der Erfindung und seine Würdigung aus patentrechtlichen Gesichtspunkten.

Der Ausdruck „elektrische Schwingungen" würde so auch die damals noch gar nicht bekannten Hertzschen Wellen decken. Ob hier durch eine verständige Auslegung, durch Verengerung des Wortbegriffes geholfen werden könnte, mag hier nur angedeutet sein.

Hier ist also eine flüssige Grenze zwischen konkreter Vollständigkeit und abstrakter Teildarstellung technischer Dinge, deren Festlegung im Einzelfall der patentamtlichen Rechtsprechung vorläufig noch ganz überlassen ist, ohne daß die Entscheidung vom 1. Novemver 1912 eine sichere Maßgabe gibt oder geben kann.

Nur der allgemeine Satz sei noch hervorgehoben, daß die Sicherheit der Prüfung genau in dem Maße schwindet, wie an die Stelle eines konkreten, allseitig übersehbaren Ganzen Teile und Abstraktionen gesetzt werden.

Es bleibt bei dem Ausspruch des Reichsgerichtes: Das Patentamt soll nicht alle Merkmale prüfen, und es ist noch offen, welche es prüfen muß.

X.

Die Entscheidung vom 1. November 1912 bringt, wie die mitgeteilten Stellen beweisen, auch neue Grundsätze für die Gestaltung der Patentbeschreibung, die außerordentlich zu begrüßen sind. Die Prüfung der Beschreibung soll auf das gesetzliche Minimum reduziert werden. Die Individualität (und damit natürlich auch die Ungeschicklichkeit des Anmelders) können sich ausleben, solange sie nicht mit der Forderung des Patentgesetzes in Konflikt kommen, daß die Beschreibung die Erfindung für den Sachverständigen genügend offenbart. Es fallen also erstens einmal weg alle Stilkorrekturen, und damit wird schon ein großer Teil der patentamtlichen Zeit für wichtigere Dinge frei. Es fällt aber auch weg das ganze Prinzip, daß die Patentschriften alle einen gewissen akademischen Gütegrad besitzen sollen, wie er eben amtlichen Veröffentlichungen wohl ansteht. So sind alle Forderungen aus dem Kreise der Patentanwaltschaft erfüllt. Damit ist auch die Frage neu aufgeworfen, was aus der bedeutungsvollen Einleitung der Patentbeschreibung werden soll, die sich ja doch entgegen dem Wortlaut des § 20 zu einer Paraphrase, einer Ergänzung oder einer Einschränkung des Patentanspruches ausgewachsen hat.

Nach den verkündeten Grundsätzen sollte man annehmen, daß es dem Anmelder künftig freisteht, eine solche Einleitung zu formulieren oder nicht.

Es würde dem Prinzip großer Freiheit in dem für den Anmelder Möglichen und zugleich dem der Beschränkung der Prüfung auf das Notwendige entsprechen, wenn grundsätzlich in die Patentschrift auch Teile aufgenommen würden, für welche ganz allein der Anmelder die Verantwortung trägt, und wenn dies durch die Wahl des Ausdrucks deutlich gemacht würde. Das ist bisher schon manchmal vorgekommen, und Ausdrücke wie: Nach Ansicht des Anmelders ergibt sich..... und ähnliches kommen heute schon ausnahmsweise vor. So können alle für das Wesen der Erfindung wichtigen Behauptungen, deren Prüfung sich das Patentamt künftig entschlagen wird, hier immerhin als Anmelderbehauptungen der Öffentlichkeit bekanntgegeben werden und außerordentlich nützlich wirken. Diese Behauptungen können auch unmittelbar die Schutzgrenzen angehen, wie ich schon früher vorgeschlagen habe. Für die Zulässigkeit solcher Behauptungen wäre nur eine Voraussetzung: wenn sie offensichtlich unrichtig sind, oder wenn sie in Widerspruch mit Prüfungsergebnissen auch ohne Offensichtlichkeit stehen, dann wird die Behörde solche Behauptungen auch nur in Form der Verlautbarung nicht veröffentlichen wollen. Der Inhalt der Patentbeschreibung würde hierbei zerfallen in den geprüften Teil, der also die Erfindung für den Sachverständigen zur Nachbildung genügend wiedergibt, und einen anderen Teil, von dem nur gilt, daß er einer besonderen Prüfung nicht unterworfen ist, daß er aber mit den Ergebnissen der anderweiten Prüfung nicht in Widerspruch steht.

XI.

Schließlich sei hier noch eine für die weitere Entwicklung wichtige prozessuale Frage aufgeworfen. Fragen, wie sie die Beschwerdeabteilung II am 1. November 1912 zu entscheiden gehabt hat, kommen bei der gegenwärtigen Praxis des Patentamtes überhaupt sehr selten vor die Beschwerdeabteilung. Einmal weil die Abweisung und Beschwerde nur die ganze Anmeldung trifft, nicht einen einzelnen Anspruch oder die Form eines Anspruches, und dann, weil in der Beschwerde eine reformatio in pejus nicht nur nach der Praxis nicht ausgeschlossen ist, sondern geradezu der Punkt ist, unter dessen Zwang man es regelmäßig mit einer halbwegs befriedigenden erstinstanzlichen Entscheidung bewenden läßt und allen formellen Forderungen nachkommt.

Es ist also eine Voraussetzung für den rationellen Ausbau der gerade nur in der allerallgemeinsten Weise mit einer neuen Grundlage versehenen Rechtsprechung, daß alle Einzelpunkte der weiteren Ausbildung wirklich vor die Beschwerdeabteilungen gelangen können. Es ist eine unentbehrliche Voraussetzung für die Einheitlichkeit und Sicherheit der Rechtsprechung in diesem Belang.

Nun ist aber die Praxis, welche nur Abweisung der ganzen Anmeldung kennt, nicht so schlüssig begründet, daß sie nicht geändert werden könnte und geändert werden müßte, wenn man ihre praktischen Folgen so ansieht, wie eben angedeutet. Ob dabei das von der Anmeldeabteilung zugunsten des Anmelders Anerkannte dadurch sichergestellt wird, daß es der Beschwerdeentscheidung ganz entzogen wird, oder daß sich eine zuverlässige Praxis bildet, welche die Vorentscheidung insoweit respektiert, daß die reformatio in pejus praktisch wegfällt — natürlich von Fällen der Auffindung neuer Tatsachen in der Beschwerde abgesehen —, ist kein allzu großer Unterschied. Erinnert sei an den Analogiefall der Einführung der „teilweisen Nichtigkeit" durch die Praxis, die ebensowenig wie die teilweise Zurückweisung durch das Gesetz von 1877 vorgesehen war.

Die schwerwiegenden Konsequenzen der Änderung der jetzigen Praxis sind nur angedeutet; das ließe sich noch viel weiter ausspinnen, es würden im besonderen die Zurückverweisungen in die Vorinstanz, für welche jetzt kaum irgendein Grundsatz allgemein gilt, viel zahlreicher und damit die Abhängigkeit der Anmeldeabteilungen von den Beschwerdeabteilungen strenger werden.

In dieser Hinsicht interessiert noch der folgende Satz aus der Entscheidung vom 1. November 1912:

> „Die Beschwerde ist endlich auch darin für begründet erachtet worden, daß in dem Zurückweisungsbeschluß, wenn nicht schon in dem ihn vorbereitenden Zwischenbescheid vom 15. März 1912, die ausführlichen Gründe hätten einzeln gewürdigt werden müssen, die die Anmelderin zugunsten ihrer Fassung in ihrem Schriftsatz vom 9. Februar 1912 geltend gemacht hatte. Das ist in diesem Zwischenbescheid überhaupt nicht, in dem Zurückweisungsbeschluß nur unvollkommen geschehen."

Die Verurteilung der so oft beklagten ungenügenden schriftlichen Begründung erstinstanzlicher Beschlüsse und Zwischenverfügungen ist wohl noch nie so bestimmt von der Beschwerdeabteilung gerügt worden. Dieser Gang des Anmeldeverfahrens ist vielleicht mit daran schuld, daß diese Entscheidung auch neue Grundsätze für die Rückzahlung der Beschwerdegebühr zu bringen scheint.

Mehr Arbeit als jetzt gäbe es am Anfang einer solchen Zurückverweisungspraxis, viel weinger später; haben wir doch hier auch einen der Gründe der Belastung des Patentamtes. Österreich und die Vereinigten Staaten von Nordamerika fahren mit der zur Einführung empfohlenen Praxis der Beschwerde in der Beschränkung auf Einzelpunkte gut. Die Erwägung ist doch nicht von der Hand zu weisen, daß die heutige Reform in dieser Beziehung, d. h. Formulierung von Beschreibung und Ansprüchen, sicher vor langer Zeit schon eingetreten wäre, wenn immer wieder den Beschwerdeabteilungen in einzelnen Fällen der Nachweis der Ungeeignetheit der bisherigen Anspruchs- und Beschreibungsregeln nachgewiesen worden wäre.

Erteilung und Auslegung von Patenten im Lichte moderner Rechtsideen[1].

Vorbemerkung.

Die Lehre von den Gesetzeslücken nimmt als Einleitung einen zu großen Teil dieser Arbeit ein im Vergleich zu dem Rest. Die Ursache ist, daß ich auch auf mit der modernen Entwicklung des Rechtswesens nicht vertraute Leser hoffe. Für diese soll die Einleitung genügen, um die Überzeugung von der Bedeutsamkeit dieser Lehre für das Patentwesen zu erwecken und zum Studium der Spezialarbeiten zu veranlassen.

Es ist so auch nichts weniger beabsichtigt, als mit den Arbeiten der Fachschriftsteller hierüber, aus welchen ich eine Kompilation — Kombination oder Aggregation würde der Patentterminologe sagen — zusammengestellt habe, in Wettbewerb zu treten. Ich fühle keinen Beruf zum Ausbau dieser Lehre an sich, sondern nur zur Aufweisung stofflicher und rechtlicher Eigentümlichkeiten des Patentwesens, die ihre Anwendung erwägenswert erscheinen lassen.

Da man von dem einen Teil der Auslegung, der Lückenfüllung, nicht sprechen kann, ohne auch den anderen, die sprachliche Auslegung des eigentlichen Inhaltes eines Textes, zu berühren, mußte ich mich mit der ganzen Auslegungslehre von Patenten beschäftigen.

Wenn ich damit zum systematischen Aufbau einer Patentauslegungslehre einige mehr oder weniger behauene, vielleicht einzelne verhauene, Bausteine geliefert und durch etwas breit betonte Hervorhebung meiner, wie ich glaube, vorsichtig kritischen Methode dabei der Frage der Methodik auf diesem Gebiete einige Beachtung verschafft habe, so ist mein Ziel erreicht.

Daß reine Tatsachenanalysen, Rechtsfolgerungen aus denselben für die Patentauslegung und Patenterteilung, Kritisches, sowie Vorschläge zur Patentpolitik durcheinanderlaufen, liegt in der Natur der Sache; es wäre schwer und nur unter Einbuße nach anderen Richtungen möglich

---

[1]) Erweiterung eines Vortrages im Verband deutscher Patentanwälte am 13. Februar 1913. *Mitt. d. V. d. P. 1913, Heft 4, 6, 8, 9. Vgl.* ***Wirth****, Mitt. 1910, S. 2. Unteransprüche, Kombination, Gattungsbegriff. Mitt. 1910, S.* 58. *Das Reichsgericht und die Prüfungskompetenz des Patentamtes.*

gewesen, das alles im Text örtlich reinlich voneinander zu scheiden.

Immerhin wird die erste Frage bleiben, ob die Lückenlehre eine befriedigende Erklärung der herrschenden Rechtsprechung gibt, nicht ob sie patentpolitisch wünschenswert. Ebenso machen die Tatsachenanalysen keinen solchen Anspruch auf Erwünschtheit, sondern verlangen nur das Urteil „richtig“ oder „falsch“ und weiter etwa „erheblich“ oder „unerheblich“ für die Sache.

Die Lückenlehre.

Ich könnte mein Thema auch beschreiben als einen Versuch, die Lehre von den Gesetzes- und Vertragslücken für Erteilung und Auslegung von Patenten nutzbar zu machen. Das wäre nun freilich keine Anwendung einer modernen Idee, da schon der römische Prätor neben das jus civile das Juristenrecht gestellt hat, und Zitelmann die Lehre von den echten und unechten Lücken des Gesetzes vor zehn Jahren behandelte, ohne heute als Modernist zu gelten[1]).

Es kommt mir aber gar nicht auf die Modernität dieser Lehre an, sondern je fester sie im Zivilrecht schon begründet ist, eine desto dienlichere Grundlage ist sie für meine Untersuchung. Die Lehre aber gewinnt heute grundsätzlichere Bedeutung als früher und verdrängt die „klassischen“ Methoden der Auslegung. Deshalb versäumen diejenigen, welche sie schon als einen geltenden Grundpfeiler der heutigen Auslegungslehre behandeln, nicht, sie als die richtige Lehre im Gegensatz zu dem bis vor kurzem gültigen System von Auslegungsregeln zu bezeichnen. So neben vielen anderen[2]) Danz in einer der Schriften des Vereins „Recht und Wirtschaft“.[3])

„Wir sind jetzt zur Erkenntnis durchgedrungen, daß die frühere Lehre, das Gesetz enthalte Entscheidungen für alle nur möglichen Fälle, falsch ist, daß das Gesetz vielmehr stets Lücken enthält, die der Richter durch Bildung von Sätzen ausfüllen muß, weil er eine Justizverweigerung begehen würde, wenn er aus dem Grunde, daß das Gesetz nichts für den konkreten Fall bestimme, den Klageanspruch abweisen wollte.“

Ich darf auch noch in das Reichsgericht und dessen Patentsenat greifen, wenn ich Düringer zitiere:

> „Es ist ein unbestreitbares Verdienst eines Geny, Ehrlich und anderer, das Dogma von der Vollkommenheit und Lückenlosigkeit des Gesetzes gründlich widerlegt zu haben. Übrigens hat das Reichs-

---

[1]) Lücken im Rechte. 1903. Vgl. z. B. auch Vierhaus: „Über die Methode der Rechtsprechung.“ Hannover 1911. S. 23.

[2]) Z. B. auch Isay: „Zivilistische Grundlagen der Patentverwaltung“, S. 8.

[3]) Danz, Das Richterrecht. S. 191.

gericht schon in seiner Entscheidung vom 2. Februar 1889 (I 332/88) dieser Erkenntnis treffenden Ausdruck verliehen:

„Es ist eine für den Gesetzgeber nicht erfüllbare Aufgabe, jedes allgemeine Gesetzesprinzip mit solcher Klarheit in einem Satze auszusprechen, daß sich aus diesem Satze durch einfache Schlußfolgerung die Konsequenzen für alle besonders gearteten, von dem betreffenden Prinzipe beherrschten Fälle entwickeln lassen. Es ist ferner nicht die Aufgabe des Gesetzgebers, für jedes sich gestaltende Lebensverhältnis eine besondere Norm zu setzen. Es ist schließlich nicht des Gesetzgebers Sache, an alle juristisch-technisch möglichen Formen zu denken, vermöge welcher (einer Rechtsprechung, welche an dem Buchstaben des Gesetzes haftet, gegenüber) die Ziele des Gesetzes vereitelt werden könnten. Es ist vielmehr Sache der Jurisprudenz und vor allem Pflicht der (die Jurisprudenz mit unmittelbar in die Lebensverhältnisse eingreifender Kraft betätigenden) Judikatur, die ... Grundprinzipien des Gesetzes zutage zu fördern und auf die im Leben hervortretenden, im Gesetz nicht besonders hervorgehobenen unter das betreffende Prinzip fallenden Fälle anzuwenden..."[1]).

Es liegt mir gerade daran, festzustellen, daß ich von anderen, weitgehenderen Lehren der Freienrechtsschule oder anderer modernistischer Richtungen hier gar keine Anwendung zu machen habe, daß also im besonderen die Frage, ob der Richter nicht nur Lücken des Gesetzes zu füllen, sondern auch gegebenenfalls contra legem zu entscheiden habe, ganz dahingestellt bleiben kann.

Die Ausführungen, die ich hier vorlege, sind auch für diejenigen annehmbar, welche daran festhalten, daß eine richterliche Rechtsschöpfung und eine selbständige teleologische Bewertung nur dort einzutreten hat, wo echte Lücken im positiven Recht vorhanden sind, so z. B. Brütt: „Soweit aber das gegebene Recht eine Antwort erteilt, hat jede richterliche Bewertung zu schweigen, denn nur zur Ergänzung, nicht zur Verbesserung des Rechtes ist der Richter berufen"[2]).

Auch die Frage, ob mit der Länge der Zeit und dem Umschwung aller Verhältnisse ein Gesetz seinen Sinn ändern, ja ins Gegenteil verkehren könne, stört uns bei der Kurzlebigkeit der Patente nicht. Man darf deshalb nicht mit den allgemeinen Gründen gegen die Freirechtsschule meinen Versuch bekämpfen, sondern wird, soweit ich sehe, nur erörtern können, ob und inwieweit die Lehre von den Lücken auf das Patentrecht übertragbar ist, ob sie eine befriedigendere Erklärung für die herrschende Praxis gibt, als man bisher gefunden hat, oder ob sie

---

[1]) Düringer, „Richter und Rechtsprechung", 1909, S. 9.

[2]) Brütt, „Die Kunst der Rechtsanwendung", Berlin 1907, S. 83.

vielleicht eine unnötige und für die Praxis gefährliche Komplikation hereinbringt.

Lückenfüllung ist auch immer Erkenntnisergänzung, und gerade in diesem Lichte wird der erklärende Charakter dieser Lehre am deutlichsten, die zunächst nur eine richtigere Erklärung herrschender Rechtsübung geben will, die dann naturgemäß auch für die Zukunft auf die Weiterausgestaltung dieser Rechtsübung hinwirken würde.

Das, was der alte Gesetzesinterpret als die verborgene höhere, wenn auch unbewußte Weisheit des Gesetzgebers aus den Gesetzesworten herauszuziehen glaubte, dem gibt der Modernist seinen richtigen Urheber, wenn er den Richter und nicht den Gesetzgeber als den Schöpfer solcher sich aus dem Gesetzestext nicht unmittelbar und notwendig ergebender Vorschriften nach Geist und Willen anspricht. Er glaubt nüchtern und klar zu sehen, wenn er dem Gesetzgeber die Kenntnis der späteren Tatumstände und der besonderen Rechtslage abspricht, wo dies historisch gerechtfertigt ist, und nicht den Versuch macht, dem Gesetzgeber eine Vorstellung oder eine Ahnung von zu seiner Zeit durchaus noch nicht vorhandenen Verhältnissen zu unterschieben.

Es ist also neue Tatsachenerkenntnis und neue Rechtserkenntnis, die bei dieser Anschauung zu der des Gesetzes hinzukommt. Und gerade im Patentrecht ist die Frage auch alt, wieweit der Schutz an die von dem Erfinder in der Patenturkunde offenbarte Erkenntnis gebunden ist, inwieweit Irrtümer, Mängel, Lücken dieser Erkenntnis im Vergleich zu dem Zustande im Patentverletzungsprozeß von rechtlicher Bedeutung sind und von dem Patentverletzungsrichter nach seiner Wissenschaft dem Patent etwas hinzuzufügen ist. Die Frage der Lückenfüllung ist im Patentrecht die Frage der Ergänzung der Erkenntnis des Erfindungs- und Nachahmungsgebietes, Ergänzung sowohl der subjektiven und vermeidbaren Erkenntnismängel als der objektiven und unvermeidbaren.

Daß der Versuch, gerade die Lehre von Gesetzes- und Vertragslücken auf das Patentrecht zu übertragen, an sich gerechtfertigt ist, wird durch den heute nicht mehr ernstlich bestrittenen Satz der Patentrechtsprechung bewiesen, nach welchem das Patent nicht sämtliche Schutzgrenzen festzustellen hat oder doch in Wirklichkeit nicht feststellt. Es heißt gar nichts anderes, als daß das Patent ganz dieselbe Art von Lücken hat, welche Gesetze und Verträge haben, so daß daraus ganz von selbst die Aufgabe erwächst, die Lückenbehandlung, welche im besonderen für Gesetze bisher vertreten worden ist, auf das Patentrecht zu übertragen, unter steter Beachtung einmal des Umstandes, daß das Patentamt nur gewisse Ähnlichkeit mit einem Gesetzgeber hat, und weiter der Frage welche besondere Ausbildung die Lehre mit Rücksicht auf die besonderen Rechts- und Tatsacheneigenschaften dieses Gebietes zu erfahren hat.

Mit denjenigen aber würde ich auch auf demselben methodischen Boden stehen, die mit den Ergebnissen der Lückenlehre einverstanden sind, aber eine andere Teorie zu ihrer Erklärung bringen und diese Theorie auf das Patentrecht anwenden.

Die Generalfrage von unserem Standpunkte aus aber, wo das Bereich der Lücken und damit die selbständige Tätigkeit des Richters anfängt, und wo die reine Ermittlung des Inhaltes des geschriebenen Rechtes, der Patenturkunde, allein zulässig ist, ist überall dieselbe.

Und es wird auch gerade so sein, daß der Drang des Richters, eine Lücke anzunehmen, desto stärker und damit wirkungsvoller ist, je mehr das materiell richtige Recht dies fordert, und daß desto eher eine durch Lückenfüllung zu bessernde Unklarheit des Textes und nicht eine glatte Rechtsverweigerung an einer solchen Stelle gesehen wird.

Bei dieser Einteilung der Auslegung in die Ermittlung des eigentlichen Gesetzesinhaltes und der Ergänzung seiner Lücken wird sogleich klar, daß keine scharfe Grenzlinie zwischen den beiden Auslegungsweisen sein kann, von welchen die eine den Sinn des Textes subjektiv und objektiv ergründen und die andere neuen Sinn an ihn anschließen will. Der Weg von der einen zur anderen Auslegung geht von der klaren nachgewiesenen Erkenntnis des Textverfassers oder Lesers über die unklare, über die halbbewußte, über die schwer beweisbare Erkenntnis zu dem Gebiete, welches ganz sicher außerhalb des möglichen Vorstellungskreises der Textverfasser des Gesetzes oder der Patentschrift gelegen haben muß. Das verdient hervorgehoben zu werden, weil es einer der Punkte ist, wo eine grundsätzliche Rechtsunsicherheit unter allen Umständen unvermeidlich bleibt, weil das Gebiet der Tatsachenwürdigung in das der reinen Rechtsauslegung eingreift.

Gleichzeitig ergibt sich hier das Verhältnis zu den bisher aufgestellten Lehren. Kohler, der aus der Erfindung letzte und allerletzte Ideen herauszieht, welche objektiv in ihr gesteckt haben, und so die höchsten Abstraktionen, die an oder jenseits der Grenze des sprachlich Ausdrückbaren stehen, noch als konstitutive Elemente seines ersten, zur Patentierung gelangenden Tatbestandes hat, bedarf überhaupt keiner Erweiterung durch nachträgliche Erkenntnis, soweit es sich um schöpferische Erkenntnis handelt; für ihn ist es aus dem objektiven Tatbestande nur herausgeholte Erkenntnis, die angewandt wird auf die neuen Tatbestände der Erfindungsnachahmung. Isay und Schanze machen einen Unterschied zwischen einem engeren Begriff und einem weiteren Begriff, die bei dem ersteren als Erfindungsgegenstand und Schutzgrenzen benannt sind, bei letzterem als Schutz der eigentlichen Erfindung und akzessorischer Gegenstand des Schutzes[1]). Die Differenz der beiden

[1]) G. R. u. U. 1912, S 199. Vgl. Wirth, Mitt. 1913, S. 6.

Schutzgebiete wird sich im Grunde mit der der ersten subjektiven Erkenntnis des Erfinders und der vollständigeren, mehr objektiven Erkenntnis des Richters decken.

Dann bleibt noch das schwierigste Kapitel der Auslegung, die Frage, wieweit der Patenterteilungsbeschluß den Richter bindet und wieweit nicht. Hinsichtlich der unstreitigen Lücken kann die Frage insoweit nicht auftauchen, als eben hinsichtlich der Lücken selbst kein Willensakt und oft auch kein Vorstellungsakt bei der Patenterteilung vorliegt. Fraglich kann allerdings werden, wieweit die Vorstellungs- und Willensakte noch ausfüllbare Lücken zulassen oder eben die Lücken rechtlos lassen wollen, fraglich auch, wieweit Anschauungen, welche die ausdrückliche Willenserklärung im Patenterteilungsbeschluß tragen, ohne in sie aufgenommen zu sein, auch bei der Lückenfüllung respektiert werden müssen oder sollen. Die Frage ist, wie weit die Freiheit des Richters bei der Lückenfüllung geht, welches Minimum des Füllstoffes aus dem geschriebenen Recht der Patenturkunde zu entnehmen, und nach welchen Grundsätzen der Rest auszufüllen ist. Wie klein der aus dem Patent entnommene Anteil mindestens sein muß, wird heute kaum sachlich festzustellen sein.

Nur möchte ich hier noch auf einen Punkt hinweisen, den Jung hervorhebt[1]). Er sagt, daß regelmäßig da, wo ein Urteil nicht auf einzelne positive Gesetzesstellen begründet ist, sondern durch Berufung auf Verkehrsbedürfnisse, auf die Interessenlage, auf die Natur der Sache und Zweckmäßigkeit, Vernunft, Treu und Glauben, Billigkeit, Gerechtigkeit usw. zustandegekommen ist, das Ausschlaggebende immer die allgemeinsten Grundlagen des Rechtsempfindens waren.

Hier auf unserem Spezialgebiete geht man wohl nicht fehl, wenn man die Auslegungsmethode, durch welche das Reichsgericht in großem Umfange die Unabhängigkeit des Richters hat walten lassen, und welche ich als Lückenfüllung zu konstruieren versuche, in den allgemeinsten Grundlagen des Patentrechtes begründet sieht. Was das Erfordernis eines wirksamen Schutzes als Endzweck jeder Patentgesetzgebung verlangte, das hat das Reichsgericht verwirklichen wollen. Es ist dabei zweifellos grundsätzlich in einigen Gebieten, z. B. bei dem selbständigen Schutz der Unteransprüche, in der Ergänzung des von dem Patentamt selbst gewährten Schutzes gegen den allgemeinen Willen des Patentamtes vorgegangen — gerade wie seinerzeit gegen den allgemeinen Willen des Gesetzgebers in der Frage der Prüfung der Abhängigkeit bei der Patenterteilung —, es hat aber dabei nur das getan, was die Richter von jeher getan haben. Der materiell mangelhafte Wille des Patentamtes war in eine so mangelhafte Form gekleidet — nicht zufällig,

[1]) Jung, „Das Problem des natürlichen Rechtes", Leipzig 1912, S. 43.

gerade wie die Vorschrift des § 3 PG. über die Abhängigkeit —, daß in dieser Form auch das richtige Recht Platz hatte.

Die Entscheidung des Reichsgerichts vom 7. Juli 1894[1]), welche dem Patentamte die Zuständigkeit zur Abhängigkeitsprüfung der Patente absprach, ist ein Muster einer Entscheidung, welche die Erfordernisse der Sache einen mangelhaft ausgedrückten und unklaren gesetzgeberischen Willen überwinden läßt, und auch die innere Rechtfertigung davon. Sie mag als eine Lückenfüllung entgegen einem unklar ausgedrückten Gesezgeberwillen kurz analysiert werden.

Der Begriff der Abhängigkeit ist kein willkürlich nach irgendeiner Richtung vom Gesetzgeber definierbarer. Er folgt notwendig aus Grundbegriffen des Patentrechtes, die im Gesetz auch nicht definiert sind. Dieser Begriff, sein Wesen, seine Folgen, und deshalb seine Prüfbarkeit bei der Patenterteilung, war vom Gesetzgeber nicht genügend verstanden worden. Nur deshalb konnte er diese Prüfung wollen. Deshalb auch verwechselt er im § 3 PG. Abhängigkeit und teilweise Übereinstimmung von Patenten. Teilweise Übereinstimmung ist auch prüfbar ohne Hinblick auf Abhängigkeit. Deshalb konnte das Reichsgericht dem mangelhaft ausgedrückten Willen auf Abhängigkeitsprüfung jede Wirkung versagen. Und es tat es mit zwingenden Gründen der Zweckmäßigkeit.

Nach der Lückenlehre interpretiert, ist die Konstruktion des Falles folgende: Der Gesetzgeber hat eine erweiterte Zuständigkeit des Patentamtes gewollt. Er hat unklar ausgedrückt: Zuständigkeit zu was. Deshalb ist sein subjektiver Wille wirkungslos geblieben. Deshalb kein geschriebenes Recht über Zuständigkeit für Abhängigkeit, also eine Lücke. Allgemeine Gründe verbieten eine Zuständigkeit anzunehmen, sie dienen zur Füllung der Lücke.

Doch steht die Entscheidung an der Grenze des Möglichen, solange man überhaupt den Willen des Gesetzgebers respektieren will. Wo aber wäre heute das Patentamt und das Prüfungssystem überhaupt, wenn es die hoffnungsvoll unternommene Aufgabe der Abhängigkeitsprüfung hätte weiterführen müssen!

Ich komme später zu dem Ergebnis, daß solche Teile des Patenterteilungsbeschlusses, welche nur als Gründe des Beschlusses aufgefaßt werden können, im Gegensatz zu seinem bindenden Inhalt den Richter nicht verpflichten, und zwar aus inneren sachlichen Gründen, ganz abgesehen von dem rechtlichen Charakter des Erteilungsbeschlusses.

Insoweit strebt die Untersuchung nur danach, dem herrschenden Rechtszustande, im besonderen der ständigen Rechtsprechung des Reichsgerichtes und der allerletzten Rechtsprechung des Patentamtes, eine befriedigendere allgemeine Erklärung zu geben, als man bisher ge-

---

[1]) **Patentbl. 1894, S. 481, Jur.-W. 94, 461, ER. i. Ziv. 33, 149.**

funden hat. Dabei müssen allerdings auch allerhand Tatbestände, wie z. B. der des Äquivalentes, einer neuen Untersuchung unterworfen werden.

Insoweit hat die Untersuchung aber wenig zu tun mit den Zielen einer bestimmten Patentpolitik, nichts mit den Wünschen für die Ausgestaltung oder Umänderung der Praxis unter dem jetzigen Gesetz, noch mit dem Prüfungssystem. Nur werden einige Tatsachen festgestellt, die von Bedeutung sind für die kurzen Schlußausführungen, die dann versuchen, Anhaltspunkte für die Umgestaltung unserer heutigen Praxis zu einer besseren Harmonisierung von Patenterteilungs- und Auslegungsverfahren von „Patentamtsrecht“ und „Richterrecht“ zu geben, nämlich dem Patentamt und dem ordentlichen Richter je die Gebiete zuzuweisen, auf welchen am meisten Aussicht ist, daß sie Befriedigendes leisten. Dieser Teil der Untersuchung gilt gleichmäßig für Prüfungs- und Anmeldesystem. Nur da, wo es sich um die Bedeutung der Willensakte des Patentamtes zur Patenterteilung gegenüber den bloßen „Verlautbarungen“ bei dem Anmeldesystem handelt, tritt der grundsätzliche Unterschied beider Systeme hervor.

Für den Patentpolitiker aber sind die Untersuchungen von der Bedeutung, daß er vor klare Fragestellungen kommt, im besonderen vor konkrete Einzelfälle zur Entscheidung, ob und wieweit er Rechtssicherheit oder richtiges materielles Recht vorzieht.

Aus diesem Gesichtspunkt ist vielleicht selbst die vorsorgliche Bemerkung unter den heutigen Verhältnissen statthaft, daß es kein Einwand gegen Tatsachenanalysen ist, wenn diese das Ideal einer alles voraussehenden Prüfung bei der Patenterteilung, wo es etwa noch bestehen sollte, erschüttern oder zerstören sollten. Das kann Anhänger einer umfassenden Prüfung auch nur dazu führen, die Prüfung den Tatsachen anzupassen, denn Tatsachen behalten zuletzt doch immer recht.

Ich möchte auch für diejenigen, die patentpolitisch nicht auf meinem Standpunkt stehen und sich einen Teil der Ergebnisse meines Versuches nicht aneignen können, bemerken, daß vielleicht die von mir angewendete Methode auch für ihre Richtung dienlicher ist als die bisherige, in rein politischem Eifer geführte Behandlung unserer Fragen, daß sie im besonderen zu klareren Fragestellungen führt. Sie läßt auch den Fehler vermeiden, den Gegner in einer Sache für geschlagen zu erklären mit einer Beweisführung aus einem Gesichtspunkt, im besonderen dem der Rechtssicherheit, die er aus einem ganz anderen Gesichtspunkt behandelt hat, ohne zu sehen, daß nunmehr noch die Abwägung der beiden Gesichtspunkte gegeneinander durchzuführen ist, ehe ein Schluß gezogen werden kann.

Schließlich möchte ich noch eine methodische Bemerkung zufügen.

Ich glaube, daß meine Methode modernistisch ist, insofern sie wesentlich aus einer Tatsachenanalyse die dem Tatbestande angemessenen Rechtsfolgen ableiten will und mit diesen die Gesetzeslücken füllt; daß sie im besonderen eine Lücke des Gesetzes auch darin sieht, daß die Kompetenz von Patentamt und ordentlichem Richter im Gesetz für die hier in Frage kommenden Streitpunkte nicht festgelegt ist, und daß es ein aussichtsloses Unternehmen ist, aus den Worten des § 20 PG. eine Grenze zu finden, da es doch eine Unmöglichkeit ist, dem Gesetzgeber auch nur eine Andeutung der Überlegungen zuzumuten, welche heute diese Frage zur Entscheidung bringen sollen.

Ich glaube auch modernistisch zu sein, insofern ich das Studium der Tatsachenindividualität eines Falles vornehin setze und darauf die Stellung des Falles zu Gesetzgeber und Richter aufbaue. Weiter fühle ich mich insofern modernistisch, als ich Logik und Begriffswesen zwar nicht mit einem allgemeinen Gefühl geminderter Hochschätzung, jedoch mit dem Kritizismus gegenüberstehe, der ihre Anwendung nur am richtigen Platz und mit relativer Bewertung wünscht. Ich kann mich sogar denjenigen anschließen, die wie Kohler oder Brütt gegen gewisse Modernisten vor einer Unterschätzung des Logikers warnen."[1])

Gesetzesinhalt, Sprache und Begriffe.

Weiter nehme ich eine kritische Stellung zu dem Verhältnis von Sprache und Dingen ein, im besonderen zur abstrakten oder begriffsmäßigen Beschreibung von Dingen, und damit auch für den vor der Lückenfüllung stehenden Teil der Auslegung, die Ermittlung des eigentlichen Inhaltes eines Gesetzes- oder Patenttextes. Die konkrete Anschauung ist für technisch-naturwissenschaftliche Tatbestände immer die einzige sichere Basis und die abstrahierende und verallgemeinernde Induktion ist mit Vorsicht, d. h. methodisch richtig anzuwenden.

An Stelle der alten Einteilung der Auslegungsweisen in philologische oder grammatische Auslegung, Auslegung nach dem Sinne, systematische und historische Auslegung und endlich die Auslegung durch Analogie sind heute andere Kategorien getreten. Man trennt grundsätzlich zwischen dem Recht, welches unmittelbar durch das Gesetz bestimmt ist, und dem Recht, welches der Richter zur Füllung der Gesetzeslücken schafft, im Anschluß an das Gesetz. Bei der Ermittlung des unmittelbaren Gesetzesinhaltes aber hat man das Nachspüren nach dem subjektiven Willens- und Vorstellungsinhalt des Gesetzgebers aufgegeben und forscht nur nach dem Sinne des Gesetzes auf Grund des Gesetzestextes selbst und seiner Bedeutung für nach Leser, für den

---

[1]) Brütt, „Kunst der Rechtsanwendung", S. 199.

welchen er bestimmt ist. Für die Sprache dieses Textes aber ist man sich bewußt geworden, daß Worte und Dinge in ewigem Fluß begriffen sind, daß der Entwicklungsgedanke auch hier herrscht, und daß darauf oft Rücksicht zu nehmen ist.

Das, was man früher schon als den Gegensatz von Wort und Sinn des Gesetzes behandelt hat, ist auf Grund der Sprachforschung in ein neues Licht gerückt.

Man hat eine grundsätzliche Betrachtung des Verhältnisses von Wort und Dingen von den Sprachforschern übernommen und diese an die Spitze der Auslegungslehre gestellt[1]).

Das Gesetz will Sachverhalte treffen. Um das zu tun, muß es sich als Mittel der Sprache bedienen, es muß die Tugenden und Mängel dieses Mittels in Kauf nehmen. Von welcher Bedeutung das ist, sieht man, wenn man einen Blick auf die extremsten Beurteiler über das Verhältnis von Worten und Dingen wirft. Liest man die drei Bände Mauthner „Zur Kritik der Sprache", so sieht man die Fülle der Nachweise dafür, ein wie unzulängliches Mittel die Sprache zur Darstellung der Wirklichkeit ist, wie sie uns narrt und mit großen Gesten die Herrschaft über die Dinge führen will. Mißtrauen gegen einen unfähigen und ungetreuen Knecht wird in uns erweckt.

Das entgegengesetzte Extrem tritt mit derselben plastischen Energie hervor. Hier haben wir, gleich in der Anwendung auf das Rechtsleben, die von Kohler vertretene Auffassung, daß in der Sprache die Weisheit der Jahrtausende steckt, ohne daß wir es ahnen, und daß diese sich wie eine mystische Kraft entfaltet, welche denselben Worten gestattet, für die verschiedensten Verhältnisse Verschiedenes und jeweils das Richtige zu bedeuten, daß das Gesetz weiser ist als der Gesetzgeber.

In der Vieldeutigkeit der Sprache sind also beide einig, auch widersprechen die beiden Kritiken sich nicht mehr, wenn man sie ihrer Allgemeinheit entkleidet. Nichts Menschliches ist der Sprache fremd, weder die Weisheit, noch die Torheit und der Zufall. Dazu kommt im Patentwesen die besondere praktische Schwierigkeit der Fachsprache.

Einig sind alle Sprachgelehrten darin, daß die Sprache ihr Leben hat, ihre Entwicklung, und daß mit dieser Entwicklung die Bedeutung der Worte sich ändert. Was z. B. Treu und Glauben bedeutet, ja das ist beinahe individuell verschieden. Jedenfalls aber ist auch der Mittelwert dieses Begriffs, der den Verkehr beherrscht, zu verschiedenen Zeiten an verschiedenen Orten und in verschiedenen Personenkreisen verschieden, je nach der moralischen Höhe und anderen Bedingungen der Mehrheit der Träger des Verkehrs. Die Worte bleiben und die

---

[1]) Danz, „Einführung in die Rechtsprechung", Jena 1912. S. 8.

Dinge ändern sich, d. h. die Bedeutung der Worte ändert sich. So ist gerade von den sogenannten Modernen unter den Juristen hervorgehoben worden, daß Worte einen genügend bestimmten Sinn nur für den haben, der in dem Milieu lebt, in welchem sie gebraucht werden, und das gilt im besonderen für die Gesetzesworte. Ein Chinese, vor das BGB. gestellt, würde, wenn er nur der deutschen Sprache, nicht aber des deutschen Wesens kundig wäre, meistens überhaupt nichts, oft aber die allerwunderlichsten Regeln aus ihm herauslesen.

Soweit nun die Sinnänderung von Worten unmerklich vor sich geht, hat sie fast notwendig eine entsprechende Sinnänderung des Gesetzes im Gefolge. Das kommt aber für Patente nicht in Frage, sie sind zu kurz befristet. Sie haben aber die besondere Schwierigkeit, daß es sich immer um neue Dinge handelt, für die die alten Namen oft nur halb passen, ja, wo der Sachschöpfer manchmal notgedrungen auch zum Sprachschöpfer wird. Gerade die Erfindung bringt einen Wechsel der Tatsachen, so daß alte Worte neue Bedeutung erhalten. So war z. B. in dem Auerpatentprozeß eine sehr schwierige und mit Hilfe zufälliger vorhandener alter Sammlungsproben zu entscheidende Frage, welche Verunreinigung ein zur Zeit der Patentanmeldung sprachgebräuchlich als „rein" bezeichnetes chemisches Element Tor enthalte.

Die Sprache und die Begriffe stehen weiter im engsten Zusammenhang. Dingworte sind auf unserem Gebiet meist Namen für Sach klassen, also für Begriffe im Sinne historisch sprachgebräuchlicher Bezeichnung von einer Gattung, Art, Unterart von Dingen materieller oder ideeller Art und von deren Beziehungen.

Die weitere Verbindung solcher Worte zu Begriffen im Sinne der formalen Logik, im besonderen zu den aus genus proximum und differentiae specificae bestehenden, hat gerade die Bedeutung, daß die Worte eine strenge eindeutige Bedeutung haben sollen, daß an diesem Begriff nicht gerüttelt werden kann, daß mit einem Wort dieser Begriff nur wörtlich ausgelegt werden kann. Gerade die Sicherheit der Sprache ist der Zweck der Begriffsbildung. Die mathematische Formel ist ihr Ideal. Immer aber sind es nur Versuche, mit Worten Dinge zu decken. Daß das Ideal der Eindeutigkeit nur erreicht wird, wenn die Merkmale „atomisiert" sind, d. h. nicht weiter in Untermerkmale aufgelöst werden können, ist ausgeführt von Brod und Weltsch[1]).

Aus der mangelnden Deckung von Wort und Sache folgt, daß die Worte weiter oder enger als die mit ihnen gewöhnlich verbundenen Vorstellungen sind. Die erste Aufgabe des Richters ist, die Sachvorstellung zu ermitteln, die mit einem Wort bei seinem speziellen Gebrauch ver bunden war oder für den normalen Leser verbunden ist.

---

[1]) *Brod u. Welsch, Anschauung und Begriff, Leipzig 1913, S. 188ff.*

Diese Bedingtheit der Sprache ist nun heute allgemeiner in das Bewußtsein gedrungen, und mit erhöhtem Eifer sucht man nach den Vorstellungen, die hinter den Worten stecken. Und diese beiden Auslegungsweisen, die Ermittlung und die Ergänzung des Gesetzesinhaltes, können wir vielleicht auch noch unter einen gemeinschaftlichen Gesichtspunkt bringen.

Die Ermittlung des Gesetzesinhaltes korrigiert Mängel der Sprache im Verhältnisse zu den zugrunde liegenden klaren oder unklaren Vorstellungen, dehnt zu kurze Worte, kürzt zu weite Worte und richtet schiefe Worte gerade und kommt so zu den richtigen Vorstellungen der Dinge, also eine Art Lückenfüllung zwischen Wort und Sache.

Die eigentliche Lückenfüllung ergänzt oder verkürzt die dargestellten tatsächlichen und rechtlichen Vorstellungen, sie korrigiert den den Textverfassern bzw. Lesern gegenwärtigen Sachverhalt mit Rücksicht auf den nachträglich zustande gekommenen, der im Streit vorliegt. Der Gegensatz zwischen denen aber, die die Vorschrift nur aus ihrem Versteck im Gesetz herausholen, und denen, die die Vorschrift dem Gesetz als Richterrecht zufügen, wird zu einem Gegensatz der psychologischen Erklärung; der eine findet, der andere schafft das Recht für den vorliegenden Spezialfall. Beide sind einig darin, daß der Spezialfall dem menschlichen Bewußtsein bei Errichtung des Gesetzes fremd war, daß nun also etwas Neues zugefügt wird, sei es Erkenntnis von vorhandenem Verborgenen, sei es Schaffung von Neuem. Selbst der Wille fehlt bei der ersteren Auffassung nicht, sofern sie mehrere mögliche Gesetzesinhalte annimmt und aus diesen wählt.

Somit würde es sich wesentlich um die Anwendung von Auffassungen auf das Patentrecht handeln, die im Zivilrecht heute schon Geltung haben.

Analogien und Besonderheiten des Patentwesens.

Ein Wort zunächst zu dem Wort „Lücke“ selbst. Es ist auch nur Lückenbüßer. Es wird meist mit einem halb tadelnden Beigeschmack verwendet, in dem Sinne wenigstens, daß da nichts ist, wo man etwas erwartet hätte. Dieses Werturteil in dem Wort „Lücke“ entspricht der historischen Entstehung der Lückenlehre. In Wirklichkeit aber soll von dem Gesetze gar nicht jene Vollständigkeit erwartet werden, die nur ein idealistisches Phantom ist. Auch das Räumlich-mechanische, was in den Worten „Lücke“ und „Lückenfüllung“ liegt, stimmt nicht dazu, daß es sich in den allermeisten Fällen um eine organische Angliederung, um das Wachsen des vorhandenen Rechtes in den es umgebenden Raum herein handelt. Die Lückenlehre ist ein Stück Erkenntnistheorie, angewendet auf die zeitliche Entwicklung des Rechtes, mit dem Nachweis davon, was zu einer Zeit, der der Gesetzeserrichtung, von den damals dazu bestellten Menschen, und was zu einer anderen Zeit von den dann dazu bestellten anderen Menschen erkannt und verordnet werden kann.

Was ist nun dise Bewegung oder dieser heute erreichte Standpunkt im Rechtsleben für das Patentrecht?

Es ist schon lange her, daß man das Patent mit einem Spezialgesetz vergleicht, und alt ist der Satz, daß die Auslegung eines Patentes nach keinen anderen Regeln zu erfolgen hat als die Auslegung von Gesetzen und Verträgen[1]). Das ist zunächst nichts als eine Ablehnung der strikten Auslegungsweise, wie sie für Monopole, wie sie für Polizeivorschriften, wie sie überhaupt auf dem Gebiete der Ausnahmevorschriften und des Strafrechts Geltung haben. Sie ist unabhängig davon, ob man den Patenterteilungsakt mit einem Gesetzgebungsakt oder gar nach alten Theorien mit einem Vertrage vergleichen will. Die Lehre, daß nach zivilistischen Grundsätzen auszulegen ist, daß das Patentrecht ein organischer Teil des Zivilrechtes ist, die scheint festzustehen, und deshalb ist jede Bewegung auf dem Gebiete des Zivilrechtes bedeutungsvoll für das Patentrecht. Bedeutungsvoll im allgemeinen, nicht in dem Sinne, daß nun jede Einzelheit ohne weiteres auf das Patentrecht übertragen werden könnte. Nur deshalb zivilistische Grundsätze auf das Patentrecht anwenden, weil es eine Spezies dieses weiteren Begriffes Zivilrecht ist, das ware rein im Sinne der Begriffsjurisprudenz gehandelt. Ich lege deshalb auch den Hauptwert meiner Untersuchung auf die Tatbestandsanalyse, die zeigt, wie und wo das Patent Lücken läßt. Für die Frage, ob diese Lücken vom Richter zu füllen seien, oder ob sie als rechtsleerer Raum zu behandeln sind, nehme ich zunächst die allgemeinen heutigen Grundsätze der Rechtsprechung als gültig an. Sie erweisen sich eben als Lückenfüllung. Selbstverständlich wird aber hiermit diese Frage auch wieder neu angeschnitten. Allerdings wohl kaum hinsichtlich der allgemeinen Grundsätze der Auslegung, aber hinsichtlich der Grenzen ihrer Anwendbarkeit.

Nun zeigt aber auch der äußere Verlauf der Entwicklung im Patentwesen in den letzten Jahren genau die Züge, welche der allgemeinen Rechtsentwicklung eigen sind, und macht so klar, daß es nicht nur eine Forderung der Wissenschaft für das Patentrecht ist, sich mit der Reformbewegung im Zivilrecht auseinanderzusetzen, sondern auch eine der Praxis.

Gerade im Patentrecht sind auch die Fragen aufgetaucht, welche im Zivilrecht den Anstoß zur Reformbewegung gegeben haben. Der um-

---

[1]) Bolze, Z. f. g. R. 1893 S. 57. „Über Rechtsfindung insonderheit in Patentsachen." Bolzes, des großen Patentrichters, Wort: „Das Urteil soll gerecht sein und verständig", hat Düringer auch als Motto seiner Schrift „Richter und Rechtsprechung" gewählt.

fangreiche Streit der letzten Jahre dreht sich vorzüglich darum, inwieweit die Sprache des Patentes, inwieweit der Wille der patenterteilenden Behörde, und inwieweit ihre Kenntnis der Sachlage eine für die ganze Lebensdauer des Patentes unveränderliche Grundlage bilden, und wieweit der Richter im Patentverletzungsprozeß berechtigt und verpflichtet ist, Umstände zu berücksichtigen, welche erst nach der Patenterteilung entstanden oder bekannt geworden sind, und demnach die Folgen des Patentes weiter oder enger zu bemessen.

Auch hier haben wir zwei Parteien. Die eine, welche dem Richter die Freiheit einschränken will und als Korrelat dazu die Machtbefugnis des Patentamtes stärken, und welche hierfür die überragende Bedeutung der Rechtssicherheit anführt, während auf der anderen Seite behauptet wird, das hier verlangte System habe nie bestanden, und es hebe die Rechtssicherheit auch nicht. Genau die gleichen Gründe hüben und drüben wie in dem Streit der Freirechtler mit den Juristen der alten Schule. Hier wird vorgeworfen, der Richter solle sich über das Gesetz setzen. Ähnlich wird im Patentwesen behauptet, der Richter setze sich über das Patentamt, und die neue Lehre, daß das Patentamt nicht alle Schutzgrenzen des Patentes zu bestimmen habe, vernichte jede Rechtssicherheit. Ein erheblicher Unterschied ist nur der, daß im Zivilrecht die moderne Richtung die Gerichte drängt, während hier das Reichsgericht an der Spitze marschiert und von einzelnen Praktikern rückwärts gerufen wird, die anscheinend vor der Erklärung einer Rechtsprechung erschrecken, deren Ergebnisse auch von ihnen bisher anerkannt wurden, jahrzehntelang. Das mag ein Trost für die Richter sein, daß sie in keinem Fall absprechender Kritik entgehen.

Um eine Einzelanalogie noch zu erwähnen, die von grundsätzlicher Bedeutung ist: Der Jurist der alten Schule kommt auf dem Wege seiner vermeintlich reinen Auslegung des ihm gegebenen Gesetzesinhaltes sogar dazu, ein Recht seines ganzen praktischen Inhaltes zu entblößen und so in sein Gegenteil zu verkehren, es wirkungslos zu machen, obwohl das Wort bestehen bleibt. Gerade das ist auch in der neueren Patentrechtsprechung behauptet worden, daß gewisse Arten der Auslegung des Patentes zu seiner praktischen Nichtigkeitserklärung führten[1]).

Der neuzeitliche Jurist gibt in einem solchen Falle offen zu, daß das Recht durch den Richter eine Wandlung erfahren hat[2]).

Ich habe nun auf einige Eigentümlichkeiten des Patentwesens und meiner Aufgabe einzugehen, welche ihr eine besondere Stellung in dem

---

[1]) Das hielt z. B. der Reichstagsabgeordnete Bell ganz irrtümlich für Rechtsprechung des Reichsgerichtes. 103. Sitzung, 1. Februar 1913.

[2]) Vgl. hierzu auch Jung, „Das Problem des natürlichen Rechtes", Leipzig 1912, S. 17ff.

allgemeinen Problem anweisen und auch besondere Wege zu ihrer Lösung eröffnen.

Hierher gehört zuerst die ganz allgemeine Bemerkung, daß die zwingende Scheu vor dem rechtsleeren Raume, welche im Zivilrecht zu jener Heranziehung der allgemeinsten Grundlagen des Rechtsempfindens führt, im Patentrecht nicht vorhanden ist. Es gibt keine ganz freie Rechtsschöpfung zum Schutze von Erfindungen, für die kein geschriebenes Recht in Gestalt einer Patenturkunde besteht, und der Bereich ausfüllbarer Lücken ist kleiner, enger an das geschriebene Recht gebunden.

Weiter gehört das Patentgesetz zweifellos zu der Art von Gesetzen, welche in erster Linie für ihre Auslegung nicht auf den Richter im Patentverletzungsprozeß blicken, sondern auf die Laienkreise, deren Lebensinteressen sich im Gebiete des Patentwesens abspielen.

Es handelt sich nicht darum, daß durch Zufälle, durch Fahrlässigkeit, durch Schuld, durch höhere Gewalt ein Rechtsfall entsteht, den keine der betroffenen Parteien von vornherein gewollt hat, und in dem sich dann unvereinbare Interessen gegenüberstehen, deren Entscheidung nunmehr dem rechtsgelehrten Richter überlassen werden kann, gleichviel, was die Laien darüber denken mögen, die ihres Interessenkonfliktes halber den unwillkommenen und unvermeidbaren Streit in jedem Fall ausfechten müssen.

Die Aufgabe des deutschen Patentgesetzes aber ist es zunächst, täglich beinahe fünfzig Rechtsurkunden in die Welt gehen zu lassen, die als Güter im Verkehr einen klaren Wert haben sollen und diesen Wert auch dadurch haben, daß sie eine rechtliche Schutzsphäre möglichst deutlich für ihre fünfzehnjährige Lebenszeit abgrenzen. Der Interessenkonflikt soll vermieden werden.

Das Patent ist die Basis, auf Grund deren der Patentberechtigte Patente verkauft, Lizenzverträge abschließt oder große Kapitalien auf die Ausbeutung der geschützten Erfindung wagt. Auf der anderen Seite steht der Konkurrent des Patentinhabers, der wissen will, wieweit er *sein* Sachverständins und *seine* Erfindungsgabe ohne Verletzung fremder Rechte im stetigen Fortschritt der Technik nutzbar machen darf.

Hier gilt das, was in Zoll- und Steuerfragen und sonst oft gilt: für Sicherheit und Stetigkeit wird gern auch eine materielle Einbuße in Kauf genommen. So wird man auf unserem Gebiete zu dem Schluß kommen können, daß die Frage, was dem Erfinder gebührt oder nicht gebührt, nicht die einzige Frage ist, und daß für den Fall, daß die Rechtssicherheit erhöht werden könnte, dadurch, daß dem materiellen Recht hier oder da ein Abbruch geschieht, dies in der Eigenart dieses Rechtsgebietes liegt. Dieser Gedanke hat in der fünfjährigen Präklusivfrist der Nichtigkeitsklage seinen entscheidendsten Ausdruck gefunden, da hier durch Zeitablauf von nicht sehr langer Dauer materielles Unrecht zu Recht gemacht wird. Das wird selbstverständlich auch von Modernisten anerkannt. So betont Heck:

„Auf vielen Lebensgebieten ist die Rechtssicherheit weit wichtiger, die Streitvermeidung noch wünschenwerter als die richtige Streitentscheidung", und die Anmerkung dazu. „Die Erzeugnisse der Kautelarjurisprudenz, Vertragsformulare, Geschäftsbedingungen enthalten durchweg viel ausführlicher Regelungen als das Gesetz. Nirgends tritt das Bestreben hervor, durch ersatzlose Beseitigung der dispositiven Gesetzesvorschriften Spielraum für die freie Würdigung des Einzelfalles zu schaffen"[1]).

Man braucht Streitvermeidung und Streitentscheidung für unser Gebiet nicht in einen solchen Gegensatz zu setzen, muß aber doch anerkennen, daß die Streitvermeidung in dem Patentrecht eine weit erheblichere Rolle spielt als im Zivilrecht im allgemeinen[2]).

Ich muß diese Eigenart unseres Gesetzes hier betonen, um klarzumachen, daß es sich bei allen einschlägigen Fragen um einen Konflikt zweier berechtigter rechtlicher Gesichtspunkte handelt, der immer nur durch eine Einzelerörterung und letzten Endes durch Abwägung und Werturteil, nicht durch logische Schlüsse gelöst werden kann. Und ganz unfruchtbar ist die Erörterungsmethode solcher Fragen, die nur von dem einen Gesichtspunkt ausgeht, wie es mit dem Gesichtspunkte der Rechtssicherheit gerade hier des öfteren geschehen ist, und diesen behandelt, als ob er einmal der schlechthin ausschlaggebende sei, und anderseits, als ob es nur einen, und zwar den altbekannten Weg zur Erreichung der Rechtssicherheit gäbe. Es darf auch für die heutige Lage nicht unbeachtet bleiben, daß nicht nur jede Einschlagung eines neuen Weges, sondern auch oft die Aufdeckung der Prinzipien alter Rechtsprechung zunächst eine vorübergehende Unsicherheit der Übergangsperiode wenigstens bei den Untergerichten ergibt, die in Kauf genommen werden kann und muß.

Das eine wird freilich immer als Grundlage genommen werden müssen, daß es sich bei der Rechtssicherheit nur um eine Gradfrage handeln kann. Vollständige Rechtssicherheit ist utopisch, und weiter ist

---

[1]) Heck, „Das Problem der Rechtsgewinnung", Tübingen 1912, S. 26.

[2]) Dieser Gesichtspunkt ist beiläufig bei den internationalen Verträgen noch lange nicht genügend zum Durchbruch gekommen. So ist es z. B. für den Erfinder unendlich und ausschließlich wichtig bei der Patentanmeldung im Ausland, sicher zu wissen, ob in dem Prioritätsjahr ein Vorbenutzungsrecht entstehen kann oder nicht, während für Bejahung und Verneinung der materiellen Frage seit langen Jahren die besten theoretischen und praktischen Gründe einander gegenübergestellt werden. Hier ist sogar das weitere formale Interesse der Gleichmäßigkeit in der ganzen Union viel erheblicher als eine Differenz im materiellen Recht.

es heute utopisch, den Patentschutz ausschließlich auf die Erkenntnis und den Willensinhalt bei der Patenterteilung beschränken zu wollen. Das wäre nicht nur eine Ablehnung der ganzen deutschen Rechtsprechung, sondern auch der ausländischen. Die Anwendung der Lückenfüllung oder, was dasselbe ist, die Auslegung der Patente über ihren eigentlichen Inhalt heraus, bringt auch in abstracto wenigstens gegenüber der bloßen Ermittlung des eigentlichen Inhaltes ein neues Moment der Unsicherheit herein, aber nur in abstracto. Deshalb kann m. E. das Ziel der Verfechter der Rechtssicherheit nur sein, einmal die Grenze zwischen den beiden Auslegungsweisen, der Feststellung des unmittelbaren Patentinhaltes und seiner Ergänzung — welche Grenze praktisch flüssig sein muß (vgl. S. 179) —, möglichst sicher und zweitens die Grenzen der Lückenfüllung nach ihrer anderen Seite möglichst eng zu bestimmen.

Die Frage der Rechtssicherheit geht sowohl die Auslegung wie die Erteilung der Patente an, und damit sind wir bei dem hervorstechendsten Punkte unserer Aufgabe angelangt.

Die Aufgabe, Gesetzgebung und Gesetzesauslegung in Übereinstimmung zu bringen, hat bisher in einigen Gesetzen gewisse Beachtung gefunden. Es gibt aber keine Methode, ein bürgerliches Gesetzbuch so zu formulieren, daß gewisse Auslegungsgrundsätze auf dasselbe angewendet werden können. Hier sind nur einzelne Punkte in dieser Richtung zum Ausdruck gelangt.

Der Gesetzgeber, wenigstens der moderne, weiß, daß ihm nur die vergangenen Tatsachen so gut bekannt sind, wie menschliche Erkenntnis reicht, daß er mittels seiner Phantasie und Erfahrung einen Teil von künftigen Tatsachen als möglich oder wahrscheinlich voraussagen kann, und daß deshalb seine Gesetzgebung höchstens den so bestimmten doppelten Kreis von Tatsachen bewußt in seine Rechtsordnung einschließen kann. Der Gesetzgeber weiß aber auch, daß eine große Menge von Tatsachen entstehen werden, die er in keiner Weise ins Auge fassen konnte, die aber nach der vieltausendjährigen Erfahrung der Menschen nach ihrer rechtlichen Seite eine größere oder kleinere Ähnlichkeit mit den in das Auge gefaßten Tatsachen haben, für die aber, und das ist wieder Ergebnis derselben Erfahrung, gebieterisch von dem Richter eine Entscheidung verlangt wird, und für die er nicht eine neue Gesetzgebung, die immer den Tatsachenentwicklungen langsam nahhinken muß, abwarten kann.

Im Hinblick auf solche Tatsachen verfügt der Code civil allgemein, daß kein Richter sich beikommen lassen möge, unter dem Vorwand, daß das Gesetz keine Entscheidung gäbe, eine Entscheidung zu verweigern. Er läßt dem Richter alle Freiheit und gibt ihm keinen Anhalt wie er zu seiner Entscheidung kommen will.

Das Schweizer Bürgerliche Gesetzbuch geht einen Schritt weiter: auch seine Verfasser sind sich bewußt, daß das Gesetz Lücken hat, und der § 1 befiehlt, daß diese ausgefüllt werden, entweder durch Gewohnheitsrecht, oder der Richter soll selbst das Gesetz für den Fall machen unter Beachtung bewährter Lehre.

Das BGB. gibt keine Auslegungsregeln für sich selbst, wohl aber in dem § 157 die Auslegungsregel für Verträge, daß sie nach Treu und Glauben mit Rücksicht auf die Verkehrssitte auszulegen sind.

Besondere Erwähnung verdient noch, daß die abstraktere Fassung des ersten Entwurfes des BGB. seinerzeit als Fehler erkannt wurde.

Ein Grundirrtum der auf Abstraktion ausgehenden Hartigschen Lehre über die Patentstruktur war der, daß er meinte, mit der Formulierung des Patentanspruches nach Analogien aus der formallogischen Begriffsbildung auch den Richter zwingen zu können, nach denselben formallogischen Grundlagen auszulegen. Daher Widerspruch der Erteilungs- und Auslegungsgrundsätze und daher Rechtsunsicherheit!

Wenn es für die Gesetzgebung zwar keine ausgearbeitete Technik im einzelnen gibt, so gibt es doch Richtlinien, nach welchen man mehr oder weniger bewußt bei der Herstellung von Gesetzen vorgeht. Die zwei großen Gegensätze hierbei sind die konkreten und die abstrakten Gesetzes formulierungen. Der Fall äußerster Konkretheit ist der, daß ein Gesetz ganz bestimmte, genau beschriebene, aus der Erfahrung bekannte Tatbestände für den Fall ihrer zukünftigen Wiederkehr regelt. Der Gesetzgeber will den Blick nicht in die Zukunft werfen, soweit sie andere, mehr oder weniger ähnliche Fälle bringen wird, er überläßt absichtlich dem Richter die Gesamtheit dieser ähnlichen Fälle. Hier gibt das Gesetz ein Beispiel und läßt dem Richter volle Freiheit, bei anderen Fällen zu finden, sie seien dem Beispiel ähnlich oder nicht, und dann genau so zu entscheiden wie in dem Fall des Gesetzes, oder zu entscheiden mit Abänderungen, welche die neue Eigenart des neuen Falles unter irgendwelchen im voraus noch nicht bestimmbaren rechtlichen Gesichtspunkteu verlangt oder zweckmäßig macht. Der Gesetzgeber hat hier eine verhältnismäßig leichte Aufgabe, er muß die rechtlichen Bedürfnisse der Gegenwart richtig erkennen und nicht mehr.

Anders der abstrakte Gesetzgeber. Er sucht aus dem einen oder einer Anzahl von Beispielen aus der Erfahrung, welche Veranlassung zur Gesetzgebung geben, den allgemeinen Rechtsgedanken zu gewinnen, der auch für Fälle zutrifft, deren Tatumstände anders beschaffen sind. Er sucht sowohl den allgemeinen Begriff der Tatsachen wie den allgemeinen Begriff der an sie geknüpften Rechtsfolge, um aus diesen beiden Abstrakten seine gesetzliche Bestimmung zu bilden. Er sucht möglichst das sogenannte Motiv der Bestimmung in vollem Umfang in Wirkung zu setzen[1]). Dabei aber wieder sind ihm Grenzen gesetzt, wie sich dies auch näher für die Patenterteilung herausstellen wird. Dabei betrachten wir nur die Grenzen, die sich aus der Natur des behandelten Rechtsstoffes, seiner naturgesetzlichen, seiner wirtschaftlichen, seiner gesellschaftlichen Natur ergeben, neben welcher für die Gesetzgebung noch die Grenzen der Verfassung, für die Patenterteilung die des Patentgesetzes und anderer Gesetze stehen. Nun ist hier eine eigentümliche Erfahrung in der Menschheitsgeschichte immer wieder gemacht worden: die erste Art der Gesetzgebung, wie sie namentlich in den Ländern englischen Rechtes geübt wird, ist vollständig durchführbar, und das ergibt sich aus ihr schon a priori, vorausgesetzt nur, daß die Richter die richtigen Leute sind, um den Rechtsbedürfnissen entsprechend den einen Beispielsfall des Gesetzes richtig als Beispiel oder Anknüpfung für andere Fälle zu verwenden.

Die zweite Art der Gesetzgebung aber ist im Zivilrecht nicht durchzuführen, das ist unstreitig. Das preußische Landrecht ist nahe an den Versuch der Durchführung herangegangen[2]).

Es ist dem Menschen nicht gegeben, mit genügender Sicherheit für zukünftige, nach ihrer konkreten Gestaltung unbekannte Fälle Gesetze zu formulieren, welche den Rechtsbedürfnissen der späteren Zeit entsprechen, zu welcher solche Fälle vor Gericht kommen, und zwar nach zwei Richtungen: die Formulierungen erweisen sich sowohl zu eng als auch zu weit, um das richtige Recht durch bloße Subsumtion eines neuen Falles unter sie zu finden. Und nicht nur hat sich diese Unzulänglichkeit des menschlichen Geistes gezeigt, sondern auch, daß die Bedürfnisse des Augenblicks immer über die Formulierung aus alter Zeit den Vorrang auf irgendeinem Wege gewinnen. Und selbst wenn man sich einen Gesetzgeber vorstellt, dessen Wille auf die genaue Einhaltung seiner formulierten Begriffe im Sinne der Logik ginge, gegen den Willen des Gesetzgebers. So haben sich zwei Arten der Lückenfüllung ergeben, einmal daß das Gesetz auch auf Tatbestände Anwendung fand, welche noch außerhalb seiner abstrakten Fassung standen, daß diese Fassung also im Sinne des nachträglich geschaffenen Rechtes als zu eng befunden wurde, daß man aber auch umgekehrt das Gesetz auf Verhältnisse nicht anwandte, welche innerhalb seines Tatsachenbegriffes fielen. Dieser letzte Fall der sogenannten unechten Lücken verdient hier besondere Beachtung. Bei einer solchen überabstrahierten Gesetzesbestimmung kann es ganz unzweifelhaft sein, daß der Gesetzgeber erschrecken würde, wenn er nachträglich den besonderen Fall sähe, den der von ihm gewählte allgemeine Wortlaut sprachlich auch einschließt, ohne daß er es

---

[1]) Vgl. Oertmann, „Gesetzeszwang und Richterfreiheit", 1909, S. 15.

[2]) Vgl. Vierhaus a. a. O. S. 23.

ahnte. Man kann auch hier von einer Lücke sprechen, insofern regelmäßig gesetzliche Bestimmungen keine absolute Geltung haben, sondern durch andere, z. B. über Notwehr, über dolus Einschränkungen erfahren. Das gilt auch, wenn solche Einschränkungen im geschriebenen Recht nicht zu finden sind. Dann haben wir eben Lücken, negative oder unechte Lücken, denn die Ausnahmen von dem allgemeinen Begriff, die immer bestehen, sind nicht oder nicht umfassend genug angegeben. Der Gesetzgeber hat sich die Fälle nicht vorgestellt, wo zwingende Gründe, im besonderen Rechtsregeln höherer Ordnung, der von ihm formulierten Regel entgegenstehen, und hat geradeso wie im anderen Falle die Zukunft lückenhaft erkannt. Gerade die Überabstraktion ist auch bei der Patenterteilung zu Hause.

Harmonisierung von Patenterteilung und Patentauslegung.

Wenn wir nun den Vergleich mit dem Gesetzgeber beibehalten, ohne nach irgendeiner anderen Seite daraus Folgerungen zu ziehen, so haben wir im Patentwesen die Eigentümlichkeit eines fortwährenden Gesetzgebers. Dieser Gesetzgeber ist eine einheitliche, sachverständige Behörde, welche bei ihrem Geschäft von einheitlichen rechtlichen Gesichtspunkten geleitet sein soll, und eine Behörde, welche täglich sieht, wie das von ihr gesetzte Recht nun von den Gerichten ausgelegt wird.

Dieser Gesetzgeber tritt allerdings in sehr verschiedenartiger Gestalt auf.

Manche Patente werden erteilt unter kritischer Mitwirkung der ganzen Industrie im Einspruchsverfahren, so daß der endgültige Beschluß der Beschwerdeabteilung ergeht, nachdem alles, was Menschenwitz zu jener Zeit für und gegen die Erfindung vorbringen konnte, vorgebracht und von den besten Kräften, die das Patentamt in beiden Instanzen besitzt, geprüft worden ist.

In anderen Fällen ist der Vorprüfer der praktisch allein für den Inhalt und die Form des Patentes Verantwortliche. Wenn ein Vorprüfer mit einem unberatenen und ängstlichen Anmelder zusammenkommt, ist sein Übergewicht ein solches, daß seine Anschauungen in jeder Beziehung für die Patenterteilung maßgebend werden. In sehr vielen Fällen ist der Patenterteilungsbeschluß dann auch nur ein formaler, zu dem die mitbeschließenden Mitglieder der Anmeldeabteilung zu der vorprüferlichen Tätigkeit wenig oder nichts beitragen.

Das ist von Bedeutung, da die Einheitlichkeit der Grundsätze für die Patenterteilung, für welche der Präsident des Patentamtes sorgen soll, bis vor kurzem nicht bestanden hat[1]).

---

[1]) Vgl. Wirth-Isay, „Der Patentanspruch", S. 10ff., auch Meinhard, Z. f. J., 1913, S. 40.

Es ist keine allzu schwere Aufgabe, in einer ganzen Anzahl von Erfindungsklassen aus der Natur der Patente festzustellen, wann jeweils ein Vorprüferwechsel stattgefunden hat.

So ist es fast ausgeschlossen, von einem Patent auf ein anderes Schlüsse unter dem Gesichtspunkt zu ziehen, daß sie beide Ausflüsse aus derselben Quelle seien, wie man es mit verschiedenen Stellen eines Gesetzes meist kann.

Diese fortdauernde Paralleltätigkeit der Rechtsetzung und Rechtsauslegung unterscheidet unser Gebiet von dem der Gesetzgebung und Auslegung im allgemeinen.

Deshalb ist bei dem Patentrecht hier eine Sonderaufgabe der Harmonisierung der beiden Tätigkeiten der Rechtsetzung und Rechtsauslegung vorhanden wie nirgend sonst.

Harmonisierung heißt nicht, daß alle Grundsätze für die Patentauslegung auch bei der Patenterteilung schon Anwendung finden, sondern heißt zunächst nur, daß kein Widerspruch zwischen diesen Grundsätzen bestehen darf, und heißt praktisch, daß ein Teil der Grundsätze gemeinsam ist, und andere Grundsätze nur je einem der beiden Verfahren angehören. Das ergibt sich ja ganz von selbst: bei der Patenterteilung steht im Mittelpunkt die Erfindung, ihre Erkenntnis und ihre Darstellung. Diese wird beeinflußt durch den Vergleich mit der früheren Technik; bei der Patentverletzung steht wieder im Mittelpunkt die Erfindung, der Vergleich aber soll stattfinden mit der Nachahmung. Vergleichen kann man nur unter einem oder mehreren bestimmten Gesichtspunkten. Es taucht also die Frage auf: müssen die Vergleichsgesichtspunkte bei dem Vergleich der Erfindung mit der früheren Technik dieselben sein wie bei der Vergleichung mit der Nachahmung? Der eine verglichene Gegenstand, die Erfindung, ist aber in beiden Fällen derselbe.

Hiermit gelangen wir zu einer zweiten Eigentümlichkeit des Patentwesens.

Bei der Zivilgesetzgebung und auch für Verträge ist es ausgeschlossen, daß eine Auslegungsregel mit Rücksicht auf den sachlichen Inhalt gegeben wird; dazu ist dieser viel zu mannigfaltig.

Bei dem Patentwesen haben wir nun ganz andere Möglichkeiten.

Die Errichtung und Auslegung von Rechten im eiligen Schritt seit vielen Jahrzehnten nebeneinanderher gehend, hat zur Folge gehabt, daß heute die typischen Fälle der Erfindung und ebenso die der Nachahmung in so großer Zahl bekannt sind, daß eine wesentliche Vermehrung gar nicht zu erwarten ist. Jedenfalls aber können wir unser Problem beschränken auf die Harmonisierung von Patenterteilung und Patentaus legung mit Rücksicht auf diese wenigen bekannten typischen Fälle.

Weil aber die an sich möglichen Fälle der Patentwidrigkeit nach ihrem abstrakten Typus von vornherein bekannt sind, wird in ganz anderer Art die Berücksichtigung der Zukunft bei der Konstituierung des Rechtes möglich als bei Gesetzen und Verträgen.

Ein solcher Typ ist z. B. auf seiten der Erfindung die Kombination und auf seiten der Nachahmung die Teilnachahmung einer Erfindung. Wie die Teilnachahmung im individuellen Falle aussehen wird, weiß der Patentanmelder und das Patentamt nicht, man weiß aber, daß man mit diesem Typ zu rechnen hat, und sieht in vielen Fällen einen Weg, für ihn Vorsorge zu treffen, also Vorsorge gegen etwas nur teilweise, nur nach seinem Typus bekanntes Zukünftiges.

Stellen wir nun diese bekannten Typen der Erfindungsstruktur und die der Nachahmungsstruktur einander gegenüber, so haben wir damit eine sachliche Basis, um zu bestimmen, in welchen Fällen und wieweit bei der Patenterteilung für gewisse Typen der Erfindungsstruktur schon die Möglichkeiten gewisser Nachahmungstypen vorgesehen und berücksichtigt werden können, d. h. wir haben hier sachliche Grundsätze, um von vornherein festzustellen, welche Lücken ein Patent haben kann oder sogar haben muß.

So können wir zur Aufstellung von Sätzen darüber kommen, wo zweckmäßigerweise den inneren Notwendigkeiten des Stoffes und den äußeren Notwendigkeiten des Patenterteilungsverfahrens entsprechend, Lücken in dem Patent sein sollen; Lücken, welche der Natur der Sache, nämlich der Erfindung und der Nachahmung und der Natur des Gesetzgebers, nämlich des Patentamtes, entsprechen.

Wo sind nun die Lücken des Patentes?

Hierüber ist unter der Antithese Erfindungsgegenstand und Schutzgrenzen schon viel verhandelt worden. Erfindungsgegenstand plus Lücken ergibt Schutzgrenzen. Ich möchte die Gegenüberstellung lieber formulieren als Erfindung und Nachahmung und so zwei rein technische Begriffe vergleichen. Das heißt gegenüber der Antithese Erfindungsgegenstand und Schutzgrenzen folgendes: die Schutzgrenzen sind festzustellen mit Rücksicht auf einen neuen technischen Tatbestand und sind abhängig von gewissen Handlungen, die mit ihm vorgenommen werden (§ 4 PG.), außerdem von Vorbenutzungsrecht und anderem. Der rein technische Tatbestand dabei, das ist eben der Nachahmungsgegenstand, der also ohne weiteres mit einem anderen technischen erfundenen Gegenstand — Maschine, Verfahren, Erzeugnis — verglichen werden kann.

Konkret und Abstrakt.

Den Unterschied von Erfindung und Erfindungsgegenstand kann ich nur als eine besondere Art des Unterschiedes von Abstraktem und Konkretem setzen. Abstrakt sind Eigenschaften, Merkmale, Ideen an sich. Treten so viele und solche Eigenschaften zusammen, konkretisieren sie sich also gegenseitig so weit, daß etwas Raumstoffzeitliches entsteht, dem wir Körperlichkeit zuerkennen, dann sind wir von der Eigenschaft zu einem Gegenstand mit Eigenschaften vorgeschritten. Der Erfindungsgegenstand ist also ein Grenzfall in der Abstraktionsreihe, ein Grenzfall, der sprachlich durch den Übergang vom Eigenschaftswort zum Dingwort bezeichnet wird. Von diesem Grenzfall, der natürlich ein weites Grenzgebiet ist, kann dann durch Zufügung weiterer Eigenschaften zu dem Gegenstand oder weiterer Gegenstände zu dem Gegenstand in der Konkretisierung fortgeschritten werden, bis sie endlich zum Individuum mit allen Eigenschaften, also zur vollständigen photographischen Deckung von Vorstellung und Wirklichkeit und Wegfall jeder Abstraktion gelangt. In diesem Sinne ist die Zuordnung eines Abstraktums zu einem wirklichen Ding nichts als eine Teilbeschreibung desselben, und das Abstraktum ist, als der richtige „Begriff" des Dinges, eine Teilbeschreibung, die alle wesentlichen Eigenschaften enthält.

Ich muß hierzu eine Zwischenbemerkung einschalten, welche für das Verständnis der Verhältnisses von Konkret und Abstrakt von Bedeutung ist, und für deren weitere Ausführung und Begründung ich auf die Lehrbücher der Logik verweisen muß[1]). Der Gegensatz von Ding und Eigenschaft gehört zu den Gegensätzen von Konkret und Abstrakt. Und wenn man im Patentwesen immer von einem „allgemeinen Gegenstand" und seinen „besonderen Eigenschaften" statt von Gattungsbegriff und Merkmalen gesprochen hätte, so wären viele Irrtümer und falsche Denkweisen vermieden worden. Nur muß man das Ding erweiternd fassen auch als das Ding in seiner Veränderung, um „Verfahren" einzuschließen, und kann Dinge und Verfahren dann „Gegenstände" nennen. Und weiter darf man unter Eigenschaften nicht nur sinnliche Einzeleigenschaften verstehen, wie weiß, magnetisch, rund, sondern auch die Allgemeineigenschaften, die einem Dingkomplex zukommen, und muß z. B. die Eigentümlichkeit des Telephons, „akustischen Wellen entsprechende elektrische Wellen zu haben, eine Eigenschaft des Telephons nennen, oder wem es besser paßt, eine Beschaffenheit, einen eigentümlichen Zug oder endlich ein Merkmal. Mehrere solcher Eigenschaften zusammen können wieder als eine Sammeleigenschaft aufgefaßt werden. Sind die Eigenschaften der Stofflichkeit und Räumlichkeit in der Vorstellung, so ist es eine Ding- oder Gegenstandsvorstellung.

Wenn ein Gegenstand räumlich oder zeitlich in mehrere Gegenstände zerlegt werden kann, so nennen wir diese Teile im eigentlichen

---

[1]) Z. B. Mill, „System der deduktiven und induktiven Logik." Leipzig 1884. Bd. 1, S. 28. Sigwart, „Logik", Tübingen 1878. Bd. 2, S. 105.

Sinn oder konkrete Teile. Im übertragenen, ideellen Sinn können wir auch die Eigenschaften Teile nennen oder Teile im abstrakten Sinn. Der Gegensatz von abstrakter und konkreter Auffassung eines wirklichen individuellen Dinges ist daher auch nur der Unterschied der Beschreibung desselben mittels weniger oder vieler Eigenschaften. Nur daß man bei einem Abstraktum regelmäßig an besonders ausgewählte, an wesentliche Eigenschaften denkt, d. h. an Eigenschaften, die unter dem gerade ge wählten Gesichtspunkt interessieren. Quantitativ aber wird eine abstrakte Beschreibung immer nur eine Teilbeschreibung sein, wie wertvoll die Teile auch sein mögen.

Im folgenden werden die Worte Merkmal, Eigenschaft, Beschaffenheit, Teil, Punkt, abstrakte Idee, Element meist in dem gleichen Sinn verwendet werden.

Eine Besonderheit der Eigenschaften technischer Dinge ist, daß sie immer paarig auftreten, als Ursacheneigenschaften und Folgeeigenschaften, oder wenn wir den Menschen als Ursachensetzer und Folgenwoller einführen, als Eigenschaften des Mittels und solche des Zweckes.

Man könnte auch von einer Dreiheit von Merkmalen reden, welche immer in Verbindung miteinander auftreten. Mittel, Zweck und Anwendungsweise des Mittels auf den Zweck.

Von der begrifflichen Teilung Mittel und Zweck ist im deutschen Patentwesen noch nicht genügend Anwendung gemacht worden. Besteht doch nicht einmal eine einheitliche Praxis des Patentamtes über die Zweckkennzeichnung im Patentanspruch. Dabei sind die Zweckmerkmale von patentrechtlich großer Bedeutung, wenn auch von anderer als die Mittelmerkmale. Ich habe an anderer Stelle[1]) darauf hingewiesen, daß die ideale Darstellungsform der Erfindung die einer mathematischen Formel wäre, nämlich die „Funktionsform, nach welcher sich der wirtschaftliche Wert der Erfindung mit der Änderung der einzelnen Bedingungen (Merkmale) der Erfindung ändert.“ Ein besonderer Fall hiervon ist die Aufstellung der Abhängigkeit oder des Kausalitätsverhältnisses des rein technischen Zweckes oder der Wirkung nach allen ihren Seiten und der Mittel oder Ursachen nach allen deren Seiten. Das gäbe eine Zuordnung einzelner Mittelmerkmale zu einzelnen Zweckmerkmalen und ergäbe das Minimum der Mittelmerkmale, die nötig sind, um nur eine Seite, regelmäßig die Hauptseite des Zweckes — im deutschen Patentweisen meist etwas pomphaft Problemlösung genannt — zu erreichen.

Aus dieser Abhängigkeit der Mittel- und Zweckmerkmale voneinander ergibt sich eine Beschränkung in der Abstraktion.

---

[1]) „Begriffliche Auffassung der Maschine“. Wirth-Isay, Patentanspruch S. 62.

Wenn z. B. bei der Zündpillensache der rein technische Zweck die zwei Seiten hat, Wegbewegen der Zündpille und Anhalten der Bewegung, dann ist eine Abstraktion unmöglich, welche aus dem Mittel nur das eine Merkmal ,,Gasstrom als Bewegungserreger" herausabstrahiert, welches kausal nur mit der ersten Seite des Zweckes verbunden ist, und dieses eine Mittelmerkmal den beiden Zweckmerkmalen zuordnet, während das Anhalten der Bewegung mit einem ganz anderen Mittelmerkmal kausal verbunden ist, dem Anschlag. Es müssen also Abstraktionen bei Mittel und Zweck einander entsprechen.

Ich habe, um etwas Patentpolitisches einzuflechten, keinen Widerspruch gegen diese Auffassung der letzten und vollständigsten technischen Erkenntnis gefunden. Sie müßte die Grundlage der Neuheitsprüfung sein, sofern sie Vollständigkeit anstrebt. Es hat aber noch niemand zu fordern gewagt, daß die Prüfung in dieser Richtung ausgedehnt werde, vielmehr haben die, welche dem Patentamt die ,,möglichste vollständige Prüfung" zuweisen, die Eigenschaften ihres Ideals in dieser Richtung in dem historischen Dunkel gelassen.

Es ist nicht mehr angängig, nach der einfachen, von dem Reichsgericht gegebenen Formel zu fragen: sollen alle Einzelmerkmale geprüft werden oder nur deren den Erfindungsgegenstand ausmachende Kombination? Man muß sich vielmehr darüber klar sein, daß ,,Merkmal schlechthin" ein mechanischer, leerer Begriff geworden ist, und daß eine wirklich wissenschaftliche Prüfung den Kausalnexus von Mittel- und Zweckmerkmalen ins Auge fassen muß. Und dann kommt sie zu den von mir früher skizzierten Problemen der Neuheitsprüfung[1]). Dann muß geprüft werden, war jedes Mittelmerkmal an sich neu, in Hinwendung auf den Zweck neu, in Verbindung mit anderen Mittelmerkmalen neu, und für jedes Zweckmerkmal wäre dieselbe Prüfung durchzuführen auf Neuheit an sich, d. h. Stellung einer neuen Aufgabe oder Neuheit in Kombination mit anderen Zweckmerkmalen, d. h. Vereinigung mehrerer früher nur einzeln erreichter Vorteile. Dieses Prüfungsideal habe ich an dem Beispiel der Wäscheklammer durchgeführt[2]), ohne daß einer der Vertreter der idealen Vollständigkeit der Patentprüfung, d. h. Prüfung der sämtlichen letzten dem Erfindungsgegenstand entnommenen Abstrakta bisher gegen dieses Beispiel und die Beweisführung, von welcher es ein Teil ist, etwas anzuführen gehabt hätte. Ein möglicher Einwand ist von Habermann gemacht worden[3]). Nämlich, daß auch das Hinstreben nach einem unerreichbaren Ideal nützlich sein könne. Der allgemeine Satz ist gewiß richtig. Und es ist auch richtig,

---

[1]) **Patentanspruch S. 191.**

[2]) *Patentanspruch S. 198.*

[3]) G. R. u. U. 1911, S. 257. Vgl. oben S. 120.

daß durch solches Streben das Patentamt seine Arbeit vergrößern und die des Richters verkleinern würde. Wohin aber dies Streben letzten Endes führen müßte, das kann ich nur wieder an Beispielen zeigen, die beweisen, wie nur die immer weitergehende Abstraktion die Grundlage der immer weitergehenden Neuheitsprüfung ist.

Ich will hier noch zwei Beispiele einfachster Art von der vollständigsten Konkretheit zur denkbarsten Abstraktheit verfolgen, um zu zeigen, wie mannigfaltig die Übergänge sind, und wie ganz proportional mit dem Übergang zum Abstrakten die Sicherheit und die Möglichkeit von Urteilen schwindet, so auch von patentrechtlichen Urteilen, in erster Linie des Neuheitsurteiles.

„Der eiserne Ladstock" bezeichnet einen Erfindungsgegenstand, ohne erkennen zu lassen, ob der Ladstock an sich oder nur sein Stoff neu war. Die Sprachform „Die Eisernheit des Ladstockes" würde zum Ausdruck bringen, daß es sich nur um eine neue Eigenschaft des Gegenstandes, um das Stoffmerkmal handelt. Drückt man das sprachlich aus: ein Ladstock, dadurch gekennzeichnet, daß er eisern ist, so ist das zulässig, wenn auch nicht sehr wertvoll als eine Trennung des heutigen neuen Tatbestandes in zwei Teile, einen Gattungsbegriff, der hölzerne und eiserne Ladstöcke umschließt, und ein spezifisches Merkmal. Will man aber damit ausdrücken, daß die Gattung alt gewesen sei, so begeht man hier einen logischen Fehler. (Beiläufig: daß man diesen Ausdruck mit dieser Sprachform nur wollen, aber nicht erreichen kann, gestattet dem Gericht, Patentansprüche dieser Sprachform dem Willen des Patentamtes entgegen aufzufassen). Denn diese Form kann nur heißen sollen, daß in Wirklichkeit schon eine solche Gattung bestanden hat, und daß diese durch Zufügung eines neuen unterscheidenden Merkmales mit einer neuen Spezies bereichert worden sei. In Wirklichkeit hatte aber hinsichtlich des Stoffes noch gar kein Gattungsbegriff bestanden, sondern nur die eine Spezies des hölzernen Ladestockes. Das Wort Ladstock bedeutete eben nur einen hölzernen Ladstock, nichts anderes. Es konnte also früher wohl ein Logiker durch Abstraktion sich den Begriff Ladstock ohne diese Stoffeigenschaft bilden. Dieser Begriff bezeichnet aber keine in der Technik vorhandene Gattung und überhaupt nichts technisch Wirkungsvolles. Die Gattung war erst vorhanden, als es zwei Ladstöcke gab, einen hölzernen und einen eisernen. Die Bezeichnung Ladstock, gekennzeichnet durch die Eigenschaft, eisern zu sein, ist deshalb ebenso ganz schief, wenn der Gattungsbegriff zugleich als Angabe über das Bekannte dienen soll. Sie wäre nur richtig, wenn es hölzerne, beinerne, kupferne Ladstöcke vor dem eisernen gegeben hätte.

Wir sehen damit zugleich, daß auch diese Formulierung noch nicht den Neuheitsgehalt erschöpft, wenn sie nur das Neue an dem Erfindungsergebnis angibt; das Ergebnis der Erfindungstätigkeit ist nach irgendeiner der obigen Darstellungen die Verwandlung eines nach seiner Stoffeigenschaft sonst nicht bekannten Ladstockes in einen eisernen. Erst durch die Angabe des früheren Standes der Technik, durch die Stoffangabe „hölzern“ wird die Quantität der Neuheit erschöpft. Gab es nur hölzerne Ladstöcke, so haben wir eine zweistufige Erfindertätigkeit: Konzeption des Gedankes des Stoffwechsels überhaupt und Auswahl des Eisens. Gab es aber außer dem hölzernen noch kupferne, messingne, beinerne Ladstöcke, so ist nur die Stoffwahl neu. Ein offensichtlich für die Äquivalenzbestimmung wichtiger Punkt.

Hier ist schon recht schwer, die beiden Fälle überhaupt durch eine Erfindungsformel zu unterscheiden.

Mit der Definition der Erfindung als „Eisernheit“ hatten wir die „Gegenständlichkeit“ schon ganz verlassen. Definieren wir nun, um den Umfang der Neuheit auszudrücken: bei Ladstöcken, Ersatz des Holzes durch Eisen, dann sind wir von der Auffassung der Erfindung als des Ergebnisses einer geistigen Tätigkeit, zur Schilderung der geistigen Tätigkeit selbst mit ihrem Ausgangs- und Endpunkt übergegangen. Für den zweiten Fall kommen wir nun zu der unbequemen Formel: bei Ladstöcken Ersatz der verschiedenen früheren Stoffe durch Eisen.

Doch glaube man nicht, damit alles festgestellt zu haben, was für die Beurteilung einer Nachahmung von Bedeutung ist. Dazu müssen wir in der Abstraktion noch ein gut Stück weiter gehen. Warum der eiserne Ladstock gegenüber dem hölzernen patentfähig ist, darüber haben wir noch gar nichts gehört, denn die Beschreibung der Andersartigkeit gibt keinen Aufschluß über den inneren technischen Gehalt. Der Stoff Eisen hat tausend Eigenschaften und der Stoff Holz ebenso. Die Eigenschaften „eisern“ und „hölzern“ haben also wieder Untereigenschaften. Auf die verschiedene Farbe der Stoffe z. B. kommt es hier gar nicht an. Daß der eiserne Ladstock schwerer ist als der hölzerne, ist ein Nachteil, spricht also nicht für, sondern gegen die Schutzwürdigkeit. Die Festigkeit ist es, die in Frage kommt. Hier hört nun das weitere Abstrahieren auf, wenn wir noch eine Erfindungsformel behalten wollen, denn eine Erfindung: „die Festigkeit des Ladstockes zu erhöhen“, wird niemand anerkennen wollen.

Die inneren Gründe sind die folgenden:

Die Erhöhung der Festigkeit ist der Zweck. Die Zweckerreichung ist nun aber an Bedingungen gebunden, wirtschaftliche und technische. Der eiserne Ladstock darf nicht allzu teuer sein, er muß sich ebenso mit dem Gewehr verbinden und tragen lassen wie der hölzerne, kurz, er muß allen Bedingungen gehorchen, welche hinsichtlich der Herstellung, der Wirkung, der Betriebskunst mit dem Wort „Ladstock“ verbunden werden. Die Erfindungsbehauptung „eiserner Ladestock“ geht deshalb nicht nur dahin, daß das Eisen durch die höhere Festigkeit besser ist als

Holz, sondern das das Eisen auch sämtlichen anderen Bedingungen des Gegenstandes „Ladstock“ entspricht oder wenigstens so entspricht, daß die Gesamtbilanz infolge des Posten höhere Festigkeit die des hölzernen Ladstocks übertrifft. Die Unmöglichkeit in einem sprachlichen Ausdruck, diese Verhältnisse anders als in einem umfassenden Aufsatz vollständig darzustellen, ist ersichtlich; sie ist aber auch überflüssig, insofern das Wort „Ladstock“ in seiner Anschaulichkeit alles einschließt. Unvoraussehbar ist deshalb auch, welche künftigen noch nicht erfundenen Stoffe das Eisen werden ersetzen können, ohne an dem Erfolg etwas Wesentliches zu ändern, oder etwa, welche neue Bearbeitungsverfahren bekannter Stoffe einen solchen Ersatz ermöglichen werden, oder etwa, welche Gewinnungsverfahren teuerer anderer Metalle sie so billig machen werden, daß sie an Stelle des Eisens treten können.

Hier ist eine allgemeine Bemerkung anzuknüpfen. Der Weg der Abstraktion geht vom konkreten Mittel nach dem abstrakten Zweck — ähnlich wie bei dem Gesetz die abstrakte Form sich dem Gesetzesmotiv nähert. Nun gibt es eine alte Faustregel: patentierbar sind nur neue Mittel, nicht neue Zwecke. Diese Regel wird unanwendbar, wo eine lange Kausalreihe vorliegt, in welcher jedes Glied rücksichtlich des folgenden ein Mittel und rücksichtlich des vorhergehenden ein Zweck ist, also die Relativität auch dieser Begriffe offenbar wird. Führen wir den Terminus Endzweck ein, dann können wir den obigen Satz immer gelten lassen. Wir haben dann festgestellt — es ist eine alte Wahrheit —, daß die Neuheit des Endzweckes wichtig für die Erfindung und Nachahmung ist, ohne in eine Erfindungsformel als Erfindungsinhalt aufgenommen werden zu können.

Dieser Fall war besonders einfach, weil letzten Endes nur eine Eigenschaft, die Festigkeit, unter den erstrebten Verbesserungen als Endzweck zu beachten war. Nun ist aber grundsätzlich die Zahl der Eigenschaften beliebig groß, z. B. bei einer sehr einfachen Erfindung, wie dem kantigen Bleistift schon zwei. Der kantige Bleistift ist der Erfindungsgegenstand, die Kantigkeit ist das neu geschaffene Merkmal. Die Neuheitsquantität wird klar durch Angabe der Rundheit des Bleistiftes als des früheren Standes der Technik. Der Zweck oder die Wirkung der Erfindung ist die, daß die Kantigkeit das Rollen auf schrägem Tisch verhindert, und daß der kantige Bleistift als Lineal dienen kann. Keines von beiden, weder Rollschutz noch Linealqualität kann als Inhalt des Schutzes angegeben werden, nach beiden Richtungen aber gehen z. B. die Äquivalierungen.

Die beiden Beispiele geben beiläufig zugleich die Grundtypen der Neuheitsarten überhaupt, Stoffneuheit und Raum- oder Zahlneuheit. Die Stoffneuheit kann bestehen in dem Austausch eines Stoffes durch einen anderen, also dem Austausch der sämtlichen d a u e r n d e n Stoffeigenschaften des einen durch die sämtlichen dauernden Stoffeigenschaften des anderen. Die Stoffneuheit kann aber auch nur Stoffeigenschaftsneuheit sein, nämlich hinsichtlich der wechselnden Eigenschaften desselben Stoffes, und dann kann an demselben Stoff eine der nicht dauernden alten Eigenschaften, z. B. die Höhe der Temperatur oder des Magnetismus, geändert werden.

Die Raum- und Zahlneuheit könnte man durch Einführung der Zeit noch teilen in gleichzeitig bestehende und aufeinander folgende Raumverhältnisse, und so die Bewegung einbeziehen. Änderung der Stoff- und Raumverhältnisse in der Zeit würde alle Neuheitsarten in sich schließen, wie mir scheint, und somit der abstrakteste Ausdruck sein.

Abstraktheit und Konkretheit haben nun für den Text der Patenturkunde dieselbe Bedeutung, wie in anderen Rechtstexten auch, entweder eine bloß sprachliche oder auch eine sachliche. Der Unterschied, welcher zwischen konkret und abstrakt besteht, wenn man die Begriffe miteinander vergleicht, besteht nicht immer auch da, wo in Rechtsurkunden konkrete und abstrakte Ausdrücke gebraucht werden. Er besteht nur dann, wenn sie mit Bewußtsein und mit Absicht gebraucht werden. Wenn ich das Wort „Seil" in einer Patentschrift lese, so kann ich aus dem Wort allein noch nicht das geringste über das Maß von Abstraktheit oder Konkretheit entnehmen, das der Vorstellung anhaftet, für welche das Wort das sprachliche Zeichen ist. Das Wort Seil kann ein zufälliger zu konkreter Ausdruck für die ihm unterliegende Vorstellung „Zugorgan" sein, also für eine Vorstellung stehen, in welche auch Ketten und Riemen eingeschlossen sind, es kann aber auch geradesogut der zu abstrakte Ausdruck für eine bestimmte Art Seil sein, für ein geflochtenes Seil oder für ein Seil aus Hanf oder Draht oder für ein endloses Seil, und es kann endlich natürlich auch gerade die Vorstellung damit verbunden sein, welche sonst sprachgebräuchlich mit dem Wort verbunden wird. Hier ist aber auf die allgemeine Übung hinzuweisen, daß selbst Worte, welche hinsichtlich ihrer Konkretheit und ihrer Abstraktheit in der Sprache und selbst in der Fachsprache eine bestimmte Stelle einnehmen, doch sehr unbestimmt gebraucht werden.

Es kann auf Patentschriften nicht die Regel angewendet werden, daß immer der bestimmteste konkrete oder abstrakte Ausdruck gebraucht sei, den die Sprache bot. Es ist hier also die Pflicht des Richters zu ermitteln, welche Vorstellung mit dem Wort verbunden war, und das läßt sich meistens hier wie sonst nur aus dem Zusammenhang ableiten.

Insoweit handelt es sich lediglich um das Verhältnis zwischen Sprache und Vorstellung, also um Reduzierung eines ungenauen Ausdruckes auf das Maß von Konkretheit oder Abstraktheit, welches die zugrunde liegende Vorstellung hat. Diese Art der Ermittlung des eigentlichen Inhaltes des Patentes tritt immer da ein, wo keine andere Absicht vorliegt, als mit der Sprache die Vorstellung zu treffen, also nur eine Offenbarungsabsicht.

Ganz anders liegt aber der Fall, wenn ein abstrakter oder konkreter Ausdruck absichtlich gebraucht ist, im ersteren Falle um die Beschränkung auf die konkrete Vorstellung, im letzteren Falle, um die Ausdehnung auf die abstrakte Vorstellung abzulehnen. Wenn ich im ersten Patentanspruch das Wort Zugorgan, im zweiten das Wort Seil und im dritten das Wort Hanfseil für dasselbe Ding habe, so ist die Absicht deutlich ausgedrückt, daß drei Vorstellungen von verschiedenen gewollten Graden von Abstraktheit und Konkretheit für dasselbe Ding vorliegen. Auch hier handelt es sich aber auch noch um Ermittelung des wahren Inhaltes des Textes, der sich als eine technische Vorstellung mit Willensakzent ergibt. Es sind Lücken nur zwischen Sprache und Vorstellung zu füllen.

Nun gibt es aber noch eine Reihe von Fällen, bei welchen die Ermittlung des Inhaltes eines Textes dazu führt, daß eine Vorstellung von bestimmter Konkretheit oder Abstraktheit zwar hat zum Ausdruck kommen sollen, ohne daß jedoch ein bestimmter Wille vorhanden war, welcher Vorstellungen von größerer Abstraktheit oder größerer Konkretheit verneinen wollte. In diesem Falle ist die Möglichkeit gegeben, daß die sachliche Ergänzung nach der einen oder anderen Seite von dem Patentverletzungsrichter gegeben wird.

Ein besonderer Fall ist nun noch der, daß mit Bewußtsein und mit Absicht ein abstrakter Ausdruck gewählt worden ist, daß aber dieser Ausdruck überhaupt keiner adäquaten Vorstellung entspricht, d. h. daß die Abstraktion rein mechanisch gebildet worden ist, nur mit der Absicht, den Schutz in diesem abstrakten Umfange zu erhalten.

Über die rechtliche Bedeutung solcher Formulierungen wird später zu handeln sein.

Nachahmungstypen.

Ich möchte bei der Entwicklung des Verhältnisses zwischen Erfindung und Nachahmung davon ausgehen, daß wir uns die Erfindung ganz konkret vorstellen, also das vorstellen, was man den Erfindungsgegenstand genannt hat. Wir haben dann die Vorstellung eines Dinges mit gewissen Eigenschaften und gewissen Wirkungen, oder aber eines Vorganges, d. h. gewisser Handlungen, die mit gewissen Dingen mit einem gewissen Erfolg vorgenommen werden. In beiden Fällen ein sinnlich anschauliches Mittel und einen ebenso anschaulichen Zweck.

Fragen wir uns einer so vorgestellten Erfindung gegenüber, in was eine Nachahmung, abgesehen von der identischen Nachahmung, die uns hier nicht interessiert, bestehen kann, welche Abänderungen möglich sind, so sind dies nicht mehr als drei: entweder kann etwas zugefügt werden oder etwas weggenommen werden oder etwas durch anderes ersetzt werden, d. h. an die Stelle eines weggelassenen Elementes ein neues treten. Der Austausch ist also zugleich Wegnahme und Zufügung mit der Sonderbestimmung, daß beides an derselben Stelle erfolgt. Das gilt sowohl für Mittel wie Zweck. Das abgeänderte Element kann selbst ein Gegenstand sein, d. h. ein Komplex von Eigenschaften, die zur Gegenständlichkeit genügen, oder es kann nur eine Eigenschaft, eine Beschaffenheit, ein Merkmal von äußerster Abstraktion sein.

Damit ist der Kreis der möglichen Abänderungen eines konkreten Gegenstandes geschlossen, wir haben nur drei Grundtypen, Zufügung, Weglassung, Austausch, aus deren Verbindungen sich alle denkbaren weiteren Typen ergeben. Wir haben nun weiter zu fragen, welche Abänderungen sind voraussehbar, und unter welchen Bedingungen soll eine solche Abänderung als eine unerlaubte Nachahmung der Erfindung gelten.

Am einfachsten scheint der Fall bei der Zufügung, er ist es aber nur dann, wenn die Zufügung eine reine Aggregation ist, d. h. wenn auch nach der Vereinigung die beiden Teile ihre alte Individualität völlig bewahren. Das sind Nachahmungen in der Form von Verbesserungserfindungen, bei welchen die Hauptsache dieselbe bleibt. Nicht so einfach ist jedoch der Fall, wenn das zugefügte Element einen Einfluß auf die Umgestaltung der Grunderfindung selbst ausübt. Der einfachste Fall ist der Regelfall in der Chemie: Zu einem erfundenen Stoff tritt ein weiteres Element hinzu, und das Ergebnis ist ein Stoff, der mit keinem seiner beiden Elemente eine in Betracht kommende Ähnlichkeit hat.

Der Fall der Nachahmung mit Weglassung eines Elementes ist der der Teilnachahmung, für welchen wir zwei Fälle unterscheiden. Ist der Teil ein Teil im gewöhnlichen Sinne des Wortes, d. h. selbst ein Gegenstand, dann ist es der Fall der Nachahmung einer Kombinationserfindung durch Wiedergabe eines oder mehrerer Elemente; denn Kombinationserfindung im eigentlichen Sinn ist Kombination von Gegenständen, nicht bloß von Eigenschaften[1]).

Wird eine oder werden einige Eigenschaften nicht nachgeahmt, d. h. wird von ihnen nicht nur in Gedanken, sondern in der Wirklichkeit abstrahiert, so haben wir den anderen Fall der Teilnachahmung, der unter der Marke „Schutz einer allgemeinen Idee (mit wenig Eigenschaften) durch Offenbarung einer konkreten Ausgestaltung (mit vielen Eigenschaften)" geht.

Der Fall des Weglassens aller Teile oder Elemente bis auf eines, ist als der des Teilschutzes oder des Elementenschutzes allgemein bekannt.

---

[1]) Schanze, Das Kombinationspatent, Berlin 1910, S. 1ff. — Wirth, G. R. u. U., Bd. VII, 1902, S. 159ff., Bd. XI, S. 84. — Mitt. V. D. P., 1904, S. 64.

Er ist einfach, wenn die Teile von vornherein deutlich nebeneinander oder hintereinander vorliegen, und wird schwierig, wenn die Teile zunächst noch unerkannt sind, wie oft in der Chemie.

Als Äquivalenttheorie ist die Betrachtung des dritten Falles, des Ersatzes eines Erfindungsteiles bekannt, und sie verlangt ein besonderes Interesse. Einmal kann der Ersatz so weit gehen, daß überhaupt keine alten Teile mehr vorhanden sind; weiter wird der Fall besonders verwickelt, wenn zugleich damit die Zufügung oder Wegnahme von Teilen eingetreten ist und zweifelhaft werden kann, was eigentlich ersetzt und was ganz fortgefallen ist. Von Äquivalenten spricht man in der Regel nur als von Gegenständen, nicht von bloßen Eigenschaften.

Die Aufstellung dieser drei Typen zeigt zunächst einen Vorteil des konkreten Ausgangspunktes, denn so wie diese Fälle hier liegen, so stellen sie sich auch zunächst immer dem Patentverletzungsrichter dar. Es ist die reine Außenseite der Sache, wie ohne weiteres denen gegenüber zugegeben werden kann, welche die Gedankentiefe der Erfindung in den Vordergrund kehren. Aber diese Außenseite ist das, was zunächst erkannt werden muß, und was zunächst allein sicher erkannt werden kann, um dann als Basis für das Eindringen in das Innere zu dienen.

Ein weiterer Vorzug der konkreten Darstellung ist, daß sie die Aufstellung einer vollständigen Tafel der Nachahmungstypen überhaupt gestattet hat, so daß wir nun zu unseren weiteren Fragen gelangen können:

Welche Arten von Nachahmungen sollen unzulässig sein, auch wenn man sie nur durch Lückenfüllung dem Patent zuordnen kann?

Für die Zufügungen und für den Austausch haben wir die zwei Fälle zu unterscheiden, daß das zugefügte Element bekannt ist, und daß es neu ist. Der letzte Fall ist ganz klar, unbekannte Elemente kann der Erfinder seiner Erfindung weder anfügen noch in sie einfügen. Bei bekannten Elementen liegt eine gewisse theoretische Möglichkeit dazu vor, die aber eine praktische Unmöglichkeit für die allermeisten Fälle wird. Das sieht man ohne weiteres ein, wenn man sich die geistigen, hierzu nötigen Vorgänge klarmacht. Entweder sind die bekannten Elemente solche, daß sie zu der Erfindung auch in einem bekannten Verhältnisse stehen, und daß dieses Verhältnis auch ohne weiteres in den Gesichtskreis des Erfinders tritt, wenn er ein wenig überlegt, wenn er sich im besonderen die Frage stellt, welche Teile kann ich durch etwas anderes ersetzen. Immerhin aber wird es praktisch fast unmöglich sein, daß der Erfinder nun alle solche ersatzfähigen, bekannten Teile in seinen Gesichtskreis zieht. Das würde ja nur jemand können, der ein lexikographisch vollständiges und geordnetes Wissen über dieselben besäße. Die Erkenntnis über die Ersatzfähigkeit und über die Zufügbarkeit von Erfindungsteilen kann also auch hinsichtlich bekannter Elemente immer nur Stückwerk sein. Und das müssen wir uns klarmachen: wir verlangen von dem Erfinder dann nicht nur Schöpfung der Erfindung, sondern auch Schöpfung der Nachahmung. Die beiden stehen im selben Verhältnis wie im Markenrecht Gebrauchszeichen und Defensivzeichen, die beide zu verschiedenen Zwecken erfunden werden.

Wir kommen also zu dem Satze, daß Nachahmungsgegenstände, welche in der Zufügung eines an sich neuen Elementes oder in einem Ersatz durch ein an sich neues Element bestehen, bei der Patenterteilung in keinem Falle berücksichtigt werden können, und daß auch für Zufügung und Austausch bekannter Elemente die Voraussicht nur teilweise, in einer mehr oder weniger dem Zufall anheimgegebenen Lückenhaftigkeit eintritt.

Wir kommen nun zur Voraussehbarkeit der Teilnachahmung. Hier scheint die Antwort leicht. Wer das Ganze hat, hat auch die Teile, wer die Wirkung des Ganzen kennt, kennt auch die der Teile. Die Ausscheidung der Teile, der konkreten wenigstens, ist auch eine Arbeit von so geringer geistiger Höhe, daß sie ohne weiteres bei der Patenterteilung schon ausführbar scheint.

Allerdings liegt hierin der grundsätzliche Unterschied gegenüber den beiden anderen Fällen. Ich erinnere jedoch an die Mischungen chemischer Stoffe, von welchen ein nicht ausgeschiedener und erkannter Teil allein wirksam ist. Die Frage wäre tatsächlich bei sichtbaren Teilen praktisch lösbar, wenn es sich nur um die Ausscheidung handelte, aber es handelt sich auch um den Beschluß über die Schutzwürdigkeit. In den beiden ersten Fällen kamen wir zu einer Erörterung der Schutzwürdigkeit überhaupt nicht.

Die Neuheitsprüfung eines solchen Teiles läßt sich auch durchführen, theoretisch. Sie stößt aber auf erheblich größere Schwierigkeiten als die Neuheitsprüfung des Ganzen, denn unsere systematischen Hilfsmittel zur Neuheitsforschung sind nicht und können grundsätzlich nicht auf die Neuheit von Teilen eingerichtet sein, das würde sie ins Unendliche anschwellen lassen. Nicht einmal für den allergewöhnlichsten und hervorragendsten Fall, daß in einer größeren Maschine eine neue Bewegungsweise mit einem neuen dazu dienenden Mechanismus vorkommt, hat zu einer Aussonderung dieser sämtlichen Mechanismen in eine Klasse „Getriebe" oder „Bewegungsmechanismen" geführt, die auch nur bruchstückweise genügte. Es gibt kein Getriebelexikon. Immerhin, hier sind keine grundsätzlichen, sonder nur praktische Schwierigkeiten.

Anders aber mit der Frage des erfinderischen Fortschritts. Das ist nicht eine Frage des Aufsuchens von Beweismitteln, sondern der Beweiswürdigung. Dies kann grundsätzlich nur für die ganze Erfindung und nicht für ihre Teile erfolgen, wenigstens immer dann, wenn diese Frage überhaupt Schwierigkeiten bietet.

Der technische und wirtschaftliche Enderfolg ist immer eine Funktion der gesamten Mittel und Teilmittel, die auf ihn verwendet worden sind. In den hier interessierenden Fällen reicht dieser Gesamterfolg gerade aus zur Anerkennung der Patentwürdigkeit; dann aber läßt er sich grundsätzlich nicht mehr in eine Anzahl von Teilerfolgen aufspalten, von welchen jeder auch nur mit der geringsten Sicherheit hinsichtlich seiner Größe beurteilt werden könnte. Das ist an sich in den meisten Fällen unmöglich, und wo es überhaupt möglich ist, mit den allergrößten Schwierigkeiten der Beweishandlung verbunden.

Das bisher Gesagte gilt nur für solche Erfindungsteile, welche zunächst eine Existenz nur als Teile haben, die aber nicht ohne weiteres daneben auch als selbständige volle Erfindungen angesehen werden können. Für letztere gilt natürlich das Gesagte nicht. Denn eine Vollerfindung wird dadurch hinsichtlich ihrer Prüfbarkeit nicht beeinflußt, daß sie mit einer anderen Erfindung zusammen nunmehr sozusagen eine Erfindung höherer Ordnung bildet. Praktisch aber sind die Grenzen natürlich flüssig zwischen einem Erfindungsteile, von dem eine Möglichkeit der isolierten Anwendung in anderer Verbindung ausgesagt werden kann, und einer Teilerfindung, die zunächst ganz auf die isolierte Anwendung abgestellt ist.

Wir kommen also zu dem Gesamtergebnis: Von dem Gesamtkreis der Nachahmungen durch Abänderung der konkreten Erfindung können grundsätzlich nur diejenigen vorausgesehen und beurteilt werden, bei welchen der nachgeahmte Erfindungsteil auch eine volle Erfindung ist.

Die praktische Ausführbarkeit der Prüfung vermindert sich bei Erfindungsteilen, welche nur eine Teilexistenz führen.

Die Voraussicht der Nachahmungen ist theoretisch möglich in einigen Fällen der Zufügung von oder des Ersatzes durch bekannte Teile, aber grundsätzlich verschwindet sie für an sich neue Teile oder für alte Teile, die nur durch Neuerfindung mit der Erfindung zu kombinieren sind.

Die sämtlichen angegebenen Nachahmungsarten sind nun unter Umständen nach der herrschenden deutschen Rechtsprechung Patenteingriffe unter der Voraussetzung, daß für die Teilnachahmung Neuheit und Schutzwürdigkeit des Teiles besteht, daß für Äquivalente im besonderen in Frage kommt, ob der ersetzte Teil selbst neu und schutzwürdig war oder nur in Kombination neu, und welche Stellung im ganzen die Erfindung zu dem früheren Stande der Technik einnimmt.

Wir kommen so zu dem Schluß, daß wegen der Unvoraussehbarkeit vieler Nachahmungsarten das Patent Lücken haben muß aus subjektiven und aus objektiven Gründen. Diese Lücken können wir noch in zwei Klassen teilen, nach der tatsächlichen und der rechtlichen Seite.

Jeder Erfindungsgegenstand, auch der abstraktest ausgedrückte, hat eine Anzahl von Merkmalen. Die Nachahmung hat eventuell nur eines dieser Merkmale. Der Nachahmungstatbestand ist also im voraus nur teilweise beschreibbar, weil seine übrigen Merkmale objektiv unbekannt sind. Die unbekannten Merkmale bilden eine Tatsachenlücke.

Die Rechtslücke geht aber noch weiter. Nicht nur ist die rechtliche Bedeutung der unbekannten Nachahmungsmerkmale auch unbekannt, sondern auch die rechtliche Bedeutung der isolierten einzelnen bekannten Erfindungsmerkmale läßt sich in sehr vielen Fallen nicht im voraus bestimmen.

Über die Bedeutung der Gegenüberstellung von Erfindung und Nachahmung möchte ich im Anschluß hieran noch eine praktische Bemerkung machen. Der Erfinder hat nur ein Interesse daran, die Nachahmungen in seinem Patente zu beschreiben, und gar kein Interesse daran, die Erfindung zu beschreiben, soweit es sich um Auslegung und nicht um Gültigkeit seines Patentes handelt. Im Gegenteil, wenn er die Erfindung im Unklaren lassen kann und nur die Nachahmungen klar beschreibt, so hat er einen doppelten Vorteil, der dadurch in das rechte Licht gerückt wird, daß sein Interesse auch nicht auf vollständige Beschreibung der Nachahmungen geht, sondern nur auf Teilbeschreibung. Wenn er von der Nachahmung nur einen körperlichen Teil oder nur eine Beschaffenheit, nur ein Merkmal angibt und verlangt, daß alle Gebilde, die dieses eine Merkmal haben, als unzulässige Nachahmungen gelten, so hat er seinem Interesse am besten gedient. Das ist der Sinn der Anregungen, die seinerzeit von v. Schütz dafür gegeben worden sind, bei zusammengesetzten Maschinen nicht die ganze Maschine, sondern nur einen Teil zum Gegenstand des Patentschutzes zu machen.[1])

Wenn in dem amerikanischen Bell-Telephonpatent nur der Gedanke offenbart und beansprucht gewesen wäre, zur Fernleitung von akustischen Wellen entsprechende elektrische Wellen zu erzeugen, so wäre das Telephon selbst Fabrikgeheimnis gewesen und hätte dennoch den weitgehendsten Schutz gehabt. Hier tritt also, worauf ich mehrfach hingewiesen habe, die von der deutschen Patenterteilungspraxis bisher vernachlässigste Aufgabe in den Vordergrund, für vollständige Offenbarung der Erfindung zu sorgen und nicht zu gestatten, daß die Patentschriften nur eine vorsichtige Teilbeschreibung von Nachahmungen sind.

---

[1]) *Z. d. V. D. J. 1889, S. 607. Vgl. oben S. 33.*

Hiermit ist nun die Basis für die Interpretation gewonnen, sie ist eine doppelte, Ermittlung des Inhaltes des Patentes und Ergänzung der von dem Patent gelassenen Lücken.

Diese Lücken haben wir nach ihrer theoretischen Unvermeidlichkeit nachgewiesen, an dem Gegensatz von Erfindung und Nachahmung. Wir sehen dabei ein weiteres.

Der Gegensatz zwischen der Auslegung des Patentinhaltes und der Ausfüllung der Patentlücken zerlegt das ganze Schutzgebiet in zwei Teile, der eine entspricht der durch das Patent selbst offenbarten Erkenntnis, der andere entspricht Erkenntnissen, welche nachträglich hinzugekommen sind.

Der Telephonerfinder, der den Anspruch formulierte auf akustische Fernübertragung durch den akustischen Wellen entsprechende elektrische Wellen, der hatte nur die Sacherkenntnis, daß bestimmte solche Wellen mit bestimmten Hilfsmitteln die Aufgabe erfüllen, die Erkenntnis in concreto, daß die Schwingungen einer Schallmembran als Anker eines Elektromagneten solche elektrischen Schwingungen erzeugen könnten. Er hatte nicht die Sacherkenntnis, daß solche Schwingungen einer Membran auch durch elektrische Widerstandsänderungen (Mikrophon) dasselbe und ein besseres Ergebnis hätten. Er hatte diese Sachkenntnis wenigstens zur Zeit der Anmeldung nicht. Später aber, vor der Patenterteilung, hatte er sie zugleich mit dem Bewußtsein, daß es Erkenntnis und Erfindung eines anderen sei.

Er hatte also zunächst eine beschränkte naturwissenschaftliche Erkenntnis. Er hatte aber die weitestgehende Rechtserkenntnis oder dialektische Schulung, die ihn sehen ließ, daß die Formulierung nur eines Teiles seiner konkreten Erkenntnis, und zwar des letzten abstrakten Teiles, ein unendlich weiteres Schutzgebiet umschreibe.

Äquivalente.

I.

Die Lehre von den patentrechtlichen Äquivalenten tritt durch Anwendung der Lückenlehre in ein neues Licht. Es ist auch hier der Unterschied zwischen der Vorstellug und Erkenntnis bei der Patenterteilung und den später hinzugekommenen Vorstellungen und Erkenntnissen zumachen. Demgemäß ist zu unterscheiden zwischen den Äquivalenten, welche bei der Patenterteilung vorhanden und bekannt waren, und solchen, welche erst nachträglich entstanden oder bekannt geworden sind. Sie fallen danach entweder in Lücken des Ausdruckes gegenüber der Vorstellung, oder sie sind sachliche Lücken des Patentes.

Weiter aber habe ich den Begriff des technischen Äquivalentes neu zu untersuchen und komme dabei zu dem Ergebnis, daß jedem technischen Ding eine unbeschränkte Anzahl technischer Äquivalente zugehören, und daß es Sache einer rein patentrechtlichen Überlegung ist, aus dieser Zahl dasjenige auszuwählen, welches für den Fragefall patentrechtliche Erheblichkeit besitzt.

Ich habe dabei im wesentlichen die Methode anzuwenden, welche ich in meiner Arbeit über „Die begriffliche Auffassung der Maschine“ angewendet habe, um eine etwas bessere Übereinstimmung der im Patentrechtswesen verwendeten Begriffswelt mit der Tatsachenwelt herbeizuführen. Hier wie dort ist die grundlegende Tatsache, welche nie aus dem Auge verloren werden darf, die, daß ein technischer Gegenstand unter vielen Gesichtspunkten betrachtet werden kann. Und wie sich, entsprechend dem Wechsel der Gesichtspunkte, ganz verschiedene einem technischen Ding zugeordnete Begriffe ergeben, so ergeben sich auch verschiedene Äquivalente oder Äquivalenzkreise für einen technischen Gegenstand, wenn man ihn unter verschiedenen Gesichtspunkten betrachtet und mit verschiedenen anderen technischen Gegenständen vergleicht.

Am besten ist es, wenn man das Fremdwort Äquivalent und seine historische Bedeutung aus der englisch-amerikanischen Rechtsprechung einmal beiseite läßt und sich darüber klar wird, daß es sich hier um den elementaren, unser ganzes Gebiet beherrschenden Fall des Vergleiches technischer Dinge oder Vorgänge handelt.

Vergleichen kann man zwei Dinge und auch zwei technische Gegenstände nur, wenn man ein principium comparationis, einen Gesichtspunkt, einen Standpunkt für den Vergleich hat. So viele Eigenschaften also ein Ding hat, so viele Gesichtspunkte für den Vergleich gibt es. Ich kann also zwei Maschinen oder zwei Maschinenteile an zwei Maschinen vergleichen unter dem Gesichtspunkte der Herstellung oder der Leistung oder der Betriebskunst. Ich kann neben diesen allgemeinen Gesichtspunkten eine unbeschränkte Zahl spezieller technischer Gesichtspunkte verwenden, kann untersuchen, inwieweit der kinematische Charakter übereinstimmt und wieweit der Kraftbedarf, inwieweit die Schnelligkeit, inwieweit die Sicherheit und Genauigkeit einer Bewegung. Dabei findet sich, daß die zwei technischen Gegenstände unter einem Gesichtspunkte oder in einem Punkte einander gleichen oder ähnlich sind und in einem anderen nicht, und man kann dafür auch den in der Technik nicht üblichen Ausdruck wählen, daß sie in diesem Punkte äquivalent seien. Das ist die einfache und alte Lehre, daß es nur Teiläquivalente oder relative Äquivalente gibt. Der Ausdruck „vollkommenes Äquivalent“ ist entweder ein Widerspruch in sich und bedeutet „Identität“, oder er ist nur eine verstärkte Ausdrucksform des Befundes, daß hinsichtlich des einen eingenommenen Gesichtspunktes vollkommene Übereinstimmung herrscht, oder auch, daß unter verschiedenen

Gesichtspunkten vollkommene Übereinstimmung herrscht, oder endlich, daß die verschiedenen beachteten Gesichtspunkte das ganze technische Gebiet einschließen, welches man vernünftigerweise zu berücksichtigen hat. Dann nähert man sich allerdings praktisch so sehr der Identität, daß auch eigentlich keine Äquivalenzbetrachtungen mehr nötig sind.

Praktisch dreht sich der Streit im Prozeß immer darum, daß zwei Parteibehauptungen vorhanden sind, die eine verficht technische Übereinstimmung in einem Punkte, die andere betont technische Verschiedenheit in einem anderen Punkte; diese Behauptungen können deshalb beide richtig sein, und Streit und Verwirrung entsteht nur dann, wenn aus der Übereinstimmung in einem Punkte der Schluß gezogen wird, das verglichene Ding ist „das Äquivalent", und ebenso auf der anderen Seite aus der Verschiedenheit die Behauptung gefolgert wird: es ist ein „Nichtäquivalent".

Das ist der Punkt, wo regelmäßig die Tätigkeit des technischen Beurteilers zu Ende ist, und der Jurist nun zu entscheiden hat, welcher der beiden technischen Gesichtspunkte patentrechtlich eingenommen werden darf und ausschlaggebend ist, oder welcher überwiegende Rücksicht erfordert.

Die Tatsache der Teiläquivalenz fordert, daß man nicht allgemein fragen sollte: „Äquivalent oder nicht?", sondern „Äquivalent in welcher Beziehung?" Das ist für chemische Erfindungen immer im vollen Bewußtsein geblieben. Ich wiederhole das schon von Witt gegebene Beispiel und vervollständige seine Betrachtung[1]).

Für eine Reaktion mit Baryumhydrat sind Chromsäure, Salzsäure und Kohlensäure äquivalent, sofern es sich um Bildung eines Salzes überhaupt handelt, sie sind nicht äquivalent unter dem Gesichtspunkte der Schwer- und Leichtlöslichkeit und sind nicht äquivalent unter dem Gesichtspunkte der Farbe des sich bildenden Niederschlages. Das sind aber alles Verschiedenheiten noch unter dem einen gemeinschaftlichen Gesichtspunkte, nämlich der Eigenschaften des Enderzeugnisses, und zwar nur qualitativer Eigenschaften. In anderen Fällen wird es aber gar nicht auf solche Qualitäten des Enderzeugnisses ankommen, sondern vielleicht auf die Quantität, in wieder anderen Fällen tritt das Enderzeugnis ganz zurück, und der einzige in Betracht kommende Gesichtspunkt für die Reaktion mag der der Apparatur sein. Unzählige andere Gesichtspunkte chemischer, physikalischer, kunsttechnischer, wirtschaftlicher Natur sind ebenso berechtigt und können beliebig gemischt neben- und untereinander geordnet von Bedeutung sein.

Dieses Beispiel zeigt auch die zwei Möglichkeiten, welche für die Beziehung der verschiedenen Äquivalente untereinander herrschen.

---

[1]) „Die deutsche chemische Industrie in ihren Beziehungen zum Patentwesen" 1893, S. 25.

Die Salzbildung ist der allgemeine Gesichtspunkt, die Löslichkeit und Färbung sind spezielle Gesichtspunkte, die unter dem Gattungsbegriff der Salzbildung stehen. Sie sind also untergeordnet dem allgemeinen Begriff und einander nebengeordnet. Diese Eigenschaft der Äquivalente wird später von Bedeutung, sie entspricht der Gattungs- und Spezieseigenschaft der Erfindung.

Für die mechanische Technik aber gilt dasselbe, obwohl das einigermaßen in Vergessenheit geraten zu sein scheint. Diese Relativität des Äquivalenzbegriffes hat das Reichsgericht im Auge, wenn es vor Formalismus in der Anwendung der Äquivalenzlehre warnt[1]). Das Landgericht Leipzig weist ausdrücklich auf den Relativcharakter hin in der Entscheidung vom 11. Dezember 1911[2]). Wegen der außerhalb der Chemie bestehenden Unsicherheit will ich aber auch noch ein einfachstes Beispiel geben:

II.

Schraube und Nagel sind technisch äquivalent, wenn es sich um die Verbindung zweier Holzbretter handelt; sie sind es nicht, wenn es sich um die Verbindung von eisernen Platten handelt, sie sind es noch weniger, wenn die Schraube als Meß- oder Hebemittel dient, oder wenn die Schraube als Fortbewegungsmittel eines Wasser- oder Luftschiffes benutzt wird.

Schraube und Nagel sind aber auch für die Verbindung der Holzbretter nur insofern gleichwertig, als es sich um Verbindung überhaupt handelt; da, wo es sich um den Grad der Festigkeit, die Dauer, die Wiederlöslichkeit handelt, wird oft die Schraube allein brauchbar sein, während dort, wo die Kosten und die schnelle Anbringung ausschlaggebend sind, nur der Nagel Verwendung findet. Die Äquivalenz ist also nicht nur beschränkt auf die bestimmte Funktion „Verbindung", sondern innerhalb dieser können auch noch eine große Anzahl von Gesichtspunkten zur Geltung kommen, bei welchen einesteils Gleichwertigkeit, anderenteils vollständige gegenseitige Unersetzbarkeit herrscht. Diese Gesichtspunkte sind auch wieder teilweise nebeneinander und teilweise untereinander geordnet. Bestimmen wir die Äquivalenzkreise der Schraube nach den angedeuteten Gesichtspunkten, so ist der Nagel ihr Äquivalent als Befestigungsmittel, der Hebel äquivalent als Hebezeug. Als Fortbewegungsmittel sind ihr äquivalent für die Schiffsbewegung das Schaufelrad, für Luftbewegung der Zentrifugalventilator, in der Benutzung als archimedische Schnecke, die Transportbänder oder Schüttelrinnen.

---

[1]) *R. G. 2. März 1912. Mitt. 1912, S. 71.*
[2]) P. M. Z. 1913, S. 44.

Dabei kann man noch unterscheiden zwischen Grad und Quantität, wo sich das eine nicht durch das andere ausdrücken läßt, und man sich etwa darauf beschränken muß, zu erklären, daß das eine Mittel zwar in derselben Richtung wirke, aber doch anders, nämlich besser oder schlechter, mehr oder weniger. Patentrechtlich am wichtigsten sind die Fälle, wo zwei Gegenstände unter mehreren Gesichtspunkten verglichen werden, und hier wieder der angegebene Fall, daß diese Gesichtspunkte selbst im Verhältnis von Gattung und Spezies stehen.

Im allgemeinen Sinne heißt also „technische Äquivalenz" nichts als Übereinstimmung technischer Gegenstände in einem oder einigen Punkten, und man bejaht sie dann, wenn die übereinstimmenden Punkte gerade interessieren, bejaht sie also im Rechtswesen, wenn die Teilübereinstimmung nicht nur von technischer, sondern auch von rechtlicher Bedeutung ist.

In diesen einfachen Tatbestand hat nur der allgemeine Sprachgebrauch eine Verwirrung gebracht. Es gibt sehr viele Dinge, die sich sehr oft gegenseitig ersetzen können, weil sie gerade in der Wirkung, die regelmäßiger- und normalerweise von ihnen verlangt wird, gleich sind. So sagt man, Hebel und Schraube sind technische Äquivalente und denkt stillschweigend dabei an die vielfache Benutzung zum Heben von Lasten, die sich in dem gemeinschaftlichen Namen „Hebezeuge" niedergeschlagen hat, und man sagt, Kali und Natron sind äquivalent und denkt an alle Punkte, an welche das Wort „Alkali" erinnert, nicht aber daran, daß man Schmierseife nur mit Kali und Hartseife nur mit Natron machen kann. Hier ist eine regelmäßige Fehlerquelle, wenn im Patentprozeß ein Sachverständiger schlechthin nach Äquivalenz gefragt wird und er dann darunter die normale Äquivalenz versteht.

In dem Erfindungswesen gerade handelt es sich aber sehr oft um andere Gesichtspunkte als die regelmäßigen, ja manchmal um ganz neue Seiten eines technischen Gegenstandes, die der frühere Sprachgebrauch also noch gar nicht treffen konnte.

Kohler hat schon hervorgehoben, daß die Äquivalenz gerade nur für den einen einzigen im Streit liegenden Fall bestehen kann.

Das technische Äquivalent birgt also keine Geheimnisse, die nicht durch die Untersuchung darüber, wie technische Gegenstände miteinander verglichen werden können, zu lüften sind.

III.

Aus der Durchführung des Begriffes der Teiläquivalenz oder Relativäquivalenz ergibt sich auch sofort zwanglos das Verhältnis der Äquivalente für die Frage des Erfindungscharakters bei der Patenterteilung ebenso wie für die des Nachahmungscharakters bei der Patentverletzung. Ein Unterschied hinsichtlich der technischen Seite besteht natürlich gar nicht, nur hinsichtlich der rechtlichen, und zwar derjenigen, die eben in Verschiedenheit der beiden Fragen begründet ist.

Bei der Patenterteilung muß der Gesichtspunkt zur Beurteilung der Äquivalenz rechtlich begründet sein mit Rücksicht auf die frühere Technik. Wenn das äquivalente Element nachträglich erfunden wurde, oder wenn seine Äqivalenz nachträglich erkannt wurde, ist die Einführung eines Äquivalentes eine patentfähige Verbesserungserfindung.

Unter diesen Umständen können sogar die „vollständigen Äquivalente" patentfähig sein, d. h. die, bei welchen keinerlei technischer Fortschritt vorliegt. Ich sage „können", weil das von der Stellungnahme zu dem „Fortschritt" und der „Originalität" als Voraussetzungen der Patentwürdigkeit abhängt.

Ein zweiter Weg kann ein Fortschritt sein, wenn es vorher nur einen gab, auch wenn der neue Weg nicht besser ist; und schwierig oder originell kann auch die Erkenntnis dieses Ersatzweges sein.

Ganz einfach erledigt sich der Fall von Kollision der Äquivalenz hinsichtlich des Erfindungs- und hinsichtlich des Nachahmungscharakters, wo Äquivalenz aus einem Gesichtspunkte und Verschiedenheit aus einem anderen herrscht, und wegen der Verschiedenheit des einen Elementes das Ganze patentfähig ist und wegen Äquivalenz des anderen Elementes eine unzulässige Nachahmung.

IV.

Der Äquivalenzbegriff wurde ursprünglich nur bei dem Ersatz eines Gegenstandes durch einen anderen gebraucht, also bei Ersatz von Kombinationselementen. Dabei wird die Eigentümlichkeit der Kombinationserfindung gegenüber der Assoziation beliebig abstrakter Elemente, wie oben, darin gesehen, daß es sich hier um die Zusammenfügung relativ selbständiger oder gegenständlicher Elemente handelt.[1])

Das stimmt mit der oben entwickelten Auffassung insofern überein, als zwei Gegenstände in einzelnen Eigenschaften gleich, in anderen verschieden sein können und dann als äquivalent bezeichnet werden, wenn es auf die übereinstimmenden Eigenschaften ankommt. Geht man aber von dem Vergleich von Gegenständen zu dem von Eigenschaften über und zerlegt die Eigenschaft mit mehreren Qualitäten immer weiter, bis man zu den „atomisierten" Merkmalen gelangt, dann ist diese Art des Vergleiches nicht mehr möglich. Diese letzten Merkmale können nur gleich oder ungleich sein und nicht mehr „teilgleich".

Es scheint auch kein Bedürfnis vorhanden, den Äquivalenzbegriff über die Gegenständlichkeit hinaus auszudehnen.

---

[1]) *Geradeso gut wie „Gegenstände" können auch „Maßnahmen" einander aequivalent sein, worüber vielleicht später einmal zu verhandeln ist.*

Man hat ferner in den Äquivalenzbegriff mit historischer Berechtigung den Begriff der Wirkung hereingelegt. Das ist die Behauptung einer Teilgleichheit und einer Teilungleichheit in dem Sinn, daß die Wirkung dieselbe ist und die Mittel andere sind.

Diese Definition ist deshalb in sehr vielen Fällen anwendbar, weil eben die „Wirkung" gerade die Eigenschaft ist, auf welche es ankommt, und nicht die Mittel, mit welchen die Wirkung herbeigeführt wird. Bei der praktischen Verwendung des Wortes spielt aber in das Wort „Wirkung" regelmäßig der Begriff des „Wertes" oder der „Wesentlichkeit" mit herein, weil Wirkung und Zweck einander ähneln, und alles technische Handeln eben Zweckhandeln ist.

Das steht in einem gewissen Zusammenhang mit dem Gebrauch des Begriffes bei Kombinationen, denn da kommt es fast immer auf die „Wirkung" des einzelnen Elementes an. In Amerika ist die Kombination geradezu definiert worden als die „combination of functions". Es kommt z. B. im allgemeinen nicht darauf an, wie das einzelne Element hergestellt wird, sondern nur, welche Wirkung es ausübt, und die Elementwirkungen setzen sich zur Kombinationswirkung zusammen.

V.

Ich wende mich jetzt zu dem Fall, daß die technischen Äquivalente und Äquivalentgebiete zur Zeit der Anmeldung bekannt waren. Hier werden wir finden, daß die bekannten Äquivalente sich in einem häufigen Sonderfall als Spezies eines Gattungsbegriffes darstellen lassen, und die Äquivalentfrage damit auf die Frage der konkreten und abstrakten, der speziellen und der allgemeinen Erfindungsauffassung zurückgeführt ist.

Der einfachste Fall ist der, daß zur Zeit der Patentanmeldung der fragliche Gegenstand gut untersucht und in den Kreis der wissenschaftlichen Systematik sicher eingereiht ist, d. h., daß seine individuelle Kenntnis, seine begriffliche Erkenntnis sowie seine Zurückführung auf die letzten zurzeit der Wissenschaft zu Gebote stehenden Prinzipien durchgeführt ist. Ein solcher Gegenstand steht also in dem begrifflichen Ordnungssystem der Technik unter bestimmten, näheren und weiteren Oberbegriffen und neben einer großen Zahl gleichfalls wohlbekannter anderer Spezies dieser selben Begriffe.

So sind Zahnräderwerke einmal kinematisch wohl definierte Dinge, definiert durch ihre Bewegungsfunktion, Drehbewegung in gleicher oder veränderter Geschwindigkeit zu übertragen oder in Verbindung mit Zahnstangen Dreh- und Schiebbewegung ineinander zu verwandeln. Sie stehen ebenso eingeordnet in die Herstellungs- oder Konstruktionstechnik als Dinge, die durch Gießen, Pressen, Fräsen auf ganz bestimmten Maschinen herstellbar sind. Sie haben ihren besonderen Platz unter den

Feinübertragungsgetrieben der Instrumentenkunst und unter den Übertragungsgetrieben großer Kräfte, wie bei Walzwerken.

Eine besondere Art von Zahnrädern gehören als Schalträder in die Klasse der Schaltwerke und haben dort die Eigentümlichkeit einer schrittweise aussetzenden Bewegung, andere gehören zu den Sperrwerken und dienen da überhaupt nicht mehr der Bewegung, sondern der Sicherung des Stillstandes. Eine weitere Ausbildungsform oder Spezies zeigt bei den Kapselwerken das Zahnrad als Hauptorgan einer Pumpe oder eines Motors, wo mehr die Zahnlücken als die Zähne das Wirkende zu sein scheinen. Hierher gehört z. B. auch das Wasserrad, im besonderen das unterschlächtige, und der Wassermesser. Auf der anderen Seite auch das mit Querleisten besetzte Wagenrad, welches sich seine Zahnstange in dem weichen Boden selbst herstellt. Der Laie wird auch wegen der äußerlichen Ähnlichkeit der Form einen rotierenden Fräser ein Zahnrad nennen wollen, bei welchem die Zähne mit der an ihrem Scheitel angebrachten Schneide als spanabhebende Werkzeuge wirken. So haben wir fast ein Dutzend verschiedene Funktionen und verschiedene Oberbegriffe für den Gegenstand „Zahnrad“.

Haben wir also irgendeine Beschreibung vor uns, in welcher ein Zahnrad in irgendeiner Funktion auftritt, so wird es je nach der Stellung der Funktion in irgendeiner der angegebenen Klassen durch ein oder mehrere andere technische Gegenstände ersetzt werden können, die dieselbe Funktion ausüben und so demselben Oberbegriff angehören.

Der Riementrieb ist ein Mittel zur Übertragung von Drehbewegungen; wo es lediglich auf diese allgemeine Funktion ankommt, können Zahnräder und Riemen einander vertreten, kommt es auf die Genauigkeit der Übertragung an, z. B. bei einem Uhrwerk, so ist der Riemen ausgeschlossen. Bei Schaltwerken, Kapselwerken und anderen kommt er so wenig in Frage, daß die Nebeneinandernennung der beiden Gegenstände nur durch Betrachtungen, wie die vorliegende, möglich ist, sonst aber nur Befremden erregen würde.

In der Klasse der Schalt- und Sperrwerke können die durch Reibung wirkenden Klemmgesperre mit dem Zahnradgesperre gleichwertig sein, und dem wie Zahnrad und Zahnstange wirkenden unterschlächtigen Wasserrad ist das oberschlächtige oder die Turbine an die Seite zu setzen, die man freilich in einem noch weiteren Sinne auch als Zahnräder ansprechen kann.

Um einen etwas abgelegenen Gesichtspunkt für diesen Gegenstand noch zu erwähnen: Wenn wir eine Maschine zum Herstellen von Zahnrädern haben, dann wird es lediglich auf die Raumform und den Stoff des Zahnrades ankommen, aber gar nicht auf die Funktion, welche das Erzeugnis der Maschine später ausüben soll. Hier ist also hinsichtlich des einzigen in Betracht kommenden Gesichtspunktes, des der Herstellung, das technische Zahnrad und dasjenige, welches etwa nur als Schmuckstück dient, vollständig gleichwertig, denn der einzige interessierende Gesichtspunkt für den Vergleich beider ist die Art ihrer Herstellung.

Ich habe hiermit nur zeigen wollen, daß, wenn wir in einer technischen Beschreibung dem Wort Zahnrad begegnen, damit dem gebildeten Techniker regelmäßig nicht nur offenbart ist, daß an dieser Stelle ein Zahnrad sei, sondern auch, daß dieses Zahnrad voraussichtlich oder sicherlich durch ein anderes technisches Organ vertreten werden könne; durch welches, das wird der Zusammenhang ergeben, der die Gesichtspunkte bestimmt, unter welchen das Zahnrad hier zu betrachten ist.

VI.

Wenn dem gebildeten Techniker als Leser der technischen Beschreibung die genannten Verhältnisse durch das Lesen unmittelbar klar werden, so ist es für die Wirkung der Beschreibung ganz gleichgültig, ob sie dem Schreiber der technischen Beschreibung schon klar waren oder hätten klar sein können, ob sie tatsächlich oder potentiell in seinem Bewußtsein waren. Auch wenn er als roher und ungebildeter Empiriker nur das sah und nichts weiter wußte, als was ihm vor Augen war, hat er der sachverständigen Mitwelt doch viel mehr offenbart. Wenn er nur von eigentümlichen Zahnrädern sprach, wo der Sachverständige von Kapselwerken gesprochen hätte, hat die Offenbarung doch den Umfang des Begriffes Kapselwerk.

Und hier muß ich gleich noch eine grundsätzliche kleine Erweiterung solcher Offenbarung einschalten. Es ist nicht nur das offenbart, was sich unmittelbar auf Grund der vorhandenen Kenntnisse durch den logischen Schluß, d. h. durch Subsumierung des beschriebenen Gegenstandes unter die allgemeinen schon bestehenden Begriffe der Technik ergibt, sondern es ist auch das offenbart, was sich mittelbar, aber sicher und leicht nicht durch Logik, sondern durch allgemein übliche schulmäßige technische Erkenntnis- und Schöpfungsmethoden aus dem unmittelbar Offenbarten ableiten läßt. Im besonderen ist es eine solche Methode der Technik, die Erkenntnis, welche sich als wahrscheinlich, als eine Vermutung aus dem Offenbarten ergibt, alsbald experimentell auf ihre Richtigkeit und ihre näheren spezifischen Eigenschaften zu untersuchen. Das ist namentlich dann selbstverständlich, wenn von vornherein feststeht, daß eine solche leichte Untersuchung bei dem zu erwartenden günstigen Ausgang wirtschaftlich von großem Wert ist.

Dieses Prinzip der Ableitung von zusätzlicher Erkenntnis nicht durch Logik, sondern durch technische und naturwissenschaftliche Methoden ist von der allergrößten Bedeutung für die Auslegungsfrage überhaupt.

Der dialektisch geschulte und mit dem Stand der Wissenschaft und Praxis vertraute Textverfasser einer solchen technischen Beschreibung, der ein Interesse an dem Ausdruck der technischen Äquivalente hat, wird dies in sehr vielen Fällen dadurch am einfachsten befriedigen können, daß er statt des einen bestimmten Wortes, hier Zahnrad, ein anderes weiteres nimmt, im einen Fall also Übersetzungsgetriebe, im andern Kapselräder, im dritten Motor, im vierten Pumpe. Er wird dies in allen den Fällen tun können, wo die Häufigkeit des Vorkommens der technischen Äquivalente und die Vollständigkeit der Erkenntnis ihrer übereinstimmenden Punkte auf die Sprache zur Bildung eines entsprechenden Wortes eingewirkt hat. Wir haben solche Wortbildung oft in ganz bestimmter Weise angeknüpft an bestimmte wissenschaftliche Taten. So war im besonderen Reuleaux ein Finder guter Worte zu den Ergebnissen seiner Forschung; seit seiner Zeit spricht man von Zugorganen statt von „Seile, Riemen u. dgl." und von Druckorganen statt von „Wasser, Preßluft u. dgl.". Wort und Begriff Kapselwerk stammen von ihm und vieles andere.

Wir stehen hiermit an der elementaren Erkenntnis der besonderen Klasse bekannter Äquivalente, die nichts anderes sind als die Spezies eines bekannten Genus, deren übereinstimmende Züge also durch den Genusnamen ausgedrückt werden. Daher auch die anfangs gezeigte Notwendigkeit, für die Betrachtung der technischen Äquivalente dieselbe Mannigfaltigkeit der Gesichtspunkte gelten zu lassen, wie sie für die technische Begriffsbildung notwendig sind, daher auch das genaue Entsprechen einer größeren Anzahl von Äquivalentkreisen, die einem bestimmten konkreten technischen Gegenstand zugeordnet sind, und der größeren Anzahl von Begriffen, die einem solchen Gegenstand zugeordnet sein können, denn beide Mannigfaltigkeiten entsprechen der Mannigfaltigkeit der Gesichtspunkte, aus welchem ein technischer Gegenstand betrachtet und verglichen werden kann. Daher endlich sowohl Unterwie Nebeneinanderordnung von Äquivalenten.

Alle Auslegungen also, die sich mit solchen bekannten Äquivalenten zu beschäftigen haben, bleiben innerhalb des zur Zeit der Verfassung der Beschreibung offenen Erkenntnisgebietes und sind reduziert auf die Auslegung, welche statt eines konkreten Gegenstandes einen zugehörigen mehr abstrakten Gegenstand für geschützt erklären darf; die Grundsätze sind in beiden Fällen die gleichen.

Angemerkt muß noch werden, daß die Bekanntheit der Äquivalenz in sich schließt nicht nur die Bekanntheit des äquivalenten technischen Gegenstandes, sondern auch die Bekanntheit seines Verhältnisses zu dem beschriebenen Gegenstand.

Ich möchte darauf aufmerksam machen, daß ich hier nur von technischen Beschreibungen gesprochen habe, und daß das Ausgeführte für alle technischen Beschreibungen gilt, seien es Patentbeschreibungen oder andere. Es handelt sich lediglich um technische Erkenntnis, die durch die Beschreibung deren Leser gegeben wird. Diese Art der Auslegung kann bei ihrer Anwendung durch einen Richter rubriziert werden als die, bei welcher der in einer Urkunde ausdrücklich geschilderte Tatbestand durch das private Wissen des Richters und durch das ihm durch Sachverständige gewordene Wissen auf den Tatbestand ausgedehnt wird, den der sachkundige Leser zwangsweise an das Gelesene knüpfen muß. Es steht pars pro toto, species pro genere, kurz, ein ungenauer Ausdruck statt des genauen, wobei der genaue vielleicht nicht ein einziges Wort, sondern eine kleine Beschreibung wäre.

Diese Betrachtung führt auch notwendig auf ihr Gegenspiel. Es ist geradeso ein regelmäßiges Vorkommnis, daß totum pro parte, genus pro specie, und zwar namentlich das letztere gesetzt wird, denn das ist in sehr vielen Fällen auch eine absolut richtige Ausdrucksweise, soweit ein Teil der Prädikate der Spezies auch vom Genus ausgesagt werden kann. Wenn eine Wortwahl eine unabsichtliche und willkürliche ist, dann gibt eine reine Ermittlung der Absicht des Schreibers die Reduktion des Wortes auf eine engere Vorstellung als die sprachgebräuchlich mit ihm verbundene. Aber auch hier greift wieder der Grundsatz durch, daß es gar nicht auf die Absicht und die Vorstellung des Schreibers, sondern auf die des sachverständigen normalen Lesers ankommt. Wer in einer Beschreibung immer von Zugorganen liest, in der zugehörigen Zeichnung aber nur Seile abgebildet findet, der wird zunächst dann unter Zugorganen keine Riemen, Bänder, Ketten verstehen, wenn sie im besonderen Fall die Seile nicht ersetzen können, weil es noch auf andere Dinge ankommt als die bloße Funktion ziehen zu können. So hat das Reichsgericht die Zeichnung benutzt, um festzustellen, daß einem weitgreifenden Wort nur eine enge technische Vorstellung zugrunde lag[1]).

Und hier möchte ich eines zufügen, was vielleicht neu ist. Der raffinierte oder vielleicht nur routinierte Verfasser von Patentschriften hat das Wort Seil, Riemen, Kette überhaupt nicht in seinem Lexikon, er sagt immer Zugorgan, und wenn er Ausländer ist, sagt er regelmäßig „Seil, Riemen u. dgl.“. Wenn mit einem solchen Wort aber nicht die generelle Vorstellung verbunden werden kann — zur Zeit seines Gebrauches verbunden werden kann, wenn auch vielleicht später —, dann ist eine etwaige Absicht, mit dem weitergreifenden Wort mehr auszudrücken, vollkommen leer. Mit anderen Worten: die Absicht, durch Gebrauch bestimmter Worte ohne entsprechende Vorstellungen einen Bereich zu decken, muß ins Wesenlose fallen, muß scheitern. So wenig, wie ich bei der Übersetzung eines Wortes aus einer fremden Sprache durch den zufälligen Gebrauch eines allgemeinern Wortes etwas an dem

[1]) RG. 10. Juli 1912. PMZ. 1913, S. 128.

Sinn des Originales ändern kann, so wenig kann ich in der Welt der Technik an den Vorstellungen etwas durch die Wahl von Worten ändern, die in anderer Verbindung eine über die hier vorhandene Vorstellung hinausschießende Bedeutung haben. Das ist am klarsten in den empirischen Teilen der Technik, im besonderen in der Chemie, wo die Gattungsbegriffe nicht einen einheitlichen besonderen Gedanken darstellen, sondern nichts sind als Namen für eine größere oder oft auch kleine Anzahl von Körpern. Alkali war lange Zeit nichts anderes als die gemeinschaftliche Bezeichnung von Soda und Pottasche oder Ätznatron und Ätzkali, bis einige weitere „Alkalis" entdeckt wurden. Und das Wort bezeichnet heute nicht eine bestimmte Eigenschaft, die den Genusbegriff bildet, sondern eine Anzahl von Eigenschaften, die sich nur beschreibend nebeneinander aufführen lassen. Hier kann ich nicht durch den Gebrauch des Wortes Alkali eine Reaktion, die nur für Natrium gilt, auch den Tatsachen zuwider auf Cäsium und Rubidium ausdehnen. Und wenn ich gestern ungenau den Ausdruck auch in einer Beziehung, die ich nur für Natrium kenne, gebraucht habe, und heute wird entdeckt, daß überraschenderweise dieselbe Beziehung auch für Rubidium gilt, so habe ich gestern tatsächlich von Rubidium dem Leser nichts gesagt, vorausgesetzt, daß er nicht meinen unabsichtlich oder absichtlich den gestrigen Tatsachen zuwiderlaufenden Ausdruck, der gestern subjektiv unwahr war, für wahr genommen hat.

Allerdings werden die Fälle schwierig, wenn es sich um neue Aussagen handelt, von denen der Leser nur den Wortlaut als einzige Unterlage hat.

Wir können den beschriebenen Fall technischer Äquivalenz so zusammenfassen, daß ein Wort für eine technische Vorstellung bei dem Sachverständigen einen Kreis ähnlicher Vorstellungen erweckt, die alle mit der benannten Vorstellung unter bestimmten Gesichtspunkten vertretbar sind. Soweit dies bei der Patenterteilung bekannt ist, steht das gewählte Wort für den ganzen Umkreis vertretbarer Gegenstände, soweit erst später die Vertretbarkeit ersichtlich wird, handelt es sich um eine Lücke.

Die oben ausgeführte Beziehung zwischen technischen Äquivalenten und Gattungsbegriffen scheint auf den ersten Blick den Begriff des Äquivalentes als einen ganz überflüssigen darzutun, der besser durch den der verschiedenen Spezies eines Genus ersetzt würde. Diese Folgerung ist tatsächlich von der patentrechtlichen Begriffsjurisprudenz gezogen worden, insofern in dem Hartigschen System des Patentschutzes die Äquivalenzlehre nicht vorkommt [1]). Aus diesem Gesichtspunkte hat man den Äquivalenzbegriff auch als einen Notbegriff

[1]) *Er kennt allein die Äquivalente, welche als selbstverständlich vertretungsbefähigt dem Sachverständigen bekannt sind. Studien S. 158.*

bezeichnet, der da eintritt, wo das Begriffssystem nicht durchführbar ist. Damit steht scheinbar wieder in starkem Gegensatz, wenn andere, wie Kohler, den Äquivalenzbegriff geradezu als den Angelpunkt des Patentwesens bezeichnen. Das Wort „Notbegriff" deckt hier eben den ganzen wichtigen, mit formallogischen Begriffen nicht faßbaren Nachahmungsstoff.

Nimmt man die rein begriffliche Auffassung der Erfindung als Grundlage, dann wäre das Äquivalent als Nachahmungstyp überall da nicht zu entbehren, wo der die zwei äquivalenten Gegenstände, nämlich Erfindung und Nachahmung, einschließende Oberbegriff entweder gar nicht existiert oder bei der Patenterteilung nicht bekannt war. Diese ganze Denkweise aber zäumt das Pferd vom Schwanz auf, insofern sie den Begriff vorn vor die Spezies hinsetzt, während der Begriff, wenn er vertrauenswürdig sein soll, erst aus den verschiedenen Spezies gebildet wird. Mit anderen Worten: Erst dann, wenn ich verschiedene technische Gegenstände habe, die Übereinstimmung unter einem Gesichtspunkte zeigen, bin ich berechtigt, diese übereinstimmenden Merkmale als einen besonderen Begriff hinauszustellen und von einer Gattung als etwas in in der Wirklichkeit Vorhandenem zu reden. Wenn aber, wie in dem Falle, den Kohler hervorhebt, zwei technische Dinge bisher in keine Beziehung gebracht worden sind, plötzlich aber unter einer neuen Beleuchtung in einer Beziehung als gleich nachgewiesen werden, dann ist es eine müßige Begriffsspielerei, diese Beziehung nun zu einem Oberbegriff zu formulieren und diesem eine besondere Existenz zuzuschreiben.

Richtig ist aber allerdings, daß für Gegenstände, für welche eine solche begriffliche Einordnung besteht, die Äquivalenzlehre an sich überflüssig ist; man könnte hier von unechten Äquivalenten sprechen.

VII.

Unter diesen Gesichtspunkten betrachtet, würden wir folgende Fälle zu unterscheiden haben. Bei der Patenterteilung ist dem Erfinder bekannt, daß gewisse Elemente seiner Erfindung durch andere ersetzt werden können, und er drückt dies in seiner Patentbeschreibung aus.

Geht seine Erkenntnis noch weiter, so erfaßt sie auch das technische Äquivalenzprinzip, d. h. die Eigenschaft, welche allen diesen Gegenständen gemeinsam ist, und er formuliert diese selbst als erfinderischen Oberbegriff, als abstrakte Erfindung.

Es folgt der Fall, daß zwar nicht dem Erfinder, aber seinem sachverständigen Zeitgenossen die technischen Äquivalente oder selbst der gemeinsame Oberbegriff bekannt ist, daß also in der Patentbeschreibung hiervon nichts gesagt ist, der sachverständige Leser aber diese Beschreibung ohne weiteres ergänzt.

Dann kommt der Fall, in welchem die äquivalenten Elemente zwar zur Zeit der Patentanmeldung bekannt waren, nicht aber ihre Äquivalenzeigenschaft.

Und endlich der Fall, daß auch die äquivalenten Elemente erst später geschaffen worden sind, also zur Zeit der Patentanmeldung von ihnen noch gar nichts bekannt war. Hier kommen wir in das Gebiet der Lückenfüllung.

VIII.

Wann ist nun ein technisches Äquivalent auch ein patentrechtliches?

Die einfache Antwort darauf lautet, ein technisches Äquivalent ist dann auch ein patentrechtliches Äquivalent, wenn der Punkt, in welchem der äquivalente Gegenstand mit dem ersetzten Gegenstand übereinstimmt, patentrechtlich erheblich ist; eine Antwort, die sofort die weitere Frage aufwirft, welche Art patentrechtlicher Erheblichkeit hier denn gemeint sei? Immerhin ist die hier wieder zum Ausdruck kommende Tatsache, daß von einer großen Reihe technischer Äquivalente eines Gegenstandes nur einige, nur eins oder auch keins patentrechtlich äquivalent zu sein braucht, je nachdem ihm eben die zusätzliche Bedingung der patentrechtlichen Erheblichkeit zukommt, von Bedeutung.

Der einfachste Fall der patentrechtlichen Erheblichkeit ist der, in welchem die Patentschrift selbst diese Erheblichkeit ausdrücklich angibt, d. h. wenn in der Patentschrift eine Bemerkung enthalten ist, daß der oder jener Teil der Erfindung durch das oder jenes andere Element ersetzt werden könne. Ganz in derselben rechtlichen Klasse stehen aber auch die Äquivalente, welche in der Patentschrift nicht ausdrücklich als solche bezeichnet sind, welche aber gleichwohl für den sachverständigen Leser mit offenbart sind, sei es, daß er durch seine frühere Erfahrung die technische Äquivalenz kennt, sei es, daß durch die einfachste, von der Patentschrift selbst geforderte technische Sachverständigentätigkeit sich die technische Äquivalenz offenbar, und zugleich ihre rechtliche Erheblichkeit aus dem weiteren Text der Patentschrift erhellt.

Es ist dies die Klasse der Äquivalente, welche ich „unechte“ Äquivalente genannt habe, die nicht in das Kapitel der Lückenfüllung, sondern in das der Ermittlung des eigentlichen Inhaltes der Patentschrift gehören.

Die „unechten“ Äquivalente sind also immer patentrechtliche Äquivalente. Sie sind durch die Patentschrift mitoffenbart; da das implizite, in ihr Enthaltene dieselbe rechtliche Bedeutung hat wie das ausdrücklich Gesagte. Es ist also unter diesem Gesichtspunkt, um das oben angegebene Beispiel zu verwenden, gleichgültig, ob in einem Patent ausdrücklich erklärt ist, daß ein Seil auch durch einen Riemen ersetzt werden könne, oder ob dies nicht geschehen ist, wenn nur der Sachverständige mit der Kenntnis zur Zeit der Patenterteilung ohne weiteres diese Ersetzbarkeit erkennt, und aus der Patentschrift hervorgeht, daß es rechtlich nur auf die beiden gemeinsame Funktion als Zugorgan zu wirken ankommt. Es sind also im besonderen die Fälle, in welchen die Äquivalente die bekannten Spezies eines bekannten Genus bilden, und nur ein enges Wort gewählt worden ist, nur ein Glied aus einem Äquivalentenkreis genannt worden ist, während alle Glieder gemeint sind.

Ein Teil der sachlichen Antwort auf die Frage der patentrechtlichen Erheblichkeit lautet, daß der übereinstimmende Punkt von Original und Ersatz im Rahmen der Kombination von Bedeutung sein muß. Das läßt sich besser an schematischen Beispielen schildern.

Wenn in der Kombination ab das Element a alt ist und b alt ist und neu also nur die Kombination, so ist nur der eine Gesichtspunkt für Äquivalenz gegeben, der in den Beziehungen von a und b liegt. Ist aber a b das, was Schanze eine patentfähige Aggregation nennt, d. h. ist a neu und b neu, ihre Verbindungsweise aber alt, so liegt die Sache ganz anders. In diesem Falle hat es nämlich vorher ein Ding a^1 b^1 gegeben, bei welchem die Verbindungsweise von a^1 b^1 dieselbe wie von a und b ist. a^1 und b^1 stimmen deshalb auch mit a b in den für die Verbindungsweise wesentlichen Punkten überein. Die Neuheit und Patentfähigkeit kommt aber von den Unterschieden a gegen a^1 und b gegen b^1 in anderer Richtung als in der der Verbindungsweise. a ist vielleicht gleich $a^1 + x$ und b gleich $b^1 + y$, so daß x und y der erfinderische Überschuß sind. Hier kann die technische Äquivalenz einer neuen Verbindung a^2 b^2, wo $a^2 = a^1 + u$, und $b^2 = b^1 + v$ ist, in drei Punkten stattfinden. Die Verbindungsweise von $a^2 b^2$ ist dieselbe wie von a b und a^1 b^1. Weiter sind a^1 b^1 auch mit ihren sonstigen Eigenschaften vorhanden, welche nicht unmittelbar die Verbindungsweise angehen. Es besteht also die doppelte technische Äquivalenz von a^2 b^2 mit a b sowohl hinsichtlich ihrer identischen Teile a^1 b^1 einzeln, als hinsichtlich ihrer Verbindungsweise.

Auf diese technische Äquivalenz kommt aber patentrechtlich hier nichts an, weil diese beiden Beziehungen für die Patentfähigkeit von a b unerheblich sind, sie waren alt. Nur dann, wenn u und v genügend mit x und y übereinstimmen, herrscht an einer patentrechtlich erheblichen Stelle Übereinstimmung und deshalb patentrechtliche Äquivalenz.

War endlich aber nicht nur a und b neu, sondern auch ihre Verbindungsweise, dann gibt es zwei Sorten von Äquivalenten, die einen aus dem Gesichtspunkte der Verbindung, die anderen aus dem Gesichtspunkte der einzelnen Elemente.

Das läßt sich für die Beispiele auch so ausdrücken. War die ganze Gattung a b neu, so ist der Kreis von patentrechtlichen Äquivalenten weiter, war die Gattung alt und nur die Spezies neu, so ist er enger.

Es ist in dem Beispiel, wie wiederholt werden muß, nur von Neuheit gesprochen worden, in Wirklichkeit aber handelt es sich nur um die patentwürdige Art von Neuheit. Wenn also in dem Beispiel die Entwicklung von a^1 zu $^1 + x$ ein neues schutzwürdiges Erfindungselement ergibt, so kann andererseits b + y zwar neu, muß aber nicht schutzwürdig sein.

Hier gilt jedenfalls der Satz, den auch das Reichsgericht wiederholt ausgesprochen hat, daß der Umfang des Äquivalentkreises von der Bedeutung der Erfindung abhängt, Bedeutung aufgefaßt nicht nur als Wert der Erfindung, sondern als Inbegriff aller für die Würdigung einer Erfindung erheblichen Momente.

IX.

Hiernach gibt es keinen Satz, daß technische Äquivalente keine patentrechtlichen Äquivalente zu sein brauchen, insofern dieser Satz einen Gegensatz zwischen technischen und patentrechtlichen Äquivalenten aufstellt. Dieser Satz löst sich auf in den einfachen Tatbestand, daß von den vielen technischen Übereinstimmungen zweier technischer Dinge nur eine oder einige von patentrechtlicher Bedeutung sind. Es gibt aber kein patentrechtliches Äquivalent ohne technische Übereinstimmung.

Es gibt auch keinen Satz und kann keinen Satz geben, daß kinematische Umkehrungen einander meist äquivalent seien[1]). Er ist schon rein technisch unmöglich für den Sinn, in welchem „Umkehrung" in der Kinematik aufgefaßt wird. Der Satz gilt zunächst rein technisch nur für eine beschränkte Mechanismen oder Elementenpaargruppe. Zylinderpaare, Prismenpaare, Schraubenpaare können umgekehrt werden, ohne daß sich die Art der Bewegung, nämlich Kreisdrehung, geradlinige Verschiebung und Schraubenbewegung ändert. Wenn aber ein gewöhnliches Zahnrädergetriebe mit festen Achsen durch „Umkehrung" zu einem Planetenradgetriebe wird, wenn eine angenäherte Gelenkgeradführung eines Punktes durch Umkehrung entweder zu einer angenäherten Punktführung einer Geraden wird oder zu einem Kurvenmechanismus komplizierter Art, so sind Fälle geradezu unvorstellbar, wo in der Technik diese verschiedenen Bewegungen einander ersetzen könnten. Sie sind äquivalent gerade nur etwa für die Modelle in einer kinematischen Sammlung für Lehrzwecke, die beweisen, wie verschiedene Bewegungen durch Umkehrung demselben Getriebe entnommen werden können. Was würde ein Chemiker sagen, wenn man die Hinwanderung und die Rückwanderung von Ionen in einer Flüssigkeit als kinematische Umkehrung aussprechen und für äquivalent er-

---

[1]) *Isay, Patentrecht, 2. Aufl., S. 56.*

klären wollte? Das hat zwar noch niemand getan, es liegt aber in Richtung derselben irrigen Methode; es ist unmöglich, auf Grund bloß technischer Betrachtung patentrechtliche Äquivalenz zu behaupten.

Da aber, wo die Umkehrungen einander technisch äquivalent sind, sind sie es eben nur für den Kinematiker, und sie sind nur dann patentrechtlich äquivalent, wenn es in dem vorliegenden Streitfall gerade auf die kinematische Seite einer Erfindung ankommt.

Auch der Satz, daß das Patent nicht stets alle Äquivalente zu umfassen brauche[1]), ist nach dem oben Gesagten eine wahre Selbstverständlichkeit. Alle Äquivalente wären alle Dinge, die unter irgendeinem technischen oder wirtschaftlichen Gesichtspunkte mit der Erfindung eine Übereinstimmung zeigen, und selbstverständlich sind in einem besonderen Patentfalle kaum je alle technischen Gesichtspunkte von Bedeutung [2]).

X.

Von besonderem Interesse ist hier der erwähnte Fall, daß die Gesichtspunkte für die Bestimmung der patentrechtlichen Erheblichkeit einander übergeordnet sind.

So war es in dem Fall der Staubölentscheidungen [3]). Die Erfindung war die Kombination von Öl und Zement mit der Wirkung der Staubabsorption. Zement war durch Sand ersetzt und die Frage zu entscheiden, ob dies eine äquivalente Substitution sei.

Zement und Sand stimmen, so ist wohl der Entscheidung zu entnehmen, miteinander erstens insoweit überein, als die Mischung in jedem Fall ein Staubabsorptionsmittel gibt. Sie stimmen nicht überein hinsichtlich der Feinheit und Gleichmäßigkeit der Körnung, welche für die Qualität der Absorption von Bedeutung ist. Die patentrechtlich zu entscheidende Frage ist also, ob die Übereinstimmung nach der einen Seite erheblich ist oder der Unterschied nach der anderen.

Zunächst hat das Reichsgericht angenommen, daß zweifelhaft sei, ob der unmittelbare Inhalt des Patentes über den bestimmten Stoff Zement als ein Kombinationselement hinausgehe, und hat diese Frage verneint. Der Anmelder hat demnach das Wort Zement nicht gebraucht in dem allgemeinen Sinn „Stoff von gleichmäßiger und feiner Körnung", und auch der Leser der Patentschrift konnte das nicht aus der Patent-

---

[1]) *Meinhard, G.R. u. U. 1912, S. 145.*

[2]) *Die Sätze Ephraims (Deutsches Patentrecht für Chemiker, S. 377) „Technologische Gleichwertigkeit ist zur Annahme der Äquivalenz nicht notwendig. Auch technisch völlig verschiedene Mittel können als äquivalent angesehen werden" sollten lauten: „Völlige technische Gleichwertigkeit ist zur patentrechtlichen Äquivalenz nicht notwendig. Auch technisch in allen bisherigen Verwendungen völlig verschiedener Mittel können wegen Übereinstimmung in einem bisher unbeachteten Punkt patentrechtliche Äquivalente sein." Richtig Kent, S. 412 ff.*

[3]) *Isay, Mit. 1912. S. 21 u. S. 71.*

schrift selbst entnehmen. Sie enthielt demnach nichts über Sand, es war eine echte Lücke zu füllen. Hierzu wurde zunächst die Feststellung gemacht, daß die Kombination Öl-Sand bekannt war. Da die Lückenfüllung nur den Zweck haben kann, richtiges materielles Recht zu schaffen, war damit eine solche Lückenfüllung ausgeschlossen, die das umgekehrte Ergebnis gehabt haben würde. Mit anderen Worten, der unter dem technischen Gesichtspunkt der Staubabsorption überhaupt äquivalente Sand ist kein patentrechtliches Äquivalent. Es wäre hiernach sogar müßig, festzustellen, daß die Feinheit oder Gleichmäßigkeit der Körnung bei Sand und Zement nicht dieselben sind, denn es genügt, daß Sand und Zement überhaupt nicht dasselbe sind, und daß Sand alt war, um diese Lückenfüllung unmöglich zu machen. So hat denn das Reichsgericht in einer ganz neuen Entscheidung vom 8. Januar 1913[1]) ausdrücklich erklärt, daß es gleichgültig ist, ob der bei solcher Interpretation noch bleibende Rest des Patentgegenstandes nunmehr noch als eine Erfindung anerkannt werden kann. „Auf die Frage, ob dieser Vorteil ausreichend groß ist, um die Erteilung des Patentes als gerechtfertigt erscheinen zu lassen, kommt es im Verletzungsprozeß nicht an." Es muß also etwas Neues bei jeder Interpretation im Patent bleiben, es darf ihm nicht jeder Inhalt genommen werden, die Qualifizierung aber kann schwinden. Die Gleichmäßigkeit und Feinheit der Körnung ist hier nur erwähnt, um zu zeigen, daß unter anderen Gesichtspunkten es wohl noch Äquivalente des Zementes geben könne.

Es gibt keinen Satz, daß es zu jeder Kombination Äquivalente geben müsse, oder daß alle „glatten" Äquivalente immer in das Patent eingeschlossen sein müßten, wie Isay behauptet[2]). Die Qualifikation „glatt" kann schwerlich in einer technischen oder rechtlichen Systematik der Äquivalente untergebracht werden. Vielleicht hat sie einen Anklang an die von mir „unecht" benannten Äquivalente, welche gar nicht zur Lückenfüllung gehören, sich nicht als eine nachträgliche Zutat zu dem eigentlichen Inhalt des Patentes ergaben, sondern als eine durch den Text der Patentschrift notwendig gegebene Vorstellung, die nur eine sprachliche Unrichtigkeit oder Ungenauigkeit richtig stellt, wenn entweder nur ein Bespiel eines Elementes gegeben ist, statt aller offensichtlich gleich guten Elemente oder ein konkreter Ausdruck statt eines abstrakten, wo die sämtlichen Äquivalente schon von der technischen Wissenschaft unter einen Gattungsbegriff zusammengefaßt sind.

Wenn in der Patentschrift gestanden hätte, daß lediglich die Gleichmäßigkeit und Feinkörnigkeit des Zementes das in Verbindung mit Öl Wirksame sei, und daß es auf die chemische Eigenschaft des Zementes,

---

[1]) *U.W. u. M. 1913, S. 104.*
[2]) *Mitt. 1912, S. 24.*

etwa seine Bindekraft, gar nicht ankomme, dann hätte man das Wort Zement im Patentanspruch verstehen müssen als den Repräsentanten des unbequem auszudrückenden Begriffes „fein und gleichmäßig gekörnter Stoff“, das Patent hätte keine Lücke gehabt, und die Auslegung des Patentes hätte anders sein müssen. Hiermit löst sich auch der Streit, ob Äquivalente schon in der Erfindung enthalten sind, und unwieweit die Äquivalenzlehre die Basis des Patentwesens oder nur ein Notbehelf ist.

Betrachten wir die Zündpillenentscheidung unter denselben Gesichtspunkten. Hier war das Windrad mit Anschlag ersetzt durch einen umklappenden Flügel. Den beiden Anordnungen war gemeinsam erstens der Antrieb durch die aufsteigenden Gase der entzündeten Flamme, verschieden das Aufnahmeorgan für den Druck der Gase und teilweise verschieden seine Bewegung. Stellte sich heraus, daß die Verwendung von Gasen zu diesem Zweck überhaupt neu war, dann wäre die patentrechtliche Äquivalenz anzuerkennen, denn dann ist der übereinstimmende technische Punkt auch ein patentrechtlich wesentli,her. War aber diese Eigenschaft alt, dann ist diese Übereinstimmung nicht mehr patentrechtlich erheblich, und es ist weiter zu forschen, ob sich andere erhebliche Übereinstimmungen finden.

Wir haben hier auch den besonderen Fall, daß die übereinstimmende Eigenschaft der beiden zu vergleichenden Gegenstände, Windrad und Klappflügel, sich als besonderer Gedanke herausstellen läßt, „gasbewegtes Organ“, es ist also ein Fall der Äquivalenz, der sich auf den der Teilübereinstimmung reduzieren läßt.

Vergleichen wir Telephon und Mikrophon, so haben wir die Übereinstimmung, daß bei beiden eine schwingende Membrane und eine elektrische Fernleitung vorhanden ist, daß bei dem Telephon die Schwingungen der Membrane unmittelbar als Ankerschwingungen eines Elektromagneten entsprechende elektrische Schwingungen hervorrufen, während bei dem Mikrophon die Schwingungen den Widerstand eines anderweit erzeugten elektrischen Stromes ändern. Der Elektromagnet ist ersetzt durch die Widerstandsdose. Beide stimmen überein hinsichtlich der Erzeugung den Schallwellen entsprechender elektrischer Wellen und der Verbindung mit Membrane einerseits und Leitung andererseits. Sie weichen voneinander ab in allen Vorzügen, welche das Mikrophon vor dem Telephon hat. Die patentrechtliche Erheblichkeit des übereinstimmenden Punktes hängt wieder davon ab, ob er als neu und als schutzwürdig zu gelten hat. Bei Stauböl war die ganze Kombination Öl-Sand alt, bei der Zündpille waren die beiden Elemente Windrad und Windklappe alt, neu und eigenartig aber ihre Kombination mit dem Gasstrom. Und bei der Mikrophonsache war das äquivalente Element selbst neu erfunden.

XI.

Die obige Ausführung hat auch eine Zurückführung der Äquivalentlehre auf die Lehre von der Teilnachahmung eines Patentes gegeben. Originalteil und Ersatzteil müssen immer in einer Eigenschaft mindestens übereinstimmen. Diese Eigenschaft ist zwar nicht allein nachgeahmt und geschützt, sie ist aber der patentrechtlich erhebliche Kern desjenigen Kombinationselementes, für welches das Äquivalent eingesetzt worden ist.

Die Äquivalentbetrachtung heißt weiter nichts, als daß dieser eine Punkt als solcher nicht ausgesondert werden kann oder nicht ausgedrückt werden kann, und daß deshalb die Prüfung auf das Ganze geht, in welchem die äquivalente Veränderung stattgefunden hat. Weil die Summe, die durch das Ganze dargestellt ist, sich nicht wesentlich verändert hat, weil man sieht, daß alle Summanden bis auf einen auch äußerlich unverändert geblieben sind, ist der Schluß zulässig, daß auch dieser äußerlich veränderte oder ersetzte Teil innerlich unverändert geblieben ist, da er denselben Beitrag zu der Gesamtwirkung liefert.

In dieser Auffassung wäre das patentrechtliche Äquivalent auch ein hinsichtlich des Beweisverfahrens ausgezeichneter Sonderfall der Teilübereinstimmung.

Diese Betrachtung zeigt ferner, daß die Lückenfüllung, welche in diesem Falle anzuwenden ist, eine besondere Art von Lückenfüllung ist, und daß im besonderen nicht diejenige Freiheit besteht, welche letzten Endes dem Richter im Zivilrecht im allgemeinen gegeben ist, und die im besonderen der Code civil und das Schweizer Bürgerliche Gesetzbuch dem Richter zur Pflicht machen.

Während die Voraussetzung dieser weitgehenden Lückenfüllung im Zivilrecht die ist, daß es auf diesem Gebiet einen rechtsleeren Raum überhaupt nicht gibt, trifft das Umgekehrte bei dem Patent zu. Das Patent soll einen bestimmten Raum abgrenzen, und der Raum, der von den Nachahmungen ausgefüllt wird, der kann nicht frei bestimmt werden, sondern für seine Bestimmung sind eine Reihe einschränkender Gesichtspunkte gegeben. Die Füllung der Lücken richtet sich danach, was als Erfindung anerkannt worden ist, nicht nach dem, was objektive Erfindung ist. Mit dieser anerkannten Erfindung muß die Nachahmung in irgendeinem Zusammenhang stehen, sonst ist sie eben keine durch das Patent verbotene Nachahmung. Es handelt sich im weitesten Sinn immer um eine Art von Teilübereinstimmung der offenbarten Erfindung mit der Nachahmung. Ohne solche gibt es keine patentrechtlich unerlaubte Nachahmung. Dies wird auch durch die beiden bisher grundsätzlich angewendeten Auslegungsmethoden illustriert.

Die eine Methode, die wir die positive Methode nennen können, sucht nach dem Kern der Erfindung, nach irgendeinem Abstraktum oder einem Erfindungsteil, der zuletzt so formuliert wird, daß er auch von der Nachahmung ausgesagt werden kann. Es ist also der Fall der Teilübereinstimmung der konkreten Nachahmung mit der konkreten Erfindung hinsichtlich eines Abstraktums, welches für patentrechtlich allein erheblich erklärt wird.

Die andere Methode, die die negative genannt werden kann, verzichtet darauf, ein derartiges Abstraktum zu formulieren, und verzichtet demgemäß auch darauf, die positive Übereinstimmung der Nachahmung mit der Erfindung in einem greifbaren Stück nachzuweisen, sucht vielmehr den Beweis der Unerheblichkeit der Abänderungen, um hieraus die Wesentlichkeit des unveränderten Restes darzutun.

Das gerade ist der Fall der äquivalenten Substitution. Hier erfolgt der Vergleich der Erfindung mit der Nachahmung nur nach dem negativen Prinzip des Nachweises, daß durch den Ersatz des ursprünglichen Erfindungsteiles, durch welchen die Nachahmung zustande gekommen ist, im ganzen nichts Wesentliches geändert worden sei. Es wird also gerade auf die Durchführung der Analyse hinsichtlich des in Betracht kommenden Einzelteiles verzichtet und nur mit der allgemeinen Behauptung gearbeitet, daß dieser Ersatz nichts Wesentliches geändert habe, und dieser Mangel wesentlicher Änderungen wird dann, so gut es geht, nachgewiesen.

Bei dieser Methode bedarf es einer Formulierung eines abstrakten Erfindungsgedankens überhaupt nicht, da nur die konkrete Erfindung und die konkrete Nachahmung einander gegenübergestellt werden, und nicht ihre übereinstimmenden, sondern ihre voneinander abweichenden Teile Gegenstand des Vergleiches bilden.

Im Anschluß hieran ist darauf hinzuweisen, wie die Beachtung der letzten Zweckgesichtspunkte des Patentwesens zu den richtigen Werturteilen ohne begrifflich bis in die feinsten Scheidungen durchgeführte Analysen gehen könnte.

Wir haben zwei Gesichtspunkte, die als Grundlage der deutschen Patentgesetzgebung gelten. Der Fortschritt der Technik ist der eine, bei dem Reichsgericht vorherrschende Gesichtspunkt, die Verdienstlichkeit des Einzelerfinders ist der andere, der heute anscheinend nur aushilfsweise in der Rechtsprechung neben dem ersten rein volkswirtschaftlichen Gesichtspunkt zur Geltung gelangt.

Stellt man den volkswirtschaftlichen Gesichtspunkt an die Spitze, so würde bei jeder Nachahmung, Teilnachahmung oder Ersatznachahmung gefragt werden können, ob dasselbe technisch-wirtschaftliche Ergebnis durch die Nachahmung wie durch die Erfindung erzielt werde, wobei unter „Ergebnis“ nicht nur die Zweckerreichung, sondern auch die Wege der Zweckerreichung verstanden sind.

Es wird diese Untersuchung dann praktisch darauf hinauskommen, inwieweit das objektiv wirtschaftliche Ergebnis der Nachahmung mit dem der Erfindung übereinstimmt, und dem Nachahmer überlassen bleiben, die vollständige Andersartigkeit seiner technischen Mittel nachzuweisen.

Geht man von dem anderen Gesichtspunkt des persönlichen Verdienstes aus, so wird die Fragestellung vielmehr dahin gehen, inwieweit die Nachahmung subjektiv sich Arbeitsergebnisse des Erfinders zunutze gemacht hat.

Bei beiden Betrachtungsmethoden können naturgemäß entgegengesetzte Resultate herauskommen.

Der Erfinder, der mit vieler Mühe und vielem Scharfsinn dennoch den letzten Schritt zur Wirtschaftlichkeit nicht getan hat, wird schlecht stehen bei der Alleinbeachtung des ersten Gesichtspunktes. Derjenige, der den letzten Schritt gemacht hat, wird als der große Erfinder gelten, als der Schöpfer der bedeutungsvollen Erfindung, der deshalb zu einer weiten Auslegung seines Patentes und zu einer engen Betrachtung der früheren Technik und der früheren Patente berechtigt ist.

Der erste Gesichtspunkt, der der Vergleichung von Erfindung und Nachahmung nach ihrer wirtschaftlichen Bedeutung, drängt sich unwillkürlich insofern auf, als in dem Parteistreit unstrittig ist, daß die Nachahmung dieselbe oder eine ähnliche wirtschaftliche Bedeutung wie die Erfindung hat. Hätte sie das nicht, dann hätte der Nachahmer keine Veranlassung gehabt, in Erscheinung zu treten. Es bleibt dann nur noch die eine, aber schwierige Frage zu lösen übrig, ob das wirtschaftliche Ergebnis mit denselben oder ähnlichen technischen Mitteln erzielt worden ist. Und hier werden bei der Analyse der Mittel immer wieder die Kausalbeziehungen zwischen den einzelnen Teilen des Mittels und dem wirtschaftlichen Erfolg in Streit gezogen werden.

Ist der Gesichtspunkt jedoch der der Verdienstlichkeit der erfinderischen Arbeit, dann wird gerade bei dem Vergleich der technischen Mittel die Frage nach der Kausalbeziehung zu dem wirtschaftlichen Ergebnis mehr oder weniger wegfallen bzw. von vornherein schon gelöst sein. Bei dem Vergleich wird die unerlaubte Nachahmung dann feststehen müssen, wenn irgend etwas aus der von dem Erfinder geschaffenen Kausalreihe nachgeahmt wurde, gleichviel ob es angeblich von Bedeutung war oder nicht, ob es Anfangs- oder Endglied der Kausalreihe war. Und für den Nachweis der Bedeutung des einen nachgeahmten Elementes wird regelmäßig eben von vornherein der wirtschaftliche Gesamterfolg des Nachahmungsganzen genügend sein.

Ich möchte noch meiner Auffassung Ausdruck geben, daß ich es für viel wünschenswerter halten würde, wenn die Entscheidungen, wo immer es angeht, unmittelbar auf Vergleiche von Erfindung und Nachahmung von diesen beiden großen Gesichtspunkten gestützt werden würden, und man nur da, wo es unvermeidlich ist, durch technische und rechtliche Kleinarbeit und Atomisierung der Tatbestände die Übereinstimmungen und Unterschiede im einzelnen feststellen wollte.

Die psychologische Entstehung des Urteiles ist ja doch regelmäßig auch die, daß es sich auf die Gesamtanschauung stützt, und daß diese nachträglich so analysiert wird, wie es dem gefaßten Urteil entspricht.

Die Neuheit.

I.

Es ist bei der Betrachtung der konkreten und der abstrakten Auffassung der Erfindung schon gezeigt worden, wie der Vergleich mit früherer Technik und so die Bestimmung von Umfang und Inhalt der Andersartigkeit oder Neuheit die Analyse der Erfindung, d. h. ihre Zerlegung in sinnliche und in abstrakte Elemente, erfordert. Nur dann, wenn die Merkmale atomisiert sind, läßt sich Gleichheit und Ungleichheit mit den Merkmalen früherer Gegenstände völlig feststellen. Dem fortschreitenden Grad der Analyse entspricht genau der Fortschritt zur Eindeutigkeit der Neuheitsbestimmung hin. Als Merkmale kommen wieder nicht nur die sinnlich wahrnehmbaren und ebenso ausscheidbaren Beschaffenheiten eines Gegenstandes in Betracht, sondern auch die viele oder alle sinnlichen Teile des Gegenstandes umfassenden allgemeinen Vorstellungen, im besonderen solche von Kausalitätsverhältnissen.

Weiter ergab sich, daß die Formulierung des Umfanges der Neuheit nie durch die Formulierung der neuen Merkmale des Ergebnisses der erfinderischen Tätigkeit gelingen kann, sondern nur durch die Gegenüberstellung der alten und der neuen Technik, des Ausgangspunktes und des Endpunktes der erfinderischen Tätigkeit.

Ehe nun zu der Betrachtung des Willensmomentes bei der Patenterteilung fortgeschritten wird, ist noch auf einen wichtigen Punkt aufmerksam zu machen, den Unterschied zwischen der Neuheit des Erfindungsgegenstandes und der Neuheit der Schutzgrenzen, was auch am besten wieder an einem Beispiel geschieht.

Es sei bisher bekannt gewesen, ein Verfahren bei einer Temperatur von 30° auszuführen; diese Temperatur wurde für die beste gehalten, deren Überschreiten schädlich sei. Es findet sich nun, daß dies ein Irrtum war, vielleicht ein Irrtum, der im Einklang mit einem früheren allgemeinen Stand der Wissenschaft war, und daß vielmehr bei 100° bis 110° der beste Erfolg zu erzielen ist, wo man früher einen Mißerfolg voraussagen zu dürfen glaubte. Weiter findet sich aber auch, daß von 40° bis 100° schon bessere Ergebnisse als bei 30° erzielt werden, noch mehr bei 100 bis 110°, und daß dann erst wieder allmählich sinkend bei 150° das schlechtere Ergebnis von 30° erreicht und schließlich unterschritten wird.

Was ist hier Erfindung, was sind Schutzgrenzen, was ist Neuheit der Erfindung und was Neuheit der Schutzgrenzen?

Die Ausdehnung dessen, was man technisch allein als die Erfindung bezeichnen würde, des Optimums von 100° bis 110° auf das Intervall von 40° bis 100° ist eine Ausdehnung, welche eine Verallgemeinerung ist oder der Ersatz einer Spezies durch ein Genus. Diese Ausdehnung findet nun praktisch aber nicht nur mit Rücksicht auf die Vergangenheit statt, um an die Grenze der Neuheit zu gelangen, sondern derselbe Gesichtspunkt, möglichst alle denkbaren Nachahmungen zu beschreiben, führt auch nach der umgekehrten Seite. Wenn oberhalb von 110° die Ergiebigkeit des Verfahrens wieder sinkt und bei 150° etwa die Grenze der praktischen Bedeutsamkeit liegt, dann wird man den Patentanspruch nach früheren Grundsätzen nicht nur formulieren für das Intervall 40 bis 100°, sondern auch noch bis zur Grenze von 150°, wird sich dabei von der Neuheitsgrenze immer weiter entfernen und sich dabei der Nützlichkeitsgrenze nähern. Wir haben dann ein Intervall von 40 bis 150°, in welchem drei Gesichtspunkte herrschen: bis 40° ist man heruntergegangen, um künftige Nachahmungen möglichst bis an die Grenze der bekannten Technik zu beschreiben, bis 150° ist man hinaufgegangen unter dem ganz anderen Gesichtspunkte, möglichst bis an die Grenze der Nützlichkeit mit der Beschreibung künftiger Nachahmungen zu gehen, und mitten drin versteckt, wenigstens bei einer bloßen Angabe der Grenzen des Intervalles von 40° bis 150° lag das Optimum, die eigentliche Erfindung von 100 bis 110°. Das Ideal für den Schutzsucher, der möglichst wenig offenbaren und möglichst viel verbieten will, wäre also überhaupt nur, die Grenze von 40° und 150° anzugeben, über die 100° bis 110° aber zu schweigen, d. h. auch die Grenzen seiner Erkenntnis genau und den Inhalt ungenau anzugeben.

Bei dieser Betrachtung überschneiden einander also ganz verschiedene Gesichtspunkte und führen zu ganz verschiedenen Begriffsbestimmungen.

Zugleich gehen aus dieser Betrachtung die verschiedenen Arten der Schwierigkeit der Prüfung auf den einen oder den anderen Begriff hervor. Die größte Fortschrittsdifferenz, die zwischen 30° und 100° bis 110°, ist leicht und sicher als erfinderisch festzustellen, bei der Differenz von 30° auf 40° ist die Nützlichkeitsdifferenz viel kleiner, und dazu kommt die Nachbarschaft der Temperatur als die Patentwürdigkeit ebenfalls minderndes Element, bei 150° aber ist eine erhöhte Nützlichkeit gegenüber 30° überhaupt nicht vorhanden, sondern nur die Überraschung, daß bei einer so weit von der früher üblichen Temperatur überhaupt etwas Nützliches geschieht.

Bisher war man wohl der Meinung, daß die Erfindung eine technische Vorstellung sei, man war aber auch der Meinung, daß man diese technische Vorstellung so bilden könne, daß sie zugleich den Neuheitsgehalt der Erfindung wiedergebe. Das ist eine grundsätzlich irrige Meinung, weil eben dieser Neuheitsgehalt immer die Differenz zweier technischer Vorstellungen ist, die am Anfang und am Ende der erfinderischen Tätigkeit liegen. Und das Abbild der Neuheit ist der Weg von dem einen zum anderen, ist das Erfinden und nicht das Erfundene. Selbstverständlich ist dabei nicht an das tatsächliche subjektive Erfinden allein zu denken, sondern auch an die imaginäre Tätigkeit, die den neuen Tatbestand aus dem alten, dem Erfinder aber gar nicht bewußten Tatbestand entstehen läßt.

Die Richtigkeit dieser Tatsachenverhältnisse hat man vielleicht gefühlt, wenn man in dem Patentanspruch den Versuch machte, zugleich das Alte und das Neue anzugeben, und sich dazu der Doppelteilung bediente, welche die Form der logischen Definition als Gattungsbegriff und besondere Merkmale bot. Es ist vielleicht ein logischer Mißbrauch, diese Form der Begriffsdarstellung für zwei Zwecke zu verwenden, für ihren alten Zweck der Wiedergabe eines Begriffes und für den neuen Zweck, auch ein Urteil über die Neuheit hineinzulegen. Vielfach, wenn nicht durchgehends, ist im Patentamt die bisher übliche Struktur des Patentanspruches so aufgefaßt worden, daß in dem ersten Teil die alte Technik und nach dem Wort „dadurch gekennzeichnet, daß“ die eigentliche Erfindung beschrieben wird, daß also die organisch einheitliche Form der logischen Definition mißbraucht wird, um zwei ganz verschiedene Dinge auszudrücken, die alte Technik und das dazu Erfundene. Das ist nur so möglich gewesen, daß man eben als die in dem Anspruch wiederzugebende Erfindung nicht das hinzu Erfundene auffaßte, sondern das Alte plus dem hinzu Erfundenen. Dieser Widerspruch löst sich sofort, wenn wir den Begriff des Erfindungsgegenstandes einführen und sagen, der Gattungsbegriff ist der alte Gegenstand, zu welchem die neuen Merkmale hinzu erfunden worden sind, welche mit dem alten Gegenstande zusammen den neuen Erfindungsgegenstand ausmachen. Deshalb ist diese Formel auch nur auf die Erfindungsklasse anwendbar, welche in der Zufügung von Merkmalen zu einem bekannten Gegenstand besteht.

Teilen wir die Erfindungsgegenstände aber so ein, wie es oben mit den „Nachahmungen“ geschehen ist, so haben wir noch Erfindungsgegenstände, welche in der Wegnahme von Merkmalen eines alten Gegenstandes bestehen, und solche, welche den Austausch alter Merkmale zeigen. Bei beiden Gattungen versagt ganz deutlich die logische Formel und wird zu einem Widersinn. Eine Definition: „Gattungsbegriff, dadurch gekennzeichnet, daß ihm Merkmale weggenommen sind", ist ebenso ein Widersinn wie: „Gattungsbegriff, dadurch gekennzeichnet, daß Merkmale ausgetauscht sind.

So kommen wir wieder zu der Anschauung, daß der Erfindungsgegenstand das Alte und das Neue in sich enthält, und können den Erfindungsgegenstand nun auch die konkrete Erfindung nennen, welche alte und neue Eigenschaften hat.

Diese Untersuchung scheint nun darauf hinzuweisen, daß man die Neuheit doch vollständig zum Ausdruck bringen könne, wenn man statt des Erfindungsgegenstandes oder der konkreten Erfindung die einzelnen neuen Erfindungsmerkmale und ihre neuen Kombinationen zum Inhalt von Patentansprüchen machte. Dies ist ganz richtig. Die hinzugefügten Merkmale sind ja die Differenz zwischen Altem und Neuem, die Differenz zwischen Minuend und Subtrahend. Das ist aber nur in dem einen bezeichneten Fall möglich, daß ein vorhandener „Gegenstand" durch Änderung der Merkmale verbessert worden ist, ohne sein Gegenstandswesen zu verlieren.

Aber wir sehen bei dieser Betrachtung nun auch wieder, daß die Feststellung dieser „Merkmale" allein ohne jede Gegenständlichkeit uns vollkommen aus dem ganzen bisherigen Gedankenkreis der Erfindungsprüfung herausführen würde. Gerade weil eben „Merkmale" keine Erfindungen sind, obwohl Erfundenes, weil sie an sich oft unverständliche, einem Urteil irgendwelcher Art schwer unterwerfbare Stücke einer technischen Vorstellung sind, deshalb eben hat man von vornherein den Unterschied von Erfindung und Merkmalen gemacht. Insoweit kann man mit Hartig gehen, daß die Auflösung einer Maschine in ihre Teile oder in ihre Merkmale Bruchstücke ergibt, deren jedes einzelne für das technische Denken und das patentrechtliche Denken oft keine brauchbare Unterlage ist, deren Bruchstückcharakter auch immer nur bruchstückweise Urteile, nur bedingte Urteile über die Bruchstücke in irgendeiner auch für das Erfindungsganze wichtigen Richtung zulassen wird. In vielen Fällen werden aber die Bruchstücke etwas sein, was überhaupt keiner verständigen Denkoperation unterworfen werden kann. So ist im oben angegebenen Beispiel das Merkmal „Zufügung von 70° bis 80°" eine Bestimmung, die als eine reine Wärmeoperation zwar einen klaren Begriff enthält, aber einen Begriff, der nur dem Gebiete der Physik angehört, und nicht als Glied einer technischen Kausalreihe auftritt, was das Merkmal immer muß. Erst durch die Verbindung dieses „Merkmales" mit dem „alten Verfahren" entsteht eine technische Vorstellung, also etwas, was einem technischen Urteile über Neuheit und Nützlichkeit unterworfen werden kann. Es ist also zur technischen Verständlichkeit dieses hinzugefügten „Merkmales" regelmäßig die Angabe des früheren Gegenstandes nötig, zu dem die Merkmale zugefügt sind Die Form der logischen Definition paßt deshalb in den Fällen, in welchen der Erfindungsvorgang wirklich so dargestellt werden kann, daß ein einheitlicher alter Gegenstand vorhanden ist, welcher durch Zufügung oder Wegnahme oder Austausch von Merkmalen zu dem neuen erfundenen Gegenstande wird. Aber auch nur in diesem Falle, und das hat man bisher nicht beachtet.

Auch bei Pioniererfindungen versagt diese Art der Darstellung regelmäßig, weil es einfach keinen früheren Gegenstand gibt, den man vernünftigerweise als den verbesserten bezeichnen könnte. Bei der Telephonerfindung müßte man als diesen früheren Gegenstand nennen: System der Fernleitung von akustischen Wellen. Von solchen Systemen war bis dahin wohl nur das Sprachrohr bekannt, so daß das Telephon hier als eine Verbesserung des Sprachrohres auftreten würde.

Ebenso versagt sie bei eigentlichen Kombinationserfindungen, wo die Gegenstände a, b, c zu einem neuen Gegenstand vereint sind, und man doch nicht unter gleichzeitiger Neuheitsangabe definieren möchte: die Merkmale a, b, c dadurch gekennzeichnet, daß sie einen Gegenstand (abc) bilden.

Diese Art der Darstellung versagt ganz allgemein in allen Fällen, wo es sich um eine neue Zweckerreichung handelt, wo es also noch keinen Gegenstand gab, der denselben Zweck erreichte oder in einer Weise erreichte, daß man die neue Art der Erreichung als eine Verbesserung der alten betrachten konnte.

II.

Noch ein Spezialpunkt ist hier zu erwähnen. Man hat für Maschinenerfindungen geglaubt, zu eindeutigen Neuheitsbestimmungen kommen zu können, wenn man nicht die sinnfälligen Maschinenteile beschriebe, sondern den Arbeitsgang der Maschine. Ich habe in meiner Arbeit über „Die begriffliche Auffassung der Maschine“ gezeigt, daß für eine Art von Erfindungen die eine und für eine andere Art von Erfindungen die andere Art der Beschreibung die technisch richtige ist, und daß die beiden Beschreibungsarten den Kreis der Erfindungen auf diesem Gebiet nicht erschöpfen. Ich habe hier noch darauf hinzuweisen, daß auch die bloße Beschreibung des Arbeitsganges einer Maschine durchaus nicht die Neuheit eindeutig erkennen läßt. Für den Arbeitsgang gilt die Voraussetzung der „Atomisierung“ für die Eindeutigkeit selbstverständlich gerade so wie für die Maschinenteile, für verbale Begriffe gerade so wie für substantivische, und der Umfang der Neuheit kann nur durch Angabe des alten Arbeitsganges bestimmt werden.

Wenn die Pfeffermühle des Patentes 30 084 durch ihren Arbeitsgang beschrieben ist als eine Pfeffermühle, „bei welcher die Drehung des Reibkegels durch den Vorratsbehälter selbst eingeleitet wird, so daß die Drehachse nicht durch diesen Behälter hindurchzugehen braucht“, und wir betrachten den ersten Teil dieses Satzes als eigentliche Gegenstandsbezeichnung, so findet sich folgendes, unter der selbstverständlichen Voraussetzung, daß wir nicht unbewußt einen gewissen Stand der Technik als bekannt voraussetzen, wie dies allerdings der ganz durchgehende Fehler früherer Anspruchsinterpreten gewesen zu sein scheint. Sie setzen das „technisch Selbstverständliche" voraus, und das ist bei jedem Techniker etwas anderes und bei dem Juristen gar nichts.

Wenn das Wörtchen „selbst" nicht in dem Anspruch stände, so könnte aus ihm niemand entnehmen, ob drehende Reibkegel bei Pfeffermühlen schon bekannt waren, und welche Mittel zu deren Drehung benutzt wurden. Es wäre einfach die Regel: baue eine Pfeffermühle mit Reibkegel, und baue den Vorratsbehälter so, daß er als Griff bei der Drehung dient. Das Wort „selbst" gibt nun dieser Beschreibung eines Gegenstandes ihren besonderen Charakter; es heißt nichts anderes, als daß früher andere Mittel zur Einleitung der Bewegung gedient haben. Dadurch, daß der Ausdruck „Drehung des Reibkegels" als Subjekt des Satzes auftritt und „durch den Vorratsbehälter eingeleitet wird" als Prädikat, wird außerdem der Anschein erweckt, daß es gerade auf dieses Prädikat ankomme.

Man muß sich aber darüber klar sein, daß dies ein rein philologischer Schluß ist, der hier rechtlich bindenden Charakter haben soll. Dazu fehlt aber das logische Zwischenglied „nur das in Prädikatform im Patentanspruch Gesagte dient zur Kennzeichnung des Neuen." Die einfache Tatsache besteht, daß ein Arbeitsgang geradeso in einzelne Merkmale zerlegt werden kann wie die Maschine selbst und deshalb genau derselben Betrachtung unterliegt.

Das gilt noch geradeso, wenn man das Kausalverhältnis selbst „Reibkegel, Vorratsbehälter, Bewegung" als eigentliches Merkmal ansieht, denn die Neuheit dieses Kausalverhältnisses würde wieder nur in der Neuheit der Ursache oder des Mittels, nämlich des Vorratsbehälters, und nicht in der Wirkung „Drehung des Reibkegels" bestehen. In welche Mannigfaltigkeit man aber kommt, wenn man auf das technisch einzig Wichtige, den wirtschaftlichen Zweck dieses Kausalverhältnisses, eingeht, habe ich in der genannten Arbeit gezeigt.

Als Schlußergebnis dieser Betrachtung ist festzustellen:

Die Bezeichnung eines konkreten Gegenstandes als neu ist immer unbestimmt.

Eindeutigkeit der Neuheitsangabe ist grundsätzlich nur möglich bei atomisierter Angabe der Merkmale eines Gegenstandes und Aussonderung der neuen Merkmale.

Der Umfang der Neuheit ist durch solche Merkmale überhaupt nicht angebbar, sondern nur durch Gegenüberstellung derselben mit den alten Merkmalen.

III.

Ich möchte an dieser Stelle der neuesten Veröffentlichung zu diesen Fragen, der Arbeit von dem Direktor im Patentamt, W. Dunkhase, über „die Prüfung der Erfindung auf Patentfähigkeit" gedenken, welche zum ersten Male systematisch das bringt, was wir wohl die neue Praxis des Patentamtes nennen dürfen, und was teilweise in Beschwerdeentscheidungen schon zum Ausdruck gekommen ist. Das ist zum größten Teile und im besonderen in seinen Grundlagen in Übereinstimmung mit dem, was hier unter dem Gesichtspunkte der Lückentheorie ausgeführt worden ist, und was als eine vollständige Anpassung der patentamtlichen Rechtsprechung an die des Reichsgerichtes in Verletzungssachen bezeichnet werden kann.

Die Grundzüge lassen sich vielleicht so zusammenfassen: das Patentamt kann nicht alles prüfen, was zur eindeutigen Vorausbestimmung von Nachahmungen nötig ist, es braucht und soll aber auch nicht die Prüfung nur auf den Gegenstand der Erfindung beschränken. Das ist dasselbe wie, daß das Patentamt einerseits nicht die Analyse der Erfindung in ihre atomisierten Merkmale als Grundlage der Prüfung vornehmen kann, andererseits sich aber auch nicht auf die bloße Angabe der konkretesten Erfindungsform mit sämtlichen Merkmalen zu beschränken hat. Kann es so nicht die Frage der Neuheit in allen Einzelheiten erschöpfen, so kann es doch mit Sicherheit von dem Alten vieles feststellen und so zur Klarheit und Sicherheit des Patentes erheblich beitragen und gewisse Schutzgrenzen ziehen. Es kann nicht den ganzen Inhalt des Schutzes definieren, aber es kann einen Teil des „Schutzausgeschlossenen" sicher bestimmen. Man hat letzteres früher Prüfung auf Bekanntheit im Gegensatz zur Prüfung auf Neuheit genannt.

Die bestimmte Formel für das Ergebnis der Prüfung im Patentanspruch wird aufgegeben. Die Erkenntnis, daß die Mannigfaltigkeit der Erfindungstatbestände mit einer Formel im Widerstreit ist, ist segensreich geworden. Wenn es der viel weiter tragende in ihr liegende methodische Gedanke auch werden sollte, würde man von dem Durchdringen moderner Methodik im Prüfungswesen sprechen können.

Die Unbrauchbarkeit der Hartigschen Formel für eigentliche Kombinationspatente wird mit der Begründung, die ich früher[1]) gegeben habe, angenommen. Für die Erfindungen, welche in dem Austausch von Elementen eines Gegenstandes bestehen, findet sich keine Formel.

Als Grenze der Prüfung durch Auflösung in letzte Elemente wird von Dunkhase die Rücksicht auf den konkreten Erfolg anerkannt,

---

[1]) G.R.u.U. 1899, S. 114: Die Bestimmungen über die Anmeldung von Patenten und Gebrauchsmustern. Mitt. 1904, S. 63, Zu dem Kampfe um das Kombinationspatent.

wenn auch nur an dem einen Beispiel der „spekulativen Idee", die zwar das Wesen der Erfindung ausmachen könne, aber nur „in Verbindung mit einem bestimmten Erfolg" die Erfindung ausmache. Die Ausdrucksweise ist aber anfechtbar. In der spekulativen Idee ist immer ein Kausalverhältnis, also auch immer etwas Erfolgartiges enthalten. Sie ist aber allein nicht hinreichend zur Erzielung des bestimmten gewerblichen Erfolges. Und das ist die große Frage der Zukunft, ob nicht für die Anspruchsformulierung der Unterschied zwischen Vollerfindung mit allen Mitteln einerseits und einem einzigen dieser Mittel als Stufe zum Erfolg andererseits vom Reichsgericht und vom Patentamt fallen zu lassen ist.

Es wird anerkannt, daß es allein Sache des Erfinders ist, wieweit er seine Erfindung analysieren und damit die Möglichkeit der Neuheitsprüfung geben und so ihren Umfang bestimmen will. Die daraus sich ergebenden Lücken des Anspruches sind durch die Gerichte zu füllen: „Insoweit die Prägung offen geblieben ist, ist es in Streitfällen Sache der Gerichte, den Stand der Technik festzustellen" (S. 16). „Insoweit im Patentanspruch eine Kennzeichnung der Erfindung erfolgt ist, sind die Gerichte an diesen gebunden, insoweit eine Kennzeichnung im einzelnen unterblieben ist, haben die Gerichte im Streitfalle in eine Prüfung einzutreten." So wird die Frage der Äquivalente ausschließlich dem Richter zugewiesen.

Am wichtigsten vielleicht sind die Angaben über die selbständigen Sonderansprüche, die zulässig sind, soweit die einzelnen Erfindungsteile „selbständige Erfindungen" bilden. Die Anspruchsform, welche zwei selbständige neue Merkmale unabhängig nebeneinander nennt, wird gebilligt, neben der Kombination können die einzelnen Teile beansprucht werden.

Der Ausdruck Äquivalenz wird hier in diesem Zusammenhange zweideutig gebraucht. Ein Anspruch, der nur ein Äquivalent eines anderen betreffe, der durch den anderen „gedeckt" werde, soll unzulässig sein, „weil nur eine überflüssige Wiederholung". Ist der Anspruchsinhalt ein erfundenes Äquivalent, so ist „Überflüssigkeit" offensichtlich und mit Recht kein von dem Patentgesetz gebilligter Ablehnungsgrund. Ist er ein nicht erfundenes, also ein bekanntes Äquivalent, dann ist er wegen mangelnden Erfindungscharakters unzulässig, ist er endlich ganz etwas anderes, nämlich eine Wiederholung eines früheren Anspruchs, so ist er unzulässig, weil nicht derselbe Gegenstand zweimal in einem Patent beansprucht werden kann, in analoger Anwendung von § 3 PG.

Der alte Gegensatz zwischen „Haupterfindung" und weiteren neuen Merkmalen wird von Dunkhase aufrechterhalten und deshalb die Gegenüberstellung von Hauptanspruch und Nebenansprüchen. Die

Praxis wird bald zeigen, daß hier kein Wertunterschied ist, und daß Nebenansprüche oft Haupterfindungen enthalten werden.

Über die materielle Grundlage der Einheitlichkeit wird mitgeteilt, daß an der Unzulässigkeit der Zusammenfassung nur unter einem wirtschaftlichen Gesichtspunkte in neuerer Zeit „nicht mehr streng festgehalten wird“. Wird dieser Grundsatz ausgebildet zusammen mit dem, daß trotz der Einheitlichkeit die einzelnen Teile der Erfindung einen in gewissem Maße selbständigen Schutz erhalten, dann werden die deutschen Patente einen reicheren und deutlicheren Inhalt bekommen können als bisher, und es wird sich natürlich eine neue Reihe von Fragen auftun. Auf der anderen Seite kann ich wiederholen: „Die Anerkennung der wirtschaftlichen Einheit der Erfindung als der maßgeblichen würde praktisch wohl allen spitzfindigen Erörterungen über Wesen und Abhängigkeit von Erfindungen ein Ende machen“[1]).

Noch eine sprachliche Bemerkung. Auf S. 11 findet sich der Ausdruck: der Patentanspruch sei „nicht dazu bestimmt, den Schutzbereich der patentierten Erfindung abzugrenzen“. Aus dem Zusammenhang und anderen Stellen geht hervor, daß hier das Wort „abgrenzen“ in dem Sinne „nach allen Seiten abgrenzen“ gemeint ist. Ich würde nicht darauf hinweisen, wenn nicht die Verwechselung der beiden Begriffe eine der Ursachen von überflüssigem Streit gewesen wäre. Obwohl Isay seine Antithese dadurch zuspitzte, daß er dem Patentanspruch „lediglich“ die Aufgabe der Gegenstandsbezeichnung zuwies, hat er selbst darauf aufmerksam gemacht daß damit die eine Schutzgrenze, die Minimalgrenze, auch gegeben ist. Auf der anderen Seite ist auch klar, daß die Aufgabe, alte Dinge in dem Anspruch als alt zu beschreiben, an sich in vielen Fällen lösbar ist und gelöst wurde — gleichviel, ob dies Aufgabe des Patentamtes ist —, und daß somit auch diese Maximalgrenze angebbar ist. Bloß das Gebiet zwischen den beiden Grenzen ist unbestimmt, ist dem Richter überlassen, ist Lücke.

Aus einem solchen Mißverständnis erklärt sich wohl größtenteils der Eifer, mit welchem Häberlein[2]) sich gegen Isay und mich wendet. Interessant für unsere Frage ist dabei, daß es für Häberlein, der sich selbst — nicht mit Unrecht — als Gegner schärfster Tonart vorstellt, am 1. April 1913 noch nicht feststeht, ob sich nicht lückenlose Patentansprüche formulieren ließen. „Die Unmöglichkeit einer völlig lückenlosen Abgrenzung durch das Patentamt ist nun bis jetzt keineswegs erwiesen,“ heißt es in Glasers Annalen, 1913, S. 130, vgl. auch S. 192, während er in der Streitschrift vom 3. Mai 1913 die Lückenhaftigkeit für eine eines Beweises nicht bedürftige Tatsache und meine Beweise für „ganz und gar überflüssig“ erklärt (S. 40 u. 41).

---

[1]) *Vgl. Seite 25.*

[2]) „Bedeutung und Wesen des Patentanspruchs“, Berlin 1913.

IV.

Ich will hier noch eine Frage berühren, welche ebensowohl unter den Gesichtspunkt des Fortschrittes oder der Eigenart gehört, nämlich die Berücksichtigung der Neuheit oder des Standes der Technik bei der Patentauslegung.

Der oberste Grundsatz der Lückenfüllung ist die Förderung materiell richtigen Rechtes. Unter diesem Gesichtspunkte ist die Beachtung der alten Technik durch den Patentverletzungsrichter gerechtfertigt, um das Patent einschränkend auszulegen, insofern das oberste Prinzip des Patentgesetzes ist, daß nichts schon im freien Besitz der Technik Befindliches ihr durch Patent wieder entzogen werden kann.

Dieser allgemeine, rein materiell rechtliche Grundsatz hat aber aus guten Gründen eine sehr formalistische Wendung in allen Patentgesetzen erhalten. Nach § 2 des deutschen Patentgesetzes gilt nicht nur alles im Inland offenkundig Benutzte, sondern auch alles sonst als im freien Besitz der Allgemeinheit, was in irgendeiner weniger wie 100 Jahre alten Druckschrift beschrieben ist. Man wird das letztere vielleicht als eine rechtliche Fiktion bezeichnen können, welche, wie gesagt, aus guten Gründen die gedruckte technische Welt für die wirkliche Welt substituiert, bzw. ihr ein totes Anhängsel gibt, welches in der Praxis des Patentamtes gerade die Hauptrolle spielt. Es ist nicht der geringste materiell rechtliche Grund vorhanden, daß eine 100 Jahre vergessene amerikanische Patentschrift im Recht eine Rolle spielt, wenn sie im Leben keine spielt. Wenn es nur einer raffinierten, nur für patentrechtliche Zwecke ausgebildeten Recherchentechnik gelingt, solche Drucksachen ausfindig zu machen, die für die schaffende Technik aus den mannigfachsten Gründen eine wirkliche Null sind, dann haben wir es insoweit mit einer rein formalistischen Bestimmung des positiven Rechtes zu tun. Das spiegelt sich darin wieder ab, daß alle Beteiligten das Gefühl materiellen Unrechtes haben, wenn ein Nachahmer sich subjektiv die Arbeit eines Erfinders angeeignet hat, wenn er gar in straffälliger Weise eine Erfindung nachgeahmt hat, und wenn ihm dann erst im Laufe des Prozesses durch die Geschicklichkeit seines Anwaltes die Tatsachen aufgestöbert werden, welche rückwärts sein Tun objektiv rechtfertigen, weil er objektiv gar nicht ein deutsches Patent, sondern unwissentlich einen alten, ihm unbekannten Amerikaner nachgeahmt hat.

Es würde in einem solchen Falle also das materielle Recht die Nichtbeachtung einer solchen vergessenen Druckschrift verlangen. Nun ist aber durch §§ 1 und 2 PG. die Beachtung auch solcher neuheitsschädlichen Druckschriften nur für die Erfindung, nicht für Erfindungselemente, vorgeschrieben und damit nur für die Frage der Prüfung der Erfindung bei der Patenterteilung und nicht für die Beurteilung der

Nachahmung, Weil das Gesetz überhaupt keine Vorschrift für unvollständige Nachahmung der Erfindung enthält, konnte es auch keine für die Beurteilung der Neuheit in diesem Falle enthalten.

Daß es im Patentwesen nun außer jener literarischen Neuheit noch eine nur dem wirklich technischen Leben zu entnehmende gibt, ist unstreitig[1]). Man würde deshalb auf den Gedanken kommen können, daß die Neuheitsfrage bei der Beurteilung von Nachahmungen ganz ohne Rücksicht auf § 2 nur nach der materiell erheblichen Neuheit im technischen Leben durchgeführt werden könne. Es würden sich hier aber dieselben Schwierigkeiten bieten, welche auch zu der formalistischen Bestimmung des § 2 geführt haben. Wo ist der Unterschied zwischen einer verlorenen, vergessenen, einer abseitigen Druckschrift und einer solchen, welche als offenzuhaltender Lehrstoff der Technik unverschlossen bleiben muß? Man könnte für den Gesetzgeber daran denken, die Grenzen hier enger, wenn auch gleich formalistisch zu ziehen, und die Literatur auf die deutschsprachliche Literatur der letzen 25 Jahre beschränken.

Eins wird aber bei der Patentauslegung noch mehr gelten als bei der Patenterteilung, und zwar dem Grundsatz folgend, daß formale Vorschriften in keinem Falle zum Schaden des materiellen Rechts erweitert ausgelegt werden dürfen, daß nämlich die Frage auch strikte auf die eigentliche Neuheit beschränkt bleibt und nicht mit irgendwelchen Qualifizierungen nach der Seite des Forschrittes oder der Eigenart verquickt wird.

Wenn a auf diese Weise als bekannt gilt und b als bekannt, so ist a b unzweifelhaft noch neu. Die Frage aber, ob die Vereinigung von a b ganz nahe gelegen hat, oder ob erfinderischer Geist ihre Verbindung bewirkt, sowie die Frage, ob ihr gemeinschaftlicher Erfolg etwas anderes als die sogenannte Summe der Teilerfolge sei, die darf nicht auf einer erweiterten Neuheitsannahme beurteilt werden, nämlich nicht auf der Annahme, als ob der heutige Techniker jene Druckschriften wirklich gekannt habe, und ob er dann noch etwas Erfinderisches geleistet habe. Das war früher der Normalfehler des Patentamtes[2]). Eine solche Druckschrift wirkt nur objektiv neuheitsstörend und nicht weiter. Ich habe schon in meiner Arbeit über „Technische Wahrheit und Dichtung im Patentwesen“[3]) darauf hingewiesen, daß für die Frage der Qualifizierung der schöpferischen Arbeit der Umstand entscheidend sein kann, daß kein normaler Fachmann die alten ausländischen Patentschriften als Grundlage zur Lösung irgendeiner technischen

---

[1]) Vgl. auch Dunkhase, „Die Prüfung der Erfindung auf Patentfähigkeit“, 1913, S. 32.

[2]) *Jetzt dagegen die Beschwerdeentscheidung vom 26. Juni 1913, siehe Seite 76.*

[3]) *Seite 65.*

Aufgabe suchen würde, und daß schon die Herausstöberung einer einzigen solchen verdienstlich sein kann, um so mehr die einer Anzahl.

Diese Ausscheidung des formalistischen Neuheitsprinzips aus der Patentwürdigkeitsprüfung soll nach Dunkhase auf die Patentprüfung Anwendung finden. Die Anwendung derselben Anschauung auf die Patentverletzung würde nur diejenige Teilnachahmung der Erfindung vom Patentschutz ausschließen, welche vollständig durch eine solch abgelegene Druckschrift veröffentlicht wäre, während die Frage der Qualifizierung des Neuheitsgehaltes ganz ausgeschlossen wäre, vorausgesetzt nur, daß die Abgelegenheit der Druckschrift zweifelsfrei ist.

Die Hauptquellen der an der Rechtsprechung des Reichsgerichtes über die Beachtung des früheren Standes der Technik geübten Kritiken sind eigentlich nur auf der Grundlage verständlich, daß dieser frühere Stand der Technik nur ein legaler, aber kein von dem Techniker anerkannter war. Wenn mit dem obigen Grundsatz Ernst gemacht würde, wenn die Scheidung zwischen papierner und wirklicher Technik nicht nur in besonders gearteten Einzelfällen beachtet, sondern grundsätzlich herrschend würde, wenn, um ein ganz allgemeines Wort zu gebrauchen, das Mißtrauen gegen ausgegrabene, nie in der lebendigen Technik gewesene Druckschriften grundsätzlich gepflegt würde, wenn bei jeder Druckschrift gefragt würde und eventuell Beweis darüber verlangt würde, ob ihr Inhalt ausgeführt worden sei, wenn deshalb jeder Prozeß auf Grund solchen Materials ein ganz anderes Gesicht hätte als ein auf die Realitäten der technischen Welt aufgebauter, wenn damit die Begrifflichkeit gegenüber der Anschaulichkeit zurückträte, dann würde der wesentliche Teil der Basis jener Kritik geschwunden sein.

Der Wille bei der Patenterteilung.

I.

Das von dem Patentschutz getroffene Gebiet ist eingeteilt worden in das, welches von dem Patent unmittelbar getroffen wird, und dasjenige, welches in die Lücken des Patentes fällt, eigentlicher Patentinhalt und akzessorischer, nach dem Ausdruck von Schanze. Es ist davon gesprochen worden, welches die durch die Sache gegebenen Grenzen des eigentlichen Patentinhaltes sind, und daß die Existenz, Inhalt und Umfang des zweiten Gebietes, durch die Rechtsprechung begründet worden sind. Für die Abgrenzung der beiden Gebiete ist ein weiterer Punkt von Bedeutung, und zwar von grundlegender, der Patenterteilungswille.

Hier ist an die Spitze der Satz der Rechtsprechung zu stellen, daß patentiert nur das ist, was den Inhalt des Patenterteilungsbeschlusses bildet. Außerhalb des Gebietes technischer Vorstellungen, welche dieser Beschluß trifft, gibt es keinen Patentschutz. Das kann auch so ausgedrückt werden, daß die Patentschrift den technischen Bereich beschränkt, an welchen der Schutz angeknüpft ist.

Wir haben dann einen zweiten Satz, daß im Zweifel als patentiert alles gilt, was objektiv patentfähig war und offenbart ist, und haben das Gegenstück dazu, daß insoweit nichts patentiert ist, als ausdrückliche Verzichte oder Einschränkungen stattgefunden haben. Hierdurch wird das weite Gebiet des zweifelhaften Patentinhaltes begründet, welches alles einschließt, worauf zwar kein ausdrücklich bejahender, aber auch kein ausdrücklich verneinender Wille gerichtet war. Nach der Lückenlehre stört dies willensfreie Gebiet nicht, nach der Willenstheorie muß es gefüllt werden durch die Vermutung, daß alles nicht ausdrücklich Verneinte gewollt sei[1]). Der Satz, „daß der Anmelder im Zweifel so viel habe anmelden wollen, als ihm nach dem Stand der Technik, nach der Tragweite seiner Erfindung unter Schutz gestellt werden konnte"[2]), trifft nur den eigentlichen Patentinhalt, beruht nur auf der subjektiven Kenntnis der früheren Technik seitens des Anmelders. Für das Gebiet der Lücken brauchte er nicht anzumelden, ja, konnte er nicht anmelden, wenn das Einzelmerkmal nicht gleichzeitig Vollerfindung war.

Das können wir zusammenfassend so ausdrücken: Patentiert ist zunächst unmittelbar, worauf sich der Patentwille ausdrücklich gerichtet hat, eine Ausdehnung des Schutzes in die Lücken dieser Patentierung ist zulässig, soweit objektiv ein Schutz berechtigt ist, er ist aber auch in diesen Fällen unzulässig, wenn eine gegenteilige bindende Willensäußerung vorliegt.

Es ist also zu untersuchen, in welche Beziehungen der Wille des Patentamtes und des Patentanmelders zu den hier vorliegenden technischen Vorstellungen und Begriffen und zu den rechtlichen Begriffen treten kann. Dabei ist die Frage besonders dann praktisch, wenn eine Differenz des Patentamtes und des ordentlichen Gerichtes vorliegt, nach welcher dem Patentamt bei der Patenterteilung an irgendeiner Stelle ein Irrtum untergelaufen ist, so daß die Frage auch in der Form erscheint, welche Irrtümer des Patentamtes sind im Patentverletzungsprozeß korrigierbar und welche nicht?

[1]) *In typischer Begriffsjurisprudenz habe ich 1893, Z. f. g. R. S. 300, in meiner Arbeit über „Auslegung und Einengung von Patentansprüchen" einen imaginären Willen des Patentamtes eingeführt, der bei einem auslegungsfähigen Patentanspruch, soweit die Zweifel reichen, eine Berücksichtigung „der nachträglich aufgefundenen, bei der Patenterteilung noch nicht benutzten" Technik verlange, um so zu demselben Resultat zu kommen wie heute die Lückenlehre. Das Reichsgericht scheint in seiner Entscheidung vom 8. Okt. 1913, P. M. Z. 1913, S. 381 sogar einen imaginären Willen auf Eventualbeseitigung des realen Willensinhalts des Patenterteilungsbeschlusses einzuführen, statt klar zu sagen, es stehe nirgends im Patentgesetz, wie weit das Patent den Richter binde, und der Richter habe diese Lücke zu füllen.*

[2]) *R.G. 2. März 1912, P. M. Z. 1912, S. 161.*

Eine Scheidung ist hier mit einer allgemeinen Feststellung auch leicht zu formulieren: Irrtümer des Patentamtes binden nur da, wo das Patentamt innerhalb seiner Kompetenz Feststellungen getroffen und einen Willen geäußert hat. Das heißt aber nicht, daß nun alles, was innerhalb dieses Gebietes geschehen ist, verbindlich wäre, wir haben hier vielmehr zu untersuchen, welche Vorstellungen überhaupt mit einer Willensäußerung verknüpft werden können, und welche nicht. Inwieweit diese Vorstellungen, die mit einem Patentierungswillen verbunden werden können und verbunden worden sind, dennoch außerhalb der Kompetenz fallen, ist heute kaum mit irgendwelcher Bestimmtheit zu sagen. Das Reichsgericht hält Äußerungen, die über die eigentliche Prüfungsaufgabe hinausgehen und nur Schutzgrenzen bestimmen, im allgemeinen für bindend, wie Reichsgerichtsrat Hagens[1]) ausdrücklich erklärt hat. So hat das Reichsgericht im besonderen die Nachprüfung verlangt, ob ein Anspruch nur eine Aufgabe enthalte[2]).

Weiter wird hier auch zu gelten haben, daß nicht der subjektive, irgendwie ermittelte Willensinhalt gilt, sondern nur derjenige, welcher einen genügenden sprachlichen Ausdruck in der Patentbeschreibung und Patentanspruch gefunden hat. Die Patenterteilungsakten können hierbei nur zur Erklärung, nicht aber zur Ergänzung der Patentschrift dienen. Eine solche Ergänzung wäre eine Art von Lückenfüllung, welche im äußersten Gegensatz zu dem stände, was die bisherige Praxis und was der Zweck der Lückenfüllung ist. Das wäre gerade wie der Kultus der gesetzlichen Motvie, welcher dem Text des Gesetzes freilich noch etwas hinzufügt, aber aus einer Quelle, welche die Theorie der Lückenfüllung, und nicht nur sie allein, gerade perhorresziert und das aus ihr Geschöpfte mit dem in Gegensatz stellt, was sie aus ihren Quellen schöpft; es ist eine Ausdehnung und Stärkung des Vergangenheitsrechtes, während die Lückenfüllung nach den Bedürfnissen und der rechtlichen Lage der Gegenwart das Gesetz ergänzt.

Um also den äußersten Fall anzunehmen, wenn durch ein Protokoll oder durch Zeugenaussagen der beteiligten Mitglieder des Patentamtes feststände, daß der Wille des Patentamtes bei der Patenterteilung auf eine ganz bestimmte technische Vorstellung gerichtet war, der Text des Beschlusses aber ein solcher geworden ist, daß er eine ganz andere technische Vorstellung enthält, so gilt nur die letztere.

In dieser Beziehung teilt das Patent den Charakter des Gesetzes. Es richtet sich an die Allgemeinheit, und seine Sprache hat die Bedeutung, welche diese Allgemeinheit ihr beilegen wird. Das ist dieselbe Grundlage, welche oben schon in einer anderen Beziehung zum Ausdruck gekommen ist. Wenn dem Sachverständigen der Patenttext mehr offen-

---

1) *Mitt. 1912, S. 178.*

2) *5. Apr. 1911. P.M.Z. 1911, S. 272.*

bart, als der Verfasser oder die Verfasser in ihn subjektiv hineingelegt haben, so gilt der Text auch in dieser Sachverständigenauffassung. Wir haben hier eine Ergänzung des subjektiven Vorstellungsgebietes des Patenterteilungsverfahrens.

Der Wille des Patentamtes richtet sich nun immer auf Patentierung einer bestimmten technischen Vorstellung, auf nichts anderes. Auch dieser einfache Satz scheint der Praxis stellenweise verloren gegangen zu sein. Der Wille geht nicht auf Teile der Vorstellung, er geht nicht auf Neuheitsurteile, und sein Inhalt kann nicht die Anerkennung eines Fortschritts sein.

Wenn ich gegenüber der Kombination a b die Vorstellung habe, daß a ein altes Element ist und ebenso b, so ist das ein Urteil, welches einen Vergleich von a und b mit der früheren Technik involviert, welches nur assertorisch sein kann, welches nur richtig oder falsch sein kann, aber niemals Gegenstand einer Willensäußerung. Die Willensäußerung kann sich nur darauf beziehen, daß a b patentiert wird, oder daß das Patent abgelehnt wird. Sie kann sich auf ein weiteres beziehen, darauf, daß das Patent auf a b ein reines Kombinationspatent im Gegensatz zu einem Totalitätspatent sein soll. Gegenüber dem allgemeinen Patentwillen auf die Vorstellung a b könnte man im zweiten Falle von einem qualifizierten Patentierungswillen, wie er z. B auch in der Erteilung eines Zusatzpatentes vorkommt, sprechen. Die beiden Fälle unterscheiden sich aber grundsätzlich. Im ersten Falle ist der Willensinhalt nichts als eine gegenständliche, technische Vorstellung a b, welche durch den Patenterteilungswillen mit allgemeinen Rechtsfolgen verknüpft wird. Der zweite Fall aber bringt hier einen Zusatzwillen hinzu, dessen Grundlage dieselbe technische Vorstellung a b ist, der sich aber auf die Schutzgrenzen richtet und verfügt, daß nur Nachahmungen der beiden verbundenen Elemente, nicht eines einzelnen Elementes von dem Schutz getroffen werden. Nach dieser Konstruktion wäre das Patentamt nicht nur befugt, ein unbestimmtes allgemeines Patent zu erteilen, sondern auch bestimmte Patentarten, Kombinationspatente, Aggregationspatente, Totalitätspatente usw. usw., gerade wie es auch nach technischen Gesichtspunkten rubriziert Verfahrenspatente, Maschinenpatente, Erzeugnispatente erteilt. Einen solchen qualifizierten Patenterteilungswillen hat man bisher nicht angenommen. Man kommt auf einem Umweg zu demselben Ziele.

Die natürliche Auffassung des Vorganges wäre ja, daß das Patentamt einen Schutz erteilt und einen anderen verweigerte. Diese Konstruktion ist aber nicht brauchbar, weil es wirksame Abweisungsbeschlüsse nur gegenüber ganzen Patentanmeldungen, nicht aber gegenüber einzelnen Teilen einer Anmeldung gibt. Zu der Konstruktion der Beschränkung und des Verzichts ist noch ein kleiner Umweg nötig. Es gibt keine rechtswirksame Einschränkung, keine Willensäußerung und keinen Beschluß des Patentamtes auf Einschränkung, sondern es gibt nur eine Androhung der völligen Abweisung einer Anmeldung und eine Aufforderung zur Einschränkung, die keine Beschlußform hat. Auf solche Meinungsäußerungen des Patentamtes folgt eine Willensäußerung des Anmelders, der die Anmeldung einschränkende Verzicht. Nur er kann seinen Antrag einschränken, nicht das Patentamt, auch dann nicht, wenn z. B. in einem bedingten Bekanntmachungsbeschluß diese Einschränkung in der Form einer nachträglichen Einverständniserklärung mit einer von dem Patentamt vorgeschlagenen Beschränkung auftritt. Einschränkung ist also nur auf dem Wege der Einschränkung des Patenterteilungsantrages möglich, nur so ist ein aufgestellter Anspruch aus der Anmeldung zu entfernen. Hier ist das subjektive Moment maßgebend.

Diese Entfernung eines Antragsteiles kann in zweierlei Art geschehen. War ein Anspruch a und ein Anspruch b da, und wird b entfernt, so ist der Schutz für b ausgeschlossen. War aber a b beansprucht und wird b entfernt, so ist ein Doppeltes möglich. Entweder wird auf b sachlich verzichtet, dann ist ein solcher Verzicht ein Hindernis auf dem Wege der Lückenfüllung, aus a b einen Schutz für b abzuleiten, oder es wird nur darauf verzichtet, b zum eigentlichen Patentinhalt zu machen, die Frage des Schutzes durch Lückenfüllung aber offengelassen.

II.

Betrachten wir nun die einzelnen Vorkommnisse bei dem Patenterteilungsverfahren und die Bestandteile einer deutschen Patentschrift, um einen möglichst vollständigen Überblick über das zu bekommen, was hier an Vorstellungs- und Willensakten vorliegt.

An den Anfang gehört die allgemeine Bemerkung, daß die Patentbeschreibung in der Praxis neben ihrer Aufgabe nach § 20 PG., die Erfindung hinreichend zu ihrer Benutzung zu beschreiben, noch andere und schwierigere Aufgaben übernommen hat. Sie analysiert die Erfindung und gibt Gründe der Patenterteilung an [1]).

In der Patentbeschreibung haben wir regelmäßig in der Einleitung eine Beschreibung der alten Technik, und zwar meist in abstrakter Form, seltener den Hinweis auf eine bestimmte Literaturstelle[2]), im besonderen ein älteres Patent. Letzteres war zeitweise ganz unzulässig. Hieran knüpft sich ein technisch-wirtschaftliches Urteil, welches einen Mangel der früheren Technik anzeigt. Die Abstellung dieses Mangels wird als das erfinderische Problem benannt, und nunmehr folgt die Beschreibung der Erfindung, von welcher die Lösung des Problems behauptet wird. Diese Beschreibung hat die allermannigfaltigsten Formen.

---

[1]) *Auch eine Lückenfüllung!*

[2]) *Neuerdings wieder häufiger.*

Manchmal setzt sofort eine konkrete Beschreibung unter Bezugnahme auf Zeichnungen ein. Meistens aber werden ein paar Leitgedanken vorweggenommen. Es wird auf etwas hingewiesen, auf eine Reaktion oder auf einen naturgesetzlichen Vorgang, auf welchen sich die Erfindung aufbaut; es wird das unter irgendeinem Gesichtspunkt als das wichtigste Erscheinende ausgesondert, ohne Rücksicht auf die Vollständigkeit der zur Zielerreichung unentbehrlichen Mittel. Und hierbei finden sich dann auch Neuheitsurteile über solche Einzelheiten und mit Bezug auf bestimmte einzelne Stücke früherer Technik. Es wird das Problem für neu ausgegeben, es werden die verschiedenen allgemeinen Lösungsgedanken für neu ausgegeben. Außerdem wird die relative Wichtigkeit und Unwichtigkeit solcher Gedanken oder Erfindungsteile betont.

Es folgt dann ein rein beschreibender Teil, öfters als beispielsweise Ausführungsform der Erfindung bezeichnet, zusammengesetzt aus der Beschreibung der Mittel und der mit ihnen erzielten Wirkungen. Daran knüpft sich öfters eine Beschreibung von Teilen, welche an Stelle anderer Teile treten können, oder die Angabe, daß einzelne Teile unter Umständen ganz wegbleiben können, oder auch eine Generalklausel, daß natürlich im einzelnen die Erfindung vielfach abgeändert werden könne, ohne daß von ihrem Geist abgegangen werde. Endlich finden sich am Schluß öfters ausdrückliche Angaben über die Bekanntheit bestimmter einzelner Elemente der Erfindung, soweit die Einleitung nicht die alte Technik völlig erledigt hat.

Die Aufweisung dieser Buntheit und Unbestimmtheit des Beschreibungsinhalts führt unmittelbar zur Forderung, daß eine organische Gliederung zu schaffen ist, welche die Darstellungsmannigfaltigkeit, die entsprechend der Mannigfaltigkeit der Erfindungen unentbehrlich ist, beibehält, aber strenge Ordnung und deutlichen Ausdruck unter den rechtlichen Gesichtspunkten einführt und so der heutigen vollständigen Verwischung der Aufgaben von Beschreibung und Anspruch ein Ende macht. Das Patenterteilungsverfahren spiegelt sich zum Teil in der Patentschrift wieder. Es zerfällt in eine lange und vielgestaltige Vorbereitung und den Patenterteilungsbeschluß oder den Beschluß, durch welchen eine Beschwerde gegen die Patenterteilung abgewiesen wird. Dieser Beschluß ist allein eine maßgebende Willensäußerung des Patentamtes über den Inhalt des Patentes.

Dem Erteilungsbeschluß geht der Bekanntmachungsbeschluß voraus. Es ist ebenso eine Willensäußerung, aber eine, welche nur als Hilfsmittel der Interpretation für den Erteilungsbeschluß herangezogen werden kann, im besonderen dann, wenn beiden Beschlüssen dieselben Texte zugrunde liegen, oder wenn zu vermuten ist, daß der Erteilungsbeschluß keinen anderen Erfindungsinhalt betrifft als der Bekanntmachungsbeschluß.

Die Patenterteilungsbeschlüsse sind in den meisten Fällen nicht mit Gründen versehen, regelmäßig nur nach einem Einspruchverfahren. Man würde also in allen diesen Fällen für ihren Inhalt überhaupt nichts anderes als eben den Patenttext haben. Nun ist aber das Verfahren zur Vorbereitung dieser Beschlüsse ganz und gar durchsetzt von Äußerungen, und zwar teilweise solcher der beschließenden Abteilung und teilweise solcher eines Mitgliedes derselben, des Vorprüfers, welche einen gewissen Willensakzent haben. Dabei ist auch dann, wenn Zwischenverfügungen der beschließenden Abteilung ergehen, nur für die Beschwerdeabteilung regelmäßig Identität der Personen im Vorverfahren und bei der Beschlußfassung vorhanden; bei Abteilungsbeschlüssen aber ist durch das Gesetz keinerlei solche Vermutung begründet, da die einzige Vorschrift für die Beschlußfähigkeit ein Minimum von drei Mitgliedern ist.

Über das Verhältnis von Vorprüfung und Anmeldeabteilung ist daran zu erinnern, daß im Falle des Erlasses eines Vorbescheides gerade bei der Willenserklärung in der Beschlußfassung der Vorprüfer nicht mitwirkt, wenn er auch nach der Praxis des Patentamtes und entgegen der gesamten Literatur bei der Beratung mitwirkt.

Es ist nun hervorzuheben, daß in den Gesamtverhandlungen vor dem Bekanntmachungs- oder Auslegungsbeschluß wohl die Willensrichtung der dabei beteiligten Personen für den betreffenden Augenblick des Verfahrens zum Ausdruck kommt, nirgends aber ein bindender Ausdruck dieses Willens.

Der Vorprüfer erklärt, „die Bekanntmachung nicht in Aussicht stellen zu können“, oder „daß er den Antrag auf Abweisung stellen werde“, was bedeutet, daß er in der Beratung vor der Beschlußfassung seine Ansicht kundtun werde, daß die Anmeldung nicht patentfähig sei.

Und wenn die Abteilung in einer Zwischenverfügung spricht, so erklärt sie, „daß die Anmeldung wohl abzuweisen sein werde“, daß „eine Beschränkung notwendig sei“. Das sind aber alles Ausdrücke, die keine Bedeutung als Willensäußerung haben, sondern nur Bedeutung als Bekundung der technischen und patentrechtlichen Auffassung für den betreffenden Augenblick, sie verändern nicht das geringste an dem Inhalt des Patenterteilungsantrages, sie können auf diesen nur indirekt einwirken; nur wenn der Anmelder sich die ausgedrückten Auffassungen zu eigen macht, um die Widerstände der Patenterteilung zu beseitigen, findet eine Willensänderung im Verfahren statt, und zwar nur eine Willensänderung des Anmelders. Er allein muß im Falle mangelnder Übereinstimmung mit dem Patentamt seinen Willen so lange ändern oder muß die Auffassung des Patentamtes ändern, daß schließlich der Beschluß erfolgen kann, welcher die Übereinstimmung des patentamtlichen Willens mit dem des Anmelders zur Voraussetzung hat. Der

Umfang und Inhalt des Antrages also ist es, der zu bestimmen ist, und dieser kann indirekt durch die Kritiken, Vorschläge, Androhungen des Patentamtes bestimmt werden, wenn der Anmelder die amtlich ausgedrückten Meinungen übernommen hat. Diese Annahmeerklärung darf nie fehlen, sei es, daß sie ausdrücklich, sei es, daß sie indirekt erfolgt, wenn aus den Äußerungen des Patentamtes irgendein Schluß gezogen werden soll.

Der Anmelder also kann nach heutiger Praxis seinen Anmeldewillen auch qualifizieren, er kann ihn auf eine Kombination mit Ausschluß des Elementenschutzes richten; er kann unter Verzicht auf einen Verfahrensschutz nur Maschinenschutz verlangen, er kann also, allgemein gesprochen, auf irgendein Element des konkreten Gegenstandes verzichten und nur bestimmte Abstrakta zum Schutzinhalt machen. Er kann auch den Schutz des unmittelbaren Erzeugnisses in sein Patent einschließen, wenn er die technische Vorstellung als ein Verfahren bezeichnet.

Dabei haben alle diese Vorverfügungen in dem Patenterteilungsverfahren naturgemäß durchgängig einen negativen, teilweisen und relativen Charakter, während der Beschluß nur auf das Ganze gehen kann. Der Vorprüfer sagt nicht, was er für patentfähig hält, sondern er nennt die Mängel, welche der Anmeldung anhaften, er nennt alle oder nur einen dieser Mängel, da ja einer schon für die Versagung des Patentes genügt. Das wenigstens ist seine grundsätzliche gesetzliche Aufgabe, wenn dabei auch öfters ein positiver Ausdruck des von ihm für patentfähig Gehaltenen herauskommt. Aber auch dieser positive Ausdruck hat oft lediglich nach der einschränkenden Seite Bedeutung und lautet dann z. B.: „Patentfähig würde höchstens noch eine Kombination erscheinen."

Weiter sind die kritischen Äußerungen immer einseitig, sie behaupten den vollständigen oder teilweisen Mangel an Neuheit oder Patentfähigkeit mit Rücksicht auf eine bestimmte oder mehrere früher bekannte Tatsachen. Gegenüber diesen Tatsachen also sucht dann der Erfinder seine Erfindung festzustellen und abzugrenzen. Selbstverständlich wird dabei völlig die Abgrenzung gegenüber anderen nicht genannten, aber vielleicht viel erheblicheren Tatsachen leiden.

Weiter ist die Regel bei dem Prüfungsverfahren, daß Einwendungen zwar ausdrücklich gemacht, aber durchaus nicht immer ausdrücklich zurückgezogen werden. Das stillschweigende Fallenlassen dürfte heute noch überwiegen. Der Patenterteilungsbeschluß ist solchen nicht ausdrücklich fallen gelassenen Veröffentlichungen gegenüber also auch weiter nichts als eine Bekundung, daß die Summe sämtlicher Gründe für die Patentierung ausreicht. War aber z. B. eine Literaturstelle entgegengehalten mit der Behauptung, sie stimme mit der angemeldeten Erfindung im wesentlichen überein, und hat der Erfinder den Beweis angetreten, daß die Literaturstelle erstens falsch aufgefaßt sei, daß aber auch noch bei der amtlichen Auffassung eine patentfähige Differenz gegenüber der angeblichen Erfindung bestehe, so besagt der Patenterteilungsbeschluß nichts darüber, ob der erste oder der zweite Einwand gegen den Vorbescheid entscheidend gewesen ist, oder eine dritte gar nicht aktenkundige Auffassung die Beschlußfassung trägt.

Der regelmäßige Mißbrauch, der nun mit den Patenterteilungsakten getrieben wird, ist der, daß diese ganz relativen und nach einer bestimmten Seite gerichteten Einwände und die auf sie erfolgten Erklärungen behandelt werden, als ob sie eine absolute Darstellung der Erfindung enthielten. Wenn die Erfindung unter einem Gesichtspunkt mit einer bestimmten früheren technischen Tatsache verglichen worden ist, und die Nachahmung ist eine ganz andersartige Tatsache, so wird doch jener Gesichtspunkt herangezogen, um aus ihm eine Beschränkung des Patentes zu schließen. Dabei wird sehr oft der allgemeine Fehler gemacht, daß aus der Tatsache einer erfolgten Beschränkung nach einer ganz bestimmten Seite ein ganz allgemeiner Schluß gezogen wird, das Patent sei überhaupt ein beschränktes und dürfe deshalb nur eng ausgelegt werden. Alles dieses fällt jedoch nur unter die Betrachtung der Ermittlung der wahren inhaltlichen Bedeutung der Erklärungen im Patenterteilungsverfahren, die eben infolge des geschilderten Systems der Vorprüfung auch von seiten des Erfinders regelmäßig sehr einseitig ausfallen.

Ist ihm entgegengehalten, seine Erfindung sei ja in einer Sache a schon enthalten, so entgegnet er, nein, meine Erfindung ist ja etwas ganz anderes, eine Sache b. Dabei ist sie aber durchaus nicht die Sache b allein, sondern vielleicht eine Kombination a b, oder es gehört noch ein Punkt c zu ihr. Jene Erklärung soll daher weder ein Verzicht auf die Kombination a b sein, noch den Punkt c aus dem Patent ausschließen.

III.

Die Frage der Bindung wird dadurch zu einer komplizierten, daß nicht nur der Patentanspruch, der sicher nach seinem ganzen Inhalt Willensäußerung des Patentamtes ist, sondern auch die Patentbeschreibung Gegenstand des Patenterteilungsbeschlusses bildet. Wenn sich die Patentbeschreibung bloß auf ihre[1]) gesetzliche Aufgabe beschränkte, eine genügend genaue Vorstellung einer Erfindungsausführung zu geben, so würde die Frage nicht bestehen; nun enthält sie aber auch die mannigfaltigsten Urteile und Willensäußerungen, wie oben angegeben. Hier können wir zu einer klaren Scheidung nur kommen, wenn wir den ganzen Inhalt der Patentschrift einteilen in den eigentlichen Patentinhalt und in die Gründe der Patentierung entsprechend dem Tenor eines Urteils

[1]) *ausdrückliche.*

und seiner Begründung. Dann können wir von der Grundlage ausgehen, daß der Tenor in jedem Fall den Richter bindet, und können weiter prüfen, ob auch von den Gründen der Patentierung etwas bindend ist, und welche Bedeutung diese Gründe sonst haben. Greifen wir auf den Vergleich mit der lex specialis zurück, so würde der Gegensatz sich als der des Gesetzestextes und der Motive bezeichnen lassen, ohne daß aus der einen oder anderen Analogie ohne weiteres zwingende Gründe abgeleitet werden könnten.

Die Gründe der Patenterteilung sind nicht nur von Bedeutung für das Patentverletzungsverfahren, sondern auch für das Nichtigkeitsverfahren. Der Tenor bindet in dem einen und ist die Grundlage im anderen, die nur gemindert, aber nicht sonstwie verändert werden kann, wenn wir von den ausnahmsweise erfolgten Redaktionsverbesserungen absehen. Die Frage nach der bindenden Kraft der Gründe wird deshalb vorteilhaft zunächst mit Bezug auf den Nichtigkeitsrichter behandelt.

Diese Methode hat den erheblichen Vorzug, daß hier die Frage nach der Kompetenzabgrenzung der früheren und der späteren Instanz ganz ausgeschaltet ist.

Uns interessieren zunächst nur die Fälle, in welchen eine Nichtigkeits klage abgewiesen wird, ohne daß der Text des Patentes irgendeine Änderung erfährt, und hier wiederum nur der Fall, daß die tatsächlichen und rechtlichen Gründe des Nichtigkeitsurteils von denen des Patenterteilungsbeschlusses abweichen. Wenn noch dahingestellt bleibt, worin die Abweichungen bestehen können, und welche Wirkung sie haben können, so scheint bisher die allgemeine Meinung zu sein, daß jedenfalls die Gründe des Nichtigkeitsurteils, die z. B. auch in der Form durchaus parallel den Gründen der Abweisung eines Einspruchs sein können, den bei der Patenterteilung ausgesprochenen Gründen vorgehen. Ein noch vollständigeres Bild und bessere Möglichkeit zum Vergleich solcher Gründe wird erhalten, wenn wir uns daran erinnern, daß die Anstellung mehrerer Nichtigkeitsklagen und die Fällung mehrerer Nichtigkeitsentscheidungen mit demselben Tenor auf unveränderte Erhaltung des Patentes, aber aus verschiedenen Gründen ein so häufiges Vorkommnis ist, daß es einer allgemeinen Betrachtung zugrunde gelegt werden darf. Hier kann noch die kleine Komplikation eintreten, daß eine der Entscheidungen, die frühere oder spätere, eine rechtkräftige Entscheidung des Patentamtes, die andere eine des Reichsgerichts ist.

Die Gründe des Patenterteilungsbeschlusses, der ersten und der zweiten Nichtigkeitsentscheidung, können verschiedene sein, die ohne Widerspruch nebeneinander bestehen, oder sie können sich auch unvereinbar widersprechen. Hier können wir also die Bedeutung der Gründe für den patentierten Erfindungsgegenstand näher untersuchen und dann weitergehen und die Bedeutung für die Nachahmung untersuchen. Das einfache Beispiel der Kombination a b dient uns hier wieder. Das Patent ist erteilt auf Grund der Auffassung, daß a so neu ist, daß es auch die Patentwürdigkeit der Kombination a mit dem alten Element b trägt. Die erste Nichtigkeitsentscheidung geht dahin, daß umgekehrt b neu ist und a alt, der Kombinationsschutz aber unverändert bestehen bleibt, und die zweite Nichtigkeitsentscheidung gibt a und b für alt aus, hält aber die Kombinationstätigkeit für erfinderisch, weil sie nicht nahegelegen habe und obwohl der Fortschritt gering ist.

Eine dritte Nichtigkeitsentscheidung mag hinsichtlich a und b dieselbe Auffassung haben, aber über Naheliegen und Fortschritt die umgekehrte. Leicht ließen sich noch einige Fälle der Änderung der Gründe ohne Änderung des Textes konstruieren. Den Fall will ich nur noch erwähnen, daß man überhaupt keine richtige Kombination in a b sieht, sondern eine fertige Erfindung in a, der das Element b überflüssigerweise zugefügt worden ist, ohne daß genügende Veranlassung zu einer Streichung des b aus dem Patentanspruch gegeben wäre.

Ich möchte diejenigen, welche das überwiegende Gewicht der Rechtssicherheit stark zu betonen pflegen, im besonderen auf die genannten Tatsachen aufmerksam machen, die innerhalb der fünfjährigen Nichtigkeitsfrist vorkommen, ihre Wirkungen aber auf die ganze Patentdauer erstrecken können.

Wir haben hier also das eigentümliche Schauspiel, daß das Nichtigkeitsurteil die Grundlage eines Patentrechtes durchaus verschieben, in gewissen Sinne in ihr Gegenteil verkehren kann, und daß dieses noch dazu mehrmals in verschiedener Weise möglich ist[1]).

Suchen wir nach einer Analogie bei Gesetzen, so finden wir eine ähnliche Wandlung auch, nur daß hier nicht ein Rechtsspruch einem Gesetz einen anderen Sinn gibt, sondern der Wechsel der Verhältnisse im Laufe der Zeiten. Ich zitiere Brütt:

> „Auch wenn ein Gesetz nicht geradezu durch ein neues Gesetz oder eine derogierende Gewohnheit abgeschafft wird, so unterliegt es doch dem langsam nagenden Zahn der Zeit; mag auch der Gesetzestext rein äußerlich intakt bleiben, innerlich kann er doch unterhöhlt werden, wenn das ursprüngliche Werturteil, das dem Gesetzgebungsakt zugrunde gelegen hat, beseitigt oder wenigstens zurückgedrängt und durch eine neue Interessenabwägung ersetzt worden ist. Auch an diesem Punkt bewährt sich jenes allgemeine Gesetz der geistigen Entwicklung, welches von seinem Entdecker Wundt als Gesetz der Heterogonie der Zwecke bezeichnet worden ist. Er versteht unter jenem Prinzip die allgemeine Erfahrung, „daß

---

[1]) Diese vollständige Umwälzbarkeit der Patenterteilungsgründe ist soeben von dem Reichsgericht bejaht worden. RG. 26. Mai 1913. Mitt. 1913, S. 109.

in dem gesamten Umfange menschlicher Willensvorgänge die Wirkungen derHandlungen mehr oder weniger weit über die ursprünglichen Willensmotive hinausreichen, so daß hierdurch für künftige Handlungen neue Motive entstehen, die abermals neue Wirkungen hervorbringen, an denen sich nun der gleiche Prozeß der Umwandlung von Erfolg im Motiv wiederholen kann. Indem der Effekt den vorgestellten Zweck überholt, werden zugleich die künftigen Motive reicher und mannigfaltiger[1])."

Das ist ein ähnlicher Fall, aber auch nur ähnlich. Bei diesem Wandel des Gesetzesinhaltes haben wir ein Fortschreiten in einer Richtung, und die letzte Entwicklung ist die maßgebende. Bei dem Vergleich der Gründe oder Werturteile bei der Patenterteilung und in der Nichtigkeitsklage hat man ohne weiteres den Gründen der Nichtigkeitsklage den Vorzug vor denen der Patenterteilung gegeben, und dies mit Recht und nicht nur formalem Recht, sondern auch einem inneren Recht. Nicht nur ist bei dem Nichtigkeitsverfahren die allgemeine Grundlage der Beurteilung der Erfindung durch den Zeitverlauf eine reifere geworden, sondern regelmäßig treten zu den die Patentierung begründenden Tatbeständen noch neue hinzu, so daß auch die tatsächliche Basis eine vollkommenere ist. Diese Bewertung versagt einigermaßen bei der Gegenüberstellung verschiedener Nichtigkeitsurteile.

Betrachten wir zunächst den Fall des Widerspruchs einer Patenterteilung mit einem Nichtigkeitsurteil überhaupt. Ein äußerlicher Unterschied fällt hier sofort auf. Patentbezeichnung, Patentbeschreibung, Zeichnung und der Patentanspruch werden bei der Patenterteilung in möglichst genaue Übereinstimmung mit den Anschauungen gebracht, welche die Patenterteilung begründen. Das Nichtigkeitsverfahren hat sich bisher immer darauf beschränkt, den Patentanspruch und die Titelbezeichnung abzuändern, hat aber Angaben der Beschreibung und Zeichnung, die mit den Gründen der Nichtigkeitsentscheidung in Widerspruch stehen, unverändert gelassen, sogar, wenn der Nichtigkeitsklage teilweise stattgegeben und deshalb durch Abänderung des Patentanspruchs das Patent eingeschränkt wurde. Ebenso auch in den Fällen, in welchen — entgegen der allgemeinen Praxis — der Anspruch einen anderen Text erhielt, ohne daß dies als eine Einschränkung bezeichnet wurde. Für solche Patente besteht kein Zweifel daran, daß die Angaben der Patentbeschreibung, welche mit den Gründen der Nichtigkeitsentscheidung im Widerspruch stehen, rechtsunwirksam sind, wenn sie auch im Widerspruch mit der umformulierten Bezeichnung und mit dem umformulierten Anspruch stehen.

---

[1]) *Brütt, Die Kunst der Rechtsanwendung, S. 62.*

Dieses Patent also hat das formalistische Gepräge, welches den anderen Patenten fehlt, daß der Patentanspruch gegenüber der Patentbeschreibung zu dem allein maßgebenden Stück der Patentschrift geworden ist. Während im allgemeinen die Vermutung vorliegt, daß Patentbeschreibung und Patentanspruch auf derselben Grundlage beruhen und deshalb nicht nur nicht mit einander im Widerspruch sind, sondern die Beschreibung zur Erklärung des Patentanspruchs benutzt werden kann, hört dieses Verhältnis nach einer teilweisen Nichtigkeitserklärung auf, und auch die unzweifelhaften Willensäußerungen der Patentbeschreibung, die in Widerspruch mit dem Patentanspruch stehen, werden hinfällig.

Man hat auch über den bindenden Charakter der verschiedenen Entscheidungsgründe eines Nichtigkeitsurteils gestritten[1]). Isay kommt zu dem Ergebnis, daß jedenfalls die Äußerungen der Entscheidungsgründe, welche für die Nichtigkeitsentscheidung nicht notwendig sind, insbesondere solche über den Schutzumfang, ohne Bedeutung sind und den Verletzungsrichter nicht binden. Ich möchte einen Schritt weiter gehen mit der Ansicht, daß die Gründe überhaupt nicht binden, auch die notwendigen nicht, d. h. die nicht, welche die Entscheidung tragen und nicht entbehrt werden können. Das ergibt sich alles aus den dargelegten Sachverhalten. Der patentierte Erfindungsinhalt ist eine technische Vorstellung. Die Gründe der Patentierung sind das Urteil über Neuheit, Originalität, Fortschritt, Einheitlichkeit, deutliche Darstellung usw., diese eigentlichen Gründe können ihrer Natur nach nicht Gegenstand eines Willens sein, deshalb nicht Gegenstand der Entscheidung und deshalb keinen bindenden Charakter haben.

Weiter aber ist auch die teilweise Nichtigkeitserklärung, welche hier besonders interessiert, nie eine Feststellung über den bleibenden Rest des Patentes, sondern nur eine negative Feststellung über den wegfallenden Teil des Patentes. Die Gründe, aus welchen der verbliebene Teil nicht vernichtet worden ist, können gar nicht bindend sein, was man sofort sieht, wenn man sich die verschiedenen Gattungen solcher Gründe klar macht.

Der Teil kann erstens nicht vernichtet sein, weil er gar nicht angegriffen war. Der Angriff aber kann aus tausend formellen und materiellen Gründen abgewiesen werden. Die Entscheidungsgründe können immer nur dahin gehen, daß die besonderen, von den Klägern beigebrachten Gründe — eventuell auch die von Amts wegen ergänzten Gründe — zur Nichtigkeitserklärung nicht ausreichen. Der Kläger kann beweisfällig und kann sachfällig sein. Daß die Entscheidung regelmäßig in einer positiven Anerkennung des Erfindungscharakters besteht, kann

---

[1]) Vgl. Isay, „Die Bedeutung der Gründe des Nichtigkeitsstreites für den Verletzungsstreit", Wirth-Isay, S. 262.

daran nichts ändern, daß die teilweise Abweisung einer Nichtigkeitsklage immer nur die Abweisung eines Angriffs ist, nicht aber die Konstituierung eines Patentinhalts. Wenn Isay also sagt: „Die Feststellung des Nichtigkeitsurteils, was als Gegenstand der Erfindung aufrechtzuerhalten ist, bindet den Verletzungsrichter", so stimme ich in dem Punkt mit ihm überein, den er dabei im Auge hat, daß nämlich der Verletzungsrichter nicht ermächtigt ist, den übriggebliebenen Patentgegenstand weiter zu beschneiden, halte es aber für einen genaueren Ausdruck, wenn gesagt wird, daß die Feststellung des Nichtigkeitsrichters bindet hinsichtlich des durch die Entscheidung von dem Patent weggenommenen Teiles, während die Bindung an den stehengebliebenen Teil sich nicht aus der Nichtigkeitsentscheidung, sondern aus dem Patenterteilungsbeschluß ableitet. Der Inhalt dieses Beschlusses darf nicht weiter verkürzt werden, als er ausdrücklich durch das Nichtigkeitsurteil rückgängig gemacht ist. Die Gründe aber, aus welchen der Nichtigkeitsrichter der Klage gegen den stehengebliebenen Teil nicht nachgegeben hat, und die, aus welchen er vielleicht ausdrücklich die Patentfähigkeit anerkannt hat, die binden weder den künftigen Nichtigkeitsrichter noch den Verletzungsrichter und treten im besonderen nicht an Stelle der Patenterteilungsgründe, mögen sie nun „notwendig" für das Nichtigkeitsurteil sein oder nicht.

Diese Auffassung scheint mir auch gegenüber der Kohlers[1]) standzuhalten. Wenn nach Kohlers Auffassung die Nichtigkeitsklage nichts ist als eine negative Feststellungsklage, so ist sie doch eben keine positive Feststellungsklage und nicht imstande, mit irgendwelcher Verbindlichkeit die Feststellung über die positive Patentfähigkeit, die durch den Patenterteilungsbeschluß bewirkt wurde, nochmals zu wiederholen, so daß der Urteilstenor von dem Patent etwas wegschnitte und die Gründe sich bindend über den stehengebliebenen Teil äußern könnten. Allem dem ist der Boden dadurch entzogen, daß alle Gründe für die Patentfähigkeit einer Erfindung schließlich nur teilweise und relative Gründe sind. Neuheit und Fortschritt und Originalität können immer nur gegenüber einem ganz bestimmten in den Prozeß gezogenen früheren Stand der Technik verstanden und beurteilt werden. Es gibt nur die Feststellung eines Erfindungscharakters gegenüber gewissen patenthindernd scheinenden Umständen, aber keine absolute Feststellung. Und wenn im Nichtigkeitsverfahren der Wechsel der Gründe gegenüber dem Erteilungsverfahren zulässig ist, wie sich hieraus ergibt und von dem Reichsgericht nunmehr im Gegensatz zu einer alten Entscheidung anerkannt ist, dann ist der Streit um die Entscheidungsgründe müßig

---

1) *Kohler, Handbuch des Patentrechts, S. 368 ff., Lehrbuch des Patentrechts, S. 159 ff.*

geworden, sie gehören zu den ständig veränderlichen Attributen des Patentes.

Ich kann mich deshalb auch Kohler nicht darin anschließen, daß bei der Abweisung einer Nichtigkeitsklage deshalb, weil der Patentinhalt eng aufzufassen sei und so von der Klage gar nicht getroffen werde, diese enge Auffassung verbindlich sei. So wenig sie einen späteren Nichtigkeitsrichter bindet, so wenig bindet sie den Verletzungsrichter. Soll sie etwa nur die Parteien binden? Müßte nicht auch die weite Auslegung geradeso bindend sein? Gehören solche Entscheidungsgründe zur amtlichen Kenntnis des Verletzungsrichters, auch wenn die Parteien im Verletzungsstreit sich gar nicht auf sie beziehen und zum Beispiel einen ganz anderen Stand früherer Technik geltend machen, als der Nichtigkeitskläger? Auch hier wieder kommt die Relativität zum Vorschein; es gibt keine enge Auslegung an sich, sondern nur eine Auslegung mit Ausschluß bestimmter Tatbestände aus dem Patentinhalt. Hier gibt es eben keine bindenden einschränkenden Erklärungen des Patentinhabers, wie im Erteilungsverfahren, sondern nur Einschränkungen durch einen neuen Tenor. Das ist einer der Schäden der Trennung des Forums für Nichtigkeit und Verletzung, aus welcher die meisten dieser Schwierigkeiten entstehen.

Vielleicht ist es noch gut, hier hinzuzufügen, daß dies selbstverständlich nur von den eigentlichen Entscheidungsgründen gilt. Was in die Gründe hineingekommen ist und den Tenor erklärt, ist autoritativ und ebenso, wenn etwas in die Gründe gekommen ist, was seiner inneren Natur nach Ergänzung des Tenors ist.

Die Ausschaltung der Entscheidungsgründe aus dem bindenden Inhalt der Entscheidungen ist unter dem Gesichtspunkt der Rechtssicherheit zu betrachten.

Für diesen Gesichtspunkt habe ich schon darauf hingewiesen, daß es sich immer nur um die Rechtssicherheit nach Umfluß der fünfjährigen Nichtigkeitsfrist handeln kann, soweit unter Rechtssicherheit eben der gesicherte Patentschutz nach Gültigkeit und Umfang verstanden wird. Die andere Art der Unsicherheit, welche in abweichender Beurteilung desselben Tatbestandes, im besonderen derselben früheren Technik im Nichtigkeits- und Verletzungsverfahren beruht, wäre grundsätzlich nur durch die Zulässigkeit des Nichtigkeitseinwandes im Patentverletzungsstreit zu beheben. Die obigen Darlegungen zeigen aber, daß die Art der Rechtsunsicherheit, die in der mangelnden Bindung an die Entscheidungsgründe im Patenterteilungs- und Nichtigkeitsverfahren besteht, unvermeidlich ist, die Gründe, welche während der fünfjährigen Frist nicht bindend sein können, können es nachher auch nicht werden.

Zusammenfassung.

1. Man kann einen technischen Gegenstand vorstellen als ein zusammenhängendes Ganzes, dessen einzelne, sinnliche Teile nur in ihrer Beziehung zum Ganzen aufgefaßt werden. Die Analyse und Erkenntnis der Elemente des technischen Gegenstandes erfolgt nach verschiedenen Gesichtspunkten, im besonderen zunächst nach Raum, Stoff, Zeit und Kausalität. Durch Abstraktion wird die rein räumliche, die rein stoffliche die rein zeitliche Beschaffenheit ausgesondert und in Kausalreihen gruppiert, zum Beispiel die raumstofflichen Formen einer Maschine und ihre Veränderungen in der Zeit bei ihrem Arbeitsgang. Auf diesem Wege werden im besonderen auch die einzelnen Teile eines Dinges räumlich und die eines Verfahrens zeitlich voneinander geschieden. Auf diese reine Sinnesabstraktion und Analyse folgt diejenige, welche solche allgemeinen Beschaffenheiten räumlicher, stofflicher, zeitlicher, kausaler Natur herausfindet, die nicht ohne weiteres aus dem anschaulichen Bild ablesbar sind und Beschaffenheiten eines oder Gesamtbeschaffenheit mehrerer sinnlicher Teile darstellen.

2. Die Feststellung der Neuheit beruht auf einem Vergleich und ist immer das Ergebnis eines Vergleiches eines technischen Gegenstandes mit einem oder mehreren älteren technischen Gegenständen. Das allgemeinste und undeutlichste Neuheitsurteil geht dahin, daß in dem späteren Gegenstand irgend etwas, irgendein Merkmal anders ist als bei dem früheren Gegenstand. Der spätere Gegenstand kann ein Merkmal des früheren nicht haben, er kann eins mehr haben, oder es kann eins ersetzt sein. Auch wenn kein bestimmter alter Gegenstand gegenübergehalten wird, oder wenn das Urteil der Neuheit allgemein ausgesprochen wird, wird stillschweigend an einen solchen alten Gegenstand oder an alle im Bewußtsein befindlichen Gegenstände gedacht. Dabei ist die Art der Neuheit gegenüber verschiedenen alten Gegenständen verschieden.

Die Analyse des alten und des neuen Gegenstandes in die letzten atomisierten Merkmale ergibt ein eindeutiges Neuheitsurteil durch Gegenüberstellen dieser Merkmale.

3. Die Neuheit beruht entweder auf neuer Naturerkenntnis, das heißt neuer Erfahrung, und ist dann Neuheit der Elemente (analytisch, induktiv), oder sie beruht auf neuer Verbindungsweise alter Erfahrungselemente (synthetisch, deduktiv).

4. Inhalt und Umfang des Neuheitsurteils sind abhängig von der Vollständigkeit des alten Vergleichsstoffes und von dem Grad der Analyse der verglichenen Gegenstände.

Praktisch wird also das Urteil irgendwie unbestimmt und unvollständig sein müssen. Wie weit die patentamtliche Prüfung auf Neuheit gehen kann, ist eine Frage praktischer Möglichkeit und Zweckmäßigkeit. Der Umfang der Neuheit kann nie durch die erfundene technische Vorstellung allein, sondern nur durch die Gegenüberstellung des Alten angegeben werden.

5. Die Prüfung der technischen Bedeutung einer Erfindung gegenüber alten Gegenständen ist im allgemeinen nur möglich für das Erfindungsganze und nicht für Erfindungsteile. Die Gefahr des Irrtums bei Vergleichen wächst mit der fortschreitenden Auflösung der Erfindung in ihre Elemente.

Ein Vergleich hinsichtlich des Fortschritts ist bei den Elementen überhaupt nicht möglich, ein Urteil über die Qualität der geistigen Leistung in ihnen ist möglich, wird aber unsicher.

6. Unzulässige Nachahmungen einer Erfindung müssen immer mindestens ein neues letztes Element der Erfindung enthalten. Welche Qualifizierung dieses Element außer der Neuheit haben muß, ist hier nicht untersucht, sondern nur der Ausdruck „schutzwürdig" dafür aus der Rechtsprechung übernommen.

Alle Nachahmungen von Erfindungen sind also teilweise Wiedergaben der Erfindung. Entweder ist nur ein Element wiedergegeben und alle anderen weggelassen, oder es ist nur eines weggelassen und alles andere wiedergegeben, oder irgendein Fall in der Mitte zwischen beiden. Äquivalenter Austausch ist immer Austausch zweier Gegenstände, die in irgendeinem rechtlich erheblichen Element miteinander technisch übereinstimmen.

Theorie und Erfahrung zeigen, daß es nicht möglich ist, in allen Fällen von vornherein bei der Patenterteilung alle schutzfähigen Elemente auszusondern und ihre Neuheit und Schutzwürdigkeit zu prüfen. Das Patent wird also Lücken haben müssen, welche der Richter im Patentverletzungsprozeß füllt.

7. Der Patenterteilungsbeschluß geht auf die Patentierung einer technischen Vorstellung. Die materiellen Gründe der Patenterteilung sind Anerkennung der Neuheit, der Originalität, der Nützlichkeit der Vorstellung und eventuell ihrer Elemente. Die Elementvorstellungen können den Inhalt eines besonderen Patentierungswillens bilden.

8. Die Auslegung des Patentes zerfällt in zwei Teile: Feststellung seines eigentlichen Inhaltes und Füllung der Lücken.

Die Feststellung des eigentlichen Inhaltes ist Feststellung der durch die Patentschrift offenbarten technischen Vorstellungen, die im Bewußtsein der Textverfasser waren, die der Sachverständige aus ihnen entnimmt und die er zu ihnen zufügt, sei es durch reine Gedankentätigkeit, sei es durch technische Tätigkeit, soweit sie nur ihre hinreichende und zwingende Ursache in der Patentschrift haben. Es wird weiter der Patentschrift, eventl. unter Beiziehung der Patenterteilungsakten, entnommen, auf welchen technischen Vorstellungsinhalt sich der Patentanmeldungswille und der Patenterteilungswille bezieht, und was ausdrücklich vom Schutz ausgeschlossen sein sollte. Bei Differenzen von Sprache und technischer Vorstellung, wie sie sich aus der Gesamtheit der Verhältnisse ergibt, gilt nur letztere. Worte ohne technische Vorstellung sind wirkungslos. Der Wille des Patentamtes bindet nur in seinem Kompetenzgebiet. Eine in der Patentschrift oder den Patenterteilungsakten ausgedrückte Ansicht, im besonderen über die Neuheit von einzelnen Elementen, hat nur gutachtliche Bedeutung, soweit sie nicht Gegenstand des Patenterteilungswillens geworden ist und einen entsprechenden Ausdruck gefunden hat.

9. Soweit eine Analyse bei der Patentprüfung stattgefunden hat, ist es möglich, die als nicht neu erkannten Elemente und die Elemente, die zwar neu, aber aus anderen Gründen vom Schutz ausgeschlossen sind, auszusondern und außerhalb desjenigen Schutzgebietes zu stellen, welches für die Lückenfüllung offen ist. Die Lückenfüllung kann also nur stattfinden, soweit eine solche Aussonderung gar nicht vorgenommen wurde, oder zwar vorgenommen wurde, aber ohne daß ein Ausschluß aus dem Schutzgebiet ausgesprochen ist, und soweit die betreffende technische Vorstellung in das Patent Aufnahme gefunden hat.

Im Falle der Zergliederung der den Inhalt des Patentes bildenden technischen Vorstellung in ihre Elemente oder letzten Elemente ist, soweit einzelne Elemente herausgenommen und unter Schutz gestellt sind, eine „unechte" Lückenfüllung, welche den Mangel des Schutzes feststellen wollte, ausgeschlossen. Soweit eine Zergliederung stattgefunden hat, die einzelnen Elemente aber nicht ausdrücklich unter Schutz gestellt sind, oder soweit eine Auflösung in Elemente überhaupt nicht stattgefunden hat, ist die Lückenfüllung insoweit unbeschränkt und findet ihre Grenzen nur in den Grundsätzen der Lückenfüllung selbst, im besonderen dem Streben nach materiell richtigem Recht und Rechtssicherheit.

10. Es muß im Interesse der Rechtssicherheit das Streben des Patenterteilungsverfahrens sein, die Prüfung auf die Gebiete zu beschränken, in welchen sie verantwortlich vorgenommen werden kann, im besonderen also die Grenze, bis zu welcher sie die Erfindungsanalyse treiben darf, nicht zu überschreiten. Für das einzelne Patent ist es erwünscht, deutlich erkennen zu lassen, wieweit die Analyse der Erfindung vorgeschritten ist, was zum Gegenstand des Patenterteilungsbeschlusses gemacht wurde, und was außerhalb desselben geblieben ist. Hierzu wird eine methodische Gestaltung der Patentbeschreibung und der Patentansprüche nötig sein.

Diese Gestaltung muß frei in dem Grade sein, daß der Mannigfaltigkeit der Erfindungstatbestände Rechnung getragen wird. Die patentrechtlichen Gesichtspunkte dagegen sind wenige und lassen deshalb eine bestimmte schematische Ordnung oder eine gewisse Systematisierung der Patentschriftenverfassung zu. Sie wird der Einheitlichkeit des Systems der Patentschriften halber zweckmäßig einheitlich sein sollen, insoweit Erfindungen des gleichen Typus in derselben Weise dargestellt werden. Durchgehends aber sollte streng unterschieden werden zwischen einerseits der reinen Beschreibung technischer Tatbestände, Neuheitsurteilen sowie Wichtigkeitsurteilen über Einzelpunkte, welche alle nicht bindender Inhalt des Patenterteilungsbeschlusses sind, und andererseits den Erklärungen des Anmelders, die bindender Inhalt des Patenterteilungswillens geworden sind.

Eine freie Formulierungstechnik des Patentanspruchs wird es erleichtern, den bindenden Patentinhalt möglichst auf die Patentansprüche zu beschränken.

Versuchen wir nun eine Art Schema für die Auslegung von Patenten aufzustellen, so kann dies natürlich nur als Anhaltspunkt gelten, im besonderen ist auch die Reihenfolge der verschiedenen Betrachtungen sehr veränderlich.

Die erste Tätigkeit ist eine rein technische. Es sind die sämtlichen technischen Vorstellungen zu ermitteln, welche durch Sprache und Zeichnung der Patentschrift wiedergegeben sind, und ebenso der technische Tatbestand der Nachahmung, die entweder körperlich oder auch in Schrift und Zeichnung vorliegt. In der Patentschrift stellen sich oft schon von vornherein gewisse Teile als offensichtlich unerheblich heraus, ebenso in der Nachahmung; sie können natürlich von vornherein aus der Betrachtung wegbleiben.

Für die Patentschrift wird es vielleicht am besten sein, zunächst den Sinn zu ermitteln, welcher den Vorstellungen der Textverfasser entsprach, wozu die Patenterteilungsakten Beihilfe gewähren können. Das konkrete Erfindungsganze erscheint also in dem Grade der Analyse und der Erkenntnis, wie sie bei der Patenterteilung obwaltete. Die Unstimmigkeiten zwischen Sprache und Vorstellung werden korrigiert. Hieran kann sich die Aufsuchung der Vorstellungen anschließen, welche der Sachverständige zur Zeit der Patenterteilung aus dem Text des Patentes entnehmen muß. Der Vergleich der beiden technischen Tatbestände ergibt, daß der technische Tatbestand des Patentes entweder ganz oder teilweise oder gar nicht in dem der Nachahmung enthalten ist, und andererseits, daß die Nachahmung außer dem sich mit dem technischen Patenttatbestand deckenden Teil noch andere Teile hat.

Hierauf kann nun wieder eine Ausscheidung von solchen Teilen aus der Erfindung und aus der Nachahmung stattfinden, welche offensichtlich mit dem übereinstimmenden Stück nichts zu tun haben.

Jetzt ist festzustellen, daß im Falle vollkommener Wiedergabe der im Bewußtsein der Patenttextverfasser gewesenen Vorstellungen in der Nachahmung, diese in jedem Fall von dem Patent getroffen wird.

Enthält sie nur einen Teil der Vorstellungen, so hat die Untersuchung weiter zu gehen, ob dieser Teil auch durch die Patenterteilung für sich unter Schutz gestellt worden ist, ob er also einmal als Teil für sich ausgesondert, ob er geprüft und ob seine Schutzfähigkeit anerkannt und ausgedrückt worden ist, ob er allein schon die ganze Summe der Erfindungsmerkmale enthält, oder ob nicht vielmehr etwa gerade auf diesen Schutz verzichtet wurde. Bei dieser Untersuchung kann schon die Rücksicht auf die frühere Technik, insoweit sie in den Patenterteilungsakten enthalten oder bei dem Erfinder und dem Patentamt auch ohne ausdrückliche Erwähnung als bekannt vorausgesetzt werden muß, als Auslegungsbehelf benutzt werden, denn es ist nirgends anzunehmen, daß etwas als alt oder als nicht schutzfähig Erkanntes hat geschützt werden sollen. Dies wäre ja nur durch Nachlässigkeit oder Arglist möglich. Auch hier können die Erteilungsakten als Behelf zur Feststellung der Vorstellungen und Willensrichtung dienen.

Hiermit ist die erste Stufe der Auslegung beendet, die sich streng an den bewußten Willensinhalt bei der Patenterteilung anknüpft.

Der zweite Teil der Auslegung ergänzt das Patent durch das, was der Sachverständige dem Patent aus seinem Wissen zufügen muß, obwohl es nicht in dem Bewußtsein der Patentverfasser war, und zwar der Sachverständige zur Zeit der Patentanmeldung sowohl wie der in dem Zeitraum bis zur Patentverletzung. Er fügt zunächst die Äquivalente zu, die bei der Patenterteilung bekannten und die nachher konstruierten oder erfundenen. Er vervollständigt und vertieft auch die Analyse der Erfindung, namentlich auf Grund der Wissenschaft, welche sich an die Ausbildung der Erfindung selbst angeschlossen hat, und kommt so öfters zum „Kern“ der Erfindung, d. h. zu einem Abstraktum, welches von den Patenttextverfassern noch nicht gewonnen worden ist. Dieses Abstraktum wird oft — und zwar gerade durch den Vergleich mit der Nachahmung — als der technisch wichtigste Punkt erkannt. Es wird gleichzeitig erkannt, daß alle Gründe, welche für den Schutz der konkreten Erfindungsvorstellung gelten, in gleichem oder erhöhtem Maße auch für dieses Abstraktum gelten. Dann zögert man in der Regel nicht, auch anzunehmen, daß dieses Abstraktum im Grunde doch den beiden bei dem Patenterteilungsverfahren Beteiligten vorgeschwebt habe, und meint, dieses Abstraktum werde von dem Patent selbst unmittelbar getroffen. Die Voluntas legis, wenn schon nicht die Voluntas legislatoris, träfe diesen „Kern". Und sucht man die Analogie im Vertragsabschluß, so ist dieser „Kern" das, was die Parteien unzweifelhaft gewollt haben würden.

Die Zutat aus dem Wissen des Sachverständigen wird deshalb in den eigentlichen Gesetzesinhalt hineininterpretiert, weil alle Motive des Gesetzes für den neuen Tatbestand gleich stark oder a fortiori gelten und keine Gegengründe da sind. Daß diese Aufsuchung des „Kerns" aber in Wirklichkeit nur spätere Zutat zu dem Patent ist, ergibt sich dann, wenn dieser „Kern" sich nunmehr auf Grund einer Technik, als alt herausstellt, die dem Amt und Anmelder unbekannt war. Äußerlich stellt sich diese Auslegungsart als Unwesentlichkeitserklärung von Merkmalen dar, die in der Vorstellung des Erfinders und Patentamtes waren, über deren technische und rechtliche Unentbehrlichkeit sich aber nichts Sicheres in dem Vorstellungsgebiet von Amt und Anmelder nachweisen läßt.

Dieser zweite Teil der Auslegung ist das Grenzgebiet nach der echten Lückenfüllung hin. Ist das in der Nachahmung wiederkehrende Merkmal der Erfindung ganz sicher bei der Patenterteilung nicht ausgesondert worden, auch nicht halb bewußt, oder ist es ausgesondert worden, ohne daß es, wenn auch undeutlich, zum Inhalt eines Willensaktes gemacht wurde, also auch keines Verzichtes, so handelt es sich um echte Lückenfüllung. Im ersten Fall ist zunächst eine tatsächliche Lücke zu füllen, insofern die in dem Patent gegebene empirische Offenbarung durch fortgesetzte Analyse zu einem besonderen Abstraktum führt. Das kann in diesem Fall ein „Kern" der Erfindung sein, meist aber ist es ein „Teil" der Erfindung, was grundsätzlich nichts davon Verschiedenes ist, sobald man nur anfängt, die Mannigfaltigkeit in der Erfindung wirklich zu erkennen und zu sehen, wie viele Kerne viele Erfindungen haben. Das Abstraktum kann eine Tatsachenerkenntnis sein, welche nur durch schwierige und verdienstvolle Erkenntnisarbeit, eventuell in Verbindung mit neuen Erfindungen geleistet wurde. Bedingung ist jedoch, daß die neu gefundene abstrakte Vorstellung wirklich in der empirischen Vorstellung vorhanden war.

Wir haben hier also Ergänzung einer Tatsachenlücke, wie es auch bei der Äquivalierung der Fall ist, die hier in Gestalt des später geschaffenen oder erfundenen Äquivalents auftritt. Rechtslücke ist, wo die Tatsache zwar vorgestellt, aber nicht zum Gegenstand der Patenterteilung gemacht, aber auch nicht abgewiesen wurde. Hier gerade wird künftig das Gebiet sein, wo bei der Patenterteilung zwar der Anmelder oder auch das Patentamt solche Teile oder Abstrakta aus dem Erfindungstatbestand ausgeschieden haben, der Anmelder aber abgelehnt hat, einen ausdrücklichen Antrag für diese zu stellen. Es ist sein gutes Recht, ein Patent mit einer Lücke zu verlangen, wenn die Ausfüllung der Lücken bei der Patenterteilung praktisch oder rechtlich ganz unmöglich oder von zu großer Unsicherheit ist. Praktisch unmöglich kann sie in den vielen aufgezeigten Fällen sein, wo die Neuheitsprüfung überhaupt keine zureichende Unterlage mehr hat, rechtlich unmöglich ist sie, wo das Abstraktum keine ganze Erfindung mehr ist, sondern nur Erfindungsaufgabe oder Theorie nach der bisherigen Terminologie (Zündpillenentscheidung, Dolanbrennerentscheidung) oder, wo die Prüfung, im besonderen die Fortschrittsprüfung, zwar an sich möglich erscheint, aber eben wegen des abstrakten Charakters mehr oder weniger in der Luft steht und zu sehr auf Gefühle, nicht auf Tatsachen gegründet wird.

Und nun noch eine allgemeine Bemerkung, die modernistisch ist, insofern sie zum Konkreten drängt, und ein wenig revolutionär scheinen mag, sofern sie einen kleinen Zweifel in die Grundlage der deutschen Immaterialgüterrechtstheorie hereinträgt.

Kohler hat den inneren Grund aufgedeckt, warum die Hartigsche Lehre über die Patentansprüche sich so lange halten konnte, sie schien der Immaterialgüterrechtstheorie des Patentwesens das immaterielle Substrat zu geben, welches zum Träger und zur Quelle der Rechtsfolgen gemacht werden konnte[1]). Es wurde sozusagen ein geistiges Individuum für jedes Patent formuliert. Mir hat nun diese enge Verkettung einer falschen technisch-philosophischen Auffassung mit einer Rechtsidee Zweifel an der Richtigkeit der letzteren oder wenigstens an der Weise verstärkt, wie sie heute angewendet wird.

Ich habe mich gefragt, brauchen wir denn in dem Patentwesen mehr wie überall sonst, nicht nur im Immaterialgüterrecht, sondern im Materialgüterrecht, eine derartige individualisierende Vergeistigung des Rechtsobjektes?

Haben wir denn nicht ganz dieselben Verhältnisse auch anderswo? Wir identifizieren das Wesen des Hauses nicht mit den Plänen des Baumeisters oder mit der perspektivischen Farbenzeichnung desselben, obwohl die ersteren vollständig den technisch-konstruktiven Geist, die letztere den ästhetischen Geist widergibt. Wir identifizieren den Frack nicht mit dem Schnittmuster, welches den geistigen Gehalt desselben nach seiner Raumgestaltung restlos darstellt. Wir kaufen ein Bündel Papier und bezahlen die in ihm enthaltenen Detailzeichnungen und Berechnungen einer Maschine. Trotzdem werden wir mit diesen geistigen Seiten dieser materiellen Güter im Rechtsleben sehr gut fertig und schätzen sie in ihrem Verhältnis zu den materiellen Seiten richtig ein.

Warum sollte es nicht möglich sein, mit der Erfindung fertig zu werden, wenn wir sie zunächst als ein konkretes technisches Ding auf-

---

[1]) *G. R. & U. 1912, S. 167.*

fassen wie jedes andere technische Ding auch, als eine erfundene materielle Sache oder die Vorstellung dieser materiellen Sache? Und wie bei allen Rechtsgeschäften über technische Dinge auch ihr technischer Gedankengehalt in Frage kommen kann, so kann auch die Neuheit dieser Sache, die Eigentümlichkeit derselben, der Effekt gewürdigt werden, ohne daß man den Versuch macht, das technische Ding samt diesen Eigenschaften nun zu einem besonderen neuen geistigen Individuum zu stempeln und zu sublimieren.

Der Vergleich mit der früheren Technik und der Vergleich mit den späteren Nachahmungen ist in gar keiner Weise an eine solche Individualisierung des Unkörperlichen gebunden. Bei diesen Vergleichen treten die Gedanken hervor, auf die es ankommt, wie bei jedem Vergleich körperlicher Dinge, und diese Gedanken sind oft nicht als ein geistiges Individuum darstellbar, sondern ein Beziehungsbündel, welches nur durch die materielle Einheit der Sache zusammengehalten wird.

Man kann das technische Ding aus tausend Gesichtspunkten ansehen, die Erfindung aber ist nichts als ein technisches Ding, angesehen aus dem historischen Gesichtspunkt oder angesehen unter dem Ent-Entwicklungsgedanken. Die Geschichte der Erfindungen ist nichts als die Entwicklungsgeschichte der Technik in ihren Hauptpunkten.

Wie aber steht es nun mit der Auffindung und Würdigung solcher Entwicklungsgedanken überhaupt?

Es ist keiner Zeitepoche gegeben, ihre Stufe in der Menschheitsentwicklung selbst richtig festzustellen und zu werten. Im Patentwesen machen wir diesen Versuch, wir stellen nicht fest das technische Ding, welches wir mit Augen sehen und mit aller Sicherheit feststellen können, sondern wir wollen feststellen den in diesem Ding steckenden technischen Entwicklungsgedanken, wir wollen diesen Gedanken rund und nett formuliert noch über das Ding setzen.

Das ist der innere Grund, weshalb alle positive Patentprüfung grundsätzlich Stückwerk sein und bleiben muß, wie nützlich sie auch praktisch sein kann, wenn sie sich dieses ihres Charakters nur immer erinnert.

Berichtigungen.

Seite 1. Letzte Zeile: „ignorieren“ statt „ignoiren“.
Seite 29. Letzte Zeile: „S. 148 ff.“ statt „S. 48 ff.“.
Seite 84. Letzte Zeile: Die Worte „in der Festgabe und in Wirth-Isay, Der Patentanspruch, 1911“ fallen weg.
Seite 94. Dritte Zeile von unten: „concretisierenden“ statt „concretuierenden“
Seite 183. Zweite Zeile von unten: „Den Leser für“ statt „noch Leser für den“
Seite 226. Dritte Zeile von unten: „verschiedene“ statt „verschiedener“.
Seite 242. Zweite Zeile von unten: „Seite 90“ statt „Seite 76“.
Seite 242. Letzte Zeile: „Seite 88“ statt „Seite 65“.

Die Diskussion zu dem Vortrag „Erteilung und Auslegung von Patenten im Lichte moderner Rechtsideen“ findet sich Mitt. d. V. d. P. 1914, S. 165.

---

65. 2. 14. 10,6.

GPSR Compliance

The European Union's (EU) General Product Safety Regulation (GPSR) is a set of rules that requires consumer products to be safe and our obligations to ensure this.

If you have any concerns about our products, you can contact us on ProductSafety@springernature.com

In case Publisher is established outside the EU, the EU authorized representative is:

Springer Nature Customer Service Center GmbH
Europaplatz 3
69115 Heidelberg, Germany

Batch number: 10844669

Printed by Printforce, the Netherlands